Propensity Score Analysis:
Statistical
Methods
and Applications

倾向值分析：
统计方法与应用

郭申阳(Shenyang Guo)
马克·W.弗雷泽(Mark W. Fraser) 著

郭志刚 巫锡炜 等 译

重庆大学出版社

图书在版编目(CIP)数据

倾向值分析:统计方法与应用/(美)郭申阳,
(美)弗雷泽(Fraser,M.W.)著;郭志刚,巫锡炜等译.—重庆:
重庆大学出版社,2012.6(2022.10 重印)
(万卷方法)
书名原文:Propensity Score Analysis:
Statistical Methods and Applications
ISBN 978-7-5624-6622-2

Ⅰ.①倾… Ⅱ.①郭…②弗…③郭… Ⅲ.①统计分析—研究 Ⅳ.①C813

中国版本图书馆 CIP 数据核字(2012)第 050360 号

倾向值分析:统计方法与应用

郭申阳
马克·W.弗雷泽   著

郭志刚 巫锡炜 等 译

策划编辑 雷少波 林佳木

责任编辑:文 鹏 陈 力 版式设计:雷少波
责任校对:任卓惠 责任印制:张 策

*

重庆大学出版社出版发行
出版人:饶帮华
社址:重庆市沙坪坝区大学城西路 21 号
邮编:401331
电话:(023)88617190 88617185(中小学)
传真:(023)88617186 88617166
网址:http://www.cqup.com.cn
邮箱:fxk@cqup.com.cn(营销中心)
全国新华书店经销
重庆升光电力印务有限公司印刷

*

开本:787mm×1092mm 1/16 印张:16.5 字数:416 千
2012 年 6 月第 1 版 2022 年 10 月第 4 次印刷
ISBN 978-7-5624-6622-2 定价:59.00 元

作者简介

郭申阳,博士,北卡罗来纳大学教堂山分校教授。曾在布朗大学(Brown Univeristy)从事过博士后研究,在密歇根大学(University of Michigan)、凯斯西储大学(Case Western Reserve University)、田纳西大学(University of Tennessee)和北卡罗来纳大学担任过助理研究员和教师。他是儿童福利、儿童心理卫生服务、福利和医护服务领域诸多研究报告的作者。擅长应用高级统计模型解决社会福利问题,并一直开设生存分析、分层线性建模、增长曲线建模和项目评估等面向研究生的课程。受邀为国家卫生院(NIH)夏季研习班、儿童局以及社会工作与研究协会会议举办过许多次统计学方法讨论会——包括事件史分析和倾向值匹配。现任北卡罗来纳大学应用统计学工作组(Applied Statistical Working Group)的主任。领导筹划过全国儿童和青少年福利调查(NSCAW)纵向分析的数据分析工作,并发展出了处理加权(weighting)、聚群(clustering)、发展建模(growth modeling)和倾向值分析等问题的分析策略。目前还领导**做选择项目**(Making Choice Project)的数据分析工作,该项目是一项由国家药品滥用研究所(National Institute of Drug Use)和教育科学院(Institute of Education Sciences)资助的干预试验。他已经发表大量论文,涉及的领域包括纵向数据(longitudinal data)分析的方法论、多元失败时间数据(multivariate failure time data)、项目评估和多层建模(multilevel modeling)。担任《社会服务纵览》(*Social Service Review*)期刊的编委会成员,并经常被寻求对高级方法的分析进行评论的期刊邀请作为特约审稿人。他是复旦大学的经济学硕士和密歇根大学的社会学博士。

马克·W.弗雷泽,博士,北卡罗来纳大学教堂山分校社会工作学院的 John A. Tate 冠名特聘教授并担任该学院负责科研的副院长。撰写过大量有关风险和适应力、儿童行为、儿童和家庭服务以及研究方法等的章节和论文。他与同事一起合著或主编过 8 本书。这些书包括:《危机中的家庭》(*Families in Crisis*),对以强化家庭为中心的服务进行研究;《评估以家庭为基础的服务》(*Evaluating Family-Based Services*),一本介绍家庭研究的方法的教材;在《儿童时期的风险和适应力》(*Rish and Resilience in Childhood*)一书中,他与同事们介绍了针对儿童虐待、辍学、药物滥用、暴力行为、意外怀孕和其他社会行为的基于适应力的理论(resilence-based prospectives);在《做选择》(*Making Choices*)一书中,他与合作者构想了一个项目帮助儿童建立与同伴和成人之间的持久社交关系(social relationship);在《青年人暴力行为的背景》(*The Context of Youth Violence*)一书中,他从适应力、风险和保护的角度对暴力行为进行了探究;在《儿童和青少年干预》(*Intervention with Children and Adolescents*)一书中,他和同事们回顾了社会和健康行为干预知识方面的进展;他的获奖教材《针对儿童和家庭的社会政策》(*Social Policy for Children and Families*)对儿童福利、青少年公正(juvenile justice)、心理健康、发展障碍(developemental disabilities)和健康等方面的公共政策的基础进行了回顾。他最近的著作《干预研究:开发社会项目》(*Intervention Research:Developing Social Programs*)介绍了设计和开发以事实为基础的项目(evidence-based programs)中的 5 个步骤。

中文版前言

这是一本介绍当代因果分析方法的书。它系统介绍了美国关于因果分析的四种前沿统计方法。作为本书作者之一,我非常高兴《倾向值分析:统计方法与应用》中文版问世。借此机会,我想就因果分析方法的起源和发展,倾向值分析的理论框架、流派及核心思想,倾向值方法的应用领域,向读者做一简单介绍。

一

见微知著,月晕而风,础润而雨,举一反三,由此及彼,由表及里,中国古代思想家很早就有关于因果分析深邃而精辟的论述。但是,对因果关系用严谨的统计数字和方法做实证分析,起源于现代。对社会行为现象做因果分析,更起源于契约公民社会,恐怕只有一百多年的历史。

2005 年第一场雪,把伊利诺伊大学香槟分校（University of Illinois Urbana-Champaign）打扮得银妆素裹,一片茫茫。料峭的寒风中,刚刚在那儿做完演讲的我,由陪同的教授、我过去的学生苏珊作向导,参观校园。苏珊特地把我带到一块空地前。空地已完全被大雪覆盖,隐约中见到一块牌子,上面清晰地记载着如下文字:"伊利诺伊大学莫柔地块:美国最早的实验田,建于 1876 年。该实验田的结果证明土壤的质量是农业生产率最关键的决定因素。（University of Illinois, The Morrow Plots. America's Oldest Experimental Field Established in 1876. Results Demonstrate that Soil Quality Is a Vital Component of Agricultural Productivity.）"

看到这块牌子和实验田,一种莫名的激动使我一时有些头晕目眩。虽然经常在书中读到农业实验的实证方法并对它的定理和假设烂熟于心,虽然早就知道"分割地块实验"（Split-Plot Experiment）开拓了农业乃至社会行为领域的实验方法和用于方差分析（ANOVA）的因子设计法（Factorial Design）,但站在这门科学结出的实实在在的果实面前,依然忍不住激动和对前辈大师们肃然起敬。准确地说,是现代农业开拓了随机实验法,那位 20 世纪最伟大的统计学家 Ronald Fisher 爵士在统计科学上的主要贡献都是他在英国著名的农业实验室供职时做出的。

站在莫柔实验田前,我脑子里忽然闪过了"稳定的单元干预值"（即 SUTVA 的假定,见本书第 2 章）。这个根植于所有因果研究的核心假定认为,任何实验对每一干预的受体将呈现稳定的同值结果,对象 A 的结果将不受任何施加于其他对象的干预影响。这个假定在某些农业实验中可能不合理。比如,在实验田旁边的属于控制组而不接受实验条件的地块,由于紧邻实验田,降雨等因素可能将实验田中做实验用的肥料带入控制田;此时 SUTVA 假定将不合理,因为控制田的结果受到对实验田干预的影响。我脑子里很快还想到了一个与农业实验相近但纯粹属于社会科学的例子:如果要对一个培训劳动者就业技能的项目做评估,SUTVA 也会不合理。因为当大批接受过培训、有了娴熟技能的劳动者涌入劳动力市场后,整个劳动力市场的价格将下降,于是那些没有接受培训属于控制组的劳动者会遭遇工资下降。在这两个例子中,由于 SUTVA 假定未能得到满足,研究者在资料分析时必须考虑应对措施,以保证因果分析的准确性。

站在莫柔实验田前,我还想到,以今天的眼光来看,这项始于 1876 年的实验所证明的土壤质量与农业生产率的因果关系似乎很简单。但是,即便是这样一个"简单的"因果分析课题,花去了几代科学家 100 多年的努力,投入的人力物力和消耗的资源不计其数。任何科学假设,没有经验或实证资料的证明,它永远只是假设,还称不上科学。今天,由 Fisher 爵士创立的"随机实验法"被称为因果分析的"黄金标准"(Gold Standard)。准确地说,美国食品和药物管理局(FDA)在对新产品认证的时候,如果证明结果的方法有若干种,那么 FDA 只认由随机实验法支持的结果。也就是说,唯有随机实验法才是掷地有声的"黄金标准"。

人们也许不会想到,20 世纪 30 年代,当 Fisher 创立纯随机实验方法时,占统治地位的因果研究方法是控制法(也称匹配法)。Fisher 以前的科学家相信控制:要证明因果关系,研究者必须精确地控制实验室的一切,要让实验组和控制组尽可能地匹配,尽可能地"相像",这样他们才能把观察到的结果差异归因于实验。研究者要尽可能地控制实验室的一切,如温度、湿度,乃至实验者的心理和情绪。Fisher 说,要控制这一切,在现实中是不可能的;研究者即便能部分地控制,由此所需要的经济成本也使这种方法难于操作;换言之,控制近乎天方夜谭。所以,Fisher 提出,与其控制一切,不如什么都不控制,即"纯随机":实验者用纯随机的方法把研究的对象分到实验组和控制组中,这样,纯随机将使"观察到的"和"未观察到的"干扰因素都趋于平衡,即实验组和控制组通过随机而尽可能地相像。在这样的条件下研究者观察到的在结果变量上的差异,可以比较放心地归因于实验或干预,也就是说,这种差异具有统计意义上的"显著性"。

虽然,在当代因果分析中随机实验法依然被称作黄金标准,但是科学家们却发现,在很多领域,特别是在人文社会科学领域,纯随机是无法做到的:很多时候,将需要接受服务的人安排到没有任何服务的控制组是违背伦理道德的;很多时候,研究者不可能实施社会实验。例如,要研究抽烟对健康的致命影响,研究者就要将研究对象随机地分为"抽烟"和"非抽烟"两组;事实上没有任何研究者可以进行这样的社会实验。也正是在这样的背景下,30 多年前,统计学家(以 Donald Rubin 和 Paul Rosenbaum 为代表)和计量经济学家(以 James Heckman 为代表)提出了以"倾向值分析"为特征的因果分析方法。

从以上的简要回顾可以看到,因果分析法经历了一个"否定之否定"的过程。从匹配到随机,再从随机返归匹配,整个方法似乎经历了一个循环。但这绝对不是简单意义上的循环往复。"倾向值分析"对纯随机的否定和挑战,代表了科学家在新环境下对因果分析方法的新定义和新对策,具有划时代的意义。

二

倾向值分析的理论框架是"反事实推断模型"。它的诞生归功于 Jerzy Neyman。Neyman 是美籍波兰学者,著名的数学家、统计学家,生前长期供职于美国伯克利加州大学,曾荣获英国皇家统计学会的最高荣誉和美国科学奖。Neyman 在统计学上的贡献被广泛运用于生物统计中。由他开创的"反事实推断模型"奠定了随机实验方法的理论基础。

简言之，"反事实推断"假定任何因果分析的研究对象都有两种条件下的结果：观察到的和潜在的未被观察到的结果。如果我们说"A是导致结果B的原因"，我们用的是一种"事实陈述法"。这样一种事实陈述，很难证明A和B之间真正的因果关系。通常的因果推理，用的是一种"反事实"的推断法：如果不是A，那么B的结果将是什么样子？从这样一个"反事实"方法出发，任何被研究的对象都有两种结果：处于实验组中的对象有接受实验后的结果（观察到的）和没有接受实验条件下的结果（未被观察到的）；同样，处于控制组中的对象有在未接受实验条件下的结果（观察到的）和接受实验后的结果（未被观察到的）。整个因果分析在这样一个理论框架的指导下，就变成了一个对这样两种结果求差的简单步骤：如果B的确由A造成，那么由A产生的结果B与非A条件下的结果之差就不等于零；如果A与B的因果关系不成立，这两种结果之差就可能为零。任何随机实验都要建立控制组，但研究者的真正兴趣不在控制组，而是希望用控制组的结果来替代实验组在非A条件下的结果，从而可以计算"事实结果"B与"反事实结果"（即非A条件下的结果）之差。

Neyman于1923年第一次将"反事实推断模型"用于纯随机实验之中，从而奠定了现代统计关于因果分析的理论基础。将这样一个方法拓展至非随机实验的因果分析，是哈佛大学Donald Rubin于1974年及以后一系列文章所作的贡献。用今天的眼光看，似乎Rubin将此方法拓展至非随机实验是一件简单而又唾手可得的事。其实不然。由于在非随机实验中，研究者没有严格的控制组，如何找到一个在各方面与实验组匹配的比较组，然后计算两种结果之差，便成为因果推断的瓶颈。倾向值法就是在"反事实推断模型"指导下开发的寻找较为理想的比较组的方法。所有对倾向值法的批判，也根源于对"反事实结果"合理性的质疑。

本书第2章对"反事实理论框架"做了详细介绍。今天，学者们一般认为，"反事实理论框架"是所有科学研究的核心方法，它的起源最早可以追溯到古希腊哲学家亚里士多德。James Heckman认为，意大利16—17世纪伟大的天文学家、物理学家伽利略是第一位用"思维实验"和"理想化的控制变异法"定义因果效应并实践"反事实理论框架"的科学家。现代研究还表明，关于"反事实理论框架"可以在很多杰出的哲学家、经济学家那里找到思想火花，如David Hume、John Mill，等等。我这里要郑重指出，"反事实理论框架"的思想也见诸于与亚历士多德同时代的中国伟大的哲学家庄周的著作中。值得指出，在当时的条件下，庄周不可能与亚历士多德有对话，所以他的贡献完全是独立的。这个贡献，记载在关于"子非鱼"的对话里。

据《庄子·秋水篇》记载，庄周和惠施在濠水边散步。庄周说："河里那些鱼儿游动得从容自在，它们真是快乐啊！"惠施问："你不是鱼，怎么会知道鱼的快乐呢？"庄周答："你不是我，怎么知道我不了解鱼的快乐？"惠施又说："我不是你，自然不了解你；但你也不是鱼，一定也是不能了解鱼的快乐的！"庄周安闲地答道："我请求回到谈话的开头，刚才你问我'你是在哪里知道鱼是快乐的'，那么我来告诉你，我是在濠水岸边知道鱼之快乐的。"

今人关于这段话的解释有多种版本。最经典的版本从逻辑学上的"偷换概念"或诡辩来诠释。我认为，从因果分析的角度，"子非鱼"蕴含了关于"反事实理论框架"最经典的思想。这段对话可以看作如何推导"成为鱼"与"鱼快乐"之间的因果关系。庄周认为，要揭示这样的因果关系，事实的陈述无济于事，因为"只有鱼才能知道鱼是快乐的"，所有"非鱼"或人都不可能得知鱼是快乐的。因此，要知道鱼是快乐的，必须假定存在两种可能的结果:在"鱼"条件下的感觉和在"非鱼"即"成为人"的条件下的感觉。是之,研究者才可以把"成为鱼"推断为"鱼是快乐的"原因;换言之,"成为人"是不可能产生"鱼是快乐的"这样的结果。庄周堪称开发"反事实理论框架"的先驱,是我们中国人的骄傲!

三

虽然关于因果分析现在有很多著述,方法林林总总,"倾向值分析"只是其中最主要的方法,但概括起来,不外乎两个流派,即计量经济学派和统计学派。

计量经济学派沿袭了经济学"理性选择(rational choice)"的传统,假设决策主体在做选择时都存在一个"理性思维"过程,并且只有在效益最大化的前提下才做选择(即理性选择)。所以,这一流派强调对这个决策过程做定量分析。这一传统最经典的表述见诸于 Roy 在 1951 年讨论选择猎人或渔夫两种职业的著作(见本书第 8 章)。Roy 认为,选职者选择这两种职业必须对每种职业的收益做精确的量化分析。他推导了猎人和渔夫两种职业的预期收益和四种情况,并且证明了在哪种情况下人们会选择做猎人哪种情况下会选择做渔夫。Roy 的思路,还可以在他之前的 Haavelmo 的"线性联立方程组"(linear simultaneous equations)和在他之后的 Quandt 的"转换回归(switching regression)"中找到佐证。由于强调理性选择,计量经济学派注重对观察到的变量做精确分析,在很多情况下注重假设的合理性,较少假定选择过程的随机性。

与计量经济学派不同,统计学派对非随机实验的因果分析承袭了统计学随机实验(Fisher、Neyman 等人)的传统,在很多情况下假定研究对象在选择过程中的"随机性"。

这两种流派在开发方法时各执一词,互不相让。尽管在今天看来,殊途同归,两种流派在某些方法上有共同之处(这也是我们在写作此书时同时介绍两种流派并将他们的方法共置于"倾向值分析"的书名之下的理由),他们的争论却是严谨和激烈的。这是一场智者的对话,思想家的交锋,没有硝烟的唇枪舌战。今天,当我们读这些著作的时候,会为大师们激烈争论所激起的思想火花、严谨的推导、深邃的思想、聪颖的智慧、为真理不屈不挠的精神而折服。同时我们还可以看到,科学家们的思想是相通的。我在读某个流派的著作时,常常可以看到另一流派的影子,正可谓"众里寻他千百度,蓦然回首,那人却在灯火阑珊处"。

四

本书介绍的关于因果分析的四种前沿统计方法是:①由 2000 年诺贝尔经济学奖得主、美国芝加哥大学教授 James Heckman 创立的"样本选择模型"(本书第 4 章);②由美国宾夕法尼亚大学沃顿商学院著名统计学教授 Paul Rosenbaum 及哈佛大学著名统计学教授 Donald Rubin 创立的"倾向值匹配方法"(本书第 5 章);③由美国哈佛大学肯尼迪政府学院教授 Alberto Abadie 及哈佛大学经济学教授 Guido Imbens 创立的"匹配估计量"(本书第 6 章);④由美国芝加哥大学教授 James Heckman、日本东京大学经济学教授 Hidehiko Ichimura、美国宾夕法尼亚大学经济学教授 Petra Todd 创立的"基于内核的匹配法"(本书第 7 章)。第一种和第四种方法属于计量经济学派,其余两种属于统计学派。

20 世纪 70 年代中期,芝加哥大学的 Heckman 发表了一系列关于样本选择的论文,在计量经济学界掀起了一阵对选择建模的狂潮。由 Heckman 引发的定量选择模型一时间被称之为"海氏模型(Heckit Models)"。但是,对"样本选择模型",学术界一直争论不休,仁者见仁,智者见智,批判和挑战声不绝于耳。虽然 Heckman 的模型在实际运用中有局限性,主要原因是该模型对数据有苛刻的假定而实践中研究者无法确认这些假定的真实性,但它对选择过程建模的深刻思想,堪称开创了这个领域的先河。针对因果分析最核心的困扰——未观察到的干扰变量,Heckman 运用了传统计量经济学"设定误差(specification error)"的研究方法,其认为虽然变量缺失但研究者可以运用缺失变量所呈现的系统变化探讨实验人群和比较人群在结果变量上的差异,从而对因果关系做出较为准确的定量描述。Heckman 在研究中用服从正态分布的广义线性模型(即 Probit 法)估算研究对象接受实验的概率。虽然他当时没有使用"倾向值"一词,但现在研究者都认为这个概率就是倾向值,所以 Heckman 与 Rosenbaum、Rubin 一样,在"倾向值分析"上做出了独立贡献。2000 年诺贝尔奖评审委员会将当年的诺贝尔经济学奖颁发给了两位学者,Heckman 是其中之一,以表彰他在"样本选择模型"上的杰出贡献。

Rosenbaum 和 Rubin 发表于 1983 年的论文开创了倾向值匹配方法的先河。匹配法在 Fisher 之前,早已有之。但是,这一类匹配,都可能遭遇匹配维度(dimensionality)的限制而归于失败。一个理想的比较组,其中所有人都与实验组人群在性别、年龄、一两个主要干预变量上相似,在实际操作中是可行的。但是,当干预变量的数量(即匹配维度)增加以后,再要做精确的匹配就会很困难。Rosenbaum 的演示表明,如果我们有 20 个变量,每个变量只有两个值,这时要做匹配,就有 $2^{20} = 1\,048\,576$ 种可能的值。在这种情况下,即便研究的样本量足够大,有几千人,还是有许多实验组的人找不到类似的比较人群而使匹配失败。如果能将一系列变量的值归结于一个代表值,这样就可以只对这一个值进行匹配,这样才可能使匹配顺利进行。Rosenbaum 和 Rubin 的研究证明,这样一个代表值是存在的,它就是"倾向值(propensity score)"。研究者可以运用 logistic 回归估计出倾向值,然后再对这一个单一分值做匹配,找出与实验组最接近的比较组。Rosenbaum 和 Rubin 从数学上证明了,不管有多少个匹配变量,用 logistic 回归计算出来的倾向值将是对所有变量以及这些变量分布的最好代表。Rosenbaum 和 Rubin 还证明了运用倾向值做回归分析、匹配、分层的数学特性,从而为倾向值方法奠定了理论基础。今天看来,这个在 1983 年开发的方法已成为古典模型。Rosenbaum 和 Rubin 的"贪婪匹配法(greedy matching)"在实际操作中会因为"共同支持域"的狭窄而丢失样本量。对这一方法的修正,是由 Rosenbaum 随后开发的"最佳匹配法(optimal matching)",它的数学思想是运筹学的"网络流(network flow)"。基于 Rosenbaum 和 Rubin 发表于 1983 年的文章,研究者还开发了与传统匹配类似的方法,其中最重要的是"倾向值加权分析(propensity score weighting)"。该方法将倾向值视作权重,然后对结果变量作加权分析,它的最大优点是可以保持所有样本单位而不丢失样本量。今天倾向值加权分析已被视作这一领域最重要的方法而被广泛运用。

Abadie 和 Imbens 创立的"匹配估计量"是"反事实推导框架"的直接运用。根据这个框架,每个被研究的对象都有两个结果:观察到的和未被观察到的,其中未被观察到的结果是一个缺失数据(missing data)。"匹配估计量"用样本资料对这个缺失量直接估算。此方法没有用倾向值,但用到了和倾向值相似的"向量模(vector norm)"。它也是一个在多维度匹配的基础上"概括"出来的单一量,一个综合值。Abadie 和 Imbens 的最大贡献是,他们推导了干预效应的标准误(standard error),从而使得对因果关系的假设检验更为精确和便于操作。

Heckman、Ichimura 和 Todd 创立的"基于内核的匹配法"第一次将曲线修匀(curve smoothing)的方法运用到倾向值研究中。如前所述,"贪婪匹配法"是 1 对 1 或 1 对 N 的匹配,要求有足够的"共同支持域",当这一条件不满足时,我们会丢失样本量。"基于内核的匹配法"摆脱了 1 对 1(或 N)的限制,实际上是 1 对"所有"(即每一个实验组成员与所有比较组成员)的匹配,然后在分析结果变量时根据实验组个体与每一比较组个体在核心值上的差异做加权平均。这里,James Heckman 等创造性地用曲线平滑中的"三次立方内核"(tricube kernel)和"局部线性回归"(lowess)做加权处理。值得指出,在"基于内核的匹配法"上,也有我们中国学者的贡献,他就是范剑青,曾在复旦数学系读本科(我的校友),现普林斯顿大学统计和金融工程著名教授。范剑青 1992 年的论文证明了"局部线性回归"的诸多优势,被 Heckman 等广泛引用。

在这本《倾向值分析:统计方法与应用》的书中,我和我的同事、北卡罗来纳大学教堂山分校教授 Mark Fraser 第一次将倾向值分析方法汇集成册,向读者做综合介绍。虽然这是一本介绍性的书籍,我们在阐述方法时,侧重介绍了方法的理论模型,通过蒙特卡罗(Monte Carlo)方法对因果分析中假设违背的后果(第 3 章)及各种方法的比较(第 8 章)做了原创性的计算机模拟,所有引用例子所使用的资料和电脑操作程序公布在与此书配套的网页上(http://ssw. unc. edu/psa)以方便读者练习和运用。我们在写作中阐述了重要的统计学原理和定理,省略了论证,力求通俗易懂,侧重应用,希望为科研工作者提供一本关于前沿因果分析方法有用的工具书。

五

由当代最有影响的统计学家、计量经济学家创立的"倾向值分析"在我们的日常生活中究竟有什么作用? 它在哪些领域中被广泛应用? 为回答这个问题,下面我从浩瀚的应用文献中摘取几例,科海掇英,以窥一斑。

在美国和西方其他国家,私立学校有点像中国的重点学校,一般被认为有强劲的师资和较高的教学质量而受到青睐。但是,私立学校在何种程度上能真正提高学生的学术水平,却一直是个争论不休的问题。要进私立学校,学生首先要交付昂贵的学费,其次他们还要通过严格的入学考试,经过层层筛选,最后能够进入私立学校的都是一些与公立学校完全不一样的学生。于是,问题产生了:究竟是私立学校因教学质量高而提高了学生的学术水平,还是本来这些学生就比一般学生聪明,他们的成绩好是理所当然? 进一步说,私立学校的好名声究竟是谁带来的? 究竟是私立学校的老师比一般学校的老师好,还是私立学校的学生不同于一般学校的学生? 运用"倾向值分析法",学者们发现经过严格匹配,当私立学校和公立学校的学生在主要干扰变量得到控制以后,私立学校提高学术质量的优势大大削减,私立学校仅对那些最不容易进入私立学校的学生有提高考试成绩的优势,其他学生则不论在哪类学校都会有出色的表现。关于本例,详见第 1 章。

中国媒体前不久披露,安徽某地发现有儿童血液含铅量超标的情况,经过调查,发现可能是该地某化工厂排放的污染物造成环境恶化所致。我没有对该案例的后续调查追踪,也不知该调查是怎样进行的,但是,无独有偶,美国也有类似的研究,而且运用的是匹配和敏感度分析法(详见本书第 8 章)。1982 年美国流行病学家发现,儿童血液含铅量高可能与他们的家长在含铅量高的工厂工作有关。更准确地说,是家长无意中将工厂的铅带回家,造成孩子受到铅污染。为了证明家长在含铅量高的工厂工作造成儿童健康恶化的因果关系,研究者找了 33 位儿童,他们的父亲都在含铅量高的电池厂工作;同时研究者还找了 33 位类似的儿童,他们的父亲或家人都不在电池厂工作。为了剔除干扰变量的影响,研究者通过匹配使这 33 组儿童中的每一组都在年龄和居住环境上一样。结果表明,那些父亲在电池厂工作的孩子血液的含铅量要比其他孩子平均高出 15.97 μg/dl,这种差异在统计学意义上高度显著($p < 0.0001$)。由于匹配只关注两项干扰变量,以上结果还不能完全证明家长在电池厂打工是儿童血液恶化的唯一原因。进一步的敏感度分析表明,以上结果对其他解释变量不敏感,换言之,因果关系是存在的。

如果要问我一项(只一项)美国公共卫生在过去 20 年取得的最伟大的成果,我会说,是它在吸烟和致癌率因果关系上的研究,以及为此做出的巨大努力使美国的吸烟人数大幅下降并在公共场所禁烟取得的卓越成效。要证明吸烟和致癌率的因果关系,研究者不可能采用纯随机实验法。这个领域的许多研究,用的就是倾向值分析或类似的方法,最经典的是由著名统计学家 William Cochran 用"分层(stratification)"(也称"子群分类(subclssification)")所做的研究(详见本书第 3 章)。运用美国、加拿大和英国的统计资料,Cochran 证明了在三组人群(吸烟者、吸雪茄或烟斗者、非吸烟者)中,吸烟者死亡率最高,吸雪茄或烟斗者次之,非吸烟者最低。值得说明的是,在这个经典研究中,Cochran 只用了一个干预变量——年龄,即通过对年龄的分层使三组人群在干扰变量上尽可能地相像;其余干扰变量,如教育、社会经济地位、职业、收入等都可以视做年龄的函数。毋庸置疑,这项研究对成千上万人健康的影响具有绝对重要的意义。还有一个潜台词研究者没有说,但我个人认为是存在的,那就是:如果吸烟者戒不掉烟非要吸的话,那不妨改换雪茄或烟斗。

现如今乳腺癌是困扰女性健康的一大杀手。20 世纪 60 年代,乳房切除术(Mastectomy,即乳房全切)是治疗乳腺癌的标准手段。在此方法流行的同时,医学工作者也在探讨对某些乳腺癌(如相对不严重的小块肿瘤,结点阴性[node negative])患者做肿瘤部分切除的可能性。为了取得局部切除可靠性的资料,美国医学工作者斥巨资做了若干纯随机的实验,其结果证明使用局部切除的患者 5 年存活率与使用乳房全切除的患者非常接近。这一结果,使美国国立癌症研究所(U. S. National Cancer Institute)有理由将局部切除法向全国推广。但此时美国联邦政府(即"政府问责办公室(Government Accounting Office)")却有所顾虑。他们担忧的是,接受纯随机实验的患者和实施手术的医生可能都"偏好于"部分切除法,他们"自我筛选"并倾向于这种手术的正面效应;更重要的是,某些会产生负面效应的病员通过"自我筛选"而排除在研究人群之外,使得研究的结果出现偏向于正面效应的"误差"。为了对这两种方法做更全面更严谨的比较,研究者在 Rubin 的领导下,用大量的统计资料(即美国的 SEER 资料库)做非随机实验分析。他们采用"倾向值分析法"对将近 20 个干扰变量进行控制,以比较两种手术方法在存活率上的差异。用这一方法做出的结果与随机实验的结果非常接近。它表明,没有统计意义上的显著性可以证明"乳房全切术"有胜过"乳房部分切除"的优越性。关于此例,详见 2008 年的美国《应用统计年刊》(The Annals of Applied Statistics)第二卷第三期第 821-824 页。

在一个投票并由多数票决策的社会中,因果分析的准确性直接涉及公共资源的分配以及纳税人财产的走向,它的重要性不言而喻。我现在要说的例子,是一位读者看了《倾向值分析:统计方法与应用》的书后,在向我咨询方法细节时通过电子邮件告诉我的。在新罕布什尔州(New Hampshire),州政府要采纳一项新的对家庭固体垃圾以单位为基准的收费政策(unit-based pricing on the level of household solid waste disposal)。它的实施直接影响到州政府在垃圾回收上对地方政府的补贴。换言之,此项政策的实施涉及公共财产的分配。全州有 45 个城镇自愿加入这项新政策的实施,189 个城镇没有加入。从项目评估及寻找"垃圾新政"是否能真正起到保护环境的作用上看,研究者要找到新政与环保的因果关系,必须剔除加入者为谋求自身利益参加新政策所产生的干扰,即"筛选误差(selection bias)"。在这个非随机实验中,加入者有加入的原因,没有加入者选择不加入也有原因。只有把各种干预影响剔除之后(比如,加入的城镇可能比较穷,加入新政是为了取得州政府的补贴而不是真正为了更好地保护环境),才能真正客观地评估新政的效益。所以,研究者在评估时使用了"倾向值分析法"。

现代西方社会离婚率高而且有很多人选择单身。在一个尊重个人自主抉择的民主社会中,选择婚姻或单身纯粹是个人的事情。美国小布什总统执政期间,曾一度大力提倡以婚姻为核心的家庭模式以降低离婚和单身率。小布什政府认为以夫妻为中心的家庭制度是人类有史以来最理想的抚养后代、繁衍生息的模式。这个看上去似乎简单得无须证明的理念,实际上与政治有千丝万缕的联系。反对者认为这是保守的共和党政府为了保护富人的利益而推行的举措,因为恰恰是那些离婚和单身的群体有各种各样的社会问题,属于弱势群体,需要得到福利政策的保护。这一群体中的很多人同时也是黑人及其他少数族裔。所以,反对者认为,小布什提倡婚姻,其实是为了削减对弱势群体的福利资助。不管这一命题的政治影响如何,它促使社会学家重新审视婚姻家庭的功能和效益,包括它的社会经济效益。在众多家庭社会学的研究中,有一个假设认为,结婚对积累财富、拥有个人住房有直接影响,而且两者之间存在因果关系。要对这个假设做实证分析,不可能施行纯随机研究,因为没有任何研究者可以实施一个社会实验,将研究对象随机地分到"结婚组"和"单身组"中,然后观察两组在拥有个人住房上的差异。为了证明这个假设是否正确,我和我的同事用"倾向值分析法"作研究。我们观察了结婚和单身两组人,用倾向值匹配的方法使这两组人群尽可能地相似,然后用"生存分析"(也称"事件史分析"的方法)对两组人第一次购买住房的时间作比较。研究结果证明,结婚的人群比单身人群更快或更可能购买住房。关于这项研究的结果,详见 2011 年 9 月刊出的美国《社会服务纵览》(*Social Service Review*)杂志。

关于"倾向值分析法",还可以举出很多例子。仅从以上 6 例,我们已经可以看到该方法的重要用途。倾向值分析在现代因果关系的实证分析中占有重要地位。从我接触到的材料看,这个方法已被用于农业、环境保护、医学、药物学、流行病学、公共卫生、经济学、社会学、工商管理、心理学、教育学和社会工作等领域,是当今科学研究的一项重要方法。

<h2 style="text-align:center">六</h2>

这本著作中文版的付梓问世,凝结着众多同事和朋友的心血,有很多人要感谢。首先,我感谢我的合作者马克·弗雷泽教授。北京大学郭志刚教授和他领导的团队将全书翻译成中文,花费了大量心血。我也借此机会感谢我的母校复旦大学和南开大学,感谢母校老师的培养。我的家人李申燕、方度、郭蜀秋等对此书的写作提供了宝贵意见,在此一并致谢。

郭申阳

美国北卡罗来纳大学教堂山分校教授

2011 年 2 月 20 日,完稿于北卡"顶观居"

致 谢

我们感谢许多在本书写作过程中提供过帮助的人。首先,感谢观察研究新方法的原创者们,包括 James Heckman、Paul Rosenbaum、Donald Rubin、Allberto Abadie、Guido Imbens、Hidehiko Ichimura 以及 Petra Todd,他们在发展观察研究的四种统计模型方面的贡献使得本书成为可能。

感谢本书的总编辑 Richard Berk,因为他在本书的整个写作过程中提出了许多创造性想法和有益的指导。本书的写作中,我们得到了来自 Paul Rosenbaum、Ben Hansen、Guido Imbens、Petra Todd、John Fox、Michael Foster 和两位匿名审稿人的宝贵评论、建议以及直接帮助。郭申阳感谢他的导师 William Mason。因为 Mason 富有创造性且严谨的统计学研究深深地影响着他的职业生涯并引领他选择定量研究方法作为主要的研究领域。

感谢 Sage 出版集团的前策划编辑(acquisitions editor)Lisa Shaw 和现高级策划编辑 Vicki Knight 在写作本书过程中提供的帮助。

感谢北卡罗来纳大学教堂山分校和社会工作研究领域中的许多同事。院长 Jack Richman 提升研究严谨性的洞见——这体现在他对本项目的全力支持中——激励着我们写作本书。Richard Barth 参与了设计本书的最初讨论,并对本书的完成提出过极好的建议——我们引用了由 Barth 所领导的数项研究以说明所介绍的方法在社会工作研究中的应用。Diane Wyant 为全书提供了卓越的编辑帮助。Alan Ellis 在应用 R 软件来完成一些示范性举例方面提供了帮助。Jung-Sook Lee 帮助整理了本书数个例子中所使用的 PSID 和 CDS 数据。Carrie Pettus Davis 和 Jilan Li 帮助检索了本领域目前可用的计算程序。感谢 Cyrette Cotton-Fleming 在复印和其他事务上提供的帮助。部分财务支持由马克·弗雷泽获得的 John A. Tate 特聘教授席位提供。

最后,感谢我们家人的支持、理解和忍耐。具体说来,郭申阳感谢妻子李申燕以及子女涵和瀚喆,马克·弗雷泽感谢妻子玛丽·弗雷泽以及子女亚力克斯和凯蒂。此书献给你们。

目　录

1 导　论

倾向值分析(propensity score analysis)已被证明是使用非实验数据(nonexperimental data)或观测数据(observational data)进行干预效应(treatment effects)评估时很有用的、较为新颖且具有创造性的一类统计方法。具体而言,倾向值分析提供了在以下情形中进行项目评估(program evaluation)的一种方式:当随机化临床实验不可行或违背伦理时,或者当研究者需要根据调查数据、普查数据、官方登记数据(administrative data)时,或"通过常规调查实践中未受到任何随机化分配规则(randomized assignment rules)影响而收集到"的其他数据评估干预效应时(Rubin,1997:757)。

就此而言,本书集中关注紧密联系但在技术上又相互区别的用于评估计干预效应的四种模型:①Heckman 的样本选择模型(Heckman's sample selection model)(Heckman, 1976,1978,1979)及其改进形式;②倾向值匹配(propensity score matching)(Rosenbaum & Rubin,1983)及有关的模型;③匹配估计量(matching estimators)(Abadie & Imbens,2002, 2006);④以非参数回归进行的倾向值分析(Heckman,Ichimura, & Todd,1997,1998)。

尽管统计学家和计量经济学家并未在倾向值分析的涵盖范围和内容上达成共识,但本书所介绍的统计模型具有若干相似的特征:每种模型都具有评估干预效应和控制协变量的目的,都代表着项目评估中最新水平的分析,也都可用来克服观测研究中遇到的各种挑战。

尽管随机化控制试验(randomized controlled trial)被视为研究设计(research design)中的黄金标准,但是真正的实验型设计(experimental designs)未必可能或可行,在人文社会科学研究中甚至未必是可取的。由于社会科学研究继续大量地依赖于准实验研究设计(quasi-experimental research design),因此研究者一直在探求改进项目评估的方法。

在过去的 30 年里,项目评估方法经历了重大的变化,因为研究者已经意识到发展出更有效的方法来以基于观测数据的研究评估干预效应和基于准实验设计进行评估的必要。寻求项目效果(program effectiveness)的一致和有效估计量上日益增加的兴趣导致关注不同假定下估计平均干预效应的著作的大量出现。统计学家(如,Rosenbaum & Rubin, 1983)和计量经济学家(如,Heckman,1978,1979)通过发展和改进用于以观测数据来估计因果效应(causal effects)的新方法已经做出了重大贡献。总体上,这些方法被统称为倾向值分析。

计量经济学家已将倾向值模型整合到其他计量经济学模型(即工具变量(instrumental variable)、控制函数(control function)、差中差估计量(difference-in-differences estimators))中,用来对社会、教育和健康项目进行更为便宜且更不具干扰性的非实验评估。而且,计量经济学中新近对经典实验方法的批评和重新表述(reformulation)标志着评估方法上的一个重大转变。这一动向的重要性已由 James Heckman 当选为经济学领域2000 年诺贝尔奖得主之一所证明。该奖项表彰他发展出选择性样本(selective samples)情况下进行数据分析的理论和方法。

作为对这些新方法加以关注的体现——实际上也是意识到其效用的体现,倾向值方法已被应用于不同学科和专业,比如教育学(Morgan,2001)、流行病学(Normand et al.,2001)、医学(如,Earle et al.,2001;Gum, Thamilarasan, Watanabe, Blackstone & Lauer, 2001)、心理学(Jones, D'Agostino, Gondolf & Heckert,2004)、社会工作(Barth, Greeson, Guo & Green, 2007; Barth, Lee, Wildfire & Guo, 2006; Guo, Barth & Gibbons, 2006; Weigensberg, Barth & Guo,2009)以及社会学(Smith,1997)。在社会福利研究中,经济学家和其他学者曾使用倾向值方法来对国家职业培训协作法项目(National Job Training Partnership Act)(Heckman, Ichimura & Todd, 1997)、国家劳动培训示范项目(National Supported Work Demonstration)(LaLonde, 1986)和"福利到工作"战略国家评估项目(National Evaluation of Welfare-to-Work Strategies Study)(Michalopoulos, Bloom & Hill, 2004)。

在介绍这些新方法的过程中,本书的写作和准备以两个基本目标为指引。第一个目标是围绕着这四种倾向值分析模型向读者介绍它们的源起、主要特征和争论。我们希望这一介绍能有助于实现我们的第二个目标,即阐明一些新的思路、概念和方法,社会行为研究者们可将它们应用到自己的研究领域来解决可能遇到的问题。此外,本书还有两个最高目标。我们的主要目标是以一种更不技术性且更实用的方式对分析方法在过去 30 年中的理论和技术进步加以介绍,使其易于理解且便于应用。第二个目标是推动社会行为研究者们就使用非实验方法估计因果效应的挑战、策略和最佳方法进行讨论。

本章的目的是提供倾向值分析方法的概览。1.1 节给出观察研究(observational studies)的定义。1.2 节回顾了这些方法的历史和发展。1.3 节对由统计学家发展的黄金标准——随机化实验方法(randomized experimental approach)进行概述,此模型应被作为非实验方法(nonexperimental approach)的基础。1.4 节提供来自计量经济学和统计学之外的文献中的例子。这些例子意在帮助读者明确倾向值方法可能适用的场合。1.5 节对目前可用来进行倾向值分析的计算软件包(computing software packages)和全书所介绍模型中用到的软件包的主要特征进行介绍。1.6 节概述本书的组织结构。

1.1 观察研究

我们所讨论的统计方法可以一般性地归类为适用于**观察研究**(observational studies)的方法。根据 Cochran(1965),观察研究是一项无法使用控制实验(controlled experiments)和将成员随机分配到不同程序的情况下意在阐明因果关系的实证调查(empirical investigation)。

在与项目评估(program evaluation)有关的一般性文献中,研究者更经常地将术语**准实验研究**(quasi-experimental studies)而非**观察研究**与被定义为实验研究的术语一起使用,准实验研究其实也对各组进行比较,但缺乏随机分配(random assignment)的关键要素(critical elements)。实际上,准实验可被与观察研究替换使用,正如以下对 Shadish、Cook

和 Campbell(2002)的引用所描述的:

> 准实验与所有其他实验共同分享一个相似的目的——对与可操纵的原因(manipulable causes)有关的描述性因果假设(descriptive causal hypothesis)加以检验——以及诸多结构性细节(structural details),比如经常存在的控制组(control groups)和前测测量(pretest measures),以支持对不存在干预情况下将会发生什么进行反事实推断(counterfactual inference)。不过,在定义上,准实验缺乏随机分配。往不同情境的分配要么以**自我选择**(self-selection)的方式进行,这时各单位(units)为他们自己选择是否接受干预;要么以**管理者选择性**(administrator selection)的方式进行,这时教师、行政管理者、立法者、治疗师、医生或其他人来决定哪些人应受到何种干预(第13-14页)。

观察研究的两个特征值得特别强调。第一,观察研究关注干预效应(treatment effects)。不包含干预(treatment)——经常被称作**干预**(*intervention*)或**项目**(*program*)——的研究既不是实验研究也不是观测研究。大多数民意测验(public opinion polls)、预测工作(forecasting efforts)、公平和歧视调查(investigations of fairness and discrimination)以及许多其他重要的经验研究(empirical studies)都既非实验研究也非观测研究(Rosenbaum,2002b)。第二,观察研究可以应用来自非实验、非观察研究的数据,只要关注点是对干预或接受某一特定服务的效果进行评估。根据这一定义,观察数据(observational data)指的是由随机化实验之外的方式所产生的数据,通常包括调查、普查或行政管理档案(administrative records)(Winship & Morgan,1999)。

1.2 历史和发展

术语**倾向值**(propensity score)首次出现在 Rosenbaum 和 Rubin 于 1983 年发表的一篇文章中,该文介绍了根据观察数据来估计因果效应(causal effects)。Heckman(1978,1979)有关使用联立方程建模(simultaneous equation modeling)来处理虚拟内生变量(dummy endogenous variables)的工作讨论了非随机分配情形下估计干预效应的相同问题。不过,Heckman 是从样本选择(sample selection)的角度来处理这一问题。虽然 Heckman 针对虚拟内生变量问题的著作采用了不同的术语(terminology),但他使用了相同的方法来估计成员接受两种状态之一的概率。两个思想流派(schools of thought)(即 Heckman 的计量经济学传统与 Rosenbaum 和 Rubin 的统计学传统)一直都对该领域的发展方向具有着重大影响,尽管由 Rosenbaum 和 Rubin 所创造的术语**倾向值分析**(propensity score analysis)最常被用作一个代表观察研究中用于修正选择性偏差(selection bias)的一组相关技术的一般性术语。

倾向值方法的发展标志着因果推断研究中两大传统的汇合:主要依赖于结构方程模型(structural equation modeling)的计量经济学传统(econometric tradition)和主要依赖于随机化实验的统计学传统(statistical tradition)(Angrist, Imbens & Rubin, 1996;Heckman, 2005)。计量经济学传统可追溯到 Trygve Haavelmo(1943,1944),他的开创性工作是发展出了线性联立方程组(system of linear simultaneous equations),这使得分析人员可以刻画结果之间的相互依赖、区分出投入上的固定部分和调整部分以及剖析出真实因果效应(true causal effects)和虚假因果效应(spurious effects)。计量经济学家以**转换回归模型**

(switching regression model)的形式来探究估计**反事实**(counterfactuals)——一个通常由统计学家所提出并加以使用的术语——的问题(Maddala,1983;Quandt,1958,1972)。Heckman(1978,1979)对两步估计法的发展被誉为该领域的开创性工作,以虚拟内生变量的形式明确地对选择的原因(causes of selection)进行建模。正如先前提到的,Heckman的工作遵循了计量经济学的惯例,并借助结构方程模型来解决此问题。

从历史上就明显不同于计量经济学传统,统计学传统可追溯到 Fisher(1935,1971)、Neyman(1923)和 Rubin(1974,1978)。与基于结构方程模型的惯例不同,统计学传统主要基于随机化实验。这一构想中的主要想法在于对被称作 **Neyman-Rubin 反事实框架**(Neyman-Rubin counterfactual framework)的潜在结果(potential outcomes)进行研究。在此框架下,通过考察样本中未暴露于干预中的成员的结果来探究干预对样本成员(已暴露在干预中的)的因果效应。Rubin 将该反事实框架扩展到更加复杂的情形中,比如没有包含随机化的观察研究。

有关这两个传统的详细讨论,读者可参考《美国统计协会杂志》(*Journal of the American Statistical Association*)的特刊(1996,Vol. 91,No. 434),其上刊载了统计学家和计量经济学家之间的一场有趣对话。这一领域中的重要学者——包括 Greenland、Heckman、Moffitt、Robins 和 Rosenbaum——都参与了对一篇使用工具变量来识别因果效应特别是局部平均干预效应(local average treatment effects)的论文的讨论(Angrist et al.,1996)。

1.3 随机化实验

项目评估的统计学前提(statistical premise)以随机化实验传统为基础。因此,讨论观察研究中因果归因(causal attribution)的一个自然而然的起点就是回顾随机化实验的主要特征。根据 Rosenbaum(2002b),观察研究的理论必须对随机化的作用有清楚的认识,因此才会对缺乏随机化的后果有同样清楚的认识。比如,敏感性分析(sensitivity analysis)属于 Rosenbaum 处理包含隐藏的选择偏差(hidden selection bias)的数据的方法。该方法包括主要针对随机化实验发展出来的检验统计量(test statistics)的使用,比如 Wilcoxon 的符号秩统计量(Wilcoxon's signed-rank statistic)和 Hodges-Lehmann 估计(Hodges-Lehmann estimates)。但是,计量经济学家们对社会实验的批评(比如,Heckman & Smith,1995)经常包括对随机化不可行的情况的说明,尤其是在社会行为研究(social behavioral research)情境中。因此,对随机化实验的原理和类型、随机化检验以及对这一传统的挑战进行回顾就很重要。其中的每一个主题都会在随后各节加以讨论。

1.3.1 Fisher 的随机化实验

随机化实验的发明通常归功于 Ronald Fisher 爵士,他是 20 世纪最著名的统计学家之一。Fisher 的《实验设计》(*The design of Experiments*)(1935,1971)一书介绍了随机化的原理,并以现在著名的检验英国妇女的品茶能力(testing a British women's tea-tasting ability)这一例子来进行说明。该例一直被重复引用来阐明随机化的力量和假设检验(hypothesis testing)的逻辑(参见例如,Maxwell & Delaney,1990;Rosebaum,2002b)。以一种略微不太技术性的方式,我们借用这个例子来对随机化实验中的重要概念进行说明。

用 Fisher(1935,1971)的话讲,问题如下:

> 一位女士宣称,通过品尝一杯加有牛奶的茶,她可以区分出首先被注入杯中的是牛奶还是茶。我们来考虑以可对此主张加以检验的方式设计一个实验的问题。(第11页)

在 Fisher 的时代,实验中的主导性做法是控制可能污染干预效应的协变量(covariates)或干扰因素(confounding factors)。因此,为了检验一个人的品味能力(tasting ability)(即区分两种备茶方法的真实能力),除了实验中所用的各杯茶之间可能存在的大量潜在差异之外,研究者将会对可能影响到结果的因素加以控制,比如茶的温度、茶的浓度、糖的使用和牛奶的加入量。正如 Maxwell 和 Delaney(1990)指出的,

> 实验的逻辑直到 Fisher 的时代仍然坚称,要想取得一个有效的实验,所用的全部杯子"必须完全一样",除了被操控的自变量之外。Fisher 基于两个理由拒绝了这一宣称。第一,他认为,无论是在本例中还是在一般性的实验中,这在逻辑上是不可能实现的……第二,Fisher 认为,即使实现在刺激(stimuli)的各维度上的"精确相似(exact likeness)",或更实际地,"细微差别(imperceptible differences)",是可信的,这在实践中也将因太昂贵而无法尝试。(第40页)

不是对每一潜在的干扰因素加以控制,而是**不控制任何因素**(control for nothing),即 Fisher 建议使用一种随机化的方法。

> 我们的实验由混合 8 杯茶组成,其中 4 杯用一种方式、4 杯用另一种方式,并以随机顺序将它们奉上给进行判断的被试。被试已在测试之前被告知,她将被邀请对这 8 杯茶进行品尝,每一类别将会有 4 杯,且它们会被以随机顺序呈现给她们,即此顺序不是由人的选择随意决定的而是通过碰运气或纸牌、骰子、轮盘赌等游戏中使用的形式来确定,或者更便捷地,根据已发表的旨在给出此类操控的实际结果的随机抽样数表来确定。她的任务是将 8 杯茶区分成两组,如果可能的话,同意并接受所受到的干预。(第12页)

在进一步讨论之前,指出与 Fisher 的设计有关的若干重要特征至关重要。首先,本例中,分析单位(unit of analysis)并非个体($N \neq 1$)而是茶杯向品茶者的呈现(presentation)(即 $N = 8$,总共 8 个案例构成了样本)。其次,本例中有一个干预分配过程(treatment assignment process),即茶杯被奉上的顺序。采用 Rosenbaum(2002b)的标记符号,这是一个随机变量 Z,茶杯向品茶者的任一次具体呈现都是 Z 的一次实现,或者 $Z = z$。比如,在茶杯的某次具体呈现中,开始时奉上先加入牛奶的 4 杯,随后是先加入茶的 4 杯,那么我们可以写下 $z = (11110000)$,这里 z 只是诸多可能的分配方式之一。在 Rosenbaum 的标记符号中,这些可能的干预分配构成了一个集合 Ω,且 $z \in \Omega$。确定 Ω 中元素的总数(Rosenbaum 将其记为 K)是实验设计的一个重要任务,这也是可以使用概率理论(probability theory)来完成的任务。这一点将在其他地方做更详细地讨论。再次,存在一个实际结果(actual outcome)r,即品尝 8 杯茶的结果。如果品茶者准确地给出了与干预分配中相同的茶杯顺序(即她正确地辨别出前 4 杯为先加入牛奶而接下来的 4 杯为先加入茶),那么此结果将被记录为 $r = (11110000)$。最后,此检验主要旨在确定品茶者是否有区分出两种茶的真实能力,或者她不是通过猜测偶尔做出了正确判断。因此,被检验的零假设(null hypothesis)是"她没有能力区分",同时这一检验涉及找到统计证据

(statistical evidence)在一个既定显著性水平(significance level)上拒绝此零假设。

基于这些说明,我们继续此品茶测试,介绍 Fisher 如何实施他的随机化实验。随机化实验的一个重要特征是,研究者必须在实施之前计算出每一研究单元(study unit)的可能结果(probable outcomes)。Fisher(1935,1971)强调"预测所有可能的结果",即使仍处在结果数据完全不存在的设计阶段:"在考虑任何提出的实验设计的恰当性(appropriateness)的过程中,总是需要预见到所有可能的实验结果并明确地决定应该对其中的每一结果施加什么样的解释"(第12页)。

此计算的关键是知道集合 Ω 中元素的总数(即 K 的值)。上面的例子中,我们只是随意地以干预分配 11110000 为例,尽管许多其他的干预分配可被很容易地计算出来,比如将先加入牛奶的茶杯与先加入茶的杯子交替奉上(即 10101010),或者奉上先加入茶的4杯随后奉上先加入牛奶的4杯(即 00001111)。统计学中,计数规则(counting rules)(即排列(permutations)和组合(combinations))告诉我们,奉上8杯茶的全部可能方式可以通过找出每次从8个物品中取出4个的组合数得到,为

$$_nC_r = \frac{n(n-1)(n-2)\cdots(n-r+1)}{r(r-1)(r-2)\cdots 1} = \frac{n!}{r!(n-r)!}$$

我们此处问题的答案是

$$K = {}_8C_4 = \frac{8!}{4!4!} = 70 ①$$

因此,有70种可能方式来向品茶者奉上4杯先加入牛奶的茶和4杯后加入牛奶的茶。我们可以一直写出 11110000、10101010、00001111……直到穷尽所有70种方式。这里,70为集合 Ω 中全部元素的数目或者一个干预分配对应的所有可能性。

为了对"H_0:无能力"进行统计检验,Fisher 把注意力转向对可能结果 r 的观察上。而且,如果我们将品茶者有区分地品味的真实能力界定为要求她所识别的全部8杯茶与我们呈现给她的完全一致,那么我们就可以计算出现正确结果的概率。这里执行的显著性检验涉及拒绝零假设,同时零假设被表达为"无能力"。Fisher 使用了"猜对结果(guessing the outcome right)"的逻辑,也就是,品茶者没有区分能力而只是通过猜测得到其正确结果。那么,出现与干预分配 z 相同的正确结果 r 的概率是什么呢?结果 r 应当包含一组来自70个可能干预的值,也就是,品茶者可能从 11110000、10101010、00001111……这70个可能结果中猜测任一结果。因此,猜出正确结果的概率为 1/70 = 0.012 4,一个极低的概率。现在,我们可以在犯 I 类错误(Type I error)的很小概率情况下拒绝零假设(即品茶者的确有能力,但我们错误地拒绝了"无能力"假设),且可能性实际上很低(0.012 4)。换言之,根据统计证据(即对所有可能结果的考察),我们可以在0.05的统计学显著性水平上拒绝"无能力"假设。因此,我们可以认为,在此一设计中,品茶者可能具有真实的品味能力(tasting ability)($p < 0.05$)。

Rosenbaum(2002b)用 $t(Z,r)$ 表示检验统计量。在上述检验方案中,我们要求干预(即茶杯奉给品茶专家的顺序)和结果(即品茶者所识别的实际结果)之间的完美一致(perfect match)——这种一致总共有8个,因此,问题在于找出概率 $\{t(Z,r) > 8\}$。这一概率可以用 Rosenbaum 的标记符号更正式地表达如下:

---

① 可用 Excel 来计算每次从8个物品中取出4个的组合数,只需在一个单元格中键入以下内容:= COMBIN(8, 4),然后 Excel 会返回数字70。

$$\text{prob}\{t(Z,r) \geq T\} = \frac{|z \in \mathbf{\Omega} : t(Z,r) \geq T|}{K}, \text{或 prob}\{t(Z,r) \geq 8\} = \frac{1}{70} = 0.0124$$

但是,如果"真实能力"的定义放宽为允许 6 个而非 8 个完全一致(即结果的顺序(order of the outcome)中有 6 个杯子与奉上的顺序(order of presentation)相一致),我们仍然可以计算检验"无能力"零假设中的概率或显著性。正如前面的计算中那样,这一计算涉及实际结果 r 与干预分配 z 之间的比较,品茶者的结果可以是 70 个可能结果中的任意一个。我们假定品茶者给出的结果为 $r = (11110000)$。我们现在需要考察有多少个干预分配(即 z 的数量)在此放宽的"真实能力"定义下与该结果相一致。这一问题的答案为 1 个完美一致(即包含 8 个一致的情况)加上 16 个包含 6 个一致的情形(Rosenbaum,2002b:30),一共 17 个干预分配。为了举例说明,我们给出了所有 17 个与品茶者的结果 11110000 相一致的干预分配:

完美一致 11110000,以及其中 6 个完全一致的以下指派:

0111**1000**,**01**11**0001**,**01**11**0010**,**01**11**0100**,**10**11**0100**,**10**11**0010**,**10**11**0001**,

10111000,**11010010**,**11010001**,**11010100**,**11011000**,**11100001**,**11100010**,

11100100,**11101000**

其中,粗体数字表示一致。[1]

因此,出现 6 个完全一致的概率为 17/70 = 0.243。以 Rosenbaum 的标记符号,这一计算为

$$\text{prob}\{t(Z,r) \geq T\} = \frac{|z \in \mathbf{\Omega} : t(Z,r) \geq T|}{K}, \text{或 prob}\{t(Z,r) \geq 6\} = \frac{17}{70} = 0.243$$

也就是,如果我们将"真实能力"定义为正确辨别出 8 杯茶中的 6 杯的话,那么出现正确结果的概率增加到 0.243。零假设在 0.05 水平上不能被拒绝。换言之,在这一被放宽的定义下,我们应当更加保守或更不情愿地认为品茶者具有真实能力。以一个总共 8 个杯子的样本和一个被放宽的"能力"定义,统计证据并不足以让我们拒绝零假设,因此,实验设计在检验真实的品味能力上更不显著。

我们已经详细介绍了 Fisher 著名的随机化实验的例子。这样做有两个方面的目的。第一是举例说明理解产生干预数据(intervention data)的两个过程的重要性:①干预分配过程(treatment assignment process)(即有一个随机变量 Z,且可能方式的总数 K 必然较大)使得有可能事先知道某一均质随机化实验(uniform randomized experiment)中接受干预的概率(probability of receiving treatment);②产生数据的过程(process of generating data)(即有一个结果变量 r)。这一话题会在第 2 章和第 3 章讨论所谓的可忽略干预分配(ignorable treatment assignment)以及在第 8 章中讨论选择偏差和敏感性分析时再次涉及。详细介绍费雪实验的第二个目的是引起对随机化实验核心要素的注意。根据 Rosenbaum(2002b),

第一,实验并不要求,实际上也不可能合理地要求实验单元(experimental units)应是同质的(homogeneous),反应上不存在变异(variability)……第二,实验并不要求,实际上也不可能合理地要求实验单元应是来自一个总体的随机样本……第三,就有关一个干预对加入实验中的单元的效应进行有效推断(valid inference)而言,要求干预应被随机地分配给实验单元就足够了——这些单元可

---

[1] 如果品茶者给出了一个不是 11110000 的答案,那么包含 6 个完全一致的指派的数量仍然是 17。不过,将会有一个与这里所呈现的情况不同的 17 个指派的集合。

以在反应上是异质的(heterogeneous)和并非来自一个总体的随机样本。第四,
概率只是通过由实验者所控制的干预的随机分配进入到实验中。(第23页)

1.3.2 随机化实验的类型和统计检验

Fisher 的框架为随机化实验设计奠定了基础。这一方法已经成为项目评估的一个黄金标准,并继续作为从农业到计算机科学、到制造业、到医学和社会福利中几乎每个研究领域里用于评估干预效应的有效且稳健的方式。此外,许多复杂的随机化设计也被发展出来对各种数据产生背景下的各类干预效应进行估计。比如,在均质随机化实验(uniform randomized experiment)这一类别中,[①]除了不存在分层的**完全随机化实验**(completely randomized experiment)(即 $S = 1$ 且 S 表示层(strata)的数目)这一传统方法之外,研究者已经发展出允许两个或更多层的**随机化区块实验**(randomized block experiments)(即 $S \geq 2$),以及其中 $n_s = 2$(即层 S 中的研究成员数量固定为2)和 $m_s = 1$(即层 S 中接受干预的成员数量固定为1)且 S 可以为很大(Rosenbaum,2002b)的**配对随机化实验**(paired randomized experiments)。

研究随机化实验的一个更重要的理由在于通过随机化实验发展出来的统计检验实际上可以在不含假定的情况下进行,而对于非随机化实验则并非如此。正如 Rosenbaum(2002b)所回顾和总结的,随机化检验(randomization test)的种类包括:

1. 对二分类结果(binary outcomes)的检验:**Fisher**(1935,1971)**精确检验**(Fisher's exact test)、**Mantel-Haenszel**(1959)**统计量**(Mantel-Haenszel statistic)和 **McNemar**(1947)**检验**(McNemar's test)。

2. 对受限于少数取值的结果变量的检验,这些取值代表了若干序次类别的数值得分(numerical scoring)(即定序变量(ordinal variable)):**Mantel-Haenszel 检验的 Mantel**(1963)**扩展**(Mantel's extension of the Mantel-Haenszel test)。

3. 对结果变量可以取任意取许多数值型值(numerical values)(即定距或定比变量(interval or ratio variable))的单一层 $S = 1$ 的检验:**Wilcoxon**(1945)**秩和检验**(Wilcoxon's rank sum test)。

4. 对定序结果变量且层的数目 S 相比于样本规模 N 而言较大时的检验:**使用符号秩统计量的 Hodges 和 Lehmann**(1962)**检验**(Hodges and Lehmann test using the signed-rank statistic)。

与随机化设计中使用这些检验进行推断的情况相反,在非随机化实验中使用这些检验进行推断"需要根本不会招致反对的假定"(Rosenbaum,2002b:27)。

1.3.3 对社会实验的批评

尽管随机化实验自 Fisher 极具影响力的工作以来在诸多应用中一直被证明是有用的,但是过去的 30 年一直见证着对包含在实验方法中的基本假定所提出的挑战。尤其是,批评者们很快注意到以人而非机械部件、农业地块或数杯茶来进行的研究中应用随机化试验的复杂性。以人类成员作为对象的社会行为研究中所出现的困境在于将成员分配到某一控制状态(control condition)就潜在地意味着拒绝对其他成员进行干预或提供服务。在许多情况下,这一拒绝给予服务将是不道德或不合法的。尽管使用随机化实验

---

① 这里,均质(uniform)指的是研究总体中的元素具有相等的接受干预的概率。

原初的基本原理是控制协变量的不可行性(infeasibility of controlling covariates),但是我们的评估需要重新回到协变量控制(covariate control)或其变形(比如,匹配(matching))变得具有吸引力这点上。社会行为评估中尤其如此。

在一系列发表的论文中,Heckman 和他的同事们(比如,Heckman,1979;Heckman & Smith,1995)讨论过使用影响研究成员决定是否参与项目的因素(factors)来直接对将成员分配到干预状态(treatment conditions)的过程进行建模的重要性。Heckman 及其同事们对我们可以依赖随机化来创建群组(groups)的假定提出了挑战,在这些群组中,干预组和未干预组的成员在非干预状态下具有相同的特征。他们质疑了包含在经典实验中的基本假定:随机化会消除选择性偏差。

Heckman 和 Smith(1995)具体指出了社会行为评估需要明确解决的四个问题,而其中没有一个能够适宜地通过随机化实验来加以处理:①诸如补贴、广告宣传、地方劳动力市场、家庭收入、种族和性别等因素对项目申请决策的效应是什么? ②官僚主义绩效标准(bureaucratic performance standards)、地方劳动力市场和个体特征对接受申请者和将其放置在特定项目中的行政管理决策的效应是什么? ③家庭背景、补贴和地方市场状况对退出项目的决策和替代地对完成一个项目所需时间长度的效应是什么? ④各种替代性干预的成本是什么?

1.4 为何和何时需要倾向值分析

在观察研究或不含随机化的研究中进行因果推断是富有挑战性的,而且正是这一任务一直激发着统计学家和计量经济学家去探索新的分析方法。我们在本书中所讨论的四种分析模型都起源于这项工作。尽管在所采用的具体方法上有所不同,但所有四种模型的目的都是在干预分配不可忽略的情况下完成数据平衡(data balancing),以使用非随机化或非实验方法来估计干预效应,和/或将多维度的协变量(multidimensional covariates)缩减为一个被称作**倾向值**(propensity score)的一维得分(one-dimensional score)。为了提供为何和何时需要倾向值方法的意识,我们列举了来自不同社会科学学科文献中的例子,倾向值分析适合于对所有这些研究进行数据分析和因果推断。这些例子中的大部分将会在全书中再次提到。

例1:评估教会学校(catholic school)**相对于公立学校**(public school)**对学习的影响。**教育领域中一个长期争论是教会学校(或一般性意义上的私立学校)在促进学习上是否比公立学校更有效率。显然,"干预"的形式(formation)(即进入教会学校)涉及各种选择。举几个例子来说,**自我选择**(self-selection)是一个让那些选择在教会学校中学习的学生接受干预的过程;**学校选择**(school selection)是一个允许学校只选择那些符合某些条件特别是最低学术标准(minimum academic standards)的学生进入干预的过程;**财政选择**(financial selection)是一个将那些其家庭不能提供学费的学生排除在干预之外的过程;而**地理选择**(geographic selection)是一个将那些居住在没有教会学校区域的学生选出去(即排除)的过程。最终,有关教会学校的争论围绕着这样一个问题:教会学校和公立学校之间在结果数据(即学业成绩(academic achievement)或毕业率(graduation rate))上观测到的差异(difference)是否可归因于干预或归因于教会学校服务于一个不同人群的事实。换言之,如果差异可归因于干预,那么结果就表明教会学校比公立学校可以更有效率地促进学习;而如果差异可归因于教会学校所服务的人群,那么结果将表明当前就读于教会学校的学生将总是呈现出更佳的学业结果,不管他们就读于私立学校还是公立学校。实施一项随机化实验来回答这些问题是不现实的,不过,对这一问题感兴趣的研究者可以利用诸如全国教育追踪调查(National Educational Longitudinal Survey,NELS)数据等观察数据。

因为观察数据缺乏将成员随机分配到干预情形的过程,所以研究者在评估干预效应之前必须使用统计程序(statistical procedures)来平衡数据。实际上,大量发表的研究一直使用 NELS 数据来讨论教会学校的效率问题。但是,所得发现一直是自相矛盾的。比如,使用倾向值匹配和 NELS 数据,Morgan(2001)发现,教会学校的效应只在那些以他们的观测特征来看最不可能就读于教会学校的教会学校学生之间是最强的。然而,在使用相同的 NELS 数据但采用了一种直接估计选择偏差的新方法的研究中,Altonji、Elder 和 Taber(2005)发现,就读于教会高中大大提高了学生高中毕业的概率和更加尝试性地读大学的概率。

例2:评估贫困对学业成绩的影响。先前的研究表明,遭受贫困和参与福利项目对儿童发展具有很强的影响。通常,成长于贫困环境会对儿童的生活前景(life prospect)产生不利影响,而且越是遭遇贫困,结果会变得越糟糕(Duncan,Brooks-Gunn,Yeung & Smith,1998;Foster & Furstenberg,1998,1999;Smith & Yeung,1998)。该领域中先前的大多数探讨一直都应用多元分析(multivariate analysis)(比如,多元回归(multiple regression)或回归类模型(regression-type model))对诸如收入动态追踪研究(Panel Study of Income Dynamics,PSID)或官方登记数据(administrative data)等全国代表性样本数据进行分析,尽管一些研究采用了诸如倾向值分析等修正方法(correction method)(比如,Yoshikawa,Maguson,Bos & Hsueh,2003)。对这种类型的数据使用多元方法产生了两个基本问题。第一,大部分有关贫困影响儿童学业成绩的文献都采用一种因果视角(causal perspective)(即贫困是学业成绩欠佳的原因),然而使用回归模型的分析充其量也只是相关性的(correlational)。此外,回归模型或协方差控制方法(covariance control approach)在处理内生性偏差(endogeneity bias)方面更不稳健。第二,PSID 是不含随机化的观察调查(observational survey),因此,研究者在使用 PSID 数据来评估因果效应时必须考虑选择偏差。

Guo 和 Lee(2008)已在考察贫困的影响方面作出了若干努力。首先,使用 PSID 数据,倾向值模型——包括最佳倾向值匹配(optimal propensity score matching)、干预效应模型(treatment effects model)和匹配估计量(matching estimators)——被用来估计贫困的影响。其次,Guo 和 Lee 对贫困进行了更为详尽的探究。也就是,除了诸如收入对贫困线(poverty threshold)的比值这样的常规贫困测量指标之外,他们对 30 年的 PSID 数据进行了考察,创建了两个新变量:①看护人在童年期间使用未成年子女家庭援助计划(Aid to Families with Dependent Children,AFDC)的年数和②儿童在出生到 1997 年(即学业成绩数据被进行比较的时点)之间使用 AFDC 的时间的百分比。最后,Guo 和 Lee 做了效力子集分析(efficacy subset analysis)和意料中的干预分析(intent-to-treat analysis),并对结果进行了比较。使用这些方法得到的结果比先前的研究更具启发性。

例3:评估弃权示范项目(Waiver Demonstration Program)的影响。1996 年,美国国会通过了《个人责任与就业机会折中法案》(Personal Responsibility and Work Opportunity Reconciliation Act,PRWORA)。作为福利改革,PRWORA 终结了先前福利政策 AFDC 下可以获得现金援助(cash assistance)的权利。作为此新方案的一部分,联邦政府发起了弃权示范项目,允许参与的各州和县将自由支配资金用于各县的(county-specific)福利改革示范项目——只要这些示范有助于"不增加成本(cost neutrality)"。弃权示范项目以及福利改革下实施的若干其他项目的一个关键特征在于,县有权选择是否参与弃权示范(Waiver Demonstration)。因此,按照定义,不能随机地产生州层次上的各干预县(intervention counties)和对照县(comparison counties)。选择参与的县不同于选择不参与的县。评估此一非随机化项目让人很为难。采用一项蒙特卡罗研究(Monte Carlo study),Guo 和 Wildfire (2005)展示了倾向值匹配对此类数据而言是一个有效的分析方法,这一方法同时给出了比使用州层次人口数据(state-level population data)的分析更不偏的结果。

例4:评估父母滥用药物的儿童的福利。父母药物滥用(substance abuse)和参与儿童福利制度(child welfare system)存在很强的正向关联(positive association)(比如,English, Marshall,Brummel & Coghan,1998;U. S. Department of Health and Human Services,1999)。药物滥用可能通过多种机制造成儿童虐待(child maltreatment),比如当滥用药物的父母更加优先地去考虑吸毒而不是照顾其子女时,儿童照管不良就会发生;或者,药物滥用能够导致极度贫困和没有能力为儿童提供基本的需要(Magura & Laudet,1996)。政策制定者们长期以来一直关注滥用药物父母的儿童的安全。利用取自全国儿童和青少年福利调查(National Survey of Child and Adolescent Well-Being,NSCAW)的全国代表性样本,Guo 等(2006)用倾向值匹配方法对以下问题进行了讨论:其看护人接受了药物滥用服务的儿童是否比其看护人未接受药物滥用服务的儿童更可能反复报告受到了虐待。以相同的 NSCAW 数据,Guo 等采用非参数回归(nonparametric regression)的倾向值分析考察了看护人参与药物滥用服务和随后儿童的结果之间的关系;也就是说,他们研究了使用了药物滥用服务的看护人的子女是否比没有使用这类服务的看护人的子女表现出更多的行为问题(behavioral problems)。

例5:估计多系统疗法(Multisystemic Therapy,MST)的影响。MST 是一项多面向、短期(4 至 6 个月)、以家庭和社区为基础的干预,针对有严重心理和行为问题的青年的家庭实施。美国用于 MST 的资金从 1995 年时的 500 万美元增加到 2000 年时的近 1 800 万美元,2003 年时进一步增加到 3 500 万美元。大多数对此项目的评估都使用随机化实验方法,同时大多数研究通常都支持 MST 的功效(efficacy)。然而,最近一项使用系统回顾方法(systematic review approach)的研究(Littell,2005)发现了不同的结果。在先前研究所注意到的问题中,存在两个主要的关注:①MST 实施上的变异(variation)和②进行随机化实验的完整性。从项目评估的角度来看,后一关注属于社会行为评估中的一个常见问题。随机化经常会被折中。当随机化失败或不可能时,诸如倾向值匹配等统计方法可以给予帮助(Barth et al.,2007)。

例6:评估群组随机化试验(group-randomized trial)中的项目结果(program outcomes)。社会和品格发展(Social and Character Development,SACD)项目由美国教育部(U. S. Department of Education, DOE)和疾病预防与控制中心(Centers for Disease Control and Prevention)联合发起。SACD 干预项目旨在对小学里全校范围内的社会和品格发展教育的影响进行评估。经过科学的同行评审,美国教育部教育科学研究所选取了 7 个实施 SACD 的申请,与 7 个申请中的每一个相关联的研究团队在全县的小学中实施不同的 SACD 项目。在这 7 个点中的每一处,学校被随机地分派接受干预项目或者控制课程(control curricula),同时学生中的一个队列(cohort)被从三年级(始于 2004 年秋季)追踪到五年级(终于 2007 年冬季)。7 个点上的总共 84 所小学被随机地分派为干预和控制:伊利诺伊(芝加哥)、新泽西、纽约(水牛城、纽约市和罗切斯特)、北卡罗来纳和田纳西。

对以群组随机化设计进行的项目进行评估往往富有挑战性,因为分析单位是聚群(cluster)——诸如学校——且样本规模较小以对随机化进行折中。在 7 个点中的其中一处,SACD 的研究者设计了能力支持项目(Competency Support Program)以使用群组随机化设计。一个学区(school district)中参与本研究的学校总数被事先确定,然后各学区内的学校被随机地分配到干预状态中。对于每所干预学校(treated school),会有一所与其在年度学业发展(academic yearly progress)、少数民族学生的百分比、接受免费或减价午餐学生的比例等方面最为一致的学校被选为控制学校(control school)(即仅未受到干预情况下的数据收集)。在北卡罗来纳,跨度为两年的时期内,此群组随机化程序得到了用于本研究的共计 14 所学校(队列 1,10 所学校;队列 2,4 所学校):7 所接受能力支持项目干预,而另外 7 所接受常规课程。正如结果所表明的——与社会行为科学中实施随机化实验经常会遇到的情况一样——群组随机化并未照计划的那样起作用。在一些学区,少到只有 4 所学校符合本研究的标准和有资格参与。仅仅通过抽签(即通过随机分配)的话,两所干预学校会在协变量上系统性地有别于两所控制学校。因此,当对取自此 10 所学校的数据进行比较时,研究者发现干预学校在重要的方面不同于控制学校:基线调查时,干预学校在全国性测验中具有更低的学业成绩得分(年度充分发展(Adequate Yearly Progress, AYP))、更高百分比的有色种族学生、更高百分比的接受免费或减价午餐的学生以及更低的行为复合量表(behavioral composite scale)平均得分。使用双变量检验(bivariate tests)和 logistic 回归,这些差异均在 0.05 水平上统计显著。研究者遭遇了随机化失败(failure of randomization)。倘若忽略这些选择效应(selection effects),评估结果就会是有偏的。恰恰就在设计(即随机化失败)和数据分析的这种交叉之处,倾向值方法变得非常有用。

1.5 计算软件包

在本书即将出版之际,几乎没有软件包提供综合程序(comprehensive procedures)来处理随后各章中所介绍的统计分析。我们对统计软件包进行的回顾表明 Stata(Stata-Corp.,2008)和 R(The R Foundation for Statistical Computing,2008)提供了最为全面的计算程序。诸如 SAS 等其他软件包可以提供用户编写的宏(user-developed macro)或针对特定问题的程序(比如,SAS Proc Assign 可被用来执行最佳匹配(optimal matching)),但它们并未提供 Stata 和 R 中能够获得的各种分析选项。

表 1.1 列出了可用来执行本书所介绍的分析的 Stata 和 R 程序。我们选择用 Stata 来对大多数方法进行举例说明。我们是基于软件使用经验以及认为它是最为便利的软件包才选择 Stata 的。具体而言,Stata 的程序 heckman 和 treatreg 可用来解决第 4 章中所介绍的问题;psmatch2、boost、imbalance 和 hodgesl 可用来解决第 5 章中所介绍的问题;nnmatch 可用来解决第 6 章中所介绍的问题;psmatch2 可用来解决第 7 章中所介绍的问题;而 rbounds 可用来执行第 8 章中所介绍的 Rosenbaum(2005)敏感性分析。我们提供了一个 R 程序(即 optmatch)的示范性例子,因为这是 R 和 Stata 中唯一可用来进行最佳匹配的程序。所有的命令语法文件(syntax files)和示范数据(illustrative data)都可以从本书的配套网页 http://ssw.unc.edu/psa 上下载得到。

1.6 本书的结构

第 2 章提供因果分析的科学方法发展的概念框架,即 Neyman-Rubin 反事实框架(Neyman-Rubin counterfactual framework)。此外,该章还回顾了一个紧密相关且新近发展起来的旨在指导科学的因果推断的框架:计量经济学因果关系模型(econometric model of causality)(Heckman,2005)。接着,对包含在几乎所有的结果取向项目评估中的两个基本假定进行了讨论:可忽略的干预分配假定(ignorable treatment assignment assumption)和稳定的单元干预值假定(stable unit treatment value assumption,SUTVA)。对这些假定的违背对估计反事实(estimation of counterfactuals)提出了挑战。

表 1.1　分析模型的 *Stata* 和 *R* 程序

章节和方法	程序名称和有用的引文	
	Stata	*R*
第 4 章		
Heckman(1978, 1979)样本选择模型	***heckman***(StataCorp, 2003)	***sampleSelection***(Toomet & Henningsen, 2008)
Maddala(1983)干预效应模型	***treatreg***(StataCorp, 2003)	
第 5 章		
Rosenbaum 和 Rubin(1983)的倾向值匹配	***psmatch***2 (Leuven & Sianesi, 2003)	***cem***(Dehejia & Wahba, 1999; Iacus, King & Porro, 2008)
		Matching(Sekhon, 2007)
		MactchIt(Ho, Imai, King & Stuart, 2004)
		PSAgraphics(Helmreich & Pruzek, 2008)
		WhatIf(King & Zeng, 2006, 2007)
		USPS(Obenchain, 2007)
一般化加速回归(generalized boosted regression)	***boost***(Schonlau, 2007)	***gbm***(McCaffrey, Ridgeway & Morral, 2004)
最佳匹配(Rausenbaum, 2002b)		***Optmatch***(Hansen, 2007)
匹配后协方差不平衡检查(postmatching covariance imbalance check)(Haviland, Nagin & Rosenbaum, 2007)	***imbalance***(Guo, 2008b)	
最佳匹配后 Hodges-Lehmann 有序秩检验(Haviland, Nagin & Rosenbaum, 2007; Lehmann, 2006)	***hodgesl***(Guo, 2008a)	
第 6 章		
匹配估计量(Abadie & Imbens, 2002, 2006)	***nnmatch***(Abadie, Drukker, Herr & Imbens, 2004)	***Matching***(Sekhon, 2007)
第 7 章		
基于内核的匹配(Heckman, Ichimura & Todd, 1997, 1998)	***psmatch***2(Leuven & Sianesi, 2003)	
第 8 章		
Rosenbaum(2002b)的敏感性分析	***rbounds***(Gangl, 2007)	***rbounds***(Keele, 2008)

第 3 章从另一个方面关注可忽略的干预分配的问题:干预效应只能以非实验设计形式评估时进行数据平衡的策略。本章旨在回答一个关键问题:当干预分配不可忽略时,何种统计方法应被考虑用来对反事实的估计进行修正。此外,本章还介绍了三种密切相关但方法论上并不相同的方法:**常规最小二乘法**(ordinary least square,OLS)回归、匹配和分层(stratification)。该讨论还对五种情形下这三种方法估计的干预效应进行了比较。这些方法涉及分配不可忽略时的一个简单修正,它们作为讨论数据问题以及诸如本书稍后所介绍的四种高级模型等更复杂方法的特征的起点。本章的作用在于对基本概念做一个回顾,这些概念是学习更高级方法的必要基础。

第 4 章到第 7 章介绍了本书所涉及四种高级模型的统计学原理,并使用例子逐一进行说明。第 4 章对原初形式的 Heckman 选择模型(即旨在修正样本选择的模型)和发展出来评估干预效应的修正的 Heckman 模型进行了介绍和举例说明。第 5 章介绍了倾向值匹配,特别是使用卡尺(或马氏距离(Mahalanobis metric))匹配(caliper matching)来创建匹配样本(matched samples),以及新近发展出来的方法,包括**最佳匹配**(optimal matching)、精细平衡(fine balance)、倾向值加权(propensity score weighting)和对干预剂量的建模(modeling dose of treatment)。第 6 章介绍了由 Abadie 和 Imbens(2002)所发展出来的一组匹配估计量(matching estimators),扩展了马氏距离匹配(Mahalanobis metric matching)。这一程序令人感兴趣的特征在于它提供了各种干预效应的标准误(standard errors)。第 7 章介绍了使用非参数回归的倾向值分析。具体而言,该章介绍了 Heckman 及其同事们(1997,1998)所发展出来的两时期差中差方法(two-time-period difference-in-difference methods)。

第 8 章对选择偏差进行讨论,它是本书介绍的所有统计方法旨在解决的核心问题。这一章对选择偏差问题(selection bias problem)做了更为严格的处理:我们模拟了两种数据产生情形(即基于可观测因素(observables)的选择和基于不可观测因素(unobservables)的选择),并使用蒙特卡罗研究对四种模型在这些情形下的表现进行了比较。隐藏的选择偏差(hidden selection bias)是一个从根本上将观察研究与随机化实验区分开来的问题。当缺少关键变量(key variables)时,研究者对观察研究中因果效应进行推断就不可避免地处于如履薄冰的状态。不过,第 8 章中所介绍的 Rosenbaum(2002b)的敏感性分析是检验研究结果对隐藏选择(hidden selection)的敏感性的有用工具。此章对所有四种模型的假定进行了回顾,并说明了模型比较的实用策略。

最后,第 9 章集中讨论了本领域中持续存在的问题和挑战。对有关倾向值分析是否能被用作随机化实验的一个替代的争论进行了回顾。对新近的发展进行评论,并指出了观察研究的新方法的发展方向。

2 反事实框架与假定

本章对指导干预效应估计的概念框架以及包含在观察研究中的重要假定进行考察。2.1 节界定因果关系(causality)并介绍对内在效度(internal validity)造成威胁的因素。此外,该节还介绍评估研究文献中经常被讨论的概念,强调了它们与统计分析之间的关联。2.2 节概述 Neyman-Rubin 反事实框架的主要特征。2.3 节讨论**可忽略的干预分配假定**。2.4 节介绍**稳定的单元干预值假定**(SUTVA)。2.5 节对发展出来处理选择偏差的统计方法进行概述。为了展示新的评估模型被发展出来的更宽泛背景,这一节介绍了各种各样的模型,包括本书所涵盖的四种模型。2.6 节回顾了对随机化实验和观察研究两者进行统计推断的基本逻辑。2.7 节概述各种干预效应,并扩展了对 SUTVA 的讨论。我们从强调不同的研究问题蕴含着不同的干预效应以及不同的分析模型必须与所预期的效应类型相一致的理念的角度来考察干预效应。2.8 节回顾 Heckman 的因果关系计量经济学模型,它是一个进行因果推断的综合框架。2.9 节以概括主要观点结束本章。

2.1 因果关系、内在效度与威胁

项目评估本质上是对因果关系(cause-and-effect relationship)进行研究。它旨在回答这一关键问题:在其他因素保持不变(或其他情形均相同(ceteris parbibus))的情况下,干预组和未被干预组之间在结果上被观测到的**净差异**(net difference)在多大程度上能够归因于该干预? 因果关系在这一情形中仅仅是指干预组在结果上所观测到的可归因于干预中的可操控变量(manipulable variable)的净收益(net gain)或净损失(net loss)。此背景中的干预包括从接受一个设计完好的项目到进入一个诸如"成为一名福利接受者"等的一般性状态,只要此状态能够被界定为干预操控的结果(比如一位在 AFDC 或贫困家庭临时救济(Temporary Aid to Needy Families,TANF)项目中接受现金援助的幼儿的母亲)。Rubin(1986)坚决主张没有操控就不可能存在因果关系(causation)。根据 Rubin 的观点,对实际操控的考虑强行促成了单位(unit)和干预(treatment)的原初定义,该定义在确定一个项目是否真的产生了一个观测结果(observed outcome)这点上非常重要。

来自任一社会行为学科的学生也许已经从其最初的研究课程中了解到,关联并不应被解释成是与因果关系等价的。诸如 A 和 B 这样两个变量是高度相关的事实未必意味着一个是原因(cause)和另一个是结果(effect)。A 和 B 之间高度相关的存在可以是下述情形的结果:a. A 和 B 两者都由第三个变量 C 决定,同时,通过控制 C,A 和 B 之间的高度相关会消失。若果真如此,我们说此相关是虚假的(spurious)。b. A 导致 B。在这一情形中,即使我们对另一组变量进行了控制,但我们仍然观测到 A 和 B 之间的一个高度关联。c.此外,也可能是 B 导致 A,在这一情形中,相关本身并没有告诉我们因果关系的方向(direction)。

一个被广泛接受的因果关系的定义是由 Lazarsfeld(1959)给出的,他描述了因果关系的三个标准。①两个变量之间的因果关系必须具有时间顺序(temporal order),就是原因在时间上必须先于结果(即如果 A 是原因而 B 是结果,那么 A 必须在 B 之前存在)。②这两个变量应当在经验上相互关联。且③最重要的是,两个变量之间观测到的经验相关不能被第三个导致 A 和 B 两者的变量的结果所解释。换言之,这一关系不是虚假的。

根据 Pearl(2000),接续(succession)和相关的规则对于因果关系而言并不充分的想法可追溯到 18 世纪,当时 Hume(1748,1959)就主张:

> 我们可以将原因定义为一种有另一种对象随之而来的对象,且在所有类似于第一种对象的地方都有与第二种对象类似的对象随之而来。或者换言之,若第一个对象不存在,那么第二个对象也势必不存在。(第 7 节)

基于因果关系的三个标准,Campell(1957)和其同事们发展出了**内在效度**(internal validity)的概念,它在项目评估中扮演着首要角色。从概念上讲,内在效度与因果关系具有共同的特征。

> 我们使用的术语内在效度指的是有关于 A 和 B 之间观察到的协变(covariation)是否以变量被操控或测量的形式反映了从 A 到 B 的因果关系的推断。为了支持这样的推断,研究者必须说明 A 在时间上先于 B、A 与 B 之间存在共变以及这一关系没有其他的可能解释。(Shadish et al., 2002:53)。

一般而言,在项目评估和观察研究中,研究者会担心对内在效度造成的威胁。这些威胁是影响结果而非干预或主要刺激(focal stimuli)的因素(factors)。换言之,对内在效度的威胁是认为 A 和 B 之间的关系并非因果关系、关系可能在不存在干预的情况下发生及 A 和 B 之间的关系可能导致针对干预所观察到的相同结果。9 个熟知的对内在效度的威胁是时间优先性(temporal precedence)、选择(selection)、历史(history)、成熟(maturation)、回归(regression)、撤出(attrition)、测试(testing)、测量工具(instrumentation)以及威胁内在效度的加法和交互效应(additive and interactive effects)(Shadish et al., 2002:54-55)。

值得注意的是,这里面许多威胁在统计学文献中都已被仔细地考察过,尽管统计学家和计量经济学家采用不同的术语来描述它们。比如,Heckman, LaLonde 和 Smith(1999)将测试威胁(testing threat)称作**霍桑效应**(Hawthorne effect),意思是行动者的行为受到参与实验这一举动的影响。Rosenbaum(2002b)对经常会在观察研究中发现的两类偏差进行了区分:**显在偏差**(overt bias)和**隐藏偏差**(hidden bias)。显在偏差可以从手头的数据中被看到,而隐藏偏差则不能被看到,因为所需信息未被观测或记录。尽管发现它们的可能性有所不同,但这两类偏差都是由以下事实引起的:"干预之前干预组和控制组就在会对所研究的结果造成影响的一些方面有所不同"(Rosenbaum, 2002b:71)。可以这么说,Rosenbaum 的"会对所研究的结果造成影响的一些方面"包含了 9 个对内在效度的威胁中的一个或多个。

本书采纳了在广义上界定**选择威胁**(selection threat)的惯常做法。也就是,当我们提到**选择偏差**时,意指涉及以上所列 9 个威胁中的一个或多个的过程而未必只是更加局限的选择威胁的定义。那么,在这个意义上,选择偏差可以具有以下一种或多种形式:自我选择(self-selection)、官僚程序选择(bureaucratic selection)、地理选择(geographic selection)、撤退选择(attrition selection)、工具选择(instrumental selection)或测量选择(measurement selection)。

2.2　反事实与 Neyman-Rubin 反事实框架

定义了因果关系后,我们现在来介绍被发展出来探究因果关系的一个重要概念框架:反事实框架(counterfactual framework)。反事实是任何科学研究的核心。伽利略(Galileo)可能是使用思想实验(thought experiment)和控制变异的理想化方法(idealized method of controlled variation)来界定因果效应的第一位科学家(Heckman,1996)。哲学上,借助反事实研究因果关系的做法源于早期的希腊哲学家们,比如亚里士多德(Aristotle)(Holland,1986)。休谟(1748,1959)也对事实说明的规则(regularity of factual account)不满,同时认为反事实标准更不成问题和更具启发性。根据 Pearl(2000),休谟将因果关系建立在反事实基础上的想法为约翰·斯图亚特·穆勒(John Stuart Mill)(1843)所采用,并在 David Lewis(1973,1986)的著作中被确立。Lewis(1986)提倡完全放弃规则解释(regularity account),而将“A 导致 B”理解为“若不是因为 A,B 就不会发生。”

统计学中,通常将反事实框架的提出归功于 Neyman(1923)和 Rubin(1974,1978,1980b,1986)并称其为**因果关系的 Neyman-Rubin 反事实框架**(Neyman-Rubin counterfactual framework of causality)。其他对这一框架的发展做出独立贡献的学者来自各个学科,包括来自统计学的 Fisher(1935,1971)和 Cox(1958)、来自心理计量学(psychometrics)的 Thurstone(1930)以及来自经济学的 Haavelmo(1943)、Roy(1951)和 Quandt(1958,1972)。Holland(1986)、Sobel(1996)以及 Winship 和 Morgan(1999)对反事实框架的历史和发展做过详细的回顾。

那么,何谓反事实呢? 反事实就是在原因不存在的情况下会发生的潜在结果(potential outcome)或事件状态(state of affairs)(Shadish et al.,2002)。因此,对于处在干预状态(treatment condition)的成员而言,反事实就是处在控制状态(condition of control)下的潜在结果;对于处在控制状态的成员而言,反事实就是处在干预状态下的潜在结果。注意,此定义使用了虚拟语气(即,取决于“会发生(would have happened)……”),意味着反事实在真实数据(real data)中并未被观测到。实际上,它是个缺失值(missing value)。因此,任何评估的基本任务就在于用已知信息对一个假定的、未被观测到结果的缺失值进行填补。

Neyman-Rubin 的框架强调,选入干预组或未被干预组的个体在两种状态中都有其潜在结果:也就是,他们在其中被观测到的状态和他们在其中未被观测到的状态。更正式的说法是,假定每一处在干预之中的个体 i 将会有两种潜在结果(Y_{0i},Y_{1i}),分别对应着未被干预和干预状态中的潜在结果。令 $W_i = 1$ 表示接受干预,$W_i = 0$ 表示未接受,同时 Y_i 表示所测量的结果变量(outcome variable)。那么,Neyman-Rubin 反事实框架可被表达成如下模型:[①]

---

① 文献中,在此模型和其他模型的表达上存在标记符号上的差异。为了避免混淆,我们将在正文中采用前后一致的标记符号,在脚注中呈现原始标记符号。式 2.1 被 Heckman 和 Vytlacil(1999:4730)表达为 $Y_i = D_i Y_{1i} + (1 - D_i) Y_{0i}$。

$$Y_i = W_i Y_{1i} + (1 - W_i) Y_{0i} \tag{2.1}$$

在上述公式中,W_i 是一个二分变量(dichotomous variable);因此,项 W_i 和 $(1 - W_i)$ 都充当着**转换器**(switcher)。总的来说,该公式表明,两种结果中的哪一种将在真实数据中被观测到,取决于干预状态或转换器的"开/关"状态。这一公式中所传递的关键信息在于,分析人员并不能在 $W_i = 1$ 情形下直接将 Y_{1i} 与 W_i 联系起来去推断 W_i(原因)和 Y_i(结果)之间的因果关系;反之,分析人员必须考察 $W_i = 0$ 情形下的结果 Y_{0i},并将 Y_{0i} 与 Y_{1i} 进行比较。比如,我们可以假设来自低收入家庭的儿童 i 具有较低的学业成绩。这里,如果儿童生活在贫困中,则干预变量为 $W_i = 1$;如果儿童具有较低的学业成绩,那么学业成绩 $Y_{1i} < p$,其中 p 为界定低测验成绩的分界值(cut-off value),反之 $Y_{1i} > p$。为了做出贫穷($W_i = 1$)导致低学业成绩($Y_{1i} < p$)这一因果表述,研究者必须考察未陷入贫穷状态下的结果。也就是说,任务在于确定儿童在 $W_i = 0$ 情形下的学业成绩,并提问:"如果儿童并不生活在贫困家庭又将会发生什么?"如果这一问题的答案为 $Y_{0i} > p$,那么,研究者就可以相信 $W_i = 1$ 导致了 $Y_{1i} < p$。

以上讨论引发了我们将要详细考察的诸多问题。最关键的问题在于 Y_{0i} 是未被观测到的。Holland(1986:947)将这一问题称为**因果推断的基本问题**(fundamental problem of causal inference)。研究者何以可能知道 $Y_{0i} > p$?Neyman-Rubin 反事实框架认为研究者可以通过考察总体中被干预成员的平均结果(average outcome)和未被干预成员的平均结果来估计反事实。也就是说,研究者可以通过计算这两个组之间在平均结果(mean outcomes)上的差值(difference)或将处在相同情形中的所有个体的结果取值"平均起来(averaging out)"对反事实加以评估。具体而言,令 $E(Y_0 \mid W = 0)$ 表示构成未被干预组(untreatment group)的个体的平均结果,$E(Y_1 \mid W = 1)$ 表示构成干预组(treatment group)的个体的平均结果。因为式 2.1(即 $E(Y_0 \mid W = 0)$ 和 $E(Y_1 \mid W = 1)$)中的两个结果都是可观测到的,那么,我们可以将干预效应界定成一个平均差异(mean difference):

$$\tau = E(Y_1 \mid W = 1) - E(Y_0 \mid W = 0) \tag{2.2}$$

这里,τ 表示干预效应。此公式被称作**平均干预效应的标准估计量**(standard estimator for the average treatment effect)。值得注意的是,在这一框架下,计算 $E(Y_1 \mid W = 1) - E(Y_0 \mid W = 0)$ 可被理解为是用 $E(Y_0 \mid W = 0)$ 来估计反事实 $E(Y_1 \mid W = 1)$ 的一次努力。这一计算的首要关注不在 $E(Y_0 \mid W = 0)$ 上而在 $E(Y_1 \mid W = 1)$ 上。

回到我们以假设的儿童所举的例子,未处在贫困状况中儿童 i 的未被观测到的学业成绩这一困境可以通过考察一个界定完好总体(well-defined population)中所有贫困儿童的平均学业成绩和所有非贫困儿童的平均学业成绩来解决。若对两个平均结果进行比较,得到 $\tau = E(Y_1 \mid W = 1) - E(Y_0 \mid W = 0) < 0$,或所有贫困儿童的平均结果为低学业成绩,那么研究者可以推论说,贫困导致低学业成绩,同时还可以为基于资源理论(resource theories)而提出的假设提供支持(比如,Wolock & Horowitz,1981)。

总的说来,Neyman-Rubin 框架为估算反事实提供了一条切实可行的途径。以来自代表所关注总体的一个样本的数据(即用 y_1 和 y_0 作为样本变量(sample variables)分别表示总体变量(population variables)Y_1 和 Y_0,w 则作为表示 W 的样本变量),我们可以进一步将平均干预效应的标准估计量定义成得自样本数据的两个估计均值之间的差值:

$$\hat{\tau} = E(\hat{y}_1 \mid w = 1) - E(\hat{y}_0 \mid w = 0) \tag{2.3}$$

Neyman-Rubin 反事实框架不但为发展各种估计潜在结果的方法提供了有用的工具,也为讨论包含在随机化实验中的假定被应用于社会行为研究时是否合理提供了有用的工具。在这点上,至少有 8 个问题出现。

1. 以上的介绍中,我们以一种过度简化的方法来说明因果效应的评估,而并未考虑任何协变量或对内在效度的威胁。在我们假设的贫困经济条件导致低学业成绩的例子中,许多干扰因素(confounding factors)都可能影响成绩。比如,父母的教育可能与收入状况存在共变,同时它也可能影响学业成绩。当协变量被纳入公式时,评估者必须强加额外的假定。这些假定包括我们会在下两节中加以说明的**可忽略的干预分配假定**(ignorable treatment assignment assumption)和 SUTVA。没有假定的话,反事实框架将不会把我们带往任何地方。实际上,正是对这些假定的违背一直在促使统计学家和计量经济学者发展出新的方法。

2. 标准估计量 $E(Y_1 \mid W=1) - E(Y_0 \mid W=0)$ 中,研究者的首要兴趣集中在干预成员如果没有参与情况下的平均结果(即,$E(Y_0 \mid W=1)$)。因为这一项是不可观测的,因此评估者使用 $E(Y_0 \mid W=0)$ 作为替代(proxy)。重要的是理解标准估计量何时一致性地估计出总体的真实平均干预效应。Winship 和 Morgan(1999)将总体中的平均干预效应分解为干预组的平均干预效应和控制组的平均干预效应的加权平均(weighted average),即[1]

$$
\begin{aligned}
\bar{\tau} &= \pi(\bar{\tau} \mid W=1) + (1-\pi)(\bar{\tau} \mid W=0) \\
&= \pi\left[E(Y_1 \mid W=1) - E(Y_0 \mid W=1)\right] + (1-\pi) \\
&\quad \left[E(Y_1 \mid W=0) - E(Y_0 \mid W=0)\right] \\
&= \left[\pi E(Y_1 \mid W=1) + (1-\pi)E(Y_1 \mid W=0)\right] - \\
&\quad \left[\pi E(Y_0 \mid W=1) - (1-\pi)E(Y_0 \mid W=0)\right] \\
&= E(Y_1) - E(Y_0)
\end{aligned}
\tag{2.4}
$$

这里,π 等于将被分配到干预组的总体比例(proportion),同时根据反事实模型的定义,令 $E(Y_1 \mid W=0)$ 和 $E(Y_0 \mid W=1)$ 被定义成与 $E(Y_1 \mid W=1)$ 和 $E(Y_0 \mid W=0)$ 类似的量。出现在公式 2.4 第二和第三行中的量 $E(Y_1 \mid W=0)$ 和 $E(Y_0 \mid W=1)$ 不能被直接计算,因为它们是 Y 的不可观测的值(unobservable values)。而且,再次基于反事实模型的定义,如果我们假定 $E(Y_1 \mid W=1) = E(Y_1 \mid W=0)$ 和 $E(Y_0 \mid W=0) = E(Y_0 \mid W=1)$,那么,通过始于公式 2.4 第三行中的替换,我们有[2],

$$
\begin{aligned}
\bar{\tau} &= \left[\pi E(Y_1 \mid W=1) + (1-\pi)E(Y_1 \mid W=0)\right] - \left[\pi E(Y_0 \mid W=1) + \right. \\
&\quad \left. (1-\pi)E(Y_0 \mid W=0)\right] \\
&= \left[\pi E(Y_1 \mid W=1) + (1-\pi)E(Y_1 \mid W=1)\right] - \left[\pi E(Y_0 \mid W=0) + \right. \\
&\quad \left. (1-\pi)E(Y_0 \mid W=0)\right] \\
&= E(Y_1 \mid W=1) - E(Y_0 \mid W=0)
\end{aligned}
\tag{2.5}
$$

---

[1] 用 Winship 和 Morgan(1999:665)的标记符号,式 2.4 被表达为

$$
\begin{aligned}
\bar{\delta} &= \pi\bar{\delta}_{i \in T} + (1-\pi)\bar{\delta}_{i \in C} \\
&= \pi(\bar{Y}^t_{i \in T} - \bar{Y}^c_{i \in T}) + (1-\pi)(\bar{Y}^t_{i \in C} - \bar{Y}^c_{i \in C}) \\
&= \left[\pi\bar{Y}^t_{i \in T} + (1-\pi)\bar{Y}^t_{i \in C}\right] - \left[\pi\bar{Y}^c_{i \in T} + (1-\pi)\bar{Y}^c_{i \in C}\right] \\
&= \bar{Y}^t - \bar{Y}^c
\end{aligned}
$$

[2] 用 Winship 和 Morgan(1999:665)的标记符号,式 2.5 被表达为

$$
\begin{aligned}
\bar{\delta} &= \left[\pi\bar{Y}^t_{i \in T} + (1-\pi)\bar{Y}^t_{i \in C}\right] - \left[\pi\bar{Y}^c_{i \in T} + (1-\pi)\bar{Y}^c_{i \in C}\right] \\
&= \left[\pi\bar{Y}^t_{i \in T} + (1-\pi)\bar{Y}^t_{i \in T}\right] - \left[\pi\bar{Y}^c_{i \in C} + (1-\pi)\bar{Y}^c_{i \in C}\right] \\
&= \bar{Y}^t_{i \in T} - \bar{Y}^c_{i \in C}
\end{aligned}
$$

因此,标准估计量一致性地估计出总体中真实平均干预效应的一个充分条件(sufficient condition)就是 $E(Y_1 \mid W=1) = E(Y_1 \mid W=0)$ 和 $E(Y_0 \mid W=0) = E(Y_0 \mid W=1)$。正如由 Fisher(1925)、Kempthorne(1952)和 Cox(1958)等无数统计学家所证明的,此条件在经典随机化实验中得以满足。[①] 随机化在使关于 $E(Y_1 \mid W=1) = E(Y_1 \mid W=0)$ 和 $E(Y_0 \mid W=0) = E(Y_0 \mid W=1)$ 的假定变得合理这点上起作用。当研究成员被随机地分配到干预状态或未被干预状态中时,会执行某些实际的随机化过程(physical randomization processes),因此成员 i 置身于其中的状态的确定(determination of the condition)被视为统计上独立于所有其他变量,包括结果 Y_1 和 Y_0。

3. 应用于观察研究的统计方法上的真正争论集中于将关于随机化的假定(即,随机化会产生独立于所有其他变量的结果)扩展来对社会行为评估进行分析的有效性(validity)。或者换言之,从事社会行为评估的研究者是否可以继续假定 $E(Y_0 \mid W=0) = E(Y_0 \mid W=1)$ 和 $E(Y_1 \mid W=1) = E(Y_1 \mid W=0)$。毋庸置疑,对此问题,支持以随机化作为评估社会行为项目主要方法的人回答"是",而非实验方法(nonexperimental approach)的支持者则回答"否"。经典实验方法假定不存在选择偏差,因此 $E(Y_0 \mid W=1) = E(Y_0 \mid W=0)$。由于随机化背后的机制和逻辑,不存在选择偏差的假定实际上是正确的。但是,许多作者对社会行为评估中这一假定的有效性提出质疑。Heckman 和 Smith(1995)曾证明,由于选择偏差,干预组在未被干预状态下的平均结果并不与未被干预组的平均结果相同,精确地讲,$E(Y_0 \mid W=1) \neq E(Y_0 \mid W=0)$。

4. Rubin 将反事实框架扩展至更加一般的情形——也就是,允许此框架适用于观察研究。不同于随机化实验,观察研究涉及要求更加严密的数据分析方法的复杂情形。不严密的方法会招致批评;比如,Sobel(1996)曾对社会学中以调查数据在回归模型(或诸如路径分析(path analysis)和结构方程模型(structural equation model 等回归类模型(regression-type model))中使用虚拟变量(dummy variable)(即干预相对于未被干预)来评估干预效应的常见做法有过批评。正如下节所表明的,此方法的首要问题在于二分类干预变量(dummy treatment variable)被这些模型设定为外生的,但实际上并不是。根据 Sobel(2005),

> 将 Neyman 的标记符号纳入有关因果推断的现代文献应归功于 Rubin
> (1974,1977,1978,1980b),使用此标记符号,他看到了统计学文献中关于实验
> 设计的工作在观察研究中的适用性并明确考虑了因果推断中干预分配机制的
> 关键性作用,因此将这一工作扩展到观察研究中。无疑,先前统计学和经济学
> (及其他学科)中的研究者们以一种更不正式的方式很好地认识到观察研
> 究——在这类研究中,被访者将他们自己选入干预组——中进行统计推断的问
> 题,比如,正如 Cochran 有关匹配的工作和 Heckman 有关样本选择偏差的研究所
> 证明的那样。但 Rubin 的工作是一个关键性的突破。(第 100 页)

5. 在以上的介绍中,我们使用了最常见、最简便的统计量(即,均值)来表达各种反事实以及对反事实进行近似的方法。平均因果效应 τ 是一个平均值(average),并且就此而论,根据 Holland(1986:949),它"具有平均值的所有优点和缺点。"其中一个缺点就是平均值对因果效应的变异性(variability)不敏感。如果个体因果效应 $(Y_i \mid W_i=1) - (Y_i \mid W_i=0)$ 上的变异性在所有单位上较大,那么 $\tau = E(Y_1 \mid W=1) - E(Y_0 \mid W=0)$ 也许就没有很好地

[①] Holland(1986)对统计学者家在随机化实验背景下的这些工作做了详尽的回顾。

代表特定单位(比方说，u_0)的因果效应。"如果 u_0 为所关注的单位，那么 τ 可能是不相干的，不论我们如何细致地估计它！"(Holland,1986:949)。这一重要观点会在 2.7 节中加以扩展，但我们想强调的是，个体层次干预效应的变异性或对个体之间不变干预效应(constant treatment effect)这一假定的违背可以使平均干预效应的估计变得有偏;因此，在各种干预效应之间做出区分是很重要的。简言之，不同的统计方法采用不同组别的反事实来估计不同类型的干预效应。

6. 使用平均值的另一个局限在于均值(mean)这一统计量本身。尽管均值很常用，但干预参数的分布(distribution of treatment parameters)也是备受关注的(Heckman,2005:20)。在数篇论文中，Heckman 和他的同事们(Heckman, 2005;Heckman, Ichimura & Todd,1997;Heckman et al.,1999;Heckman,Smith & Clements,1997)一直在讨论依赖均值的局限性(比如，导致结果改变或霍桑效应的破坏性偏差(disruption bias))并建议使用反事实分布(distribution of counterfactuals)的其他概要测量(summary measures)，诸如 a. 项目 A 中受益的成员相对于替代选择 B 中成员的比例;b. 从项目 B 中受益的总人数相比于从项目 A 中受益的总人数的比例;c. 效应分布(impact distribution)的所选分位数(selected quantiles);d. 所选基线状态值(selected base state values)上收益的分布(distribution of gains)。

7. 公式 2.1 所描述的 Neyman-Rubin 框架是一个基本模型(basic model)。但是，有一些适合更复杂情形的变形。比如，Rosenbaum(2002b)发展出了一个反事实模型，其中包含了分层(stratification)并以 s 代表层的数目:

$$Y_{si} = W_{si}Y_{s1i} + (1 - W_{si})Y_{s0i} \tag{2.6}$$

在这一表述下，公式 2.1 就是 s 等于 1 或不存在分层的最简单情形。[①]

8. Neyman-Rubin 反事实框架在大多数情况下都是对因果效应进行统计学探索的一个有用工具。但是，此框架一点也没有排除用实质理论(substantive theories)指导因果推断的重要性。识别出一组恰当的协变量和选取一个进行数据分析的恰当模型是实质性领域(substantive area)中基于已有研究发展理论的首要任务。正如 Cochran(1965)所主张的:

> 当对一项呈现出与因果假设相一致的关联的研究结果进行概括时，研究者应当总是列出并讨论所有他想到的此结果的替代性解释(包括不同的假设和结果中的偏差)。(第 5 节)

自 Fisher 的工作以来，统计学家们长期以来一直承认具有一个好的有关干预分配机制的理论的重要性(Sobel,2005)。Rosenbaum(2005)强调了在观察研究中使用理论的重要性，并鼓励评估者应在使用实质理论来确定匹配变量和控制变量上"要具体(be specific)"。因此，与所有的科学研究相类似，反事实框架只有在恰当的理论和实质性知识的指导下才是可靠的。

2.3 可忽略的干预分配假定

通过把所有评估的主要挑战看成是为成员估计缺失结果(missing outcomes)——其中的每个人都要么在干预条件要么在未被干预条件下的观测结果上为缺失——评估问

---

① 用 Rosenbaum(2002b:41)的标记符号，式 2.6 被表达为 $R_{si} = Z_{si}r_{Tsi} - (1 - Z_{si})r_{Csi}$。

题变成了一个缺失数据问题(missing data issue)。考虑平均干预效应的标准估计量:$\tau = E(Y_1 \mid W = 1) - E(Y_0 \mid W = 0)$。许多误差来源都会导致 τ 的偏差。正是因为这个原因,研究者才必须提出一些基本假定来将 Neyman-Rubin 反事实模型应用于实际的评估。此类假定之一就是**可忽略的干预分配假定**(ignorable treatment assignment assumption)(Rosenbaum & Rubin,1983)。文献中,此假定有时被描述成 SUTVA 的一部分(比如,Rubin,1986);但是,因为其重要性,我们明确地将它作为一个单独的假定。而且,尤其是在计量经济学文献中,可忽略的干预分配一直被作为评估干预效应的一个基本假定被详细地讨论。我们的讨论只是遵循这一传统。

此假定可表达为

$$(Y_0, Y_1) \perp W \mid \mathbf{X} \tag{2.7}$$

这一假定说的是,控制协变量 $\mathbf{X}$ 的情况下,将研究成员分配到两分类干预条件(即干预相对于未被干预)独立于未被干预的结果(Y_0)和干预的结果(Y_1)。

已有各种各样的术语用以描述这一假定:**无交织性**(unconfoundness)(Rosenbaum & Rubin,1983)、**基于可观测变量的选择**(selection on observables)(Barnow,Cain & Goldberger,1980)、**条件独立性**(condition independence)(Lechner,1999)和**外生性**(exogeneity)(Imbens,2004)。这些术语可被交替着用来表示以下核心概念:在可观测协变量保持不变的情况下,分配到哪一种状态与潜在结果无关。

实施随机化实验的研究者可以合理地确信可忽略的干预分配假定成立,因为随机化通常会平衡干预组和控制组之间的数据,并使干预分配独立于这两种状态下的结果(Rosenbaum,2002b;Rosenbaum & Rubin,1983)。但是,可忽略的干预分配假定在准实验设计和观察研究中经常遭到违背,因为比较组的创建是一个自然而然的过程,这个过程将组群分配(group assignment)和结果交织在一起。因此,研究者在任何评估中的首要任务都是对干预分配和不同状态下的结果之间相互独立的合理性(tenability)进行检查。对于此问题,一个普遍采用的方法就是用两分类干预变量(dichotomous treatment variable)(W)作为一个变量和分析人员可得到的每一自变量(向量 $\mathbf{X}$ 中的每一个变量,一次一个)作为另一个变量进行双变量分析(bivariate analysis)。卡方检验(Chi-square tests)可应用于 X 为分类变量(categorical variable)的情况,而独立样本 t 检验(independent sample t test)或 Wilcoxon 秩和(Mann-Whitney)检验(Wilcoxon rank-sum(Mann-Whitney) test)可应用于 X 为连续变量(continuous variable)的情形。每当因为干预组和未被干预组之间在所考察变量上呈现出的显著差异而拒绝零假设时,研究者可以认为干预分配和结果之间在控制了一个被观测协变量的情况下存在相关;因此,干预分配是不可忽略的,那么采用矫正测量(remedial measures)来对此违背加以修正就是有必要的。尽管这一方法比较流行,但值得指出的是,Rosenbaum(2002b)曾告诫过,并不存在支持这一规则的有效性的统计学证据。

为了说明可忽略干预分配其实就是与常规最小二乘(OLS)回归(ordinal least squares,OLS regression)中关于误差项(error term)独立于自变量相同的假定,我们给出这两个假定之间关联关系(associative relation)的证据。在 OLS 情形中,此假定也被称作误差项对自变量的**共时独立**(contemporaneous independence),或更一般地被称作**外生性**(exogeneity)。

为了分析观察数据,使用两分类标识变量(dichotomous indicator)的 OLS 回归模型并非最佳选择。为了理解这个问题,考虑以下 OLS 回归模型:$Y_i = \alpha + \tau W_i + X_i'\beta + e_i$,这里,$W_i$ 为表明干预状态的二分变量(dichotomous variable),X_i 为案例 i 的自变量向量。观察数据中,因为研究者并未就干预状态的分派加以控制,因此 W 往往与 Y 高度相关。统计控制(statistical control)是一个试图分离出解释变量(即向量 **X**)对结果变量 Y 的独立贡献(independent contribution)从而确定 τ 的净效应(net effect)的建模过程(modeling process)。当可忽略的干预分配假定被违背与 W 和 e 之间的相关不等于 0 时,干预效应 τ 的 OLS 估计就是有偏和不一致的。更明确的是,这一情形下存在 3 个与 OLS 估计相关联的问题。

首先,当干预分配不可被忽略时,虚拟变量 W 的使用会导致内生性偏差(endogeneity bias)。在上面的回归方程中,虚拟变量 W 被概念化为外生变量(exogenous variable)。实际上,它是一个虚拟内生变量。不可忽略的干预分配意味着某种选择机制(mechanism of selection);也就是说,存在其他的决定 W 的因素。W 仅仅是个被观测变量(observed variable),它由一个潜变量(latent variable)W^* 所决定,若 $W^* > c$,则 $W = 1$,否则 $W = 0$,这里 c 是一个表明效用函数(utility function)的分界值(cutoff value)的常数。决定 W^* 的因素应被明确地在建模过程中加以考虑。将 W 概念化成一个虚拟内生变量激发了 Heckman(1978,1979)发展出样本选择模型(sample selection model),也激发了 Maddala(1983)发展出干预效应模型(treatment effect model)。两个模型都试图修正内生性偏差。有关这些模型的讨论,请见第 4 章。

其次,内生性问题(即自变量并不是外生的,而是与回归的误差项存在相关)的出现导致回归系数的有偏和不一致估计。我们对此负面后果的说明仿效 Berk(2004)。为了便于说明,假定所有变量都是均值对中的(mean centered),且模型中只有一个预测变量(predictor):

$$y \mid x = \beta_1 x + e \qquad (2.8)$$

$\hat{\beta}_1$ 的最小二乘估计为

$$\hat{\beta}_1 = \frac{\sum_{i=1}^{n} x_i y_i}{\sum_{i=1}^{n} x_i^2} \qquad (2.9)$$

将公式 2.8 代入到公式 2.9 并简化,结果为

$$\hat{\beta}_1 = \beta_1 + \frac{\sum_{i=1}^{n} x_i y_i}{\sum_{i=1}^{n} x_i^2} \qquad (2.10)$$

如果 x 和 e 相关,最右边这项的期望值(expected value)将不是零,同时,分子也不会随着样本规模的无限增大而趋近于零。那么,最小二乘估计将是有偏和不一致的。x 和 e 之间非零相关的出现可能源于以下一个或更多个原因:a. x 上测量误差(measurement error)的结果;b. 一个或更多个与 x 和 y 存在相关的遗漏变量(omitted variables);c. 不正确的函数形式;d. 许多其他问题(Berk,2004)。

此问题也被称作**渐近偏差**(asymptotical bias),一个与不一致性(inconsistency)相似的术语。Kennedy(2003)解释过,当共同相关(contemporaneous correlation)出现时,"在将解释因变量上变异的'功劳(credit)'分配给回归量(regressors)的过程中,OLS 程序会错误地对一些与扰动(disturbance)共同相关的回归量进行分配"(第 158 页)。假设自变量和

误差项之间的相关是正的。当误差越大时,因变量也越大,同时由于误差与自变量之间的相关,自变量可能也越大,意味着使因变量变得更大的过多功劳可能被分配给该自变量。图 2.1 对此情形做了示例说明。如果误差项与因变量为正相关,误差的负值往往倾向于对应着自变量的较小值而误差的正值往往倾向于对应着自变量的较大值,这将得到与图中所示相类似的数据模式(data pattern)。OLS 估计线(estimating line)明显高估了真实关系的斜率。显然,此假设例子中的估计线比导致误差项的方差被低估的真实关系提供了对样本数据更好的拟合。

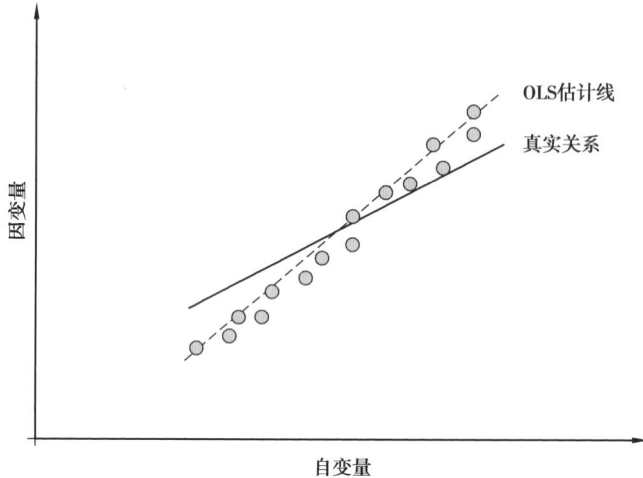

图 2.1　正共时相关

来源:Kennedy, P., A Guide to Economics, Fifth Edition, Figure 9.1, page 158. Copyright © 2003 Massachusetts Institute of Technology. 经 MIT 出版社允许重印。

　　最后,在观察研究中,因为研究者并未对干预状态的分配加以控制,因此 W 往往与 Y 相关。统计控制是一个试图分离出解释变量对结果变量的独立贡献从而确定 τ 的净效应的建模过程。尽管研究者旨在通过使用一个界定良好的向量 $\mathbf{X}$ 来对所有重要的变量加以控制,但重要控制的遗漏经常会发生并导致设定错误(specification error)。遗漏相关变量(relevant variable)的结果就是得到回归系数的有偏估计。我们仿效 Greene(2003)来说明情况为何是这样的。假设正确设定的回归模型为

$$y = \mathbf{X}_1\beta_1 + \mathbf{X}_2\beta_2 + \varepsilon \tag{2.11}$$

这里 $\mathbf{X}$ 的两个部分分别包含 K_1 和 K_2 列。如果我们在不纳入 $\mathbf{X}_2$ 的情况下就 y 对 $\mathbf{X}_1$ 进行回归,那么估计量为

$$b_1 = (\mathbf{X}_1'\mathbf{X}_1)^{-1}\mathbf{X}_1'y = \beta_1 + (\mathbf{X}_1'\mathbf{X}_1)^{-1}\mathbf{X}_1'\mathbf{X}_2\beta_2 + (\mathbf{X}_1'\mathbf{X}_1)^{-1}\mathbf{X}_1'\varepsilon \tag{2.12}$$

对其求期望,我们看到,除非 $\mathbf{X}_1'\mathbf{X}_2 = 0$ 或 $\beta_2 = 0$,否则 b_1 就是有偏的。众所周知的结果即为遗漏变量公式(omitted variable formula)

$$E[b_1 \mid \mathbf{X}] = \beta_1 + P_{1,2}\beta_2 \tag{2.13}$$

这里,

$$P_{1,2} = (\mathbf{X}_1'\mathbf{X}_1)^{-1}\mathbf{X}_1'\mathbf{X}_2 \tag{2.14}$$

$K_1 \times K_2$ 矩阵 $P_{1,2}$ 的每一列为 $\mathbf{X}_2$ 相应列对 $\mathbf{X}_1$ 的列进行最小二乘回归所得斜率的列。

　　当可忽略的干预分配假定被违背时,就需要进行修正,以 OLS 回归进行的统计控制并不是最佳的选择。在 2.5 节中,我们会回顾已经发展出来对这一情形下的偏差加以修正的方法(比如,直接针对内生虚拟干预条件(endogenous dummy treatment condition)进行

建模的 Heckman 样本选择模型）或放松基本假定以关注特定类型的干预效应的方法（比如干预组的平均干预效应（average treatment effect for the treated）[TT]而不是样本的平均干预效应（sample average treatment effect））。

2.4　稳定的单元干预值假定

稳定的单元干预值假定（stable unit treatment value assumption, SUTVA）由 Rubin 在 1981 年对其命名并正式加以介绍。Rubin(1986)后来扩展了这一假定，认为它在决定哪些问题被恰当地表述为具有因果答案这点上起着关键作用。以 Neyman-Rubin 反事实模型对结果的表述只有在 SUTVA 之下才是恰当的。

形式上，考虑这样的情形：以 $i=1,\cdots,N$ 表示 N 个单元、以 $w=1,\cdots,T$ 表示 T 个干预，同时以 $Y_{iw}(w=1,\cdots,T,i=1,\cdots,N)$ 表示结果变量 Y 的可能取值。[①] SUTVA 只是个先验假定（prior assumption），即单元 i 处在干预 w 中时 Y 的取值将是一样的，不管何种机制被用来将干预 w 分配给单元 i，也不管其他的单元受到何种干预，且这对于所有的 $i=1,\cdots,N$ 和所有的 $w=1,\cdots,T$ 均成立。

正如它所表明的，SUTVA 主要是强加了**排他约束**（exclusive restrictions）。Heckman (2005:11) 将这些排他约束解释成如下两种情形：① SUTVA 将社会互动（social interaction）和一般性均衡效应（general equilibrium effects）排除在外；②SUTVA 将分配机制对潜在结果的任何效应都排除在外。

我们之前在 2.3 节中考察过第二个约束（可忽略的干预分配）的重要性。下节将说明第一个约束的重要性并介绍此假定被违背的情形。

根据 Rubin(1986)，当存在不被显示形式的干预（即，Y_{iw} 取决于接受到哪种形式的干预 w）或存在单元之间的干扰（interference）（即，Y_{iw} 取决于 i' 接受干预 w 还是 w'，这里 $i\neq i'$，$w\neq w'$）时，SUTVA 就会遭到违背。违背 SUTVA 的经典例子是农业研究中对诸如会悄悄地将肥料从干预地块携带到毗邻的未被干预地块的降雨等干预效应的分析，这里，降雨会悄悄地把肥料从干预地块携带到毗连的未被干预地块。在社会行为评估中，当一项干预会改变，反过来引起潜在结果发生改变的社会或环境条件时，SUTVA 就会遭到违背。Winship 和 Morgan(1999)通过介绍一个大规模工作培训项目对地方劳动力市场的影响来阐明这一观点：

> 考虑对一个具有竞争性劳动力市场（competitive labor market）的大都市区提供一个大规模工作培训项目的例子。随着从该项目结业的人数的供给增加，雇主将愿意付给该项目结业者的工资将会减少。当出现此类复杂效应时，反事实框架的强大的简洁性（simplicity）就会消失。（第 663 页）

SUTVA 既是有利于对反事实进行研究或估计的一个假定，也是强调以恰当的估计量（estimator）来分析不同干预效应的重要性的一个概念视角（conceptual perspective）。我们在 2.7 节会回到将 SUTVA 作为概念视角的情形。

值得注意的是，Heckman 和他的同事们（Heckman et al.,1999）将 SUTVA 视为一个强假定（strong assumption）并展示了违背此假定的证据。该强假定所导致的局限可以通过放宽的假定加以克服（Heckman & Vytlacil,2005）。

---

① 我们改变了标记符号以使对 SUTVA 的表达与本章中所采用的符号系统相一致。在 Rubin 的原初表达中，他用 u 代替 i、用 t 代替 w。

2.5 估计干预效应的方法

正如前面在 2.3 节中所讨论过的,违背可忽略的干预分配假定会产生不利的后果。实际上,当干预分配不可被忽略时,干预效应的 OLS 回归估计值是有偏和不一致的。而且,当重要预测变量被遗漏时和观测研究中出现隐藏的选择偏差时,这一后果会更严重(Rosenbaum,2002b)。能够做什么呢? 这一问题成为统计学家和计量经济学家发展项目评估的新方法的原初动机。作为这一工作的一部分,针对观察研究,和更一般性地,针对可被用来替代随机化实验的非实验方法的新的分析方法已被设计出来。当干预分配不可被忽略时,统计学家和计量经济学家内部之间日益增加的共识是 OLS 或简单协方差控制(simple covariance control)不再是被选择的方法,尽管这一说法冒有过度简化(oversimplification)的风险。

2.5.1 四种模型

本书中所介绍的四种模型都是致力于以下目标的方法:a. 通过考虑并不依赖于要求分布和函数形式的强假定的估计(estimation)和推断(inference)来放松可忽略的干预分配假定;b. 对所分配的状态(assigned conditions)进行再平衡使它们变得与通过随机化所产生的数据更加相似;c. 用选取的统计量(即,均值或比例)估计表示所关注的不同干预效应的反事实。

在估计反事实这点上,四种模型具有以下核心特征。

1. Heckman 的**样本选择模型**(1978,1979)**及其估计干预效应的修正形式**(Maddala,1983)。这些模型的关键特征在于:a. 明确针对选择的结构(structure of selection)进行建模;b. 寻找决定研究成员在两种机制(即,干预和未被干预机制)之间转换的外生因素的转换回归(switching regression);c. 估计干预效应过程中使用接受干预的条件概率(conditional probability)。

2. **倾向值匹配模型**(Rosenbaum & Rubin,1983)。倾向值匹配模型的基本特征在于,它通过再抽样(resampling)或基于接受干预的概率(即,倾向值)将未被干预的成员与被干预的成员进行匹配来平衡数据,并允许进行如基于由随机化实验所得到样本那样的后续双变量分析或多元分析(比如,对倾向值五分位数(quintile)内的结果进行分层分析(stratified analysis)、OLS 回归、生存分析建模、结构方程模型、分层线性模型)。将协变量的维度简化为一个一维的分值(one-dimensional score)——倾向性(propensity)——是调整匹配的一个重要贡献。这一个被 Rubin(2008)将其描述为设计观察研究以逼近随机化实验的过程:"试图以观察数据集估计因果效应时的一个关键想法是将观察数据集概念化成如同是来自一个复杂的随机化实验,这里用于分配干预状态的规则已被丢失,因此必须被重新建构"(第 815 页)。根据这一观点,倾向值的估计和倾向值匹配的使用是"一个未被干扰的分配机制(unconfounded assignment mechanism)的最基本要素"(Rubin,2008:813)。

3. **匹配估计量**(Abadie & Imbens,2002,2006)。这一方法的主要特征在于通过使用一个包含正定矩阵(positive definite matrix)的向量模(vector norm)(即,马氏距离(Mahalanobis metric)或样本方差矩阵的逆)直接计算干预和未被干预成员的反事实。可以估计各种类型的干预效应:a. 样本平均干预效应(sample average treatment effect,SATE);b. 干预组的样本平均干预效应(sample average treatment effect for the treated,SATT);c. 控

制组的样本平均干预效应(sample average treatment effect for the controls,SATC);d. 总体中的同类效应(即,总体平均干预效应(population average treatment effect,PATE),干预组的总体平均干预效应(population average treatment effect for the treated,PATT),以及控制组的总体平均干预效应(population average treatment effect for the controls,PATC))。与这些样本平均干预效应相对应的标准误也被发展出来并在显著性检验中加以使用。

4. **使用非参数回归的倾向值分析**(Heckman et al.,1997,1998)这一方法的关键特征是基于倾向值之间的距离将每一被干预的成员与所有未被干预的成员加以比较。诸如局部线性匹配等非参数回归被用来得到干预组的平均干预效应的估计值。通过将该方法应用于两个时点上的数据,这一方法以动态方式估计出干预组的平均干预效应,这也被称作**差中差**(difference-in-differences)。

值得指出的是,这四种模型原来并非为了修正不可忽略的干预分配而被发展出来的。正好相反,这些模型中的一些仍然假定干预分配是强可忽略的。根据 Rosenbaum 和 Rubin(1983),呈现出"强可忽略性(strong ignorability)"允许分析人员将一个非随机化实验视为仿佛来自于一个随机化实验。但是,在许多评估中,这一假定并不能被证明是合理的。尽管如此,在大多数研究中,我们仍希望在可忽略假定下进行分析(Abadie,Drukker,Herr & Imbens,2004:292)。

并非对有关强可忽略干预分配假定遭到违背的情况加以修正,修正方法(corrective approaches)(即,本书所涵盖的四种模型)而是采用各种不同的测量来控制选择偏差,包括 a. 假定的放宽(比如,不是假定**条件独立**(conditional independence)或**完全独立**(full independence),Heckman 等(1997,1998)而是假定**均值独立**(mean independence),即只要求在控制协变量的情况下,干预组处在控制状态(control condition)下的平均结果应等于控制组处在干预状态(treated condition)的平均结果;b. 通过将虚拟干预条件处理成一个内生变量并使用一个两步估计程序(two-step estimating procedure)直接对干预分配过程进行建模(即,Heckman 样本选择模型);c. 发展出一个一维倾向值使因可观测协变量所导致的偏差可以通过仅仅控制该倾向值就能被消除(即,Rosenbaum 和 Rubin 的倾向值匹配模型和 Heckman 及其同事的使用非线性回归的倾向值分析);d. 采用以稳健方差估计量(robust variance estimator)进行的纠偏匹配(bias-corrected matching)来平衡干预条件之间的协变量(即,匹配估计量)。由于这些特征,这四个模型显示出相比于 OLS 回归、回归类模型以及其他的诸如在第 3 章中所讨论的那些等简单修正方法(simple corrective methods)的优势。通过迅速地发展和完善,它们正在与传统方法的比较中显示出有用性。顺便说一句,所有这些模型只修正显在的选择偏差(overt selection bias),对隐藏的选择偏差(hidden selection bias)则无能为力。正是由于这个原因,随机化实验仍然是一个黄金标准。在被恰当实施的情况下,它会对这两种类型的选择偏差加以修正。

2.5.2 其他的平衡方法

我们之所以选取本书中的这四种模型是因为它们在处理社会行为评估中经常出现的问题上是稳健(robust)、有效(efficient)和起作用的(effective)。尽管这一选择建立在我们自己的经验基础之上,但可在生物统计学、经济学、教育学、流行病学、医学、护理学、心理学、公共卫生、社会工作和社会学中找到诸多应用。

当然也存在实现相同的平衡数据目标(goal of balancing data)的其他模型。为了提供一个更广阔的视角,我们对其他模型进行一个简要回顾。

Imbens(2004)概括了服务于估计平均干预效应这一共同目标的五组模型:①回归估

计量(regression estimator),它依赖于主要回归函数的一致性估计(consistent estimation);②匹配估计量(matching estimator),它将各对匹配的干预和控制单元之间的结果跟每一与对立干预(opposite treatment)中固定数目的观测案例相匹配的单元进行比较;③以倾向值的核心角色为特征的估计量(即,这一类中有四种主要方法:以倾向值的倒数进行加权、基于倾向值的分组(blocking)、基于倾向值的回归和基于倾向值的匹配);④依赖于这些方法的某一组合的估计量,典型地,将回归与其替代形式之一加以组合;⑤对平均干预效应进行推断的贝叶斯方法(Bayesian approach)。此外,Winship 和 Morgan(1999)也回顾了五种模型,包括旨在改进不可忽略干预分配情形下因果解释的研究设计:①断点回归设计(regression discontinuity designs);②工具变量(IV)方法(instrumental variable approaches);③间断时间序列设计(interrupted time series designs);④差异增长率模型(differential rate of growth models)以及⑤协方差分析模型(analysis of covariance models)。

在这些模型中,IV方法与本书中所讨论的一些模型特别是转换回归模型具有共同的特征。我们在第4章中讨论IV及其与转换回归模型的关联。IV方法是统计学和计量经济学中处理内生性偏差问题的最早尝试之一,而且它被证明有益于估计局部平均干预效应(Angrist,Imbens & Rubin,1996)。

2.6 统计推断的基本逻辑

当一项干预被认为起作用(或不起作用)时,评估者经常想将这一研究结果推论(generalize)至样本所代表的总体。他们提问的是总体中的干预效应是否为零(即进行一个无方向性检验(nondirectional test))或是否大于(小于)某一分界值(即进行一个方向性检验(directional test))。这通常被称作**统计推断**(statistical inference),即一个根据已知的样本统计量(sample statistics)估计未知的总体参数(population parameter)的过程。通常,此推断涉及标准误的计算以进行假设检验(hypothesis test)或估计置信区间(confidence interval)。

干预效应的统计推断源于 Ronald Fisher 爵士(1935,1971)发展出的随机化实验传统。该程序被称作**置换检验**(permutation test)(也被称作是**随机化检验**(randomization test)、**再随机化检验**(rerandomization test)或**精确检验**(exact test)),因为它提出了有关样本的一系列假定(assumptions)。当进行推论时,研究者经常发现这些假定中的一个或更多个被违背,因此,他们不得不提出用于进行统计推断的策略,以对各个假定在不同程度上合理时的估计进行处理。本节中,我们对适用于随机化实验和观察研究两种情形的统计推断的基本逻辑进行回顾。我们认为,观察研究的大部分统计推断都遵循针对随机化实验进行统计推断时的逻辑,而且,对于观察研究而言,检查包含在置换检验中的假定的合理性是进行统计推断的关键。

统计推断总是涉及样本统计量与来自**参照分布**(reference distribution)的统计量的比较。尽管在对随机化实验中的干预效应进行检验时,研究者经常采用参数分布(parametric distribution)(诸如正态分布、t 分布和 F 分布)进行所谓的参数检验(parametric test),但此参数分布并非参照分布本身,而是随机化分布(randomization distribution)的一个近似(approximation)。研究者在显著性检验中使用参数分布是因为这些分布"是对随机化分布的近似——它们在用减少的计算量(reduced computational effort)再现随机化推断这意义上是很好的近似"(Rosenbaum,2002a:289)。严格地讲,随机化实验中执行的所有统计检验都是用随机化分布作为参照的非参数检验(nonparametric test）。置换检验建立在参照分布的基础上,该分布通过计算出重新排列观测数据点上的"标签(labels)"的情况下一个检验统计量的所有可能取值而得到。换言之,一个实验设计中干预被分配给成员的方法就被反映在对该设计的分析中。如果标签在零假设下是可互换的,那么所得检验会得到精确的显著性水平。然后,置信区间也可以根据这些检验推导得到。

回想一下对英国女士品茶能力的置换检验(见 1.3.1 节)。为了拒绝品茶者没有能力区分出两种茶这一零假设(或者等价地,检验她是通过偶然猜对做出正确判断这一假设),评估者列出了奉上 8 杯茶的所有 70 种可能方式(即 $_nC_r = {}_8C_4 = \dfrac{n!}{r!(n-r)!} = \dfrac{8!}{4!\,4!} = 70$),其中 4 杯先加入牛奶,4 杯则先注入茶。也就是,评估者建立了一个序列中包含了 70 个元素"11110000,10101010,00001111,……"的参照分布。推断基于以下逻辑来进行:品茶者可能猜测(选出)70 个可能结果的任意一个;猜得正确结果的概率为 $1/70 = 0.124$,一个很低的概率;因此,"无能力"的零假设可以在 $p < 0.05$ 的统计显著性水平上被拒绝。如果"真实能力"的定义放宽到允许 6 个完全一致而不是 8 个完全一致(即,6 杯以与实际奉上顺序相一致的顺序被选取),那么总共存在 17 种包含 6 个一致的可能方式,错误地拒绝零假设的概率上升到 $17/70 = 0.243$。零假设在 0.05 水平上不能被拒绝。在这一放宽的定义之下,我们在认为品茶者具有真实能力这点上应当更加保守或更加不情愿。

1.3.2 节中所列出的所有随机化检验(即 Fisher 精确检验、Mantel-Haenszel 检验、McNemar 检验、Mantal 对 Mantel-Haenszel 检验的扩展、Wilcoxon 秩和检验和 Hodges 和 Lehmann 符号秩检验)都是置换检验,此类检验使用随机化分布作为参照并计算出检验统计量的所有可能取值来进行推断。由于这个原因,这一类型的检验被称为**非参数的**——它依赖于所有可能结果的分布。相比而言,**参数检验**采用参数分布作为参照。为了加以说明,我们现在仿效 Lehmann 来介绍应用于 Wilcoxon 秩和检验中的统计推断的基本逻辑(Lehmann,2006)。

Wilcoxon 秩和检验可被用来对取许多数值取值的结果变量(即定距或定比变量)进行评估。为了评估干预效应,N 名成员(病人、学生等)被随机地分成规模为 n 的接受干预的一组和规模为 m 的未接受干预的控制组。研究终止时,成员被依据测量干预效果(treatment effectiveness)的某一反应(response)加以排序。如果这一排序中 n 名接受干预的成员排序足够高,无干预效应的零假设就被拒绝,同时干预的优势就得到承认。显著性检验基于以下公式计算统计显著性或错误地拒绝零假设的概率:$P_H(k = c) = \dfrac{w}{{}_NC_n} = \dfrac{W}{N!/n!(N-n)!}$,这里 k 为无干预效应的零假设成立条件下接受干预的成员的秩(rank)之和,c 为想要在该处计算其概率的一个事先设定的值,w 为零假设成立条件下取值为 k 的频数(即次数)。精确地说,如果不存在干预效应,那么我们可以将每一成员的秩视为在分配之前就被粘在干预和控制之上的。设想我们一共有 $N = 5$ 名成员,$n = 3$ 名被指派为接受干预,而 $m = 2$ 名被指派作为控制。在无干预效应的零假设之下,5 名成员也许被排序为 1,2,3,4 和 5。从 5 名成员中每次取出 3 名来构成干预组,零假设下所得的秩一共有 10 种可能的分组(即 $_NC_n = \dfrac{N!}{n!(N-n)!} = \dfrac{5!}{3!\,2!} = 10$):

干预组	(3, 4, 5)	(2, 4, 5)	(1, 4, 5)	(2, 3, 5)	(1, 3, 5)
控制组	(1, 2)	(1, 3)	(2, 3)	(1, 4)	(2, 4)
干预组	(2, 3, 4)	(1, 3, 4)	(1, 2, 4)	(1, 2, 3)	(1, 2, 5)
控制组	(1, 5)	(2, 5)	(3, 5)	(4, 5)	(3, 4)

与上述每一组相对应的接受干预的成员的秩和(rank sum)看上去有点像如下样子:

干预组的秩	3, 4, 5	2, 4, 5	1, 4, 5	2, 3, 5	1, 3, 5	2, 3, 4	1, 3, 4	1, 2, 4	1, 2, 3	1, 2, 5
秩和 k	12	11	10	10	9	9	8	7	6	8

无干预效应的零假设下取各种秩和值的概率$\left(\text{即 } P_H(k=c) = \dfrac{w}{_N C_n} = \dfrac{W}{N! / n! (N-n)!}\right)$如下所示:

K	6	7	8	9	10	11	12
$P_H(k=c)$	.1	.1	.2	.2	.2	.1	.1

比如,在无干预效应的零假设下,有两种可能的方式取得秩和 $k=10$(即 $w=2$,当干预组由秩为(1, 4, 5)的接受干预的成员构成时或由秩为(2, 3, 5)的接受干预的成员构成时)。因为一共有 10 种可能的方式构成干预组和控制组,因此取得秩和 $k=10$ 的概率为 $2/10 = 0.2$。以上概率构成了这一置换检验的随机化分布(即参照分布)。依据任一实际样本(real sample),人们将观察到一个在 7 个 k 值(即 $6, 7, \cdots, 12$)中取任一值的实现结果(realized outcome)。因此,无干预效应的显著性检验就是将得自样本数据的观测秩和(observed rank sum)与以上分布进行比较,并检查参照中具有此一秩和的概率。如果概率较小,那么就可以拒绝零假设,认为总体中的干预效应并不等于零。

假设被评估的干预是一项旨在提供学业成绩的教育项目。实施干预之后,项目官员观察到 3 名接受干预的成员的学业测验分数分别为 90,95 和 99,而两名控制成员的测验分数分别为 87 和 89。将这些结果取值转化为秩,3 名接受干预的成员的秩分别为 3,4 和 5,而两名控制成员的秩分别为 1 和 2。因此,依据样本观测到的干预组的秩和为 $3+4+5 = 12$。然后将此观测统计量与参照分布进行比较,无干预效应的零假设下取得秩和为 12 的概率是 $P_H(k=12) = 0.1$。因为这一概率很小,所以我们可以在 0.1 的显著性水平上拒绝无干预效应的零假设,认为干预在总体中可能是有效果的。注意,在上述举例说明中,我们用了非常小的 N, n 和 m,因此本例的统计显著性没能达到 0.05 的常规水平——此示范性例子的分布中的最小概率是 0.01。在通常的评估中,N, n 和 m 往往更大,0.05 的显著性水平也是可以达到的。

如前所述,Wilcoxon 秩和检验采用建立在无干预效应零假设基础上的随机化分布。计算出等于某个特定值的秩和(rank sum)的精确概率,此计算建立在将 N 名成员分配到 n 和 m 中的所有可能情形基础上。然后,基于将 N 名成员分配到 n 和 m 中的所有可能情形,计算出取得所有可能秩和值的概率,正是这些概率构成了进行显著性检验的参照。通过将实际样本中观测到的接受干预成员的秩和与参照进行比较,评估者可以得出是否可以在统计显著水平上拒绝无干预效应零假设的结论。

上述说明呈现了涉及置换检验的统计推断的主要特征;这些检验建立了给定 N, n 和

m 情况下穷尽成员分配的所有可能情形的一个分布,并计算出无干预效应零假设下取得某一特定结果(比如接受干预成员的特定秩和)的所有可能概率。这为真实样本中的干预提供进行显著性检验的途径。为了使统计推断有效,我们必须确保被评估的样本满足某些假定。最基本地,这些假定包括:a. 样本为来自某一界定良好的总体的一个真实随机样本;b. 每名成员具有一个已知的接受干预的概率;c. 干预分配具有强可忽略性;d. 个体层次的干预效应(即观测和潜在结果之间的差值 $\tau = Y_{1i} - Y_{0i}$)是固定不变的;e. 有稳定的单元干预值;d. 接受干预的概率在干预组和控制组之间存在重叠。

当实施 Fisher 所定义的严格意义上的随机化实验时,以上所有假定都被满足,因此,使用置换检验的统计推断是有效的。当评估从随机化实验转移到观测研究时,挑战就出现了,因为以上假定中的一个或更多个在后一情形中并不合理。

那么,以观测研究进行统计推断的基本逻辑是什么呢?为了回答这个问题,我们援引 Rosenbaum(2002a,2002b)和 Imbens(2004)的视角。

Rosenbaum 的框架仿效随机化实验中所使用的逻辑,是置换检验向观察研究的一个扩展。起初,Rosenbaum 考察了完全随机化实验中的协方差调整(covariance adjustment)。在上述例子中,为了说明的简洁性,我们并未使用协变量。在对随机化实验的真实评估中,评估者通常都会有协变量,并想要在分析中控制它们。Rosenbaum 证明,以拟合线性或一般化线性模型的额外任务对包含协变量的研究中无干预效应的零假设进行检验服从置换方法(permutation approach)。拟合控制了协变量的线性模型后,两种情形(干预组和控制组)下的残差都是固定且已知的;因此,可以将 Wilcoxon 秩和检验或类似的置换检验(比如 Hodges-Lehmann 有序秩检验(Hodges-Lehmann aligned rank test))应用于模型拟合的残差(model-fitted residuals)。

在包含显在偏差的观察研究中,倾向值调整可以与置换方法结合起来。"显在偏差……可以在手头的数据中看到——比如,干预之前,接受干预成员被观测到比接受控制成员具有更低的收入"(Rosenbaum,2002b:71)。这种情形下,可以通过估计倾向值,即给定观测协变量(observed covariates)情况下接受干预的条件概率,来平衡各组,然后使用匹配样本(matched sample)进行条件置换检验(conditional permutation tests)。又一次,统计推断将相同的逻辑应用于随机化实验。我们详细介绍了基于倾向值的最佳匹配之后的 3 种此类置换检验(见第 5 章):基于以最佳成对匹配(pair matching)创建的样本所得差异得分(difference scores)进行回归调整(regression adjustment),基于以最佳匹配创建的样本使用 Hodges-Lehmann 有序秩检验进行结果分析(outcome analysis),和基于以最佳匹配创建的样本使用 Hodges-Lehmann 有序秩检验进行回归调整。

最后,Rosenbaum 考虑了包含隐藏偏差的观察研究中的统计推断。隐藏偏差与显在偏差类似,但它不能从手头的数据中看到,因为也许可以揭示选择效应的测量在数据收集中被遗漏掉了。当偏差存在却又不可观测时,仍然可以进行倾向值匹配,并通过基于倾向值对接受干预和控制的成员进行比较来执行统计检验。但务必谨慎,并应在将结果推论至总体之前进行敏感性分析。奇怪且重要的是,Rosenbaum 的敏感性分析的核心内容涉及置换检验,这包括 McNemar 检验、Wilcoxon 符号秩检验、适合于匹配对(matched pairs)的 Hodges-Lehmann 点估计和区间估计、适合于以多重控制进行匹配的符号分值方法(sign-score method)、适合于反应为连续变量时以多重控制进行匹配的敏感性分析、以及适合于对两个未匹配组(unmatched groups)进行比较的敏感性分析。我们在第 8 章对这些方法进行说明。

2004 年,Imbens 对无交织假定(即可忽略干预分配假定)下使用非参数方法估计平均干预效应的推断方法有过评论。他讨论了以自助迭代(bootstrapping)(一种通过回置方式从原始样本中进行抽样来估计某一估计量(estimator)的抽样分布的方法)产生抽样分布(sampling distribution)方面的进展,认为

> 几乎并不存在专门适合于这些估计量的正式证据,但是,既然估计量是渐近线性的,那么可能自助迭代至少将得到回归倾向值方法的有效标准误和置信区间。自助迭代对于匹配估计量可能会更加复杂,因为这一过程会引入分布上的离散性(discreteness),导致匹配算法中的结(ties)。(第21页)

此外,Imbens、Abadie和其他人证明,匹配估计量中所使用的方差估计(variance estimation)(Abadie & Imbens, 2002, 2006)并不需要额外的非参数估计(nonparametric estimation),也许是对使用自助迭代的估计量的一个好替代。最后,在最佳估计方法这一问题上缺乏共识的情况下,Imbens挑战了这一领域,提供了各种估计量的可执行形式,它们并不需要选择带宽(bandwidth)(即进行基于内核的匹配(kernel-based matching)时用户设定的参数)或其他修匀参数(smoothing parameter),并改进了估计方法,因此,它们可被应用于包含大量协变量及潜在结果和倾向值的条件均值具有不同修匀程度的情况。

总之,理解统计推断的逻辑反过来强调了检查统计假定合理性的重要性。一般来说,目前的估计方法依赖于根源于随机化实验的置换检验。我们对以自助迭代创建参照分布时的估计方法所知甚少,但这看似很有前景。当非参数估计要求做出诸如带宽的设定等主观决策时,当数据包含大量协变量时以及当样本规模很小时,推断会变得尤其具有挑战性。重要变量的忽略和协变量上的测量误差——这两者都难以察觉到——使得敏感性分析的使用变得有理有据。

2.7 干预效应的类型

不同于许多教科书将干预效应表述成处于干预和控制状态中成员的平均得分(mean score)之间的净差异(net difference),我们介绍和讨论了各种各样的干预效应。这也许看似学究气,但是,在概念和方法论两者上,至少存在三个为什么区分干预效应的各个类型很重要的理由。首先,区分干预效应的类型很重要是由于解决因果推断基本问题上的局限性(见2.2节)。回想一下,研究者在个体层次上并不能同时观察到两种潜在结果(即干预状态下的结果和非干预状态下的结果),因此必须依赖于组平均值(group averages)来评估反事实。因此总体水平上推导干预效应的估计使用平均值或 $\tau = E(Y_1 \mid W = 1) - E(Y_0 \mid W = 0)$。就此而论,个体因果效应的变异性$(Y_i \mid W_i = 1) - (Y_i \mid W_i = 0)$可能会影响估计的干预效应的准确性(accuracy)。如果所有单元上的变异性很大,那么 $\tau = E(Y_1 \mid W = 1) - E(Y_0 \mid W = 0)$也许并未很好地反映特定单元(specific unit)的因果效应,而在许多评估情境中,某些单元(组)的干预效应就是个重要兴趣。因此,关键的是问一问标准估计量所反映的是哪一种效应。很明显,标准估计量所反映的效应也许与来自于研究者兴趣的那些并不相同。其次,不可避免地存在界定组群和使用不同平均值反映反事实的途径。那么干预效应及其代用反事实(surrogate counterfactuals)就是多面向的。最后,SUTVA既是一个假定,也是干预效应评估的一个视角。就此而论,当不存在社会互动时,SUTVA意味着不同形式的干预(或相同干预的不同剂量)应当导致不同的结果。这是使得评估者区分两种不同效应的根本原因:**项目效力**(program efficacy)相对于**项目**

效率(program effectiveness)*。

基于我们所做的文献回顾,以下 7 种干预效应最常为本领域的研究者们所讨论。尽管某些干预效应之间是相互关联的,但核心理念是研究者应当区分不同的效应。也就是说,我们应当认识到不同的效应要求不同的估计方法,同样地,不同的估计方法估计不同的效应。

1. **平均干预效应**(average treatment effect, ATE)或**平均因果效应**(average causal effect)。这是标准估计量所估计的核心效应(core effect)

$$\text{ATE} = \tau = E(Y_1 \mid W = 1) - E(Y_0 \mid W = 0)$$

在某些假定下,也可以将其写为

$$\text{ATE} = \tau = E\big[(Y_1 \mid W = 1) - (Y_0 \mid W = 0) \mid X \big]。$$

2. 在大多数领域中,评估者都对项目效率(program effectiveness)感兴趣,它表明一项干预在实际应用情形下被实施时起多大作用(Shadish et al.,2002:507)。项目效率可以由**意图中的干预**(ITT)**效应**(intent-to-treat, ITT. effect)来估计。ITT 通常与 ATE 类似:"统计学家一直都知道,当使用随机化实验收集数据时,干预组结果均值与控制组结果均值之间的差值就是 ITT 的一个无偏估计"(Sobel,2005:114)。换言之,标准估计量采用反事实(要么是对个体层次上缺失值结果的估计,要么是干预组和非干预组之间的平均差异)来计算所实施的某项干预的整体效率(overall effectiveness)。

3. 在过去的 25 年间,评估者已变得对效率(effectiveness)和效力(efficacy)之间的差异很敏感。分配给一位研究成员的干预也许并未以其被设计的方式实施。术语**效力**(efficacy)被用来表明以一项干预在理想应用情形下被实施时起多大作用(Shadish et al.,2002:507)。测量**效能感效应**(efficacy effect,EE)需要对项目实施进行仔细监控并采取措施保证干预逼真性(intervention fidelity)。EE 在所谓的**效力子集分析**(efficacy subset analysis,ESA)中扮演主要角色,这一分析有意识地在干预暴露或剂量基础上测量影响。

4. 干预组的平均干预效应(average treatment effect of the treated,TT)可以被表达为

$$E\big[(Y_1 - Y_0) \mid X, W = 1 \big]$$

Heckman(1992,1996,1997,2005)认为,在各种政策背景中,TT 都是实质性关注。这一观点的本质是,在决定一项政策是否有用时,我们的兴趣不在于平均而言,项目对所有个体是否有益而在于对那些被分配或可能把他们自己分配到干预中的个体是否有益(Winship & Morgan,1999:666)。这里的核心理念是 TT ≠ ATE。

5. **未被干预组的平均干预效应**(average treatment effect for the untreated,TUT)**是未被干预组的与 TT 平行的一个效应:**

$$E\big[(Y_1 - Y_0) \mid X, W = 0 \big]$$

尽管估计 TUT 并不如 TT 那样重要,但指出此一效应的存在是对 Neyman-Rubin 模型的一个直接应用。在政策研究中,TUT 的估计(条件和非条件地)解决的是将一个项目扩展至作为一个群体的非成员可能如何影响他们的结果这样的问题(Heckman,2005:19)。第 6 章中介绍的匹配估计量提供了一个对 TUT 的直接估计。

6. **边缘干预效应**(marginal treatment effect,MTE)或**对处于漠不关心状态的边缘人的干预效应**(treatment effect for people at the marginal of indifference,EPTM)这一特殊情形:

---

* efficacy 和 effectiveness 这两个词经常在教育学、心理学和医学中出现。在医学界,学者们还对这两者有一定的明确区分,其中,efficacy 指的是药物在实验中或临床上将各种因素的影响控制到最低程度时的理想效力,而 effectivness 指的是药物在实际治疗中的效果。前者注重内部效应,后者则注重外部效应。——译者注

在某些政策和实际情形中,重要的是对边际和平均回报加以区分(Heckman,2005)。比如,进入大学的普通学生(average student)也许比对上不上大学漠不关心的边缘学生(marginal student)表现得更好(即有更高的成绩)。在某些情况下,我们会想在边缘处评估一个项目的影响。Heckman 和 Vytlacil(1999,2005)已阐明过 MTE 在组织和解释各种各样的评估估计量(evaluator estimators)上扮演着主要角色。

7. **局部平均干预效应**(local average treatment effect,LATE):Angrist 等(1996)概括了向两分类干预进行的分配是可忽略但对分配的遵从(compliance)并不完全导致干预的接受是不可忽略的情况下的因果推断框架。LATE 被定义为遵从者的平均因果效应(average causal effect for compliers)。它既不是整个总体的平均干预效应,也不是以观测值可识别出的某一子总体的平均干预效应。使用工具变量方法,Angrist 等阐明了如何估计 LATE。

为了阐明区分不同干预效应的重要性,我们援引最初由 Rosenbaum(2002b:181-183)提出的一个例子。使用其中干预和控制状态下的反应(response)都已知的假设数据,该例说明 4 种效应的不等:

$$EE \neq ITT(ATE) \neq 单纯的 ATE$$

考虑一个随机化试验,其中慢性阻塞性肺病患者被鼓励进行身体锻炼。表 2.1 呈现了一个 10 名患者(即 $N = 10$ 和 $i = 1, \cdots, 10$)的虚构数据集。干预 W_i 就是鼓励锻炼:$W_i = 1$ 表示鼓励,而 $W_i = 0$ 表示不鼓励。随机地将干预状态分配给患者。数据对 (d_{1i}, d_{0i}) 表明患者 i 在有或没有鼓励的情况下是否进行锻炼,这里 1 表示锻炼、0 表示不锻炼。比如,不论是否被鼓励,$i = 1$ 都将进行锻炼,即 $(d_{1i}, d_{0i}) = (1, 1)$;而 $i = 10$ 在任何一种情况下都不锻炼,即 $(d_{1i}, d_{0i}) = (0, 0)$;但 $i = 3$ 只在被鼓励的情况下才锻炼,即 $(d_{1i}, d_{0i}) = (1, 0)$。

表 2.1　不遵从鼓励(W_i)去进行锻炼(D_i)的虚构例子

i	d_{1i}	d_{0i}	Y_{1i}	Y_{0i}	W_i	D_i	R_i
1	1	1	71	71	1	1	71
2	1	1	68	68	0	1	68
3	1	0	64	59	1	1	64
4	1	0	62	57	0	0	57
5	1	0	59	54	0	0	54
6	1	0	58	53	1	1	58
7	1	0	56	51	1	1	56
8	1	0	56	51	0	0	51
9	0	0	42	42	0	0	42
10	0	0	39	39	0	0	39

资料来源:Rosenbaum(2002b:182)。经 Spring Science + Business Media 允许重印。

反应(Y_{1i}, Y_{0i})是以一种常规量表对肺功能或肺活量进行的测量,数字越大表示肺功能越佳。根据设计,效能感效应(efficacy effect)是事先已知的(EE = 5);也就是说,由不锻炼到锻炼的转变提高 5 个单位的肺功能。注意,本例中的反事实被假设为已知的。对于 $i = 3$,$W_i = 1$ 或鼓励进行锻炼,$Y_{1i} = 64$ 是进行锻炼情况下的结果,而 $Y_{0i} = 59$ 是反事实(即,如果该患者未锻炼,结果将是 59),且对于这个案例,观测结果 $R_i = 64$。相比之下,对于 $i = 4$,$W_i = 0$ 或未被鼓励进行锻炼,$Y_{1i} = 62$ 是反事实,而 $Y_{0i} = 57$ 是没有锻炼情况下的结果,且对于这个案例,观测结果 $R_i = 57$。D_i 是对遵从干预所做的测量,$D_i = 0$ 表示实际上并未进行锻炼,而 $D_i = 1$ 表示进行了锻炼。因此,对于 $i = 2$,尽管 $W_i = 0$(无干预,或未鼓励进行锻炼),但该患者进行了锻炼。类似地,对于 $i = 10$,尽管被鼓励进行锻炼且 $W_i = 1$,但此患者并未进行锻炼,$D_i = 0$。比较每个 i 在 W_i 和 D_i 之间的差异反映出干预逼真性。此外,基于逼真性上差异的存在,项目评估者声称干预效果(treatment effectiveness)并不等于干预效力(treatment efficacy)。

Rosenbaum 进一步考察了哪些患者会对鼓励有反应。患者 $i = 1$ 和 $i = 2$ 在没有鼓励的情况下也将具有最佳的肺功能,且他们在有或没有鼓励的情况下都将进行锻炼。患者 $i = 9$ 和 $i = 10$ 在没有鼓励的情况下将具有最差的肺功能,且他们即使被鼓励也不会进行锻炼。患者 $i = 3, 4, \cdots, 8$ 在没有鼓励的情况下将具有中等程度的肺功能,且他们只在被鼓励时才进行锻炼。Rosenbaum 指出的关键点在于,尽管干预分配或鼓励 W 被随机化,但对所分配干预的遵从(d_{1i}, d_{0i})受到患者健康状况的严重干扰。因此,这一情况下,我们能够怎样估计效力呢?

为了估计单纯的 ATE(naïve ATE),我们也许忽略干预状态(即忽略 W_i)并(天真地)取进行了锻炼患者的平均反应(mean response)和未进行锻炼患者的平均反应之间的差值(即用 D_i 作为分组变量)。这一情况下,使用标准估计量,我们总是将单纯的 ATE 估计为

$$\frac{71 + 68 + 64 + 58 + 56}{5} - \frac{75 + 54 + 51 + 42 + 39}{5} = \frac{317 - 243}{5} = \frac{74}{5} = 14.8$$

这几乎是真实效应 5 的 3 倍。此估计值的问题在于进行锻炼的人比未进行锻炼的更加健康。

换言之,研究者也许忽略对干预的遵从程度,并用干预状态 W_i 来获取 ATE(即取被鼓励的那些人和未被鼓励的那些人之间的平均差值(mean difference))。这一情况下,使用标准估计量,我们发现估计的 ATE 也就是意图中的干预(ITT)效应:

$$\frac{71 + 64 + 58 + 56 + 39}{5} - \frac{68 + 57 + 54 + 51 + 42}{5} = \frac{288 - 272}{5} = \frac{16}{5} = 3.2$$

远小于真实效应 5。这一计算说明 ITT 是项目效果而非项目效力的估计值。

最后,研究者也许忽略遵从程度,并通过对 5 名接受干预患者 Y_{1i} 和 Y_{0i} 之间的平均差值(average difference)来估计干预组的平均干预效应(TT):

$$\frac{(71 - 71) + (64 - 59) + (58 - 53) + (56 - 51) + (39 - 39)}{5} = \frac{0 + 5 + 5 + 5 + 0}{5} = \frac{15}{5} = 3$$

尽管 TT 大大低于效力,但这一效应在许多政策和实践评估中都被作为最重要的实质性关注。

总之,本例示意性地阐明了 4 种效应之间的基本差异:EE $\neq$ ITT(ATE) $\neq$ TT $\neq$ 单纯的 ATE,以及一处相似性:ITT = ATE。我们呈现这个例子的目的并非在于争辩哪个估计值是最佳的而是说明使用适合于研究问题的恰当方法估计恰当的干预效应的重要性。

2.8 Heckman 的因果关系计量经济学模型

第 1 章中,我们介绍过进行因果推断的两个传统:依赖于结构方程建模的计量经济学传统和依赖于随机化实验的统计学传统。计量经济学家 Heckman(2005)发展出了他称其为**因果关系的科学模型**(scientific model of causality)的因果推断概念框架。在该文中,Heckman 将他的模型与统计学方法——主要是 Neyman-Rubin 反事实模型做了鲜明对

比,并提倡采用直接对选择过程进行建模的计量经济学方法。Heckman 认为,有关因果推断的统计学文献是不完整的,因为它一直并未尝试着对成员据以被选入干预的结构或过程进行建模。Heckman 进一步认为,统计学文献混淆了识别来自总体分布的因果模型的任务(这里经验分布的抽样变异性(sampling variability)是不相干的)和识别自来实际数据的因果模型的任务(这里抽样分布是个问题)。考虑到此模型相对较新且有关它的争论仍在继续,因此我们将在本节中强调其主要特征。该模型是一个综合性框架,且包含了对干预在新环境中的影响进行预测这一超出本书范围的话题,这使得有必要对我们的介绍加以简化。我们集中关注 Heckman 对 Neyman-Rubin 模型的批评,它是本章的一个焦点。

第一,Heckman(2005:9-21)为其科学模型发展出了一个符号标记系统,该模型明确纳入先前文献中未全面加以界定或处理的变量和函数。在此系统中,Heckman 界定了就由个体所构成总体中的每个人而言的结果、与分配过程受制于某些规则情况下的一组干预中的可能干预相对应的结果、与每一可能干预结果相联系的评估(包括基于个人效用(personal utility)的评估和由他者(比如"社会规划师(social planner)")进行的评估)以及替代政策条件下恰当的选择机制(selection mechanism)。使用这一符号标记系统和一些假定,Heckman 进一步界定了个体层次的干预(因果)效应和总体层次的干预效应。

第二,Heckman(2005:3)设定了因果模型分析中的 3 个不同任务:①界定一组假设或反事实,这需要科学理论;②识别来自于假设的总体数据的参数(因果关系或其他),这需要对点或组识别(point or set identification)的数学分析;以及③识别来自于实际数据的参数,这需要估计方法和检验理论(testing theory)。

第三,Heckman(2005:7-9)区分了政策评估问题的 3 个宽泛类别:①评估先前的干预对结果的影响,包括它们以福利形式体现的影响(即内在效度(internal validity)的问题);②预测在某一环境中实施的干预在其他环境下的影响(建构反事实状态),包括它们以福利形式体现的影响;以及③预测历史上从未经历过的干预(建构与干预相联系的反事实状态)在其他环境下的影响,包括以福利形式体现的影响(即用历史来预测新政策的后果)。

第四,Heckman(2005:35-38)根据 6 个基本假定将其科学模型(简记为 H)与 Neyman-Rubin 模型(简记为 NR)进行了对比。具体而言,NR 假定(1)一组针对事后结果而界定的反事实(不评估干预选择规则的结果或设定);(2)不存在社会互动;(3)与干预分配的反事实无关;(4)评估历史性干预对结果的影响是唯一感兴趣的问题,包括其以福利形式体现的影响;(5)平均因果效应是唯一感兴趣的内容;以及(6)不存在因果效应的同时性(simultaneity),也就是,结果并不能相互导致对方。相比而言,H(1)将竞争状态(政策或干预)下的结果分解为它们的决定因素;(2)将结果的评估视为任一因果推断研究的基本组成部分;(3)对干预的选择进行建模和用选择数据(choice data)来推知干预的主观评价;(4)使用结果和干预选择方程(treatment choice equations)之间的关系来启发、论证和解释替代的识别策略(identifying strategies);(5)通过事前和事后分析明确地对信息的采用加以解释;(6)考虑分布型因果参数(distributional causal parameters)以及平均效应(mean effects);(7)处理全部的三类政策评估问题;以及(8)考虑到非递归(联立)因果模型(nonrecursive(simultaneous)causal models)。表 2.2 对 NR 和 H 模型的比较进行了概括并加以扩展。

表2.2 计量经济学因果模型与统计学因果模型的对比

	统计学因果模型	计量经济学模型
随机性的来源	不言明	明确考虑
条件反事实的模型	不言明	明确考虑
决定反事实的干预机制	假设的随机化	许多假设的干预机制,包括明确地被加以建模的随机化机制
对依赖关系的处理	递归的	递归的或联立方程组
社会/市场互动	被忽略	以一般性均衡框架加以建模
预测不同总体吗?	不预测	预测
参数的吗?	非参数的	正在变成非参数的
所回答问题的范围	只关注干预效应	理论上,回答诸多可能的问题

资料来源:Heckman(2005:87)。经 Wiley-Blackwell 允许重印。

最后,Heckman(2005:50-85)讨论了识别问题(identification problem)和计算不同类型干预效应的各种估计量。在2.7节中,我们强调了文献中经常见到的主要的感兴趣的效应(即 ATE、TT、TUT、MTE 和 LATE)。Heckman 细致地权衡了四种广泛使用的因果推断方法背后的隐含假定(implicit assumptions):匹配、控制函数、工具变量法和定向无环图法(method of directed acyclic graphs)(见 Pearl,2000)。

因果关系的科学模型可能是项目评估领域中一个突破性的发展。也许此模型最重要的贡献是其在一个一般性框架下对估计问题(estimation problem)、感兴趣的效应和估计方法(estimation methods)进行全面考察。尽管评判此模型的优势和局限仍为时尚早,但它正在激发广泛的讨论、争论和方法论创新。总而言之,我们引用 Sobel(2005)在很大程度上与我们的看法相一致的评论:

> Heckman 提倡使用结构模型(structural models)在其中起着主导作用的一种因果推断方法。值得铭记的是,这些模型往往比较强大,部分地是因为它们包含较强的假定……但我并不想争论结构建模(structural modeling)没用,也不想建议方法论者应当对他们发展出的工具的使用负全部责任。在我看来,结构建模和以更弱的假定为特征的方法两者都有其价值,而且某些情形中,某一方法将比另一方法更恰当。特定情形中哪一种方法更合理往往取决于进行随机化研究的可行性。随机化研究中,我们实际上可以对应用各种假定的合理性以及研究者(可能被诸如政策制定者等第三方所支配)所面对的问题发表看法。研究者的品位和偏好也可能起作用。一名谨慎又厌恶风险的研究者可能主要关心要正确,即使这会限制其所做的结论;而另一名想(或被要求)对更大问题进行讨论的研究者可能有(或需要有)更大的容忍度来面对与其结论的效度有关的不确定性。(第127-128页)

2.9 结 论

本章考察了 Neyman-Rubin 反事实框架、可忽略的干预分配假定、SUTVA 假定、统计推断的基本逻辑以及因果关系的计量经济学模型。我们从回顾用作评估干预效应的有用工具的反事实观点开始,以扼要介绍 Heckman 的综合且引起争议的因果推断的科学模型结束。显然,学者之间有分歧。特别是,计量经济学和统计学传统之间的争论继续在估计方法的发展中起着主导作用。具体而言,我们强调了将干预效应与干预分配区分开来和在竞争性假定(competing assumptions)下对与各评估目标相适合的不同干预效应进行评估的重要性。计量经济学和统计学思想流派之间的争论往往围绕着假定是否太强和我们可以将假定放松到何种程度。这些分歧反映着项目评估的复杂性和挑战。我们将在全书中再次讨论到这些挑战。

3 数据平衡的传统方法

作为理解数据平衡(data balancing)新进展而做的准备,本章回顾对观测数据进行分析的传统方法。第 2 章中,我们考察了 Neyman-Rubin 反事实框架及其相关的假定。尽管"无社会互动"假定往往被认为太强,但研究者们通常都同意**可忽略的干预分配假定**对于项目评估(包括观察研究)而言是必需的。考虑到此假定在所有新兴方法中的重要性,本章对导致违背可忽略的干预分配的机制以及传统修正方法进行了细致考察。我们通过在 5 种情形下创建数据来做到这点,同时还通过 3 种常见方法——即传统的最小二乘(OLS)回归、匹配(matching)和分层(stratification)来展示如何平衡数据。3 种方法都提供对协变量的控制,并可以得到干预效应的无偏估计。3 种方法表面上看似不同但本质上都致力于实现共同的目的。3 种方法在处理选择偏差上都有局限。了解这些方法对于理解高级模型有帮助。本章传达的关键信息是协方差控制(covariance control)未必会修正不可忽略的干预分配,且正是因为这个原因使得应在实践中考虑估计干预效应的高级方法。

3.1 节给出一个探究性的例子来讨论数据平衡为何是必需的这一问题。3.2 节介绍 3 种修正模型(即 OLS 回归、匹配和分层)。3.3 节描述了本章中所使用的数据模拟(data simulation)的程序,尤其是可忽略的干预分配在其中不同程度地遭到违背的 5 种情形。3.4 节对在 5 种情形每种下的估计干预效应的每一方法的偏差进行说明(即数据模拟的结果)。3.5 节概括数据模拟的含义。3.6 节是对运行 OLS 回归的重要方面(包括隐含在 OLS 模型中的重要假定)的简要回顾,和对 Berk(2004)讨论运行回归中的陷阱的著述的回顾。3.7 节以对本章要点的概括结束。

3.1 数据平衡为何是必需的? 一个探究性的例子

为了说明观察研究中控制协变量的重要性——这与平衡数据(balancing data)相类似——我们重复最早由 Cochran(1968)发表并为其他人反复引用的著名例子。Rubin(1997)也使用这个例子来说明数据平衡(data balancing)的价值和分层的效用。控制协变量的重要性如表 3.1 所示,该表比较了在加拿大、英国和美国这 3 个国家测得的两个吸烟群体(即吸香烟者与吸雪茄和烟斗者)和一个不吸烟群体的死亡率。Rubin(1997)认为这些数据的分析未能控制年龄——死亡率的一个关键协变量——而且,因此,观测数据似乎表明吸香烟有利于健康,尤其是相对于吸雪茄和烟斗而言。比如,加拿大的数据表明吸雪茄和烟斗者的死亡率为 35.5% ,而吸香烟者和不吸烟者的死亡率不但相似而且远低于吸雪茄和烟斗者的死亡率(分别为 20.5% 和 20.2%)。死亡率的模式在其他两个国家的数据中是一致的。但是,这一发现与我们有关吸烟的负面后果的知识相矛盾。情况为什么会这样呢? 主要原因就在于年龄是一个重要的干扰变量(confounding variable),它影响着死亡率的结果。注意,加拿大的吸雪茄和烟斗者的平均年龄最大(即 65.9 岁),而不吸烟者的平均年龄在这 3 个群体中处于中间(即 54.9 岁),吸香烟者的平均年龄最小(即 50.5 岁)。正如所展示的那样,未调整的死亡率(unadjusted mortality rate)被称作**粗死亡率**(crude death rates),因为它们并未考虑 3 个群体的年龄分布。

为了进行有意义的评估,我们必须**平衡数据**(balance the data)以控制协方差。平衡(balancing)意味着数据操作(data manipulation),本例中,这将使得年龄的干扰效应(confounding effect)变得微不足道。平衡提出了这样一个问题:如果我们强制所有 3 个群体具有相同的年龄分布,那么死亡率看起来将会怎样? 为了处理平衡问题(balancing problem),Cochran(1968)和 Rubin(1997)都使用了一种被称作**分层**(stratification)的方法,这里,分层实际上是**子分类**(subclassification)的同义语。表 3.1 的下面部分显示了应用 3 种分层方案之后所有 3 个群体的调整死亡率(adjusted mortality rate)。Cochran 通过将样本分层成 2 个子类别(subclass)、3 个子类别以及 9 到 11 个子类别对 3 种方案进行了检验。所有 3 种子分类都成功地消除了估计偏差(estimation bias),每一情形下,吸香烟的表面优势消失了,而不吸烟者被显示为最健康的群体。

表 3.1 3 个数据库中 3 个吸烟群体的死亡率比较

变 量	加拿大的研究			英国的研究			美国的研究		
	不吸烟者	吸香烟者	吸雪茄和烟斗者	不吸烟者	吸香烟者	吸雪茄和烟斗者	不吸烟者	吸香烟者	吸雪茄和烟斗者
每 1 000 人年死亡率/%	20.2	20.5	35.5	11.3	14.1	20.7	13.5	13.5	17.4
平均年龄/岁	54.9	50.5	65.9	49.1	49.8	55.7	57.0	53.2	59.7
使用子类别的调整死亡率/%									
2 个子类别	20.2	26.4	24.0	11.3	12.7	13.6	13.5	16.4	14.9
3 个子类别	20.2	28.3	21.2	11.3	12.8	12.0	13.5	17.7	14.2
9 ~ 11 个子类别	20.2	29.5	19.8	11.3	14.8	11.0	13.5	21.2	13.7

资料来源:Cochran(1968:表 1-3)和 Rubin(1997:758)。

Cochran 所使用的分层方法是本章所关注的 3 种方法之一,随后会对分层进行详细介绍。本例所传递的关键信息在于,估计偏差可能很大,如果研究者未能对取自观察研究的数据中的关键协变量加以控制的话。

有许多可用来实现控制协变量的这一目的其他方法。人口学中的一个流行方法是**年龄标准化**(age standardization)。年龄标准化的核心理念很简单:从 3 个群体中选择一个年龄分布,并且,对于每一年龄组(age-group),将标准人口中该组人所占比例乘以每一年龄别死亡率(age-specific death rate),然后将所有的乘积加总起来。所得数字为调整死亡率或标准化死亡率(standardized mortality rate),因为年龄在其中不再是一个干扰变量。为了说明这一概念,我们创建了虚构数据集(artificial dataset)(表 3.2),它模拟了与表3.1

中所示的相同问题。注意,在表 3.2 中,吸雪茄和烟斗者的未调整的死亡率最高,而吸香烟者和不吸烟者似乎具有相同的死亡率。此外,注意到模拟的数据具有与表 3.1 数据中相同的年龄分布模式,即吸雪茄和烟斗者最年长(即此群体中 25% 的人为 60 岁或以上),而吸香烟者最年轻(即此群体中 8.33% 的人为 60 岁或以上)。

为了进行年龄标准化,我们选择 3 个群体中任意一个的年龄分布作为标准。即使选择了不同的年龄——也就是,选择了不同的标准——就吸烟对死亡率的影响而言,结果也将是相同的。在我们的举例说明中,我们选择吸香烟者的年龄分布作为标准。表 3.3 显示了这一标准化的结果。

用吸香烟者的年龄分布作为标准,我们得到了 3 个调整死亡率(表 3.3)。吸香烟者的调整死亡率(即 27.27 每 1 000 人年)与未调整的死亡率相同,因为两个比率都建立在相同的年龄基础上。吸雪茄和烟斗者的调整死亡率(或更正式"以吸香烟者的年龄分布作为标准的吸雪茄和烟斗者的调整死亡率")是 26.06 每 1 000 人年,远低于 38.5 每 1 000 人年的未调整的死亡率;而不吸烟者的调整死亡率为 22.59,也低于 27.5 每 1 000 人年的未调整的死亡率。

表 3.2　3 个吸烟群体死亡率的虚构数据

年龄/岁	不吸烟者		吸香烟者		吸雪茄和烟斗者		不吸烟者		吸香烟者		吸雪茄和烟斗者	
	人数	年龄分布	人数	年龄分布	人数	年龄分布	死亡人数	年龄别死亡率(ASDR)	死亡人数	年龄别死亡率(ASDR)	死亡人数	年龄别死亡率(ASDR)
18~40	500	0.0833	1500	0.2500	500	0.0833	15	0.0300	50	0.0333	16	0.0320
41~60	4500	0.7500	4000	0.6667	4500	0.6667	40	0.0089	45	0.0113	55	0.0138
61+	1000	0.1667	500	0.0833	1500	0.2500	110	0.1100	68	0.1360	160	0.1067
总计	6000		6000		6000		165		163		231	
未调整的死亡率(每 1 000 人年)/%								27.50		27.17		38.50

表 3.3　使用年龄标准化方法的调整死亡率(即基于吸香烟者的年龄分布的调整)

年龄/岁	吸香烟者的年龄分布	年龄别死亡率			以吸香烟者的年龄所做的标准化		
		不吸烟者	吸香烟者	吸雪茄和烟斗者	不吸烟者	吸香烟者	吸雪茄和烟斗者
	(a)	(b)	(c)	(d)	(a*b)	(a*c)	(a*d)
18~40	0.2500	0.0300	0.0333	0.0320	0.0075	0.0083	0.0080
41~60	0.6667	0.0089	0.0113	0.0138	0.0059	0.0075	0.0092
61+	0.0833	0.1100	0.1360	0.1067	0.0092	0.0113	0.0089
调整死亡率(每 1 000 人年)/%					22.59	27.17	26.06

如果研究者确定干扰的来源是已知的且所有的干扰变量都被观测到(即被测量了),那么诸如协变量标准化(covariate standardization)等简单的修正方法往往效果不错。当干扰(confounding)被明显地认识到且被进行了测量时,Rosenbaum(2002b)将其定义为**显在偏差**(overt bias)。实际上,显在偏差可以通过简单方法很好地加以消除。下节介绍在偏差来源被认识到且在测量中被进行了观测的情况下同样简单和效果不错的 3 种方法。

3.2　数据平衡的 3 种方法

本节正式介绍有助于平衡数据的 3 种常规方法——OLS 回归、匹配和分层。我们的兴趣点集中在下述关键问题上:每一种方法如何进行平衡数据操作和每一种方法在多大程度上实现了该目标。

3.2.1　常规最小二乘回归

本节中介绍的内容并不是新的,可以在绝大多数讨论回归的教科书中找到。令 $\mathbf{Y} = \mathbf{X}\boldsymbol{\beta} + \mathbf{e}$ 表示总体回归模型,这里 $\mathbf{Y}$ 为 n 名成员的因变量($n \times 1$)向量,$\mathbf{X}$ 为包含一个单位列(unit column)(即该列中所有元素的取值都是 1)和 $p - 1$ 个自变量的($n \times p$)矩阵,$\mathbf{e}$ 为误差项(error term)的($n \times 1$)向量,而 $\boldsymbol{\beta}$ 为包含一个截距和 $p - 1$ 个斜率的回归参数(regression parameters)的($p \times 1$)向量。假定采用重复抽样且 $\mathbf{X}$ 的取值是固定的,且 $\mathbf{e} \sim iid$, $N(0, \sigma^2\mathbf{I}_n)$,这里 $\mathbf{I}_n$ 是一个($n \times n$)的单位矩阵,而 σ^2 是一个标量(scalar),因此 $\sigma^2\mathbf{I}_n = E(\mathbf{e}\mathbf{e}')$ 为误差项的方差协方差矩阵(variance-covariance matrix)。以 $\mathbf{Y}$ 和 $\mathbf{X}$ 的观测数据,我们可以用最小二乘标准来选取参数向量 $\boldsymbol{\beta}$ 的估计值,它使得误差向量 $\mathbf{e}$ 的误差平方和最小,也就是说,我们将误差向量的二次形式(quadratic form)最小化:

$$l = \mathbf{e}'\mathbf{e} = (\mathbf{Y} - \mathbf{X}\boldsymbol{\beta})'(\mathbf{Y} - \mathbf{X}\boldsymbol{\beta})$$
$$= \mathbf{Y}'\mathbf{Y} - 2\boldsymbol{\beta}'\mathbf{X}'\mathbf{Y} + \boldsymbol{\beta}'\mathbf{X}'\mathbf{X}\boldsymbol{\beta}$$

求 l 对 $\boldsymbol{\beta}$ 的偏导数,

$$\frac{1}{2}\frac{\partial l}{\partial \boldsymbol{\beta}} = \mathbf{X}'\mathbf{X}\boldsymbol{\beta} - \mathbf{X}'\mathbf{Y}$$

且令此偏导数等于 0,

$$\frac{1}{2}\frac{\partial l}{\partial \boldsymbol{\beta}} = 0$$

我们就得到了最优化的向量 $\boldsymbol{\beta}$,也就是 $\boldsymbol{\beta} = (\mathbf{X}'\mathbf{X})^{-1}\mathbf{X}'\mathbf{Y}$。如果我们有样本数据,并用小写字母代表样本变量和统计量,那么我们就得到回归系数的样本估计向量(sample estimated vector)为

$$\mathbf{b} = (\mathbf{x}'\mathbf{x})^{-1}\mathbf{x}'\mathbf{y}$$

$\mathbf{b}$ 的方差协方差矩阵,即($p \times p$)维的 $s^2\{\mathbf{b}\}$,可以通过以下矩阵得到:

$$s^2\{\mathbf{b}\} = MSE(\mathbf{x}'\mathbf{x})^{-1} = \begin{bmatrix} s^2\{b_0\} & & & \\ s\{b_1, b_0\} & s^2\{b_1\} & & \\ \cdots & \cdots & \cdots & \\ s\{b_{p-1}, b_0\} & \cdots & s\{b_{p-1}, b_{p-2}\} & s^2\{b_{p-1}\} \end{bmatrix}$$

这里,$MSE = SSE/(n-p)$,$SSE = \mathbf{y}'[\mathbf{I} - \mathbf{H}]\mathbf{y}$,其中,$\mathbf{I}$ 为($n \times n$)维的单位矩阵,而 $\mathbf{H}_{(n \times n)} = \mathbf{x}(\mathbf{x}'\mathbf{x})^{-1}\mathbf{x}'$。对每一估计的方差取平方根,研究者就得到了估计的回归系数的标准误(standard error, se),即 $se(b_0) = \sqrt{s^2\{b_0\}}$, $se(b_1) = \sqrt{s^2\{b_1\}}$, $se(b_2) = \sqrt{s^2\{b_2\}}$,

$se(b_{p-1}) = \sqrt{s^2\{b_{p-1}\}}$。

以估计的回归系数和对应的标准误,我们可以进行统计显著性检验或估计得到系数的置信区间如下:

1. **双尾检验**(two-tailed test)(当假设的 β 的方向未知时):

$H_0 : \beta_1 = 0$(意味着:X_1 对 Y 没有影响),

$H_a : \beta_1 \neq 0$(意味着:X_1 对 Y 有影响)。

计算 $t^* = b_1/se\{b_1\}$。如果 $|t^*| \leqslant t(1 - \alpha/2; n - p)$,那么接受 H_0;如果 $|t^*| > t(1 - \alpha/2; n - p)$,那么接受 H_a。

2. **单尾检验**(one-tailed test)(当基于理论可以假定 β 的方向时):

$H_0 : \beta_1 \leqslant 0$(意味着:$X_1$ 对 Y 有负的影响或者没有影响),

$H_a : \beta_1 > 0$(意味着:X_1 对 Y 有正的影响)。

计算 $t^* = b_1/se\{b_1\}$。如果 $|t^*| \leqslant t(1 - \alpha/2; n - p)$,那么接受 H_0;如果 $|t^*| > t(1 - \alpha/2; n - p)$,那么接受 H_a。

3. **b 的置信区间:**

$(1 - \alpha) \times 100\%$ 置信区间可被计算如下:

$$b_1 \pm t\left(1 - \frac{\alpha}{2}; n - p\right)\left[se(b_1)\right]$$

$$b_2 \pm t\left(1 - \frac{\alpha}{2}; n - p\right)\left[se(b_2)\right]$$

$$\vdots$$

$$b_{p-1} \pm t\left(1 - \frac{\alpha}{2}; n - p\right)\left[se(b_{p-1})\right]$$

高斯-马尔科夫定理(Gauss-Markov theorem)揭示了 OLS 回归的**最佳线性无偏估计**(best linear unbiased estimator)或 BLUE 性质。此定理表明,给定经典线性回归模型的假定的情况下,最小二乘估计在无偏线性估计类别中具有最小的方差,也就是说,它们是最佳线性无偏估计。

使用 OLS 回归估计量的这一设定,研究者可以控制协变量和平衡数据。通过把 W 当作一个单独变量并将其从原来的矩阵 X 中取出来,我们现在将回归模型 $\mathbf{Y} = \mathbf{X}\boldsymbol{\beta} + e$ 重新写成 $\mathbf{Y} = \alpha + \tau\mathbf{W} + \mathbf{X}_1\boldsymbol{\beta} + \mathbf{e}$。这里,$W$ 是一个表明干预状态的二分变量(dichotomous variable)(即,如被干预,$W = 1$;否则,$W = 0$)。因此,$\mathbf{X}_1$ 现在包含的变量比 $\mathbf{X}$ 少一个,且不含单位列(unit column)。如果模型被恰当地加以设定——也就是,如果 $\mathbf{X}_1$ 包含了所有影响结果 $\mathbf{Y}$ 的变量(即一个或更多个对内在效度的威胁已由 $\mathbf{X}_1$ 矩阵的正确表达加以考虑)——且如果所有的变量都具有正确的函数形式,那么 τ 将是样本平均干预效应的一个无偏和一致估计,或 $\hat{\tau} = E(\hat{y}_1 \mid w = 1) - E(\hat{y}_0 \mid w = 0)$。但是,重要的是注意到,只有当 OLS 回归的所有其他假定都被满足时,我们才能得到这一结论;但这一条件在许多情况下都是成问题的。眼下,我们假定 OLS 回归的所有其他假定都被满足。请回忆一下回归系数的解释:其他条件都相同(或其他条件不变)的情况下,变量 x_1 上一个单位的增加将导致因变量 y 减少(或增加,这取决于系数的符号)b_1 个单位。这是 OLS 一个吸引人的特征:通过使用最小二乘准则的最小化(least squares minimization),一个单一的回归系数描绘出一个自变量对因变量的净影响(net impact)。这一机制恰恰就是 OLS 回归如何控制协变量和平衡数据。如果研究者成功地纳入了所有的协变量,且回归模型也满足其他的假定,那么 $\hat{\tau}$ 就是平均干预效应的无偏和一致估计。

总之,OLS 的主要特征,或者更确切地,通过回归来平衡数据的机制,就在于将重要的协变量都纳入到回归方程并确保包含在回归模型中的主要假定都是合理的。如此一来,二分干预变量(dichotomous treatment variable)的回归系数就表示样本的平均干预效应。使用回归方法需要做一些强假定(strong assumptions),而这些假定在真实世界中往往遭到违背。与运行回归有关的主要假定和问题会在3.6 节进行考察。

3.2.2 匹配

在新的用于观察研究的估计方法发展出来之前,匹配是经常被用来处理观察数据的常规方法。比如,Rossi 和 Freeman(1989)介绍过如何基于观测到的协变量通过进行事后匹配来平衡数据。匹配也可被与或不与分层结合起来进行(Rosenbaum,2002b:80)。该方法的关键点在于,先基于匹配变量向量矩阵 $\mathbf{x}$(即与干预存在协变的变量)将每名被干预的成员($\mathbf{x}_i | w_i = 1$)同 n 名非被干预的成员($\mathbf{x}_j | w_j = 0$)进行匹配,然后对被干预的成员在 y 上的均值和被匹配的非被干预的成员在 y 上的均值进行比较。所得到的差值就是样本平均干预效应的一个估计。在这一情况下,标准的估计量可重写为

$$\hat{\tau}_{匹配} = E(\hat{y}_{匹配,1} | w_{匹配} = 1) - E(\hat{y}_{匹配,0} | w_{匹配} = 0)$$

这里,下标"匹配"表示匹配上的子样本(matched subsample)。对于 $w_{匹配} = 1$,这个组由与其相配者(matches)被找到的所有被干预的成员构成(即这个组排除了没有相配者的被干预的成员),而对于 $w_{匹配} = 0$,这个组则由与被干预的成员进行匹配的所有非被干预的成员构成。以 M 表示原始样本规模、$M_{匹配}$ 表示匹配上的样本规模、$N_{w=1}$ 表示匹配之前被干预的成员的数量、$N_{w=0}$ 表示匹配之前未被干预的成员的数量、$N_{匹配,w=1}$ 表示匹配后被干预的成员的数量及 $N_{匹配,w=0}$ 表示匹配后未被干预的成员的数量,那么我们有 $N_{匹配,w=1} < N_{w=1}$(因为一些被干预的成员不能在未被干预组中找到相配者),以及 $M_{匹配} < M$(因为存在由于未匹配上(nonmatching)而导致的被干预和未被干预的成员的损失)。视研究者选择使用的相配者的多少(即 n)而定,以下公式也成立:$N_{匹配,w=0} = n(N_{匹配,w=1})$。如果研究者从未被干预组(untreated pool)中选择一名成员与每一名被干预的成员进行匹配的话(即 $n=1$),那么,$N_{匹配,w=0} = N_{匹配,w=1}$;如果从未被干预组中选择 4 名成员与每一被干预的成员进行匹配(即 $n=4$),那么,$N_{匹配,w=1} = 4(N_{匹配,w=0})$,或者 $N_{匹配,w=0}$ 是 $N_{匹配,w=1}$ 的 4 倍。

n 的选择值得推敲。如果我们选择 $n=1$ 来进行一对一匹配(one-to-one match),那么我们就丢失了全部与一个被干预的成员匹配的多重相配者(multiple matches)上的变异。如果我们选一个较大的 n,诸如 $n=6$,那么我们可能无法为每一被干预的成员找到 6 个相配者。Abadie 等(2004)发展出了一个程序,允许研究者设定相配者的最大数目。Abadie 和 Imbens(2002)的数据模拟表明,以均方误(mean-squared error)来看,通常 $n=4$(即对每一名被干预的成员匹配上 4 个未被干预的成员)效果就很好了。Rosenbaum(2002b)推荐使用最佳匹配(optimal matching)来解决这个问题。这些问题将在随后各章中加以介绍和扩展。

总之,匹配的主要特征,或更准确地,通过匹配来平衡数据的机制的主要特征涉及识别出在协变量上与被干预的成员相似的未被干预的成员以及使用非被干预组的平均结果作为代理(proxy)来估计被干预组的反事实。

3.2.3 分层

分层是一种程序,它基于某一协变量 x 将成员分组成层(Rosenbaum,2002b)。从 M 名成员中,选取 $N < M$ 名成员,并以 n_s 名成员进入层 s 的方式将他们分组成 S 个非重叠

的层。在选取 N 个单元且将他们分配成层的过程中,只使用 x 变量,也许还会用到随机数表(table of random number)。以这一方式构建的分层被称作 **x 分层**(stratification on x)。此外,精确的 x 分层(*exact stratification on x*)得到在 x 上同质的层,因此只有当两名成员具有相同的 x 值时才会被纳入到相同层中;也就是,对于所有的 s,i 和 $j,x_{si}=x_{sj}$。精确的 x 分层只有当 x 具有较低维度以及它的坐标是离散的时候才是可行的;否则,会难以确定许多具有相同 x 的成员的位置。比如,当我们有一个包含 3 个组的离散年龄变量(如果年龄为 10 到 40 岁,则 $x=1$;如果年龄为 41 到 60 岁,则 $x=2$;如果年龄为 60 岁或以上,则 $x=3$)时,精确分层是可行的。

出于平衡数据的目的,我们介绍一个基于 x 的百分位数的分层程序,这被称作**四分位数或五分位数分层**(quartile *or* quintile stratification),它旨在处理 x 为连续变量的情形。五分位数分层程式涉及以下 5 个步骤:

1. 根据 x 对数据进行排序,因此所有的成员都以 x 的升序排列。

2. 选择 x 的取值等于或小于变量 x 的第一个五分位数的成员构成第一个层(即层 1 包含 x 取值等于或小于其第 20 个百分位数的值的所有成员);然后,选择 x 的取值落入第二个五分位数所界定的范围中的成员构成第二个层(即层 2 包含 x 的取值处在其第 21 个百分位数和第 40 个百分位数之间这一区域的所有成员);以此类推,直到构建出第五个层。

3. 对于每一层 $s(s=1,2,\cdots,5)$,以标准估计量计算被干预组和未被干预组之间平均结果 y 的差值,也就是,$\hat{\tau}_s = E(\hat{y}_{s1} \mid w_s = 1) - E(\hat{y}_{s0} \mid w_s = 0)$,这里 $s=1,2,3,4,5$。

4. 使用以下公式计算这 5 个均值的算术平均值(arithmetic mean)以得到样本的平均干预效应

$$\hat{\tau} = \sum_{s=1}^{S} \frac{n_s}{M} \left[\overline{Y}_{1s} - \overline{Y}_{0s} \right]$$

并使用以下公式计算估计的平均干预效应的方差

$$\mathrm{Var}(\hat{\tau}) = \sum_{s=1}^{S} \left(\frac{n_s}{M} \right)^2 \mathrm{Var}\left[\overline{Y}_{1s} - \overline{Y}_{0s} \right]$$

5. 使用这些统计量进行统计显著性检验,以确定样本的平均干预效应是否统计显著。四分位数分层以类似的方式来进行,除了使用四分位数统计量和创建四个层之外。

也有涉及分层的更复杂方法。比如,在使用来自 3 个吸烟群体的数据的例子中,Cochran(1968)用来平衡死亡率数据的方法(见表 3.1)就是选定层的数目使得每一层包含某一合理数量的来自每一干预状态的成员。这解释了为什么表 3.1 中有 3 种分层方案(即 2 个子类别、3 个子类别以及 9 到 11 个子类别)。Cochran 提供的理论结果表明,当干预组和控制组在它们的协变量分布上(即其所举例子中的年龄)重合时,使用五个或六个子类别的比较通常会消除粗略比较(raw comparison)中所存在偏差的 90% 或更多。

总之,分层的主要特征,或更准确地,通过分层来平衡数据的机制的主要特征在于使层内的成员在观测协变量(observed-covariate)上尽可能地同质;然后非干预组的平均结果被用作代理(proxy)以估计被干预组的反事实。精确分层只对离散型协变量(discrete covariate)得到同质性。比如,如果性别是一个协变量,分层将得到两个同质的层:所有女性在一个层中,而所有男性在另一个层中。但是,对于连续型协变量(continuous covariate),情况并非如此。以一个连续型变量 x 且使用五分位数分层,层 $s=1$ 中的成员在 x 上并不完全相同。在这些情形中,我们必须假定 x 上的层内差异(within-stratum difference)是可忽略的,且落入相同层的成员"足够相似"。x 上的精确程度(level of exactness)可以通过

提高层的数量 S 来加以改善,但是已有文献表明 $S = 5$ 通常就很好了(Rosenbaum & Rubin,1984,1985;Rubin,1997)。

3.3 数据模拟的设计

为了帮助说明数据平衡的重要性和常规方法如何可以被用来对不同数据产生背景下的偏差加以修正,我们设计了一个包含三重意图的数据模拟。第一,我们展示常规修正方法在选择偏差是显的且被恰当地控制的情况下如何起作用。第二,我们用模拟来说明常规方法在其中不起作用的情形。我们据此来阐明对平衡数据的更复杂方法的需要。第三,我们将这些模拟数据及其条件作为本书的一个组织框架。我们解释新方法被发展出来的原因、每一方法旨在解决的具体问题以及每一方法所作出的贡献。

不同于使用真实数据的情形,模拟方法(simulation approach)基于设计的情形创建虚构数据。使用虚构数据的好处在于干预效应的真值(true value)是事先已知的。这允许我们直接对偏差进行评价。此外,此模拟假定我们以总体数据来进行,因此抽样变异(sampling variability)被忽略。就目前而言,我们并不考察估计的标准误(estimated standard errors)的敏感性。但是,我们在第 8 章中会回到这一问题。

数据产生(data generation)被基于以下回归模型来进行:

$$y_i = \alpha + \beta x_i + \tau w_i + e_i$$

这里,x 为协变量或控制变量,w 为表明干预状态($w = 1$ 为干预组,而 $w = 0$ 为控制组)的虚拟变量。此模拟根据以下已知参数创建 y,x,w 和 $e:\alpha = 10,\beta = 1.5$ 和 $\tau = 2$。也就是说,我们用以下公式创建数据:

$$y_i = 10 + 1.5x_i + 2w_i + e_i$$

我们给出了 5 种情形,它们假定 y,x,w 和 e 之间存在不同的关系。在每一情形中,样本规模都固定为 400。因为参数是已知的,我们能够将模型估计的干预效应 $\hat{\tau}$ 与真值 $\tau = 2$ 进行比较,以评估每一情形下的偏差。下面描述这 5 种情形。

情形 1:$w \perp e \mid x,x \perp e,x \perp w$ 且 $e \sim iid,N(0,1)$。此情形假定以下 4 个条件:①控制协变量 x 的情况下,干预变量 w 独立于误差项 e;②协变量 x 和误差项 e 之间不存在相关;③协变量 x 和干预变量 w 之间不存在相关;以及④误差项是独立同分布的且服从均值为 0 和方差为 1 的正态分布。这是一种理想情形。关键假定是 $w \perp e \mid x$,它导致可忽略的干预分配。此外,这对产生自随机化研究的数据进行建模,因为这些条件只在得自随机化实验的数据中才可能被满足。为了确保数据产生严格满足假定 $w \perp e \mid x$,我们强制 x 是一个取值为 1,2,3,4 的定序变量(ordinal variable)。其余情形促成了并非理想的而是涉及放松了情形 1 中所纳入的一个或更多个假定的情况。

情形 2:$\rho_{we} \neq 0 \mid x,x \perp e,x \perp w$ 且 $e \sim iid,N(0,1)$。此情形中,可忽略的干预分配假定(即 $w \perp y \mid x$,由 $w \perp e \mid x$ 加以反映)遭到违背。此情形表明,控制协变量 x 的情况下,干预变量 w 和误差项 e 之间的相关不等于零($\rho_{we} \neq 0 \mid x$)。情形 2 的所有其他条件与情形 1 中的那些条件相同。因此,情形 2 导致误差项和干预变量之间的共时相关(contemporaneous correlation)。我们预期估计的干预效应将是无偏但不一致的(inconsistent)。[1]

---

[1] 但是,在当前的数据模拟中,我们无法看到不一致(inconsistency)的后果,因为当前的模拟并未考虑抽样变异以及样本规模变得极大时的抽样性质(sampling properties)。

情形 3：$\rho_{wx} \neq 0, x \perp e, w \perp e$ 且 $e \sim iid, N(0,1)$。此情形放宽了情形 1 中协变量 x 和干预变量 w 之间相互独立的条件。为了促成真实的情形，我们还允许协变量 x 可以是取值超过 4 个序次水平（ordinal level）的连续变量。情形 3 中的所有其他条件仍与情形 1 中的那些相同。情形 3 导致使用真实数据时经常出现的多重共线性（multicollinearity）情况。此情形中，可忽略的干预分配假定仍然有效，因为 x 是与 w 相关的唯一来源且 x 被用作控制变量。因此，我们预期结果将是无偏的，尽管兴趣在于领会不同方法如何对多重共线性做出反应。

情形 4：$\rho_{we} \neq 0 \mid x, \rho_{wx} \neq 0, x \perp e$ 且 $e \sim iid, N(0,1)$。此情形通过放松以下两个条件而不同于情形 1：①协变量 x 和干预变量 w 之间独立和②干预变量 w 和误差项 e 之间独立。类似于情形 3，协变量 x 是个连续变量。情形 4 中的所有其他条件仍与情形中的那些相同。此外，情形 4 有别于情形 3，因为它放松了干预变量 w 和误差项 e 之间独立的假定（即它将 $w \perp e$ 变为 $\rho_{we} \neq 0 \mid x$）。因此，在此情形下，可忽略的干预分配不再适用，这使得情形 4 与情形 2 相类似。此外，情形 4 导致了两个数据问题：①自变量之间的线性相关和②不可忽略的干预分配。我们预期估计的干预效应将是有偏且不一致的。

情形 5：$\rho_{xe} \neq 0, \rho_{we} \neq 0, \rho_{wx} \neq 0$ 且 $e \sim iid, N(0,1)$。情形 5 放松了 3 个条件：①协变量 x 与干预变量 w 之间独立；②干预变量 w 与误差项 e 之间独立，以及③协变量 x 与误差项 e 之间独立。此外，我们允许 x 为连续变量。此情形进一步放松了包含在情形 4 中的假定（即它将 $x \perp e$ 变为 $\rho_{xe} \neq 0$），且这是最坏情况下的情形。因为可忽略的干预分配假定被违背，同时存在多重共线性问题，因此我们预期估计的干预效应将是有偏且不一致的。

此数据模型的编程语法可在本书的配套网页上得到。我们应用简单的匹配估计量（matching estimator）（Abadie et al., 2004）来得出结果。Abadie 等的算法略微不同于常规匹配估计量，因为它以重置（replacement）方式进行匹配（见第 6 章）。读者可以重复此分析以对结果加以验证。

3.4 数据模拟的结果

表 3.4 呈现了情形 1 下数据的描述性统计和使用三种方法所得的估计的干预效应。描述性统计表明由情形 1 这一设计所描述的条件得以满足：也就是说，w 与 e 不相关（$\rho_{we} = 0.01$）；x 与 e 不相关（$\rho_{xe} = 0.03$）；x 与 w 不相关（$\rho_{xw} = 0.03$）；e 的均值接近于 0；以及 e 的标准差接近于 1。图 3.1 为情形 1 下数据 x 和 y 的散点图。

结果表明，在情形 1 的理想状态下，所有三种方法都准确地估计出干预效应，且所有的偏差都接近于零。在这三种方法中，回归表现最佳，偏差为 0.011；分层表现次佳，偏差为 0.016；而匹配表现得相对最差，偏差为 0.029。注意，尽管这三种方法在技术上并不相同，但每一种方法都估计出一个非常接近于真实参数的干预效应。情形 1 中数据产生的条件是严格的。现实中，一项设计和实施都良好的随机化实验可能是能够以此一理想方式产生数据的唯一研究类型。

表 3.5 呈现了情形 2 下数据的描述性统计和使用三种方法所得的估计的干预效应。描述性统计表明由情形 2 所描述的条件得以满足：也就是说，w 与 e 存在相关（$\rho_{we} = 0.61$）；x 与 e 不相关（$\rho_{xe} = -0.04$）；x 与 w 不相关（$\rho_{xw} = 0.02$）；e 的均值接近于 0；以及 e 的标准差接近于 1。图 3.2 为情形 2 下数据 x 和 y 的散点图。

表 3.4　数据描述和三种方法估计的效应:情形 1

变量描述				估计的效应					
相关、均值和标准差				回归		匹配		分层	
				变量	B	n	T_x效应	层	T_x效应
	y	x	w	e	x	1.529	$n=1$	2.029	1	2.251
y	—				$w(T_x$效应$)$	2.011	$n=4$	2.029	2	1.587
x	.78	—			常数项	9.967			3	1.978
w	.47	.03	—						4	2.246
e	.46	.03	.01						样本	2.016
均值	14.876	2.500	.540	.046	偏差	0.011	偏差 $n=1$	0.029	偏差	0.016
标准差	2.226	1.119	.499	.963			偏差 $n=4$	0.029		

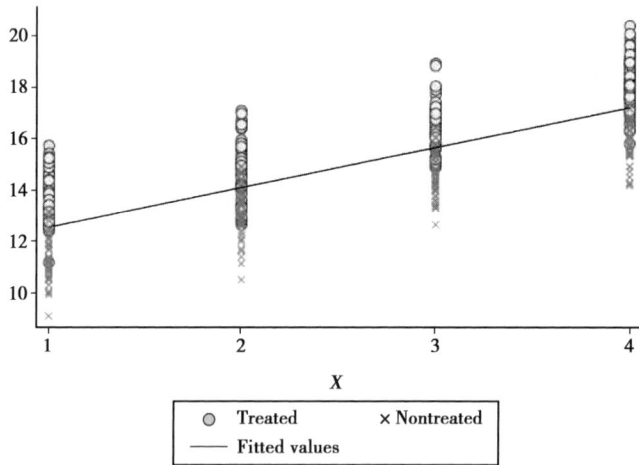

图 3.1　情形 1 下的数据散点图

表 3.5　数据描述和三种方法估计的效应:情形 2

变量描述				估计的效应					
相关、均值和标准差				回归		匹配		分层	
				变量	B	n	T_x效应	层	T_x效应
	y	x	w	e	x	1.455	$n=1$	3.129	1	3.084
y	—				$w(T_x$效应$)$	3.130	$n=4$	3.129	2	3.205
x	.69	—			常数项	9.495			3	3.075
w	.67	.02	—						4	3.159
e	.61	−.04	.61	—					样本	3.131
均值	14.777	2.500	.525	−.023	偏差	1.130	偏差 $n=1$	1.129	偏差	1.131
标准差	2.396	1.119	.500	.932			偏差 $n=4$	1.129		

情形 2 的情况下,三种方法的每一种都得到一个干预效应的有偏估计(biased estimate)。具体而言,所有三种方法估计的干预效应都比真值高出 1.13 个单位,或者出现了一个 57% 的高估。尤其是,OLS 结果表明,当干预变量 w 与误差正向相关(即 $\rho_{we} = 0.61$)时,此偏差是上向的(即使干预效应变大)。第 2 章中曾从理论上讨论过增大干预效应的问题,我们说明了当误差项和自变量为正向相关时,OLS 估计的斜率会高于真实斜率(见图 2.1)。当出现了与情形 2 相类似的情况时,这一上向偏差的确存在。

设想一个诸如情形 2 的真实研究,在观测数据收集的过程中(这里感兴趣的自变量未被操控),假设 w 是一个反映非法药品成瘾的状态,y 是一个对精神状况的测量(即一个较大的 y 值表明心理问题更严重),并通过对总体的一个代表性样本进行调查来获取数据。因为数据是在未经随机化的情况下观测到的而且是确实存在的(即代表了一个总体),使用非法药物的成员可能具有较高的 y 值。尽管 x 是 y 的一个重要协变量(即 $\rho_{xy} = 0.69$),但回归模型中只设定一个这样的协变量是不够的。当我们发现干预和误差项之间存在一个较高的相关(即 $\rho_{we} = 0.61$)时,显然,其他的协变量在此回归模型中被忽略了。在这种情况下,除了不可忽略的干预分配之外,我们还遇到了遗漏协变量(omitted covariate)的问题,也被称作**基于不可观测因素的选择**(selection on unobservables)(见 2.3 节)。由于这两个问题合在了一起的缘故,估计的干预效应(即非法药品成瘾对心理问题的净影响)是上偏的。尽管理论可能告诉我们,滥用药物会导致心理问题,但我们的数据将高估药物滥用对心理状况的影响。不管采用三种方法中的哪一种,这一高估都是真实存在的。正是出于这个原因,我们才能够认为常规修正方法在诸如情形 2 中所描述的情况下并不恰当(即效果并不好)。在此情形下,研究者必须考虑使用更为高级的分析方法,尽管这些方法因未观测到的异质性(unobserved heterogeneity)也会受到偏差的影响,而且可取的做法是进行敏感性分析以评估隐藏偏差(hidden bias)的潜在影响。我们将在第 8 章中对敏感性分析进行讨论。

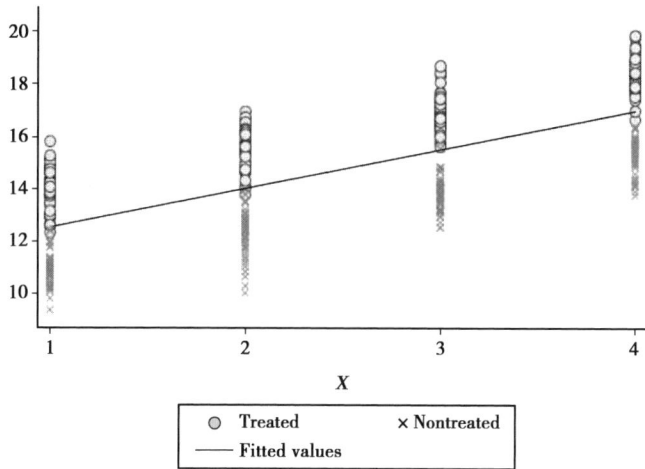

图 3.2　情形 2 下的数据散点图

表 3.6 呈现了情形 3 下数据的描述性统计和使用三种分析方法所得的估计的干预效应。描述性统计表明由情形 3 所描述的条件得以满足:也就是说,w 与 x 与存在相关($\rho_{wx} = 0.56$);x 与 e 不相关($\rho_{xe} = 0.07$);w 与 e 不相关($\rho_{we} = 0.03$);e 的均值接近于 0;以及 e 的标准差接近于 1。图 3.3 为情形 3 下数据 x 和 y 的散点图。

表 3.6　数据描述和三种方法估计的效应:情形 3

变量描述				估计的效应					
相关、均值和标准差				回归		匹配		分层	
				变量	B	n	T_x效应	层	T_x效应
	y	x	w	e	x	1.574	$n=1$	2.052	1	2.384
y	—				$w(T_x$效应)	1.975	$n=4$	2.075	2	2.303
x	.86	—			常数项	9.931			3	1.864
w	.75	.56	—						4	2.518
e	.44	.07	.03	—					样本	2.267
均值	11.119	.081	.538	−.077	偏差	−0.025	偏差 $n=1$	0.052	偏差	0.267
标准差	2.488	1.009	.499	.971			偏差 $n=4$	0.057		

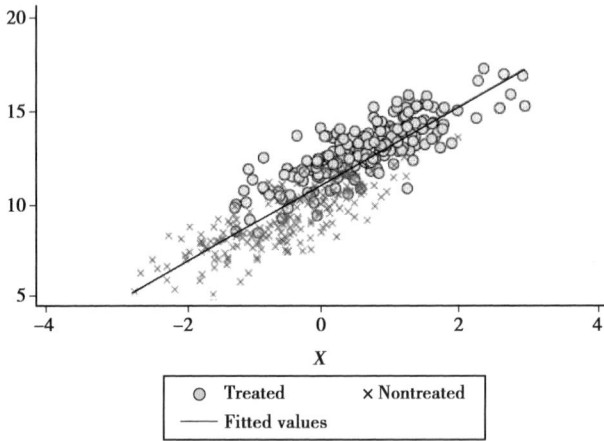

图 3.3　情形 3 下的数据散点图

　　情形 3 下,可忽略的干预分配仍然满足;因此,使用回归方法得到的估计的干预效应是无偏的。而且,多重共线性的存在并不影响干预效应的估计,尽管它会影响显著性检验;但是,显著性检验在当前有关总体参数的讨论中是无关的。这些结果证明,在这三种分析方法中,回归最佳,偏差为 −0.025(即一个略微向下的偏差);匹配也相当地好,偏差为 0.052;而分层则表现出有点问题,偏差为 0.267(或比真值大 13%)。这个例子表明,这些方法对多重共线性会有不同的反应,在偏差修正(bias correction)这点上并非同样好。

　　表 3.7 呈现了情形 4 下数据的描述性统计和使用三种分析方法所得的估计的干预效应。描述性统计表明由情形 4 所描述的条件得以满足:也就是说,w 与 e 存在相关($\rho_{we}=0.59$);w 与 x 存在相关($\rho_{wx}=0.55$);x 与 e 不相关($\rho_{xe}=0.06$);e 的均值接近于 0;以及 e 的标准差接近于 1。图 3.4 为情形 4 下数据 x 和 y 的散点图。当将这一散点图与情形 3 下的散点图进行比较时,我们会看到一个更加系统的数据点的集中,因为所有被干预的案例都聚集在上边,而所有未被干预的案例的都聚集在下边。这一模式由 w 和 e 之间的相关所得到。当研究者认为他们已经对协变量进行了控制但可行的控制并不充分且(或)相干变量(relevant variable)被遗漏时,此情形更可能出现在实际应用中。因此,我们遇到了与情形 2 中同样的基于不可观测因素的选择的问题。

表 3.7　数据描述和三种方法估计的效应：情形 4

变量描述				估计的效应					
相关、均值和标准差				回归		匹配		分层	
				变量	B	n	T_x效应	层	T_x效应
	y	x	w	e	x	1.095	$n=1$	3.866	1	4.237
y	—				$w(T_x$效应$)$	3.647	$n=4$	3.918	2	3.651
x	.77	—			常数项	9.178			3	3.794
w	.90	.55	—						4	4.416
e	.63	.06	.59						样本	4.024
均值	11.260	.119	.535	.011	偏差	1.647	偏差 $n=1$	1.866	偏差	2.024
标准差	2.678	.976	.499	1.023			偏差 $n=4$	1.918		

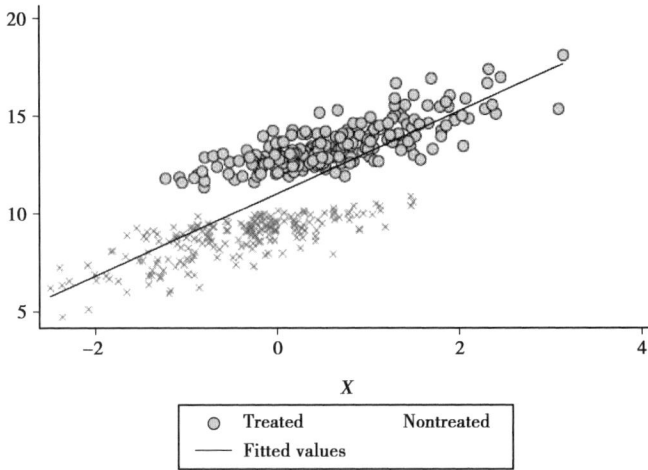

图 3.4　情形 4 下的数据散点图

结果表明，所有三种方法都是有偏的。情形 4 的情况下，这三种方法按照偏差被排序如下：回归产生最小的偏差 1.647，匹配方法产生更大的偏差 1.866，而分层产生最大的偏差 2.024。结果很清楚，当干预分配不可忽略时和当存在多重共线性时，没有常规方法会得到干预效应的无偏估计（unbiased estimation）。

表 3.8 呈现了情形 5 下数据的描述性统计和使用三种分析方法所得的估计的干预效应。描述性统计表明由情形 5 的设计所描述的条件得以满足：也就是说，x 与 e 存在相关（$\rho_{xe}=0.74$）；w 与 e 存在相关（$\rho_{we}=0.56$）；w 与 x 存在相关（$\rho_{wx}=0.57$）；e 的均值接近于 0；以及 e 的标准差接近于 1。图 3.5 为情形 5 下数据 x 和 y 的散点图。

注意，情形 5 放宽了情形 4 的一个假定（即它将 $x \perp e$ 变为 $\rho_{xe} \neq 0$）。此情形下，w 和 x 均与误差项存在相关，且两个自变量 w 和 x 也存在相关。在所有 5 种情形中，情形 5 假定了最弱的数据产生条件，这导致我们预期这些结果将是最糟糕的。实际上，以每一种方法得到的估计的干预效应都是有偏的，同时这些方法根据偏差大小被排序如下：回归产生最小的偏差（即 0.416）；匹配产生第二小的偏差估计值（即，对于 $n=1$ 和 $n=4$，分别为 0.492 和 0.747）；而分层产生了最大的偏差（即 0.800）。但是，与我们的预期相反，所有的偏差都比情形 4 下由这三种方法所产生的偏差更小。尽管情形 5 是最坏情况下的情形,但结果却并不是最糟糕的。这一有趣的发现表明,数据条件经常以复杂的方式起作用,同时结果也许并不符合我们的预期。总的说来,我们的发现强调了假定的重要性、使用常规修正方法时得到有偏的参数估计的风险以及发展包含更大复杂性的模型的需要。

表 3.8 数据描述和三种方法估计的效应:情形 5

变量描述				估计的效应						
相关、均值和标准差				回归		匹配		分层		
				变量	B	n	T_x效应	层	T_x效应	
	y	x	w	e	x	2.156	$n=1$	2.492	1	3.044
y	—				$w(T_x$效应$)$	2.416	$n=4$	2.747	2	2.441
x	.92	—			常数项	9.758			3	2.689
w	.79	.57	—						4	3.025
e	.88	.74	.56	—					样本	2.800
均值	11.281	.095	.545	.048	偏差	0.416	偏差 $n=1$	0.492	偏差	0.800
标准差	3.064	.991	.499	1.036			偏差 $n=4$	0.747		

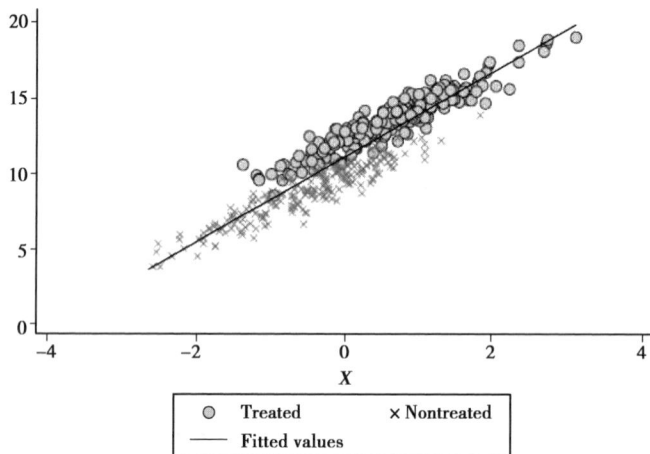

图 3.5 情形 5 下的数据散点图

3.5 数据模拟的启示

我们的数据模拟或者 3 种方法和 5 种情形的设计阐明了常见的数据平衡策略修正选择偏差的那些情况。我们有意创建了具有挑战性的数据环境,但它们不同于日常项目评估中遇到的那些情形。应对此类挑战促使统计学家们和计量经济学家们寻求新的方法。这一数据模拟在发展这些方法的过程中至少具有三个方面的启示。

首先,数据平衡的简单方法只在理想条件下(即情形 1)才会效果很好,同时,所有三种方法在理想条件下同样都效果很好。当可忽略的干预分配假定适用但自变量之间存在相关时(即情形 3),回归和匹配方法会提供干预效应的无偏估计。但是,以分层方法得到的估计是有问题的。当可忽略的干预分配假定遭到违背时(即情形 2,4 和情形 5),三种传统修正方法都没有提供干预效应的无偏估计。

其次,协方差控制(covariance control)并不会自动修正不可忽略的干预分配。在所有5种情形中,x都是与y高度相关的(即ρ_{xy}从0.62变到0.92),表明x在所有情形中都是y的一个重要的协变量。但是,只有两种情形下可忽略的干预分配假定才适用(即情形1和3)。数据模拟清楚地表明,只有在这两种情形下,三种传统方法才确实得到了无偏估计。在所有的其他情形下,三种方法都失败了。因此,控制协方差的常见方法并不一定会修正不可忽略的干预分配。

最后,结果表明,我们在运行回归和其他统计模型之前必须理解数据产生(data generation)。正如Berk(2004)所指出的,数据产生对于以分析来进行推断而言是重要的:

> 统计推断和因果推断都基本上依赖于回归分析中所用的数据是如何产生的:自然*和研究者如何共同生成数据然后进行回归分析?有真实的干预吗?数据可被恰当地视为是取自某一真实总体的随机样本吗?关键变量是如何被测量的?数据中本身很少有与这些问题有关的内容。必须将大量关于数据的信息带到回归分析中来,这一信息将会在实践中起到某种非常重要的作用。(第1-2页)

此外,三种方法和5种情形的设计提供了一个思考新的评估方法的主要特征的有用工具。我们把这一设计用作一个组织框架来对本书中所介绍的方法进行评价。

1. 在数据模拟中,我们只有一个控制变量x,然而,实际应用中通常会有许多控制变量。当控制变量的数量增加时,传统的事后匹配(ex post matching)往往无效,因为,此类情况下,很难基于多重特征将被干预的案例与未被干预的案例匹配起来:这个问题被称作**匹配的维度性**(dimensionality of matching)。一个简单的例子有助于说明这个问题。如果只用3个人口学变量(即先于接受干预就有的年龄、性别和种族或民族),您也许可以使90%的被干预的成员同未被干预的成员相匹配,假定样本规模足够大(比如$N = 500$)且两个组具有相同的规模。即使是用3个匹配变量,一些案例也有可能丢失,因为它们太不一样了,导致找不到匹配者。取决于样本的属性,当然,也取决于您想要多精确地基于年龄进行匹配(即,比如相配者的年龄应精确到25.09岁,或者可在一个年龄段内进行匹配,比如是对处在20到30岁的成员进行匹配吗?),对于可能相配者的百分比而言,90%仅仅是一个猜测。现在设想您增加了一个匹配变量,它是一个取值范围在40到100上变动的抑郁量表(depression scale)。通过这一增加,有可能您会有更少的被干预的成员与未被干预的成员进行匹配。随着维度的每一增加,有效相配者的百分比会下降。

这一维度性问题促使研究者发展出若干新方法。这些方法包括:a. 使用接受干预的概率的两步估计量(two-step estimator)(Heckman,1978,1979;Maddala,1983);b. 倾向值匹配(Rosenbaum & Rubin,1983);以及c. 向量模(vector norm)的使用(Abadie & Imbens,2002,2006;Rubin,1980a)。这些应对匹配中的维度性问题的方法分别会在第4至6章中加以考察。

2. 倾向值匹配可被认为是略微更复杂的方法,它将回归和匹配这两种传统方法合并起来。也就是说,分析人员首先对所有的研究成员创建倾向值,因此多重特征被简化成一个一维的得分。然后分析人员对被干预和未被干预案例之间的得分进行匹配以创建一个新样本。最后,分析人员基于匹配样本(matched sample)进行诸如回归等进一步的分析。注意,第二阶段中,可以进行很多种多元分析(multivariate analysis)(比如,诸如随

---

* 这里实际上指的是研究或调查对象。——译者注

机系数模型等回归类模型、多组结构方程模型、生存分析、一般化线性模型)。此倾向值匹配方法会在第5章中进行介绍。

3. 倾向值匹配也可被认为是匹配和分层的组合。当多个匹配变量被简化成一个一维的倾向值时,分析人员可以基于此一维的得分将被干预的案例与未被干预的案例进行匹配。就这点而论,分析人员并不使用回归或第二阶段建模的其他类型(Rosenbaum & Rubin,1984)。此倾向值匹配方法也会在第5章中进行介绍。

4. 分析人员也可以使用单一的匹配方法来估计干预效应(即一种没有采用回归和分层的方法)。复杂方法一直被发展出来以将匹配改进成一种估计干预效应的方法。Abadie 和 Imbens(2002,2006)发展出了匹配估计量(matching estimators),这种方法使用向量模(vector norm)(即马氏距离或样本方差矩阵的逆)来估计干预组、控制组和样本的平均干预效应以及总体中的类似效应。匹配估计量在第6章中进行介绍。Heckman、Ichimura 和 Todd(1997,1998)使用**非参数回归**(nonparametric regression),或更确切地,**局部线性回归**(local linear regression),发展出了一种用于进行匹配的替代方法,以对被干预的成员和未被干预的成员进行匹配。这一方法提供了干预组的平均干预效应的一种稳健且有效的估计量。采用局部线性回归的匹配会在第7章中进行介绍。

5. 在数据模拟中,w 是一个表明干预状态的二分变量:被干预或未被干预。倾向值方法可以很容易地被扩展至包含多重干预状态或针对干预剂量进行分析的情况(Imbens,2000;Rosenbaum,2002b)。这一对干预计量进行建模的方法会在第5章中进行介绍。

6. Rubin(1997)概括了倾向值匹配的3个局限,其中之一就是倾向值匹配不能控制未观测到的选择偏差。也就是说,倾向值匹配不能调整隐藏的选择偏差,因此,没有情形2的解决办法。(我们在第8章中会进一步关注这个问题,届时我们将通过一个蒙特卡罗研究来比较四种模型的抽样性质。)尽管选择偏差是隐藏着的,但分析人员能够通过由Rosenbaum(2002b)开创性地发展出来的**敏感性分析**(sensitivity analysis)来估计偏差的大小。正如之前所提到的,敏感性分析方法会在第8章中进行介绍。

7. Rubin(1997)发现的倾向值匹配的第二个局限是此方法基于与结果的关系有差别地对协变量进行处理。也就是说,此方法并不对与干预分配相关但与结果不相关的协变量进行处理。这个问题可被视为是情形4的一个变形,目前对此并没有可用的令人满意的解决办法;不过,James Robins 的边际结构模型(marginal structural modeling)似乎很有前景。我们会在第9章再次讨论这一问题。

8. 情形5设想了若干关于数据产生的弱假定的组合。尽管数据产生是复杂的,但这一情形是能够实现的和实际上可能发生的。我们会在第8章中再次讨论这一情形,并强调——即使采用高级方法——未观测到的异质性总是具有导致效应估计有偏的潜力。

3.6 与应用 OLS 回归有关的主要问题

在所有统计方法中,OLS 回归模型可能是最重要的,因为它不仅作为高级模型的基础而且是理解评估干预效应的新方法的一把钥匙。我们已经看到了 OLS 回归提供(或并不提供)干预效应的无偏估计的情形。为了结束本章,我们对包含在 OLS 回归中的重要假定和与 OLS 回归的应用有关的基本问题进行回顾。我们的回顾效仿了 Kennedy(2003)和 Berk(2004)。

应用 OLS 回归模型时,必须做5个关于数据结构的基本假定:

1.因变量是一组特定的自变量加上一个扰动项(disturbance term)的线性函数。

2.扰动项的期望值等于零。

3.各扰动(disturbances)具有统一的方差(uniform variance)* 且相互之间不相关。

4.基于自变量的观测(observations)被认为在重复样本(repeated samples)中是固定的。

5.观测的数量大于自变量的数量,并且自变量之间不存在精确的线性关系(Kennedy,2003)。

这些假定对于回归分析中的一致且无偏估计而言是至关重要的。实际应用中,重要的是理解这些假定遭到违背的情形、细心进行诊断检验以发现假定遭到违背以及发现假定遭到违背情况下采取修正措施。

根据 Berk(2004),回归在满足了 4 个条件的情况下可以被用来进行因果推断。首先,需要"有关概念(relevant concepts)的清晰定义和……有关数据如何产生的良好信息"(Berk,2004:101)。因果效应不但涉及输入(inputs)和输出(outputs)之间的关系、可观测和不可观测结果(unobservable outcome)之间的关系,而且还涉及许多与自然应该如何运作有关的其他特征。Berk 推荐使用弗里德曼的回应方案框架(Freedman's response schedule framework)来推断因果效应。现成可以使用的理论,包括经济学中所使用的那些理论,大都没有言明如何刻画回归表达式中误差的作用。相比而言,弗里德曼的回应方案框架要求误差应被视为不只是一个将被几个简便假定消除掉的干扰(nuisance)。根据这一观点,因果故事应该包括一个对误差在自然世界中是如何产生的合理解释。

其次,其他条件相同必须被假定。在告诫通常有许多在现实生活中永远不会存在的其他条件相同之后,Berk(2004)争辩道:"协方差调整只是对数据的算术处理。如果决定将这些处理解释成好似一些干扰因素实际上被固定了,那么就需要一个非常具有合作精神的世界"(第 115 页)。

再次,因果关系必须在数据产生和分析中被预料到。Berk(2004:196)部分地反对 Pearl(2000)有关分析人员通常能够以观察数据的回归分析(或更一般的结构方程模型)来进行因果推断的观点。

最后,Berk(2004)认为可靠的因果推断不能只根据回归结果加以推断。回归分析的结果只是刻画反应变量在给定一组预测变量情况下的条件分布的特征的一种方式。标准化系数(standardized coefficient)并未表达变量的因果重要性(causal importance)。不同预测变量对被解释方差的贡献并未表达一个变量的因果重要性。一个好的整体拟合(over-all fit)并未表明一个因果模型(causal model)是正确的。而且,他认为,并不存在因果效应通过其就可被有把握地得到证明的回归诊断。不存在因果效应通过其就能够得到证明的设定检验(specification test)。不存在因果效应通过其就能够得到证明的数学形式体系(mathematical formalisms)。总之,Berk 认为因果推断首先且最重要地是依赖于一个可靠的回应方案(response schedule)。没有一个可靠的回应方案且缺少一个得到强有力支持的模型(即基于先前的研究和理论而提出的假设的关系)的情况下,使用基于回归的因果模型(regression-based causal models)的潜在问题比现有的修正策略更重要(Berk,2004:224)。

---

* 也就是通常所谓的"等方差假定"或同方差性。——译者注

3.7 结 论

本章中,我们回顾了可忽略干预分配这一基本假定遭到违背的情形,并讨论了三种对出现不可忽略的干预分配(即选择性偏差)的数据进行平衡的传统方法(即回归、匹配和分层)。在基于5种数据产生情形的模拟中,传统方法只在可忽略分配假定得以满足的理想情形下才有效。不幸的是,这些理想情形在随机化实验中最有可能被满足。在涉及使用观察数据的社会行为评估中,它们不可能被满足。因此,结果表明,在缺乏随机化设计的情况下使用 OLS 回归来控制协方差和平衡数据在许多期望进行因果推断的场合中都是没有正当理由的。当干预分配不可忽略时,就需要用新的方法来估计干预效应。

4 样本选择及相关模型

本章介绍 3 种模型：样本选择模型、干预效应模型以及工具变量方法。Heckman（1974,1978,1979）样本选择模型的提出采用了一个适于处理受限因变量（limited dependent variable）的计量经济学框架。此模型旨在解决当使用的数据来自于一个家庭主妇因自我选择而被排除在外的妇女总体时妇女平均工资的估计问题。基于这样的数据集，Heckman 最初的模型专门针对一个因变量的偶然截尾（incidental truncation）进行研究。Maddala(1983)将这个样本选择的视角扩展至干预效应的评估。我们首先回顾 Heckman 的模型，因为它不仅提供了一个对样本选择进行建模的理论框架，而且它也是建立在当时矫正选择性偏差的一种先驱方法的基础之上。同样重要的是，Heckman 的模型为理解干预效应模型奠定了基础。样本选择模型属于对项目评估的最重要贡献之一，不过，干预效应模型才是本章的关注点，因为此模型提供了解决各类评估问题的实用方法。尽管工具变量方法在某些方面与样本选择模型相似，但它在概念上经常被看做是另外一种不同的方法。为了方便讨论，我们也将它纳入本章。

4.1 节介绍 Heckman 模型的主要特征。4.2 节回顾干预效应模型。4.3 节回顾工具变量方法。4.4 节概述可用于估计这些模型的 Stata 程序。4.5 节对干预效应模型进行举例说明，并展示如何使用此模型去解决常见的评估问题。4.6 节以概括要点结束本章。

4.1 样本选择模型

毫无疑问，Heckman 样本选择模型在 20 世纪项目评估中属于更加重要的成果。样本选择模型既引发了一场对选择偏差进行建模的丰富的理论讨论，又引发了为解决选择偏差问题而提出的新统计方法的发展。Heckman 对项目评估的主要贡献包括以下几个方面：a. 他提供了一个理论框架，此框架强调了对虚拟内生变量（dummy endogenous variable）进行建模的重要性；b. 在估计某一成员处在由内生虚拟变量所表示的两种条件之一中的概率上，他的模型属于首次尝试；c. 他把未观测到的选择因素看成是模型设定错误（specification error）的问题，或者是遗漏变量（omitted variables）的问题，并通过明确地使用从样本选择模型中获得的信息，对结果变量方程估计中的偏差进行矫正；d. 通过使用简单最小二乘算法，他提出了一个富有创造性的两步程序。为了理解 Heckman 的模型，我们首先回顾与处理受限因变量有关的一些概念。

4.1.1 截尾、删截以及偶然截尾

受限因变量普遍存在于社会和健康数据中。此类变量的主要特征就是删截（censoring）和截尾（truncation）。截尾是数据收集（data collection）而不是数据产生（data generation）所导致的结果，当样本数据抽取自更大的所关注总体的一个子集时，截尾就发生了。因此，一个截尾分布是一个更大的、没有截尾分布的一部分。例如，假定对总体的一个有限子集（比如那些收入高于贫困线的人）进行一项有关收入的调查。在来自于这样一项调查的数据中，我们将只会观测到因变量全部分布的一部分。建模的任务就是使用这些有限的信息———一个**截尾分布**（truncated distribution）———来对整个总体的收入分布进行推断。

当某个因变量在某一范围内的所有值都被转换为一个单一的值时，删截就发生了。使用以上总体收入的例子，删截不同于截尾，因为数据收集可能包括了整个总体，但是低于贫困线的收入都被编码为0。在这种情况下，研究者既可以使用删截的数据（censored data），也可以使用未删截的数据（uncensored data）对一个更大的总体估计一个回归模型。删截数据无处不在。它们包括①家庭耐用商品的购买，其中在耐用商品上较低的支出都被删截成0值（James Tobin 在 1958 年提出的 Tobit 模型是分析此类因变量最广为人知的模型）；②婚外事件数，其中超过一个特定值的事件数被合并为某个最大计数；③妇女在劳动力市场上工作的小时数，其中在家庭之外工作小时数较小的妇女被删截为0值；④从监狱释放后又被逮捕的次数，其中超过某个特定值的逮捕次数被编码成某个最大值（Greene，2003）。

分析受限因变量的中心任务就是使用截尾分布或者删截数据去推断整个总体的未截尾或者未删截的分布。在回归分析的背景下，我们通常假定因变量服从一个正态分布。随后的挑战就是如何建立截尾或者删截的正态分布的矩（平均数和方差）。关于这些矩的定理已经被建立起来，在一些受限因变量分析的教科书中我们可以找到这些定理。在这些定理中，截尾或者删截的正态分布的矩涉及一个关键因子，它被称为逆米尔斯比值（inverse Mills ratio）或者是风险函数（hazard function），通常被记为 λ。Heckman 样本选择模型采用逆米尔斯比值来估计结果变量回归（outcome regression）。在 4.1.3 节，我们回顾了样本选择数据的矩以及逆米尔斯比值。

一个与截尾和删截密切相关的概念，或者是这两个概念的一种组合，就是**偶然截尾**（incidental truncation）。实际上，它通常与样本选择（sample selection）这个术语交换使用。根据 Greene（2003），设想您被资助开展一项针对高收入人群的调查，您把合格的受访对象界定为净资产在 500 000 美元及以上的人。这种根据收入的选择是一种形式的截尾——但是它与一般情况的截尾并不十分相同。选择标准（比如至少 500 000 美元的净资产）并没有排除那些当前收入可能十分低的人，尽管这些人以前已经积累了很高的净资产。Greene（2003）这样解释说：

> 尽管如此，一个人可能会期望，平均而言，净资产很高的人其收入也可能很高。因此，把这个子总体（subpopulation）的平均收入作为普通美国人收入的标志很有可能也具有误导性。这样一个调查中的数据将是非随机选择的或者是偶然截尾的。（第 781 页）

因此，样本选择或者偶然截尾指的是一个不是被随机选取的样本。正是在偶然截尾

的情况下,我们碰到了整个评估过程中最关键的一项挑战,那就是评估数据对假定一个随机化试验的经典统计模型的偏离。这个挑战强调了对样本选择过程进行明确建模的必要性。在许多数据情形中,我们都会或明确或隐含地碰到这些问题。考虑以下来自 Maddala(1983) 的例子。

例1:劳动力市场中的已婚妇女。这是一个最初由 Heckman(1974) 在影子价格 (shadow prices)(即一个在家的妇女可能接受市场就业的保留工资(reservation wage) 或者说最低工资率)、市场工资以及劳动力供给的背景下考虑过的问题。令 y^* 表示一名家庭妇女基于她对待在家里时间的估价所形成的保留工资。令 y 表示基于雇主对她在劳动力市场中的工作做出的估价所形成的市场工资。根据 Heckman,如果 $y > y^*$,那么妇女将进入劳动力市场。否则,妇女不能被认为是劳动力市场中的成员。在任何给定的样本中,我们只观测到那些进入了劳动力市场的妇女的 y,对于没有进入劳动力市场的妇女,我们无法观测到相应的 y。对于没有进入劳动力市场的妇女,我们只知道 $y^* > y$。换句话说,样本不是一个随机选择的样本,我们需要使用样本数据来估计既能解释 y^* 也能解释 y 的回归模型中的系数。正如以下 Maddala(1983) 所解释的那样,对于没有在劳动力市场中而在家中工作的妇女,问题是截尾,或者更准确地说是偶然截尾,而不是删截,因为:

> 如果 y 的值高于(或低于)某个门槛值(threshold),那么,在截尾回归模型的情形中,无论是被解释变量 y 还是解释变量 x,我们都没有任何观测……在删截回归模型的情形中,我们有所有案例在解释变量 x 上的观测数据。至于被解释变量 y,对一些案例我们有实际的观测,而对于另外一些案例,我们只知道它们是否高于(或者低于)某个门槛值。(第5-6页)

例2:工会对工资的影响。假定我们有一个有关工资和工人个人特征的数据,包括知道工人是不是工会成员。如果我们要估计参加工会对工资的影响,一种简单的方法就是估计一个工资对工人个人特征(比如年龄、种族、性别、教育以及工作经验)加上一个虚拟变量的回归,其中,对于参加工会的工人,$D = 1$,否则 $D = 0$。这个回归模型面临的问题在于 D 的属性。当虚拟变量 D 不是外生变量时,这种设置却把它视为是外生的。事实上,可能存有诸多因素会影响一个工人决定是否加入工会。因此,此虚拟变量就是内生的,应该被直接加以建模;否则,估计 D 的效应的工资回归模型将是有偏的。在第2章和第3章中,我们都已经看到了简单地把 D 处理成外生变量的后果。

例3:公平就业法案对非裔美国工人(African American Worker)**地位的影响**。考虑一个有关公平就业法案对非裔美国工人地位影响的回归模型(Landes,1968):$y_i = \alpha \mathbf{X}_i + \beta D_i + u_i$,其中 y_i 为在州 i 中非裔美国工人相对于该州中白人的工资,$\mathbf{X}_i$ 为州 i 的外生变量向量,如果州 i 有公平就业法案,则 $D_i = 1$(否则,$D_i = 0$),u_i 为残差项。这里,与例2一样,我们也发现了 D 的内生性问题,只不过,前例的分析单位是个人,而本例的分析单位是州 i。再一次,D 实际上是内生但却被看做是外生的。"如果法案取决于共识的话,非裔美国人在没有公平就业法案照样过得很好的那些州也许更有可能通过此类法案"(Maddala,1983:8)。Heckman(1978) 注意到:

> 对于政策分析而言,一个重要的问题在于确定所测得的立法效应是立法的真实结果还是由于如下现象所导致的一种虚假效应:有利于黑人的立法仅仅表示了亲黑人情绪的存在,而这种情绪将导致黑人在任何事情上有更高的地位。(第933页)

例4:义务入学法案和学业或其他结果。义务入学法案的通过本身就是一个内生变量。与例3类似,它应当首先被建模。否则,估计出立法对任何结果变量的影响都会冒着有偏和不一致的风险(Edwards,1978)。

例5:大学教育的回报。在这个例子中,我们被给予了一个个人样本的收入,其中,一些人具有大学学历,而另外一些人不具有大学学历。因为决定是否上大学是一个受到诸多因素决定的个人决策,虚拟变量(上大学相对于不上大学)是个内生变量,应该首先被建模。如果不对虚拟变量首先建模的话,表明大学学历影响收入的回归将是有偏的,尽管回归模型控制了诸如IQ(智力指数)或父母的社会经济地位等其他协变量。

今天,这些实例被认为是经典的例子,而且它们在关于样本选择的文献中一直被频繁地引用和讨论。前三个例子被 Heckman(1978,1979)讨论过,并且激发了他有关样本选择模型的工作。这些例子有三个共同特征:①用来推断的样本不是随机产生的;②二分解释变量是内生的而非外生的;③在评估此一虚拟变量的影响时,必须考虑样本选择或者偶然截尾。不过,例1和其他4个例子有一个重要的差别。在例1中,我们只观察到了那些进入劳动力市场妇女的结果变量(即工资)(即只观察到 $D_i = 1$ 的成员,而没有观察到那些 $D_i = 0$ 的妇女的结果变量),而在例2至例5中,结果变量(即工资、非裔美国工人相对于白人工人的工资地位,学业成绩,以及收入)对于 $D_i = 1$ 以及 $D_i = 0$ 的成员(或者州)都被观察到了。因此,例1是一个样本选择模型,而其他的4个例子所说明的则是干预效应模型。关键之处是在这两种模型之间做出区分的重要性:①样本选择模型(即对只有 $D_i = 1$ 才能观察到的结果数据进行分析的模型)和②干预效应模型(即对 $D_i = 1$ 和 $D_i = 0$ 都能被观察到的结果数据进行分析的模型)。这两种模型具有共同的特征,都可以被看做是 Heckman 类的模型(Heckman-type models)。不过,干预效应模型关注项目评估,而这并非样本选择模型的目的。当选择合适的软件时,这一区分是重要的。比如,在 Stata 软件中,样本选择模型是以 **heckman** 程序估计的,而干预效应模型是以 **treatreg** 程序估计的,我们在4.4节将详细说明这一点。

4.1.2 为什么对样本选择建模是重要的

尽管样本选择问题在项目评估和观察研究中普遍存在,但在 Heckman(1974,1976,1978,1979)的工作和 Rubin(1974,1978,1980b,1979)的独立工作之前,给予其正式对待的重要性还没有被认识到。回想一下,就因果推断而言,样本选择在随机化试验中并不被认为是一个问题,因为随机化会使选择效应无关紧要。在非随机化研究中,Heckman 的工作强调了使用一个两步程序或者转换回归(switching regression)来对样本选择进行建模的重要性,而 Rubin 的工作通过把随机化实验扩展到观察研究中也得到了相同的结论。

Heckman 关注两种类型的选择偏差:自我选择偏差和由数据分析者造成的选择偏差。Heckman(1979)将自我选择偏差描述如下:

> 对于那些在零个工作小时时市场工资(market wage)超过了她们家务工资(home wage)的职业妇女(working women),我们可以观察到她们的市场工资。同样,对于那些自己发现不参加工会将使境遇变得更糟糕的工会成员,我们也可以观察到他们的工资。移民的工资一般不能作为一个对非移民来说如果移民情况下可获得工资的可靠估计。参加劳动力培训者的收入不能用来估计那

些没有参加培训者如果选择参加培训后的收入。在这些例子的每一个中,根据选择的样本估计得到的工资或收入函数通常都不是对总体(即随机样本)工资函数的估计。(第 153-154 页)

Heckman 认为第二种类型的偏差,即由数据分析者或者数据处理者造成的选择偏差,形式上与自我选择偏差表现得非常地相似。

在他们的后期工作中,Heckman 和他的同事们将选择性问题扩展到社会实验的这一广泛范围中,并讨论了其他类型的选择偏差(如,参见 Heckman & Smith,1995)。根据 Maddala(1983),图 4.1 描述了 3 种制造选择性的决策(即个体选择(individual selection)、管理者选择(administrator selection)以及退出选择(attrition selection))。

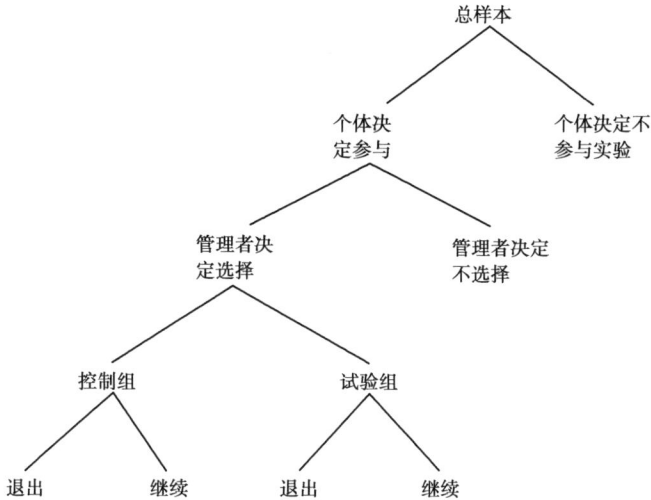

图 4.1　针对社会实验进行评估的决策树

资料来源:Maddala(1983:266)。经剑桥大学出版社允许重印。

总之,Heckman 的方法强调了对选择效应建模的重要性。当选择性不可避免时,比如在观察研究中,从一个简单的普通最小二乘法(OLS)回归模型得到的参数估计值是不一致且有偏的。因此,必须探索对选择进行建模的替代分析策略。

4.1.3　一个偶然截尾二元正态分布的矩

关于偶然截尾分布的矩的定理定义了一些关键的函数,比如正态分布变量情况下的逆米尔斯比值。我们的讨论效仿 Greene(2003)。

设 y 和 z 服从二元正态分布,且它们的相关系数为 ρ。我们对 z 大于一个特定值 a 情况下 y 的分布感兴趣。y 和 z 的截尾联合密度是:

$$f(y,z \mid z > a) = \frac{f(y,z)}{\text{Prob}(z > a)}$$

给定 y 和 z 的截尾联合密度以及两者服从一个二元正态分布,均值分别为 u_y 和 u_z,标准差分别为 σ_y 和 σ_z,且相关系数为 ρ,那么,偶然截尾变量 y 的矩(均值和方差)为(Greene,2003:781):

$$E[y \mid z > a] = u_y + \rho\sigma_y\lambda(c_z)$$
$$Var[y \mid z > a] = \sigma_y^2[1 - \rho^2\delta(c_z)] \tag{4.1}$$

这里,a 为分界门槛(cutoff threshold),$c_z = (a - u_z)/\sigma_z$,$\lambda(c_z) = \phi(c_z)/[1 - \Phi(c_z)]$,

$\delta(c_z) = \lambda(c_z)[\lambda(c_z) - c_z]$，$\phi(c_z)$ 为标准正态密度函数，而 $\Phi(c_z)$ 为标准累积分布函数。

在上述等式中，$\lambda(c_z)$ 被称为逆米尔斯比值，且被用在 Heckman 两步估计程序的推导中。注意，在这个定理中，我们考虑的是单个变量的矩；换句话说，这是一个关于 y 偶然截尾的单变量属性的定理。Heckman 模型将这个定理应用和扩展到多变量的情形，其中偶然截尾变量被用作回归分析中的因变量。

4.1.4 Heckman 模型及其两步估计量

样本选择模型总是涉及两个方程:①回归方程，它考虑决定结果变量的机制;②选择方程，它考虑结果变量被观察到的那部分样本及决定此选择过程的机制(Heckman, 1978, 1979)。为了将此模型放在一个真实情形中，我们重新回到劳动力市场中妇女的工资收入这个例子(4.1.1 节中的例1)。假设我们认为妇女每小时的工资($wage$)是教育($educ$)和年龄(age)的函数，而参加工作的概率(等价于工资变量被观察到的概率)是婚姻状况($married$)和未成年子女数($children$)的函数。要想表达这个模型，我们可以写成两个方程，即工资的回归方程和参加工作的选择方程:

$$wage = \beta_0 + \beta_1 educ + \beta_2 age + u_1 \qquad (\text{回归方程})$$

如果工资被观察到，那么

$$\gamma_0 + \gamma_1 married + \gamma_2 children + \gamma_3 educ + \gamma_4 age + u_2 > 0 \qquad (\text{选择方程})$$

注意，选择方程表明，只有对工资大于 0(即当且仅当妇女的工资大于某个特定的门槛值时，她们才被认为已进入到劳动力市场)的那些妇女，工资才会被观察到。这个方程中使用 0 值是为了标准化的方便，同时这也从另一个角度反映了进入劳动力市场的妇女的市场工资大于她们的保留工资(即 $y > y^*$)。家务劳动者(即不处在有酬劳动力市场中的那些人)的市场工资低于她们的保留工资(即 $y < y^*$)的事实在上面的模型中通过这些妇女的工资在回归方程中未被观察到来加以表达，也就是说被偶然地截尾。选择方程进一步假定 u_1 和 u_2 有一个非零的相关系数 ρ。

这个例子可被扩展到更一般的情况。为了对任何的样本选择过程进行建模，我们用两个方程来表达结果变量 y_i 的决定因素:

$$\text{回归方程}:y_i = x_i \beta + \varepsilon_i，\text{只有 } w_i = 1 \text{ 时才会被观察到} \qquad (4.2a)$$

$$\text{选择方程}:w_i^* = \mathbf{z}_i \gamma + u_i，\text{如果 } w_i^* > 0，\text{则 } w_i = 1，\text{否则 } w_i = 0 \qquad (4.2b)$$

$$\text{Prob}(w_i = 1 \mid \mathbf{z}_i) = \Phi(z_i \gamma)$$

及

$$\text{Prob}(w_i = 0 \mid \mathbf{z}_i) = 1 - \Phi(z_i \gamma)$$

这里，$\mathbf{x}_i$ 是决定结果变量 y_i 的外生变量向量，w_i^* 是一个潜在内生变量(latent endogenous variable)。如果 w_i^* 大于门槛值(比如 0)，那么观察到的虚拟变量 $w_i = 1$，否则 $w_i = 0$。只有在 $w_i = 1$ 时，回归方程才会观察到值 y_i;$\mathbf{z}_i$ 是一个外生变量的向量，它决定了选择过程或者说 w_i^* 的结果;$\Phi(\cdot)$ 是标准累积分布函数;u_j 和 ε_j 是两个回归方程的误差项，且被假定服从二元正态分布，其均值为 0 和协方差矩阵为 $\begin{bmatrix} \sigma_\varepsilon & \rho \\ \rho & 1 \end{bmatrix}$。

考虑到 y 的偶然截尾和删截，评估的任务就是使用观察到的变量(即 y、z、x 及可能的 w)来估计对那些 w 的值等于 1 和 0 的样本成员均合适的回归系数 β。

样本选择模型既可以用最大似然法进行估计也可以用最小二乘法进行估计。Heckman

的两步估计量使用了最小二乘法。我们首先来回顾这个两步估计量。在下一节中,我们将回顾作为干预效应模型讨论的一部分的最大似然估计法。

为了便于理解 Heckman 的独创性贡献,我们使用他的标记符号,这与我们前面讨论时使用的符号略微有所不同。Heckman 首先描述了一个包括两个结构方程的一般模型。这个一般模型考虑两个连续的潜在随机变量 y_{1i}^* 和 y_{2i}^*,且可被表达如下:

$$y_{1i}^* = X_{1i}\alpha_1 + d_i\beta_1 + y_{2i}^*\gamma_1 + U_{1i}$$
$$y_{2i}^* = X_{2i}\alpha_2 + d_i\beta_2 + y_{1i}^*\gamma_2 + U_{2i} \tag{4.3}$$

这里,X_{1i} 和 X_{2i} 是有界限的外生变量(bounded exogenous variables)的行向量;d_i 是一个被如下定义的虚拟变量:

$$当且仅当 y_{2i}^* > 0 时, d_i = 1$$
$$否则, d_i = 0$$

且

$$E(U_{ji}) = 0, E(U_{ji}^2) = \sigma_{jj}, E(U_{1i}U_{2i}) = \sigma_{12}, j = 1, 2; i = 1, \cdots, I$$
$$E(U_{ji}U_{j'i'}) = 0, 其中 j, j' = 1, 2, i \neq i'$$

接下来,Heckman 讨论了应用这个一般模型的 6 种情形。他的兴趣主要集中在样本选择模型,或者说情形 6(Case 6)(Heckman,1978:934)。情形 6 的主要特征就是允许在方程中存在结构转换(structural shift)。此外,Heckman 允许 y_{1i}^* 是可被观察的,因此这个变量可以被写为一个不带星号的形式 y_{1i},而 y_{2i}^* 是不可被观察的。把这个模型写作简化的形式(即只有右边的变量才应该是外生变量),我们有以下方程:

$$y_{1i} = X_{1i}\pi_{11} + X_{2i}\pi_{12} + P_i\pi_{13} + V_{1i} + (d_i - P_i)\pi_{13}$$
$$y_{2i}^* = X_{1i}\pi_{21} + X_{2i}\pi_{22} + P_i\pi_{23} + V_{2i} + (d_i - P_i)\pi_{23} \tag{4.4}$$

这里,P_i 是 $d_i = 1$ 时的条件概率,且

$$\pi_{11} = \frac{\alpha_1}{1 - \gamma_1\gamma_2}, \pi_{21} = \frac{\alpha_1\gamma_2}{1 - \gamma_1\gamma_2}, \pi_{12} = \frac{\alpha_2\gamma_1}{1 - \gamma_1\gamma_2}, \pi_{22} = \frac{\alpha_2}{1 - \gamma_1\gamma_2}$$

$$\pi_{13} = \frac{\beta_1 + \gamma_1\beta_2}{1 - \gamma_1\gamma_2}, \pi_{23} = \frac{\gamma_2\beta_1 + \beta_2}{1 - \gamma_1\gamma_2}, V_{1i} = \frac{U_{1i} + \gamma_1U_{2i}}{1 - \gamma_1\gamma_2}, V_{2i} = \frac{\gamma_2U_{1i} + U_{2i}}{1 - \gamma_1\gamma_2}$$

模型假定 U_{1i} 和 U_{2i} 为二元正态随机变量。相应的,V_{1i} 和 V_{2i} 的联合分布 $h(V_{1i}, V_{2i})$ 也是一个二元正态密度函数,其特征可完全由以下假定来刻画:

$$E(V_{1i}) = 0, E(V_{2i}) = 0, E(V_{1i}^2) = \omega_{11}, E(V_{2i}^2) = \omega_{22}$$

要使此模型存在,分析人员必须施加一些限制条件。定义此模型的一个充要条件就是 $\pi_{23} = 0 = \gamma_2\beta_1 + \beta_2$。Heckman 将此条件称作**首要假定**(the principal assumption)。在这个假定条件下,模型变成了

$$y_{1i} = X_{1i}\pi_{11} + X_{2i}\pi_{12} + P_i\pi_{13} + V_{1i} + (d_i - P_i)\pi_{13} \tag{4.5a}$$
$$y_{2i}^* = X_{1i}\pi_{21} + X_{2i}\pi_{22} + V_{2i} \tag{4.5b}$$

这里,$\pi_{11} \neq 0, \pi_{12} \neq 0, \pi_{21} \neq 0, \pi_{22} \neq 0$。

有了上述设置和假定的情况下,模型(4.5)可以用两个步骤进行估计:

1. 首先,估计方程 4.5b,这类似于求解一个 probit 模型的问题。通过将 y_{2i} 看做一个虚拟变量,我们估计出事件 $d_i = 1$ 和 $d_i = 0$ 的条件概率。于是,π_{21} 和 π_{22} 就被估计出来。为了满足 probit 估计的识别和存在所需要的标准必要条件,分析人员需要用 $\sqrt{\omega_{22}}$ 对方程进行标准化并估计:

$$\pi_{21}^* = \frac{\pi_{21}}{\sqrt{\omega_{22}}}, \pi_{22}^* = \frac{\pi_{22}}{\sqrt{\omega_{22}}}$$

2.其次,估计方程 4.5a。把方程 4.5a 重写为给定 X_{1i}, X_{2i} 和 d_i 条件下 y_{1i} 的条件期望:

$$E(y_{1i} \mid X_{1i}, X_{2i}, d_i) = X_{1i}\pi_{11} + X_{2i}\pi_{12} + d_i\pi_{13} + E(V_{1i} \mid d_i, X_{1i}, X_{2i}) \qquad (4.6)$$

使用一个双序列相关(biserial correlation)的结果,$E(V_{1i} \mid d_i, X_{1i}, X_{2i})$ 被估计为:

$$E(V_{1i} \mid d_i, X_{1i}, X_{2i}) = \frac{\omega_{12}}{\sqrt{\omega_{22}}}(\lambda_i d_i + \lambda_i(1 - d_i)) \qquad (4.7)$$

这里,$\lambda_i = \phi(c_i)/(1 - \Phi(c_i))$,其中 $c_i = -(X_{1i}\pi_{21}^* + X_{2i}\pi_{22}^*)$;$\phi$ 和 Φ 分别是一个标准正态随机变量的密度和分布函数,而 $\lambda_i = -\lambda_i[\Phi(-c_i)/\Phi(c_i)]$。因为现在可以估计 $E(V_{1i} \mid d_i, X_{1i}, X_{2i})$,方程 4.6 可以通过标准的最小二乘法进行求解。注意,$\lambda_i = \phi(c_i)/(1 - \Phi(c_i))$ 指的是 y 的一个截尾,其中被截尾的 z 大于一个特定的值 a(见方程 4.1)。在这个条件下,方程 4.7 变成了 $E(V_{1i} \mid d_i, X_{1i}, X_{2i}) = (\omega_{12}/\sqrt{\omega_{22}})\lambda_i d_i$。采用从第一步中估计得到的 π_{21}^* 和 π_{22}^*,用 $c_i = -(X_{1i}\pi_{21}^* + X_{2i}\pi_{22}^*)$ 计算 $\lambda_i = \phi(c_i)/(1 - \Phi(c_i))$。现在,在方程 $E(V_{1i} \mid d_i, X_{1i}, X_{2i}) = (\omega_{12}/\sqrt{\omega_{12}})\lambda_i d_i$ 中,因为 λ_i, d_i 以及 $\sqrt{\omega_{22}}$ 都是已知的,唯一需要确定的系数是 ω_{12}。因此,求解方程 4.6 也就是估计以下回归:

$$E(y_{1i} \mid X_{1i}, X_{2i}, d_i) = X_{1i}\pi_{11} + X_{2i}\pi_{12} + d_i\pi_{13} + \frac{\lambda_i d_i}{\sqrt{\omega_{22}}}\omega_{12}$$

因此,参数 π_{11}, π_{12}, π_{13} 以及 ω_{12} 可以通过使用标准的 OLS 估计量进行估计。

有几点尤其值得注意。首先,在方程 4.5b 中,V_{2i} 是变异被 X_{1i} 和 X_{2i} 解释掉之后的**误差项**(error term)或者潜变量 y_{2i}^* 上**变异的残差**(residuals of the variation)。这是一种设定错误(specification error),或者更精确地说,是一个决定选择偏差的未观测到异质性(unobserved heterogeneity)的例子。这一设定错误被当做一个真实的遗漏变量问题来处理,并在估计方程 4.5a 的参数时被创造性地加以考虑。换句话说,**选择偏差的影响既不能被忽略也不能被假定是随机的,而是在估计结果变量的回归方程中被明确地加以使用和建模**。这种处理选择偏差的方式包含了 Heckman 的贡献,将解决选择偏差问题的计量经济学方法与相应的统计学传统区分开来。Heckman 概要总结过这种建模特征的重要意义(1979:155)。此外,在 Heckman 的原初模型之后,估计模型参数的不同方式被发展出来。比如,Greene(1981,2003)创建了个体参数 ρ(即两个误差项的相关系数)和 σ_ε(即回归方程误差项的方差)的一致性估计量。不过,Heckman 模型已经成为文献中的标准模型。最后,同样的样本选择模型也可以通过最大似然估计量进行估计(Greene,1995),其所得结果与使用最小二乘估计量获得的结果非常相似。考虑到最大似然估计量需要更多的计算时间,而且 30 年前的计算速度要远远低于今天,所以,Heckman 的最小二乘解是一个非凡的贡献。更重要的是,Heckman 的解决方法可以在一个简单且精炼的结构方程模型框架中实施,同时还可被应用在 OLS 回归的标准框架中。

4.2 干预效应模型

自从发展出样本选择模型以来,统计学家和计量经济学家已经建立了许多新的模型和估计量。效仿 Tobit 或者 logit 模型,Greene(2003)建议这些 Heckman 类型的模型也许可以被称作"Heckit"模型。在这些发展中，更为重要的一点是将样本选择模型直接应用于观察研究中估计干预效应。

干预效应模型在两个方面不同于样本选择模型——即方程4.2的形式：①表明干预条件 w_i（如果成员 i 处在干预状态中，则 $w_i = 1$，否则 $w_i = 0$）的虚拟变量直接进入到回归方程中；②回归方程的结果变量 y_i 对于 $w_i = 1$ 和 $w_i = 0$ 都是被观察到的。具体而言，干预效应模型被表达为如下两个方程：

$$回归方程：y_i = \mathbf{x}_i\beta + w_i\delta + \varepsilon_i \tag{4.8a}$$

$$选择方程：w_i^* = \mathbf{z}_i\gamma + u_i，如果 w_i^* > 0，则 w_i = 0，否则 w_i = 0 \tag{4.8b}$$

$$\mathrm{Prob}(w_i = 1 \mid \mathbf{z}_i) = \Phi(z_i\gamma)$$

及

$$\mathrm{Prob}(w_i = 0 \mid \mathbf{z}_i) = 1 - \Phi(z_i\gamma)$$

这里，ε_i 和 u_i 服从二元正态分布，且均值为 0、协方差矩阵为 $\begin{pmatrix} \sigma_\varepsilon & \rho \\ \rho & 1 \end{pmatrix}$。考虑到偶然截尾（或样本选择）和 w 是一个内生虚拟变量，评估的任务就是在控制由不可忽略的干预分配所引起的选择偏差的条件下，使用观察到的变量去估计回归系数 β。

注意，方程4.8a 和方程4.8b 所表达的模型是一个**转换回归**（switching regression）。通过用方程4.8b 替换方程4.8a 中的 w_i，我们得到两个不同的结果回归方程：

$$当 w_i^* > 0 时，w_i = 1：y_i = \mathbf{x}_i\beta + (\mathbf{z}_i\gamma + u_i)\delta + \varepsilon_i \tag{4.9a}$$

和

$$当 w_i^* \leq 0 时，w_i = 0：y_i = x_i\beta + \varepsilon_i \tag{4.9b}$$

这是转换回归的 Quandt（1958，1972）形式，它明确地表明有两种机制：干预和非干预。相应的，针对每一机制下的结果有一个单独的模型：对于被干预的成员，结果模型为 $y_i = \mathbf{x}_i\beta + (\mathbf{z}_i\gamma + u_i)\delta + \varepsilon_i$；而对于未被干预成员，结果模型为 $y_i = \mathbf{x}_i\beta + \varepsilon_i$。

以上阐述的干预效应模型可以用类似于样本选择模型中所描述的两步程序进行估计。为了增加我们对模型阐述的效率，我们转向最大似然估计量。对两步估计量感兴趣的读者可以参考 Maddala（1983）。

令 $f(\varepsilon, u)$ 表示由方程4.8a 和方程4.8b 所定义的 ε 和 u 的联合密度函数。根据 Maddala（1983:129），y 和 w 的联合密度函数是：

$$g(y, w = 1) \int_{-\infty}^{z\gamma} f(y - \delta - \mathbf{x}\beta, u)\,\mathrm{d}u$$

$$g(y, w = 0) \int_{z\gamma}^{\infty} f(y - \mathbf{x}\beta, u)\,\mathrm{d}u$$

因此，成员 i 的对数似然函数（StataCorp，2003）为如下所示：

对于 $w_i = 1$，

$$l_i = \ln\Phi\left\{\frac{\mathbf{z}_i\gamma + (y_i - \mathbf{x}_i\beta - \delta)}{\sqrt{1-\rho^2}}\right\} - \frac{1}{2}\left(\frac{y_i - \mathbf{x}_i\beta - \delta}{\sigma}\right)^2 - \ln(\sqrt{2\pi}\sigma) \tag{4.10a}$$

对于 $w_i = 0$，

$$l_i = \ln\Phi\left\{\frac{-\mathbf{z}_i\gamma - (y_i - \mathbf{x}_i\beta)\rho/\delta}{\sqrt{1-\rho^2}}\right\} - \frac{1}{2}\left(\frac{y_i - \mathbf{x}_i\beta}{\sigma}\right)^2 - \ln(\sqrt{2\pi}\sigma) \tag{4.10b}$$

干预效应模型在项目评估中有诸多应用。当评估人员使用的数据来自于一个非随机化实验并因此要面对不可忽略的干预分配或者选择偏差时，它尤为有用。我们将在

4.5节中用示例来说明干预效应模型的应用。不过,在此之前,我们简要回顾一个相似的估计量,即工具变量方法,它与样本选择和干预效应模型有一些相同的特征。

4.3 工具变量估计量

回想一下方程4.8a或者干预效应模型的回归方程 $y_i = \mathbf{x}_i\beta + w_i\delta + \varepsilon_i$。此模型中,$w$ 与 ε 相关。正如第2章中所讨论过的,自变量和误差项共时相关(contemporaneous correlation)的后果是造成 β 的有偏且不一致估计。这个问题与第3章中通过3种不可忽略的干预分配方案所展示的问题是一样的。Heckit建模中,解决这个问题的方法是采用向量 z 对潜变量 w_i^* 进行建模。在此模型中,$\mathbf{z}$ 是一个预测选择的向量或者一组变量。解决这个问题的另外一种替代方法就是找到一个单一变量 z_1,它与 ε 不相关,同时又能高度地预测 w。如果 z_1 满足这些条件,那么,它就可以被称为一个**工具变量**(IV),方程4.8a也可以通过最小二乘估计进行求解。我们效仿Wooldridge(2002)来介绍IV方法。

正式地,考虑一个总体的线性模型:

$$y = \beta_0 + \beta_1 x_1 + \beta_2 x_2 + \cdots + \beta_k x_k + \varepsilon \qquad (4.11)$$
$$E(\varepsilon) = 0, Cov(x_j, \varepsilon) = 0, Cov(x_k, \varepsilon) \neq 0, j = 1, \cdots, K-1$$

注意,这个模型中,x_k 与误差项 ε 相关(即 $Cov(x_k, \varepsilon) \neq 0$),$x_k$ 是潜在地内生的。为了便于讨论,我们将 ε 视为包含一个被遗漏变量,且此变量与 x_k 之外的所有解释变量无关。[①]

要想解决这个内生性偏差问题,分析人员需要找到一个满足以下两个条件的观察变量 z_1:①z_1 与 ε 无关,或者 $Cov(z_1, \varepsilon) = 0$,以及②$z_1$ 与 x_k 相关,意味着存在 x_k 在所有外生变量上的线性映射(linear projection)。或者表达为:

$$x_k = \delta_0 + \delta_1 x_1 + \delta_2 x_2 + \cdots + \delta_{K-1} x_{K-1} + \theta_1 z_1 + r_K$$

这里,根据定义,$E(r_K) = 0$,r_K 与 $x_1, x_2, \cdots, x_{K-1}, z_1$ 都不相关;这里的关键假定是 z_1 的系数不等于0,或者 $\theta_1 \neq 0$。

接下来,考虑模型(即方程4.11)

$$y = x\beta + \varepsilon \qquad (4.12)$$

这里,常数项被包含在 x 中,因此 $x = (1, x_2, \cdots, x_k)$,$\mathbf{z}$ 是所有外生变量的 $1 \times K$ 向量,或者 $\mathbf{z} = (1, x_2, \cdots, x_{K-1}, z_1)$。以上关于 z_1 的两个条件意味着 K 个总体的正交性条件(orthogonality condition),或者

$$E(\mathbf{z}'\boldsymbol{\varepsilon}) = 0 \qquad (4.13)$$

用 $\mathbf{z}'$ 乘以方程4.12,求期望值,并使用方程式4.13,我们有

$$[E(\mathbf{z}'\mathbf{x})]\beta = E(\mathbf{z}'y) \qquad (4.14)$$

其中,$E(\mathbf{z}'\mathbf{x})$ 是 $K \times K$ 矩阵,$E(\mathbf{z}'y)$ 是 $K \times 1$ 矩阵。方程4.14是一个由 K 个未知的 $\beta_1, \cdots, \beta_K$ 表示的 K 个线性方程组。当且仅当 $K \times K$ 矩阵 $E(\mathbf{z}'\mathbf{x})$ 满秩时,或 $E(\mathbf{z}'\mathbf{x})$ 的秩为 K 时,此方程组才有唯一解。在这一条件下,β 的解为:

$$\beta = [E(\mathbf{z}'\mathbf{x})]^{-1} E(\mathbf{z}'y)$$

---

① 你可以考虑一组遗漏变量。在这样的条件下,模型将使用多个工具。满足所需条件的所有遗漏变量都被称为多重工具(mutiple instruments)。不过,为了简化叙述,我们略过了对此种类型的IV方法的讨论。关于使用多重工具的IV模型的详细内容,建议读者参考 Wooldridge(2002:90-92)。

因此,给定一个从总体中抽取的随机样本 $\{(x_i, y_i, z_i) : i = 1, 2, \cdots, N\}$,分析人员可以获得 β 的工具变量估计量,即

$$\hat{\beta} = \left(N^{-1} \sum_{i=1}^{N} \mathbf{z}_i' \mathbf{x}_i \right)^{-1} \left(N^{-1} \sum_{i=1}^{N} \mathbf{z}_i' \mathbf{y}_i \right) = (\mathbf{Z}'\mathbf{X})^{-1} \mathbf{Z}'\mathbf{Y} \tag{4.15}$$

应用 IV 方法的挑战在于找到这样一个工具变量 z_1:它被遗漏了但是又满足所给出的两个条件。正是由于这个原因,我们经常使用能直接估计选择过程的干预效应模型。Heckman(1977)考察了用 IV 方法来估计干预对受干预者的平均效应、干预对随机被选取者的平均干预效应以及局部平均干预效应。他尤其关注用这些参数去解决经济学问题,并且认为,当对干预的反应有所不同时,除非每个人对干预的具体反应不会影响到他决定参与被评估的项目,否则,论证工具变量的使用具有合理性的标准论据就失效了。这个条件要求成员从项目中获得收益——无法由结果方程中的变量所预测——应当对项目成员决定参与项目没有影响。

4.4　Stata 程序概述及 *treatreg* 的主要特征

本章介绍的大部分模型都可以通过 Stata 和 R 软件包进行估计。许多有用的用户编写程序也可以从互联网上获得。Stata 中,***heckman*** 可以用来估计样本选择模型,而 ***treatreg*** 可以用来估计干预效应模型。

在 Stata 中,命令 ***heckman*** 是为了估计最初的 Heckman 模型而发展出来的,也就是说,它是一个关注偶然截尾因变量的模型。使用从一个就业妇女总体中收集到的工资数据,其中家庭妇女被自我选择出了这个数据,Heckman 想估计整个女性总体的平均工资的决定因素。有两个特征将这类问题与干预效应模型区别开来:只有在一部分的样本成员中因变量才会被观察到(比如,只有那些处在有酬劳动力市场中的妇女才被观察到);以及组成员身份变量(group membership variable)未被纳入回归方程(见方程 4.2a 和方程 4.2b)。因此,***heckman*** 所要完成的任务不同于大多数项目评估者或者观察研究者(observational researcher)旨在完成的任务。通常,对于诸如劳动力市场中的一群妇女这样的研究样本,项目评估者或研究者将观察到两种条件下的成员的结果。因此,干预成员身份变量(treatment membership varibale)被纳入回归方程以识别干预效应。我们之所以强调这种区别,是因为正是 ***treatreg*** 而不是 ***heckman*** 为各种类型的评估问题提供了实用的解决办法。

Stata 中,可以使用 ***ivreg*** 和 ***ivprobit*** 两个命令以两阶段最小二乘或条件最大似然估计量来估计工具变量模型。本章中,我们一直对考虑一个工具 z_1 并将所有的 x 变量都看成是外生变量的 IV 模型(参见方程 4.11)感兴趣。不过,***ivreg*** 和 ***ivprobit*** 都把 z_1 和所有的 x 变量都看做是工具。如此一来,两个程序都可以估计表达两个内生变量互为因果关系的非递归模型(nonrecursive model)。就此而论,要求解联立方程问题或者一个为大多数社会行为科学家所熟知的结构方程模型(structural equation modeling)问题,这两个程序都是可用的估计工具。本质上,***ivreg*** 和 ***ivprobit*** 与诸如 LISREL、Mplus、EQS 以及 AMOS 等一些专门的软件包具有同样的功能。正如在前面所提到的,尽管 IV 方法听起来有吸引力,但它经常会碰到一个根本性的问题:实际应用中,难以找到一个工具,它能够既与干预条件高度相关又独立于结构方程的误差项。总而言之,我们建议,用户不论在何时发现一个对于使用 IV 方法看起来有吸引力的问题,他们都可以使用 Heckit 干预效应模型(即

treatreg)或后面章节中介绍的其他模型。要想使用4.3节中介绍的 IV 方法来估计干预效应模型,就必须开发编程语法(porgramming syntax)。

treatreg 程序可以通过以下基本语法开始运行:

treatreg depvar[indepvars], treat(depvar_t = indepvars_t)[twostep]

这里,*depvar* 是结果变量,用户想要基于它来评估干预组和控制组之间的差异;*indepvars* 是用户假设将会影响结果变量的一组变量;*depvar_t* 是干预成员身份变量,它指明了干预条件;*indepvars_t* 是用户预期将会决定选择过程的一组变量;*twostep* 是一个备选项,要求使用一个两步一致性估计量(two-step consistent estimator)进行估计。换句话说,Stata 默认不使用 *twostep*;默认状态下,Stata 使用一个完全最大似然法(full maximum likelihood)来估计模型。使用来自干预效应模型的标记符号(即方程 4.8a 和4.8b),*depvar* 是 y,*indepvars* 是向量 $\mathbf{x}$,*depvar_t* 是方程 4.8a 中的 w,*indepvars_t* 是方程4.8b中的向量 $\mathbf{z}$。根据研究设计,如果用户推测选择方程的协变量同时也是结果方程的协变量,那么,$\mathbf{x}$ 和 $\mathbf{z}$ 可以是相同的变量。同样的,如果用户推测选择方程的协变量不同于结果方程的协变量(即 $\mathbf{x}$ 和 $\mathbf{z}$ 是两个不同的向量),那么,$\mathbf{x}$ 和 $\mathbf{z}$ 可以是不同的变量。不过,如果用户推测有另外的协变量影响 y 而不影响 w,或者相反,如果推测有另外的协变量影响 w 而不影响 y,那么,$\mathbf{z}$ 就是 $\mathbf{x}$ 的一部分。

treatreg 程序支持 Stata 的标准函数,比如使用 ***robust*** 以及 ***cluster***( )选项得到方差的 Huber-White 估计量,以及使用 ***weight*** 选项把抽样权数(sampling weights)纳入到分析中。当研究者分析使用不等抽样权数(unequal sampling weights)和多阶段分层这样的复杂抽样设计得到的调查数据时,这些函数就很有用。***weight*** 选项只能在最大似然估计时才能使用,并支持不同类型的权数,比如抽样权数(即设定 *pweights = varname*)、频次权数(即设定 *fweights = varname*)、分析性权数(即设定 *aweights = varname*)以及重要性权数(即设定 *iweights = varname*)。当设定 ***robust*** 以及 ***cluster***( )选项时,Stata 按照惯例会不输出模型的 Wald 卡方值,因为此统计量在标准误的三明治修正(sandwich correction of standard errors)中具有误导性。各种结果都可以被保存下来以备进行事后估计分析(postestimation analysis)。您可以使用 ***predict*** 保存统计量或感兴趣的变量,或使用 ***ereturn list*** 查看被自动保存的标量(scalar)、宏(macro)以及矩阵。

我们现在把注意力转到一个例子(即4.5.1节)上,并将演示这个语法。我们鼓励读者在开始使用 ***treatreg*** 之前简要回顾一下这个例子的研究细节。

为了演示 ***treatreg*** 语法及输出的结果,我们使用一个取自全国儿童和青少年福利调查(NSCAW)的数据。正如4.5.1节中所说明的,NSCAW 研究关注其看护人因为药物滥用问题而接受干预的那些儿童的福利。对于我们的示范研究,我们使用 NSCAW 数据比较两组儿童的心理结果:看护人接受药物滥用服务的儿童(干预变量 *AODSERVE* =1)以及看护人没有接受服务的儿童(干预变量 *AODSERVE* =0)。儿童的心理结果用儿童行为量表-外化性(CBCL-Externalizing)得分进行评估(即结果变量 *EXTERNAL3*)*。进入选择方程的变量(即方程 4.8b 中的 $\mathbf{z}$ 向量)有 *CGRAGE*1,*CGRAGE*2,*CGRAGE*3,*HIGH*,*BAHIGH*,

---

* CBCL 全称为 Achenbach Children's Behavioral Checklist,即 Achenbach 儿童行为量表。该量表由社交能力和行为问题两部分内容构成。其中,社交能力部分包括活动情况、社交情况、学校情况 3 个分量表;行为问题部分包括退缩、躯体主诉、焦虑抑郁、社交问题、思维问题、注意问题、违纪行为、攻击性行为 8 个分量表。计分方法上,此量表分别计算社交能力和行为问题总分。另外,此量表中的退缩、躯体主诉、焦虑抑郁、注意问题 4 个分量表构成了内化性行为问题,违纪行为和攻击性行为两个分量表构成外化性行为问题。——译者注

EMPLOY, *OPEN*, *SEXUAL*, *PROVIDE*, *SUPERVIS*, *OTHER*, *CRA*47*A*, *MENTAL*, *ARREST*, *PSH*17*A*, *CIDI* 以及 *CGNEED*。进入回归方程的变量（即方程 4.8a 中的 **x** 向量）有 *BLACK*, *HISPANIC*, *NATAM*, *CHDAGE*2, *CHDAGE*3 以及 *RA*。表 4.1 展示了语法和结果输出。下面对输出结果中一些重要的统计量加以解释。

第一，*rho* 是方差-协方差矩阵中估计的 ρ，它是回归方程 4.8a 的误差项 ε_i 和选择方程 4.8b 的误差项 u_i 之间的相关系数。本例中，$\hat{\rho} = -0.3603391$，它是 Stata 通过 ρ 的反双曲正切（即结果中被标注为"/athrho"）估计得到的。统计量"atanhρ"仅仅是 Stata 通过它来估计 ρ 的一个中间步骤。正是这个估计的 ρ（即结果中被标注为 *rho*）起着一个重要的作用。[1] *sigma* 的值是以上方差-协方差矩阵中估计的 σ_ε，它是回归方程误差项的方差（即方程 4.8a 中 ε_i 的方差）。本例中，$\hat{\sigma_\varepsilon} = 12.1655$，它是 Stata 通过 $\ln \sigma_\varepsilon$（即结果中标注为"/lnsigma"）估计得到的。与"atanhρ"一样，*lnsigma* 也是一个中间步骤统计量，对用户而言相对不重要。标注为"*lambda*"的统计量是逆米尔斯比值或非选择风险（nonselection hazard），它是两项的乘积：$\hat{\lambda} = \hat{\sigma_\varepsilon} \hat{\rho} = (12.16511)(-0.363391) = -4.38371$。注意，这是 Heckman 为了获得第一步方程的一致性估计而在其两步估计量中所使用的统计量 $\left(\text{即方程 4.7 中的 } \lambda_i = \frac{\phi(c_i)}{1-\Phi(c_i)}\right)$。在讨论 Heckman 或者 Heckit 模型的早期，一些研究者，尤其是经济学家们，认为 λ 可被用来测量选择性效应的水平，但是这一想法被证明是有争议的，并不再被广泛采用。如果用户设定 *hazard*(*newvarname*) 作为 ***treatreg*** 的一个选项，那么，估计的非选择风险（即 λ）也可以作为一个新变量被保存到数据集里以备进一步分析。表 4.2 举例说明了这一设定，并输出了前 10 个观察案例的被保存的风险（变量 *h*1）及描述性统计。

第二，因为干预效应模型假定两个误差项之间的相关为非零，且因为违背这个假定会导致估计偏差（estimation bias），所以对 $H_0: \rho = 0$ 进行检验经常是有用的。在输出的最下端，Stata 打印出了针对 $H_0: \rho = 0$ 的似然比检验（likelihood ratio test）结果。这一比值检验就是将一个针对选择方程的独立 probit 模型和一个针对观察数据的回归模型的联合似然值（joint likelihood）与干预效应模型的似然值进行比较。根据表 4.1，由于 $\chi^2 = 9.47$（$p < 0.01$），因此，我们可以在一个统计显著性水平上拒绝零假设，并认为 ρ 不等于 0。这意味着采用干预效应模型是合适的。

第三，表 4.1 中报告的模型 $\chi^2 = 58.97$（$p < 0.0001$）是一个对回归模型中所有系数（除了截距）都等于 0 的 Wald 检验。这是衡量模型拟合度的一种方法。由于 $p < 0.0001$，用户可以做出结论：回归模型中所使用的协变量可能是恰当的，至少有一个协变量具有不等于 0 的效应。

---

[1] 使用表 4.1 的数据，atanh ρ 和 ρ 的关系如下：

$$\text{atanh } \rho = \frac{1}{2}\ln\left(\frac{1+\rho}{1-\rho}\right), \text{或者} -0.3772755 = \frac{1}{2}\ln\left(\frac{1+(-0.3603391)}{1-(-0.3603391)}\right).$$

表 4.1   NSCAW 研究的 Stata 的 *treatreg* 输出结果

```
//运行 treatreg 的语法
treatreg  external3 black hispanic natam chdage2 chdage3 ra, ///
        treat(aodserv = cgrage1 cgrage2 cgrage3 high bahigh ///
        employ open sexual provide supervis other cra47a ///
        mental arrest psh17a cidi cgneed)
(结果输出)
Iteration 0:    log likelihood = -5780.7242
Iteration 1:    log likelihood = -5779.92
Iteration 2:    log likelihood = -5779.9184
Iteration 3:    log likelihood = -5779.9184


Treatment-effects model —MLE              Number of obs      =        1407
                                          Wald chi2(7)       =       58.97
Log likelihood = -5779.9184               Prob > chi2        =      0.0000
```

	Coef.	Std.Err.	z	P > |z|	[95% Conf.	Interval]
external3						
black	-1.039336	.7734135	-1.34	0.179	-2.555198	.4765271
hispanic	-3.171652	.9226367	-3.44	0.001	-4.979987	-1.363317
natam	-1.813695	1.533075	-1.18	0.237	-4.818466	1.191077
chdage2	-3.510986	.9258872	-3.79	0.000	-5.325692	-1.696281
chdage3	-3.985272	.7177745	-5.55	0.000	-5.392085	-2.57846
ra	-1.450572	1.068761	-1.36	0.175	-3.545306	.6441616
aodserv	8.601002	2.474929	3.48	0.001	3.75023	13.45177
_cons	59.88026	.6491322	92.25	0.000	58.60798	61.15254
aodserv						
cgrage1	-.7612813	.3305657	-2.30	0.021	-1.409178	-.1133843
cgrage2	-.6835779	.3339952	-2.05	0.041	-1.338197	-.0289593
cgrage3	-.7008143	.3768144	-1.86	0.063	-1.439357	.0377284
high	-.118816	.1299231	-0.91	0.360	-.3734605	.1358286
bahigh	-.1321991	.1644693	-0.80	0.422	-.454553	.1901549
employ	-.1457813	.1186738	-1.23	0.219	-.3783777	.0868151
open	.5095091	.1323977	3.85	0.000	.2500143	.7690039
sexual	-.237927	.2041878	-1.17	0.244	-.6381277	.1622736
provide	.0453092	.1854966	0.24	0.807	-.3182575	.4088759
supervis	.1733817	.1605143	1.08	0.280	-.1412205	.4879839
other	.1070558	.1938187	0.55	0.581	-.272822	.4869335
cra47a	-.0190208	.1213197	-0.16	0.875	-.256803	.2187613
mental	.3603464	.1196362	3.01	0.003	.1258638	.5948289
arrest	.5435184	.1171897	4.64	0.000	.3138308	.7732059
psh17a	.6254078	.1410607	4.43	0.000	.348934	.9018816
cidi	.6945615	.1167672	5.95	0.000	.4657019	.9234211
cgneed	.6525656	.1880198	3.47	0.001	.2840535	1.021078
_cons	-1.759101	.3535156	-4.98	0.000	-2.451979	-1.066223
/athrho	-.3772755	.1172335	-3.22	0.001	-.6070489	-.1475022
/lnsigma	2.498605	.0203257	122.93	0.000	2.458768	2.538443
rho	-.3603391	.1020114			-.5420464	-.1464417
sigma	12.16551	.2472719			11.69039	12.65994
lambda	-4.38371	1.277229			-6.887032	-1.880387

```
LR test of indep.eqns. (rho = 0): chi2(1) =    9.47    Prob > chi2 =     0.0021
```

表 4.2 Stata 的 *treatreg* 输出结果：保存非选择风险的语法

```
//要求保存非选择风险或逆米尔斯比值
treatreg external3 black hispanic natam chdage2 chdage3 ra, ///
        treat(aodserv = cgrage1 cgrage2 cgrage3 high bahigh ///
        employ open sexual provide supervis other cra47a ///
        mental arrest psh17a cidi cgneed) hazard(h1)
（结果同表4.1，略去）
（结果）
 .list h1 in 1/10

             h1
 1.    -.0496515
 2.    -.16962817
 3.     2.0912486
 4.     -.285907
 5.    -.11544285
 6.    -.25318141
 7.    -.02696075
 8.    -.02306203
 9.    -.05237761
10.    -.12828341
.summarize h1

     Variable      Obs       Mean     Std.Dev.      Min         Max

           h1     1407    -4.77e-12   .4633198   -1.517434   2.601461
```

第四，对回归方程回归系数（即表4.1结果的上面部分）的解释与对一个回归模型系数的解释方式一样。回归系数的符号和数量表明自变量对因变量的净影响：其他条件相同的情况下，自变量每增加一个单位所带来的结果变量上观察到的变化量。对感兴趣的回归系数的单尾或者双尾检验可以使用 z 值及其相联系的 p 进行估计。但是，对选择方程回归系数的解释有点复杂，因为观测的 w 变量只取两个值（0 和 1），且估计过程使用 $w=1$ 的概率。尽管如此，系数的符号总是有意义的，系数的显著性也很重要。比如，使用变量 *OPEN*（一个儿童福利案例在基线调查时是否公开：*OPEN* = 1，是；*OPEN* = 0，否），因为系数是正的（即 *OPEN* 的系数 = 0.509 5），所以，我们知道样本选择过程（接受或不接受服务）与儿童福利案例状态是正相关的。也就是说，一个具有公开的儿童福利案例的看护人更有可能接受药物滥用服务，而且这一关系是统计显著的。因此，那些 p 值小于 0.05 的系数指出了对选择偏差有影响的变量。本例中，我们观察到有 8 个 p 值小于 0.05 的变量（即变量 *CGRAGE*1、*CGRAGE*2、*OPEN*、*MENTAL*、*ARREST*、*PSH*17A、*CIDI* 以及 *CGNEED*）。这些变量的显著性表明选择偏差的存在，并强调了在对儿童结果进行建模时明确地考虑选择机制的重要性。这 8 个变量在一个用服务接受的 logit（即 AODSERV 的 logit）作为因变量、用相同的选择协变量作为自变量的 logistic 回归中可能是统计显著的。

第五，估计的干预效应是排除掉观测到的选择偏差后的项目影响的一个标志（indicator），这个统计量由回归方程中与干预成员身份变量（即本例中的 *AODSERV*）相联系的系数所表示。如表 4.1 所示，这个系数为 8.601 002，对应的 p 值为 0.001，这意味着，在其他条件相同的情况下，其看护人接受药物滥用服务的儿童平均比那些其看护人没有接受服务的儿童高出 8.6 个单位的分数。这一差异在 0.001 水平上统计显著。

正如前面所提到的，Stata 会自动保存标量、宏以及矩阵以备进行事后估计分析。表 4.3 显示了示范模型（表4.1）的被保存统计量。使用命令"*ereturn list*"可以调用这些自动保存的统计量。

4.5 举 例

本节介绍 Heckit 干预效应模型在社会行为研究中的 3 个应用。第一个例子来自 NSCAW 研究,且正如在 ***treatreg*** 语法中所说明的,它估计了儿童的看护人参与药物滥用干预服务对儿童福利的影响。这个研究是那些使用大规模的全国性调查获取观察数据(即数据来自于非实验过程)的研究中的一个典范。此类研究中,常见的做法是试图使用协方差控制方法(covariance control approach)来估计项目参与的影响。

我们的第二个例子来自一个起初包含群组随机化设计的项目评估。但是,随机化失败了,因此研究人员最终面对的是一个其中的干预分配是不可忽略的群组设计试验(group-design experiment)。这个例子示范了如何在对干预效应进行估计时使用 Heckit 干预效应模型去修正选择偏差。

表 4.3　Stata 的 *treatreg* 输出展示:查看被保存统计量的语法

```
//查看被保存统计量的语法
treatreg external3 black hispanic natam chdage2 chdage3 ra, ///
treat(aodserv = cgrage1 cgrage2 cgrage3 high bahigh ///
employ open sexual provide supervis other cra47a ///
mental arrest psh17a cidi cgneed)
(结果同表 4.1,略去)
ereturn list
(结果输出)
scalars:
e(rc) = 0
e(ll) = -5779.918436833443
e(converged) = 1
e(rank) = 28
e(k) = 28
e(k_eq) = 4
e(k_dv) = 2
e(ic) = 3
e(N) = 1407
e(k_eq_model) = 1
e(df_m) = 7
e(chi2) = 58.97266440003305
e(p) = 2.42002594678e-10
e(k_aux) = 2
e(chi2_c) = 9.467229137793538
e(p_c) = .0020917509015586
e(rho) = -.3603390977383875
e(sigma) = 12.16551204275612
e(lambda) = -4.383709633012229
e(selambda) = 1.277228928908404
macros:
e(predict) : "treatr_p"
e(cmd) : "treatreg"
e(title) : "Treatment-effects model - MLE"
e(chi2_ct) : "LR"
e(method) : "ml"
e(diparm3) : "athrho lnsigma, func(exp(@2)*(exp(@1)-exp(-@1))/(exp(@1)+
>exp(-@1))) der( exp(@2)*(1-((exp(@1)-exp(-@1))/(exp(@1)+exp(-@1)))^2)
exp(@2) *( >exp(@1..")
e(diparm2) : "lnsigma, exp label("sigma")"
e(diparm1) : "athrho, tanh label("rho")"
```

```
e(chi2type) : "Wald"
e(opt) : "ml"
e(depvar) : "external3 aodserv"
e(ml_method) : "lf"
e(user) : "treat_ll"
e(crittype) : "log likelihood"
e(technique) : "nr"
e(properties) : "b V"
matrices:
e(b) : 1 ×28
e(V) : 28 ×28
e(gradient) : 1 ×28
e(ilog) : 1 ×20
e(ml_hn) : 1 ×4
e(ml_tn) : 1 ×4
functions:
e(sample)
```

第三个例子说明了对缺失数据进行多重填补(multiple imputation)之后如何运行干预效应模型。

4.5.1 干预效应模型在观察数据中的应用

儿童虐待和父母药物滥用是高度相关的(比如 English et al.,1998;U. S. Department of Health and Human Services[DHHS],1999)。看护人的药物滥用可以通过许多不同的机制导致虐待。比如,父母可能把药物使用放在比照顾孩子更加优先的位置上,药物滥用能够导致极端贫困以及入狱,这两者都会导致儿童连基本的需要都得不到满足(Magura & Laudet,1996)。政策制定者长期以来一直关注父母使用药物的儿童的安全问题。

前面已简要介绍过,NSCAW 研究是为了解决一些与全国加入了儿童福利体系(NSCAW Reasrch Group,2002)的儿童的结果有关的问题。NSCAW 是一个全国的代表性样本,包括 5 501 个 0～14 岁的儿童,根据 1999 年 10 月到 2000 年 12 月之间的儿童虐待(比如伤害或不良照顾)报告由儿童福利服务机构对他们进行调查(即与本例所用数据相对应的多波次数据收集)。NSCAW 样本使用两阶段分层抽样设计选取得到(NSCAW Research Group,2002)。此数据通过访问儿童、主要看护人、老师以及儿童福利工作者收集得到。这些数据包含了与儿童发展、身体机能和症状、福利服务参与、环境条件以及安置(比如安置在看护中心或教养院)等方面有关的详细信息。NSCAW 在收集了多个波次的数据,而且这个样本代表了 36 个州中的 92 个初级抽样单位(primary sampling unit)(主要是县)中遭受儿童伤害或不良照顾的被调查儿童。

本例分析使用 NSCAW 的第 2 波次数据,也就是来自于第 18 个月的跟踪调查的数据。因此,本分析采用基线调查后 18 个月时所收集的单一时点数据(one-time-point data)。出于示范说明的目的,研究样本仅限于那些居住在家庭中(即不在养护中心)的 1 407 名儿童,他们的主要看护人是女性,且基线调查时的年龄都是 4 岁或更大。我们把研究样本限制在其看护人为女性的儿童,是因为 NSCAW 中绝大部分(90%)的主要看护人都是女性。此外,因为 NSCAW 是一个很大的观察数据库以及我们的研究问题关注看护人接受药物滥用服务对儿童福利的影响,因此重要的是直接对干预分配过程进行建模;故考虑了潜在因果效应的异质性。NSCAW 调查中,药物滥用干预用 6 个变量进行界定,这 6 个变量询问了看护人或者儿童福利工作者在基线调查时或在接下来的 12 个月内的任何时间是否接受过针对酒精或药物问题的干预。

我们对 NSCAW 数据的分析受两个问题的引导:①参与儿童福利服务 18 个月之后,接受药物滥用服务的看护人的子女的境遇如何? ②接受药物滥用服务的看护人的子女比那些没有接受药物滥用服务的看护人的子女有更严重的行为问题吗?

正如前面所介绍的,假设会影响样本选择的协变量的选取在分析中起着关键性的作用。通过回顾一些药物滥用的研究文献,我们确定了最经常地被与接受药物干预服务相联系的一些特征,我们在此基础上选定这些变量。因为没有研究专门关注参与儿童福利服务的女性看护人,所以,我们不得不依靠在一般性总体中有关药物滥用的文献(比如 Knight, Logan & Simpson, 2001; McMahon,, Winkel, Suchman & Luthar, 2002; Weisner, Jennifer, Tam & Moore, 2001)。我们找到了四类特征:①社会人口统计特征(比如,看护人的年龄:35 岁以下、35~44 岁、45~54 岁和 54 岁以上;看护人的受教育程度:高中以下、高中毕业、大学及以上;看护人的职业状况:就业/未就业;以及看护人在支付基本生活用品方面是否有困难:是/否);儿童福利照顾状况——不开放的/开放的;②风险因素(比如看护人精神健康问题——有/没有;儿童福利照顾状况:不开放的/开放的;看护人被拘捕的历史——有/没有;儿童虐待的类型——身体虐待、性虐待、不能抚养、不能监护和其他);③看护人以前接受物质滥用干预服务的情况(比如看护人接受过酒精或者其他药物干预——有/没有);④看护人对酒精和药物干预服务的需要(即根据世界卫生组织的复合性国际诊断访谈表——短表[CIDI-SF]测量出有/无服务需求,以及看护人自己报告的服务需求——有/没有)。

结果变量是由看护人完成的 Achenbach 儿童行为量表(CBCL/4-18)。这个量表包括外化性和内化性行为得分(Achenbach, 1991)。在每一个测量上得分越高则意味着行为问题越严重。当执行结果变量回归时,我们控制了下述协变量:儿童的种族/民族(黑人/非西班牙裔、白人/非西班牙裔、西班牙裔和美洲印第安人);儿童的年龄(4~5 岁、6~10 岁和 11 岁及以上);以及儿童福利工作人员在基线调查时所做的风险评估(不存在风险/存在风险)。

表 4.4 呈现了所研究样本的描述统计。在 1 407 个儿童中,112 名儿童的看护人(占样本的 8%)接受过药物滥用服务,1 295 名儿童的看护人(占样本的 92%)没有接受过药物滥用服务。11 个研究变量中,有 8 个变量在接受干预案例(即其看护人接受服务的儿童)和没有接受干预案例(即其看护人没有接受服务的儿童)之间呈现出统计显著($p < 0.01$)。比如,以下看护人更有可能接受干预服务:少数族裔,对儿童有正向风险的人,当前失业的人,当前有开放的儿童福利案例的人,因为不能抚养或不能监护的儿童受虐类型而接受调查的人,支付基本生活用品有困难的人,有精神健康问题史的人,有被逮捕史的人,以前接受过药物滥用干预的人,CIDI-SF 阳性的人以及自我报告需要服务的人。在没有控制这些选择效应的条件下,儿童结果上差异的估计值很明显将是有偏的。

表 4.5 给出了对样本选择加以调整前后不同组之间在心理结果上的差异。采用外化性得分作为例子,数据表明干预组在波次 2 数据收集时(第 18 个月)的平均外化性得分是 57.96,而非干预组在波次 2 的平均得分是 56.92。两组之间未调整的平均差异是 1.04,意味着干预组的外化性得分比非干预组的外化性得分高 1.04 个单位(或者说更差)。使用 OLS 回归对协变量进行调整(即纳入了所有在干预效应模型中使用的变量,即在选择方程和回归方程中都使用的自变量),调整的平均差异为 -0.08;换句话说,干预组比非干预组低 0.08 个单位(或者说更好),但这一差异统计上并不显著。这些数据表明,看护人参与药物滥用干预服务对儿童行为的影响是可以忽略不计的。作为一种替

代,一个人可能认为父母参与干预服务的儿童与那些父母没有参与干预服务的儿童无差异。鉴于其父母滥用药物的儿童的高风险,一些人可能会认为药物干预服务是成功的。

不过,我们现在考虑一个不同的分析方法。通过把影响选择偏差的协变量考虑进来,干预效应模型会对参与服务的异质性进行调整。结果显示,在追踪的数据收集处(第18个月),干预组比非干预组要高8.6个单位(或者说更差)($p < 0.001$)。这表明,无论是未调整的平均值差异(由独立样本 t 检验所发现的)还是调整的平均值差异(由以上回归所发现的)都是有偏的,这是因为我们并没有恰当地对选择偏差进行控制。对于内化性得分,我们也观察到类似的模式。这些发现表明,在简单的平均差异上,甚至在回归调整中,负面的项目效应可能被掩盖了。

表 4.4　看护人接受药物滥用服务对儿童发展福利影响的评估研究:样本描述

变　量	N	%	看护人接受干预的百分比/% (服务使用者的百分比/%)	双变量 卡方检验 p 值
使用药物滥用服务				
没有	1295	92.0		
有(AODSERV)	112	8.0		
儿童的种族身份				
白人	771	54.8	7.1	< 0.000
非裔美国人	350	24.9	8.9	
西班牙裔	219	15.6	5.5	
美国原住民	67	4.8	20.9	
儿童年龄				
11 +	488	34.7	7.8	0.877
4—5(CHDAGE2)	258	18.3	7.4	
6—10(CHDAGE3)	661	47.0	8.3	
风险评估				
不存在风险	1212	86.1	2.8	< 0.000
存在风险(RA)	195	13.9	40	
看护人的年龄				
>54	27	1.9	11.1	0.756
<35(CGRAGE1)	804	57.1	7.5	
35—44(CGRAGE2)	465	33.1	8.8	
45—54(CGRAGE3)	111	7.9	7.2	
看护人教育				
没有高中文凭	443	31.5	10.2	0.104
高中文凭或同等 学历(HIGH)	618	43.9	7.3	
大学及以上(BAHIGH)	346	24.6	6.4	
看护人就业状况				
没有就业	682	48.5	10.1	0.004
就业(EMPLOY)	725	51.5	5.9	
儿童福利案例状况				
关闭的	607	43.1	3.8	< 0.000
开放的(OPEN)	800	56.9	11.1	
受虐类型				
身体虐待	375	26.7	5.3	0.002

续表

变　量	N	%	看护人接受干预的百分比% （服务使用者的百分比/%）	双变量 卡方检验 p 值
性虐待(SEXUAL)	256	18.2	3.9	
不能供养(PROVIDE)	231	16.4	10.0	
不能监护(SUPERVIS)	353	25.9	11.6	
其他(OTHER)	192	13.7	9.4	
无力支付基本必需品				
不是	988	70.2	6.4	0.001
是(CRA47A)	419	29.8	11.7	
看护人精神状况				
没有问题	1030	73.2	5.2	<0.000
有精神健康问题(MENTAL)	377	26.8	15.7	
看护人被逮捕				
从未被逮捕	959	68.2	4.1	<0.000
有被逮捕过(ARREST)	448	31.8	16.3	
AOD 干预接受				
没有接受干预	1269	90.2	5.5	<0.000
接受干预(PSH17A)	138	9.8	30.4	
CIDI-SF				
不存在	1005	71.4	4.1	<0.000
存在(CIDI)	402	28.6	17.7	
看护人自报需求				
没有需求	1348	95.8	6.8	<0.000
有需求(CGNEED)	59	4.2	35.6	

注:1.挨着变量名显示的为参照组。

　　2.**大写字母**的变量名是在编程语法中用到的实际变量名。

表 4.5　调整样本选择前后心理结果上的差异

组别及其比较	结果测量:CBCL 得分	
	外化性得分	内化性得分
基线调查后 18 个月的均值(标准差)		
看护人接受服务的儿童($n=112$)	57.96(11.68)	54.22(12.18)
看护人没有接受服务的儿童($n=1\ 295$)	56.92(12.29)	54.13(11.90)
未调整的均值差异	1.04	0.09
用回归调整的均值(标准差)差异[a]	−0.08(1.40)	−2.05(1.37)
控制样本选择的调整均值(标准差)差异	8.60(2.47)***	7.28(2.35)**

a.均值差的独立样本 t 检验或者对回归系数的 t 检验都表明这些均值差异统计上不显著。

** $p<0.01$，*** $p<0.001$，双尾检验。

4.5.2　对一个包含群组随机设计的项目的干预效应的评估

　　"社会和品格发展"(Socal and Character Development,SACD)项目是由美国教育部和疾病控制与预防中心联合资助的。SACD 干预计划是为了评估小学中学校层面上的社会和品格教育的影响。经过一个同行评审过程,选取了 7 个实施 SACD 的计划书,这 7 个中的每一个研究团队在全国范围的小学校中实施不同的 SACD 项目。在 7 个中的每个点处,学校被随机分派着或者接受干预项目或者接受控制课程,并且一个学生队列被从三年级(始于 2004 年秋季)追踪随访到五年级(终于 2007 年春季)。这 7 个点上总共有 84 所小学被随机地分派为是接受干预还是控制:伊利诺伊(芝加哥)、新泽西、纽约(布法罗、纽约市以及罗切斯特)、北卡罗来纳以及田纳西。

使用各个点的数据(相对于在所有 7 个点上收集的数据),本例报告了来自一个在北卡罗来纳(NC)实施的 SACD 项目评估的初步结果。NC 干预也被称为能力支持项目(Competency Support Program),它包括了针对小学生而设计的技能训练课程:《做选择》(Making Choinces)。《做选择》课程的主要目标是提升学生的社交能力及减少他们的敌对行为。在他们三年级期间,干预组接受了 29 次《做选择》的课堂学习(classroom lessons),在四年级和五年级期间又分别接受了 8 次跟进的课堂学习。此外,针对干预学校中的课堂教师(classroom tearcher)进行了特别服务的训练,这一训练关注同伴排斥和社会孤立的风险,包括糟糕的学业成绩以及行为问题。在整个学年当中,教师会在提供旨在增强儿童的社会信息处理技能的《做选择》课程方面受到咨询和支持(每月 2 次)。此外,教师可能还需要教室行为管理以及社会动力学方面的咨询。

调查者把能力支持项目评估设计为一项群组随机化试验。事先确定在一个学区内参与研究的学校总数,然后随机地分派学校到学区内的干预组。对于每一个接受干预的学校,选择一个与其在学业年度发展(academic yearly progress)、少数民族学生百分比以及接受免费或减价午餐学生百分比等方面最佳匹配的学校作为一个对照学校(control school)。在为期两年的时间中,此群组随机化程序总共产生了 14 所学校(队列 1,10 个学校;队列 2,4 个学校)进行研究,其中 7 所学校了接受了能力支持项目干预,7 所学校接受了常规课程。本例中,我们关注队列 1 中的 10 所学校。

正如所示——在社会行为科学中实施随机化实验时经常如此——群组随机化并未照计划的那样起作用。一些学区中,少到只有 4 所学校满足研究的标准并有资格参与。当对来自 10 所学校的数据进行比较时,调查者发现干预学校与对照学校在一些重要方面上存在差异:基线调查时,干预学校在全州范围内的测验年度充分发展(Adequate Yearly Progress,AYP)中具有更低的学业成绩得分、更高百分比的有色种族学生、更高百分比的接受免费或者减价午餐的学生以及更低的行为复合量表平均得分。通过使用双变量检验和 logistic 回归模型,这些差异均在 0.05 水平上统计显著。假如不把这些选择效应考虑进来,项目效果的评估将是有偏的。

本评估使用了若干个被证明具有良好的心理测量学特性的复合量表。根据两个设计优良的工具得到的多个量表被用于此项评估:①卡罗来纳儿童量表(Carolina Child Checklist,CCC)和②人际交往能力量表——教师(Interpersonal Competence Scale-Teache,ICST)。CCC 量表是一种包含 35 个项目的教师问卷,可得到关于儿童行为的因子得分(factor score),包括社会接触(social contact)($\alpha = 0.90$)、认知集中(cognitive concentration)($\alpha = 0.97$)、社交能力(social competence)($\alpha = 0.90$)以及社会攻击性(social aggression)($\alpha = 0.91$)。ICST 也是一种教师问卷。它用 18 个项目计算得到儿童行为上的因子得分,包括攻击性($\alpha = 0.84$)、学业能力($\alpha = 0.74$)、社交能力($\alpha = 0.75$)、内化性行为(internalizing behavior)($\alpha = 0.76$)以及受欢迎度(popularity)($\alpha = 0.78$)。

表 4.6 呈现了有关样本的信息以及对五年级时变化分(change score)进行评估的 Heckit 干预效应模型的结果。干预效应模型中所使用的两个结果变量包括 ICST 社交能力得分和作为 CCC 社交能力一个子量表(subscale)的 CCC 亲社会行为得分。在这两种测量上,高分数均表明行为可取。干预效应模型中使用的因变量是一个变化分,也就是

结果变量(即 ICST 社交能力或 CCC 亲社会行为)的差值,即五年级春季学期末的结果变量得分减去五年级秋季学期开始时的结果变量得分。虽然"新入者"(转学来的学生)也被包括在样本中,但是干预学校中的大部分学生在三、四以及五年级期间都接受了**做选择**课程的学习。因此,如果干预是有效的,那么我们将期望看到接受干预的学生比控制组的学生有更大的变化(即在所测量的行为上有更大的进步)。

在评价模型所揭示的干预效应之前,我们需要强调一个由本例所反映出来的重要的方法论问题:使用方差的 Huber-White 三明治估计量控制聚群效应(clustering effect)。正如前面所指出的,北卡罗来纳州实施的能力支持项目使用了群组随机化设计。就此而论,学生嵌套在学校中,相同学校中的学生倾向于在结果上表现出相似的行为。当分析这种类型的嵌套数据时,分析人员可以使用 ***treatreg*** 的 *robust cluster* ( )选项以获得每个系数的稳健标准误估计。Huber-White 估计量只对标准误进行修正,而并不会改变回归系数的估计。因此,表4.6中,"系数"只占用了一列,而标准误则占用了两列:标题"标准误"下的一列为以 ***treatreg*** 的常规设定所得,标题"稳健标准误"下的另一列为以 ***treatreg*** 的稳健估计所得。我们用来设定对集群效应加以控制的这一分析所使用的语法列在表4.6 的注中。

如表4.6 所示,"稳健标准误"中的估计值不同于"标准误"中的估计值,这表明对集群效应进行控制的重要性。由于对集群效应进行了调整,使用"Robust *SE*"的显著性检验结果与使用"标准误"的结果是不相同的。实际上,选择方程中许多协变量在"稳健标准误"下是显著的,而在"标准误"下却不再显著。接下来讨论中,我们将集中关注"稳健标准误"来讨论我们的发现。

下面对表4.6 中所显示的主要评估结果做一个概括。首先,选择偏差似乎一直是一个严重的问题,因为许多纳入到选择方程中的变量都是统计显著的。我们用 CCC 社交能力得分分析作为例子。所有的 2005 年(即干预完成后不久的那年)学校层次的变量(即学校的 AYP 复合测验得分、学校的少数民族学生百分比、学校的接受免费午餐的学生百分比以及学校的师生比)在干预学校和对照学校之间均有差别。两组学校中,学生的种族和民族构成也是不同的,这意味着非裔美国人、西班牙裔以及高加索裔学生接受干预的可能性要低于其他的学生。选择方程中,主要看护人受教育程度变量的符号是正的,这表明来自干预组学生的主要看护人要比控制组学生的主要看护人有更高的受教育程度($p < 0.001$)。此外,干预组学生的主要看护人从事全职工作的可能性要低于控制组学生的主要看护人。所有基线时的行为结果变量在两个组上都具有统计上的差异,这意味接受干预的学生被认为更具攻击性($p < 0.001$)、有更高的学业能力得分($p < 0.01$)、在内化性行为上表现出更具问题的得分($p < 0.001$)、表现出更低水平的认知集中($p < 0.001$)、显示出与亲社会的同辈有更低水平社会接触($p < 0.001$)以及表现出更高水平的亲属攻击($p < 0.001$)。很明显,如果不控制这些选择效应,干预效应将是严重有偏的。

表 4.6　五年级学生在 ICST 社交能力得分以及 CCC 亲社会行为得分上变化的干预效应模型估计

自变量	描述性统计 百分比或均值（标准误）	ICST 社交能力的变化			CCC 亲社会行为的变化		
		系数	标准误	稳健标准误	系数	标准误	稳健标准误
回归方程							
年龄	7.90(0.50)	0.035	0.0766	0.0697	0.076	0.0833	0.1058
女性(Ref.ᵃ 男性)	53.35%	0.026	0.0741	0.0584	0.034	0.0806	0.0862
种族							
黑人(Ref. 其他)	27.70%	−0.125	0.1810	0.1858	−0.100	0.1969	0.1452
白人	57.73%	−0.194	0.1754	0.1527	−0.190	0.1907	0.1662
西班牙裔人	9.62%	−0.070	0.2093	0.2286	0.068	0.2275	0.1217
主要看护人教育程度	5.51(2.02)	0.026	0.0229	0.0330	0.062	0.0248 *	0.0400
收入-需求比率	170.55(109.05)	0.000	0.0004	0.0004	0.000	0.0005	0.0004
主要看护人全职就业 (Ref. 其他)	56.85%	0.043	0.0777	0.0846	0.037	0.0845	0.0961
父亲在家中(Ref. 不在家中)	77.25%	−0.006	0.0975	0.1206	0.091	0.1060	0.0671
干预组(Ref. 控制组)	40.23%	0.170	0.0935 +	0.0941 +	0.203	0.1004 *	0.0723 **
截距		−0.505	0.6629	0.6078	−1.080	0.7208	0.8119
选择方程							
2005 年学校 AYP 综合得分	68.11(9.58)	−0.350	0.0421 ***	0.1033 **	−0.353	0.0432 ***	0.1070 **
2005 年学校的少数民族学生百分比	52.10(14.51)	−0.146	0.0319 ***	0.0513 **	−0.150	0.0328 ***	0.0545 **
2005 年学校的接受免费午餐学生百分比	47.46(9.98)	−0.122	0.0249 ***	0.0523 *	−0.122	0.0253 ***	0.0525 *
2005 年学校的师生比	15.69(1.57)	−1.214	0.1596 ***	0.2824 ***	−1.224	0.1644 ***	0.2972 ***
年龄	7.90(0.50)	0.361	0.2708	0.1400 *	0.334	0.2720	0.1391 *
女性(Ref. 男性)	53.35%	0.112	0.2677	0.1150	0.122	0.2704	0.1011
种族							
黑人(Ref. 其他)	27.70%	−0.702	0.5672	0.4118 +	−0.761	0.5711	0.3864 *
白人	57.73%	−1.119	0.5478 *	0.5424 *	−1.187	0.5537 *	0.5173 *
西班牙裔人	9.62%	−0.732	0.6795	0.1851 ***	−0.725	0.6826	0.1728 ***
主要看护人教育程度	5.51(2.02)	0.070	0.0835	0.0176 ***	0.085	0.0828	0.0117 ***
收入-需求比	170.55(109.05)	0.001	0.0016	0.0009	0.001	0.0016	0.0009
主要看护人全职就业 (Ref. 其他)	56.85%	−0.258	0.2688	0.0634 ***	−0.306	0.2689	0.0710 ***
父亲在家中(Ref. 不在家中)	77.25%	−0.045	0.3175	0.0898	−0.043	0.3235	0.0829
基线 ICSTAGG-攻击性	2.54(1.51)	0.278	0.1658 +	0.0766 ***	0.279	0.1694	0.0788 ***
基线 ICSTACA-学业能力	5.26(1.68)	0.161	0.1058	0.0583 **	0.154	0.1073	0.0592 **
基线 ICSTINT-内在行为	3.26(1.16)	0.164	0.1337	0.0419 ***	0.188	0.1345	0.0389 ***
基线 CCCCON-认知集中	3.43(1.01)	−0.308	0.2151	0.0992 **	−0.302	0.2183	0.0931 **

续表

自变量	描述性统计百分比或均值（标准误）	ICST 社交能力的变化			CCC 亲社会行为的变化		
		系数	标准误	稳健标准误	系数	标准误	稳健标准误
基线 CCCSTACT-社会联系	3.83(0.82)	−0.410	0.1927*	0.1076***	−0.416	0.1977*	0.1129***
基线 CCCRAGG-亲属攻击性	3.97(0.87)	0.844	0.2700**	0.1020***	0.832	0.2778**	0.1107***
截距		49.884	6.7632***	14.2766***	50.593	7.0000***	14.9670**
Rho		0.206	0.1510	0.0914	0.083	0.1481	0.0608
Sigma		0.672	0.0258	0.0433	0.731	0.0279	0.0313
Lambda		0.139	0.1022	0.0693	0.061	0.1084	0.0455
$\rho=0$ 的 Wald 检验: $\chi^2(df=1)$			1.71	4.80*		0.31	1.85
学生数	343						
学校数(聚类)	10						

注:得到"ICST 社交能力的变化"的含稳健标准误的估计值的语法为:

treatreg icstsc_ age Femalei Black White Hisp PCEDU IncPovL PCempF Father, ///

treat(INTSCH = AYP05Cs pmin05 freel puptch05 age Femalei Black ///

White Hisp PCEDU IncPovL PCempF Father icstagg icstaca ///

icstint cccccon cccstact cccragg) robust cluster(school)

a. Ref. 代表参照组。

$^*p<0.05$, $^{**}p<0.01$, $^{***}p<0.001$, $^+p<0.1$,均为双尾检验时的情况。

第二,考虑到学生人口统计学变量以及看护人的特征是结果变量的协变量,我们也把它们纳入回归方程中。这是一个在回归方程中使用选择方程中的部分协变量的例子(即如 4.4 节中所介绍的,x 向量是 z 向量的一部分)。结果显示,这些变量没有一个是显著的。

第三,我们的结果表明接受干预的学生五年级时的 ICST 社交能力平均得分比控制组学生的平均得分高 0.17 个单位($p<0.01$),在 CCC 亲社会行为上的平均得分比控制组学生高 0.20 个单位($p<0.01$)。两个结果都是样本的平均干预效应,尽管在 ICST 社交能力上的差异只接近于显著($p<0.10$),但还是可以被推论到总体中。此数据显示能力支持项目在学生的社交能力上产生了积极的变化,这与学生对社会信息处理技能的关注是一致的。倘若这个研究分析没有使用 Heckit 干预效应模型,那么,干预效应将是有偏且不一致的。独立样本 t 检验证实了这两个变化分上的平均差异均在 0.000 水平上统计显著,注意,这些平均差异中包含有夸大的成分。t 检验表明干预组在 ICST 社交能力上的平均变化分要比控制组高 0.25 个单位(而不是干预效应模型所显示的 0.17 个单位),在 CCC 亲社会上的平均变化要比控制组高 0.26 个单位(而不是干预效应模型所显示的 0.20 个单位)。

最后,对于 ICST 社交能力模型,ρ 为 0 的零假设,或者说选择方程误差项和回归方程误差项之间零相关的假设在 0.05 显著性水平上被拒绝。但是,对于 CCC 亲社会行为模型,这个假设没有被拒绝。这表明 ρ 非零的假定可能被 CCC 亲社会行为模型所破坏。它意味着,CCC 亲社会行为模型的选择方程可能是不恰当的,我们将在第 8 章处理这一问题。

4.5.3 对缺失数据进行多重填补后运行干预效应模型

缺失数据几乎总是研究中的一个问题,因为缺失值会对依据结果做出推断的效度(validity)构成严重的威胁。社会科学研究者正在越来越多地求助于**多重填补**(multple inpuation)来处理缺失数据。当数值不是完全随机缺失时(Little & Rubin,2002;Rubin,1996;Schafer,1997),多重填补是一种处理缺失数据的恰当方法,它用根据条件概率分布重复抽取的数值来替代缺失值。下面的这个例子说明了如何根据缺失数据填补后的多重填补数据集,以适用于对填补数据进行推断的 Rubin 规则来分析一个干预效应模型。考虑到本书的关注点并非缺失数据填补,我们将略去对多重填补方法的介绍。要想找到多重填补的完整讨论,读者可以直接参考上面提到的文献。本例中,我们打算说明根据多重填补数据集分析干预效应模型的方法,以在 Stata 中产生一个合并的 **treatreg** 估计。

我们推荐使用被称为 **mim** 和 **mimstack** 的 Stata 程序来完成这一任务,它们均为英国医学研究委员会的 John C. Galati 与英国临床流行病学和生物统计学研究室的 Patrick Royston 所编写(Galati,Royston & Carlin,2009)。Stata 用户可以在联入互联网的 Stata 中使用命令 *findit mim* 和 *findit mimstack* 来搜索这两个程序,然后根据在线提示进行安装。*mimstack* 命令被用来把一个多重填补数据集堆叠成 **mim** 所要求的格式,而 **mim** 是用多重填补数据集来估计所要求的模型(比如 **treatreg**)的一个前缀命令(prefix command)。

执行一个合并的 **treatreg** 分析的命令如下:

    mimstack, m(#) sortorder(varlist) istub(string) [nomj0 clear]

    mim, **cat(fit)**: **treatreg** depvar [indepvars], treat(depvar_t = indepvars_t)

这里,*m* 设定填补数据集的数量,*sortorder* 设定一个或多个能够唯一地识别每个数据集里的观测案例的变量,*istub* 设定要被堆叠的填补数据文件的文件名,具体名称在 *string* 中指定,*nomjo* 设定原来的非填补数据集不被堆叠到填补数据集里,*clear* 允许丢弃当前的数据集,**mim**,*cat(fit)* 告知拟估计的程序是一个回归模型,**treatreg** 及随后的命令是基于单个数据集(即没有多重填补的数据文件)要运行的设定。

对于 4.5.2 节中所介绍的例子,我们在大部分自变量上有缺失值。使用多重填补,我们创建了 50 个被填补的数据文件。分析表明,用 50 个数据集的情况下,填补获得了一个 99% 的相对效率(efficiency)。运行一个使用 50 个数据集来分析结果变量 CCC 社交能力变化分 *ccscomch* 的 **treatreg** 模型的语法文件显示在表 4.7 的最下端。

在这个 **mimstack** 命令中,*id* 是在所有 50 个文件中使用的 ID 号,它可以唯一地分辨出每个数据集中的观测案例;*g3scom* 是 50 个文件名称中共同的部分(即,这 50 个被填补文件的名称依次是 g3scom1,g3scom2,…,g3scom50);*nomjo* 表示不使用原来的未填补数据文件;*clear* 允许程序一旦完成当前模型的估计即可丢弃当前的数据集。在上面的 *mim* 命令中,*cat(fit)* 告知 Stata 合并分析(即 **treatreg**)是一个回归类型的模型;**treatreg** 像通常情况下一样设定干预效应模型,其中,回归方程中的结果变量是 *ccscomch*,回归方程的自变量是 *ageyc*,*fmale*,*blck*,*whit*,*hisp*,*pcedu*,*ipovl*,*pcemft* 以及 *fthr*,干预成员身份变量是 *intbl*,纳入选择方程中的自变量是 *ageyc*,*fmale*,*blck*,*whit*,*hisp*,*pcedu*,*ipovl*,*pcemft*,*fthr*,*dicsaca*2 以及 *dicsint*2。**treatreg** 模型也可以估计稳健的标准误以控制聚群效应,其中区分集群的变量是 *schbl*。

表 4.7 展示了借助以上命令所获得的合并分析。虽然合并分析的结果通常与通过单个数据文件获得结果相似,但是有一个重要的差异:合并分析没有提供 *rho*,*sigma* 以及 *lambda*,而只是给出了基于 50 个文件的 *athrho* 和 *lnsigma*。用户可以通过查看单个文件

来考察 rho, *sigma* 和 *lambda* 以评估这些统计量,尤其如果这些统计量在不同文件之间一致的话。如果用户在不同文件之间没有发现这些统计量的一致模式,那么将需要进一步考察被填补数据和干预效应模型之间的关系。

表 4.7　基于多重填补的数据文件进行干预效应模型的合并分析所得结果

Multiple-imputation estimates(treatreg)					Imputations =	50	
Treatment-effects model —MLE					Minimum obs =	590	
Using Li-Raghunathan-Rubin estimate of VCE matrix					Minimum dof =	817.2	
raggrch in ~1	Coef.	Std.Err.	t	P > |t|	[95% Conf.Int.]		M df
raggrch							
ageyc	− .084371	.041684	−2.02	0.043	− .16617	− .002573	995.5
fmale	− .025434	.081485	−0.31	0.755	− .185336	.134467	997.8
blck	− .108327	.190727	−0.57	0.570	− .482599	.265944	997.7
whit	− .128004	.225938	−0.57	0.571	− .571373	.315366	997.4
hisp	− .08513	.170175	−0.50	0.617	− .419073	.248813	995.9
pcedu	− .016804	.025657	−0.65	0.513	− .067152	.033544	987.0
ipovl	.000269	.000273	0.99	0.324	− .000267	.000806	817.2
pcemft	.008156	.111237	0.07	0.924	− .21013	.226442	995.6
fthr	− .04736	.080869	−0.59	0.558	− .206057	.111336	997.9
intbl	.580029	.427241	1.36	0.175	− .258367	1.41843	996.7
_cons	.71825	.457302	1.57	0.117	− .179138	1.61564	994.6
intbl							
ageyc	− .023355	.136161	−0.17	0.864	− .29055	.243841	996.4
fmale	.036754	.120963	0.30	0.761	− .200618	.274125	996.9
blck	.107904	.511518	0.21	0.833	− .89587	1.11168	997.5
whit	− .779496	.463681	−1.68	0.093	− 1.6894	.130406	997.6
hisp	− .652384	.621296	−1.05	0.294	− 1.87158	.566814	997.5
pcedu	.077337	.057483	1.35	0.179	− .035467	.190141	975.1
ipovl	− .000278	.001028	−0.27	0.787	− .002294	.001739	967.1
pcemft	− .21878	.138034	−1.58	0.113	− .489655	.052095	985.5
fthr	− .038307	.244794	−0.16	0.876	− .518684	.442069	986.9
dicsaca2	.052524	.064487	0.81	0.416	− .074021	.17907	996.5
dicsint2	.117797	.048969	2.41	0.016	.021701	.213892	991.5
_cons	− .384643	1.25788	−0.31	0.760	− 2.85305	2.08376	994.7
athrho							
_cons	− .386324	.377802	−1.02	0.307	− 1.1277	.355055	996.5
lnsigma							
_cons	− .372122	.122431	−3.04	0.002	− .612373	− .13187	997.5

创建以上结果的语法:

```
mimstack, m(50) sortorder("id") istub(g3scom) clear nomj0
mim, cat(fit): treatreg ccscomch ageyc fmale blck whit hisp ///
                       pcedu ipovl pcemft fthr,treat(intbl = ageyc ///
                       fmale blck whit hisp pcedu ipovl pcemft fthr ///
                       dicsaca2 dicsint2) robust cluster(schbl)
```

4.6　结　论

　　2000 年,诺贝尔奖评审委员会提名 James Heckman 作为诺贝尔经济学奖的共同获得者以表彰"他在分析选择样本的理论和方法上的贡献"(诺贝尔奖评审委员会,2000)。本章回顾了 Heckman 样本选择模型的基本特征以及相关的模型,包括干预效应模型和工具变量模型。Heckman 模型建立的时间与统计学家开始建立倾向得分匹配模型的时间几乎是相同的,下一章将考察倾向值匹配模型。Heckman 模型强调了对选择偏差的结构进行建模而不是假定随机化工作的机制以平衡干预组和控制组之间的数据。不过,奇怪的是,Heckman 样本选择模型与倾向值匹配模型有一个共同的特征:它首先用一个两步程序对选择过程进行建模,然后在结果分析中使用接受干预的条件概率去控制因选择所导致的偏差。结果表明,Heckman 模型,特别是其被称作干预效应模型的修正版本,在得到改善的平均干预效应估计值上是有帮助的,尤其当选择过程的原因已知并在选择方程中被正确地设定时。

在结束本章时,我们分享一个在运行 Heckman 干预效应模型时的告诫。那就是,干预效应模型对模型"误设"(misspecification)比较敏感。可以明确的是,当 Heckman 模型被误设是(即当预测变量或自变量不正确或被遗漏时),尤其当引起选择偏误的重要变量没有被纳入选择方程时,以及当选择方程和回归方程的误差项之间估计的相关系数(即估计的 ρ)为 0 时,那么,干预效应模型的结果就会是有偏的。《Stata 参考手册》(*Stata Reference Manual*)(StataCorp,2003)正确地指出:

> Heckman 选择模型严重依赖被正确设定的模型,比普通回归更加依赖得多。如果模型的回归部分因为取 0 值的对数而出现的话,那么,针对样本纳入(sample inclusion)运行一个单独的 probit 或 logit 模型,然后进行回归,这在文献中被称作两部分模型(two-part model)(Manning,Duan & Rogers,1987)——不要与 Heckman 的两步程序混淆——是一个尤其具有吸引力的替代选择。

Kennedy(2003)认为 Heckman 两阶段模型不如使用最大似然估计的选择模型或者干预效应模型,因为两阶段估计量是无效的(inefficient)。他也告诫说,在解决遗漏变量问题时,Heckman 程序引入了一个测量误差问题,因为第二阶段中使用了误差项的期望值的一个估计值。最后,Heckman 程序能否被推荐来用于小样本也是不清楚的。

实际研究中,并没有确定的程序来对 Heckman 模型的假定遭到违背的情形进行检验。因此,在假定违背的压力下,推荐使用敏感分析来对研究发现的稳定性进行评估。第 8 章中,我们会呈现一项强调这一点的蒙特卡罗研究的结果。此项蒙特卡罗研究表明,当 ρ 确实为非零时,Heckman 干预效应模型比其他的方法更好,但当 ρ 等于 0 时,它比其他的方法更糟糕。

5 倾向值匹配及相关模型

本章描述 3 种倾向值模型,分别是倾向值匹配、倾向值分层(子分类)和倾向值加权。尽管这些模型采用的统计原理和算法有细微差别,但它们都是从 Rosenbaum 和 Rubin (1983)这一影响深远的成果中发展出来的,这一成果将倾向值定义为给定观测协变量(observed covariates)向量的情况下(观测案例)被分配到某一特定干预的条件概率。如果运用恰当,这些模型能够帮助解决选择偏差这一难题并提供平均干预效应(ATEs)以及干预组的平均干预效应(ATTs)的有效估计。在本章中,我们还将介绍倾向值匹配的最新进展。这些进展包括**一般化加速回归**(generalized boosted regression)以及**最佳匹配**(optimal matching)。

5.1 节提供了一个倾向值模型的概述。此概述将建模的过程概念化为一个两步或者三步的序列式分析(sequenced analysis)。5.2 节回顾了 Rosenbaum 和 Rubin(1983,1984,1985)所提出并加以证明的核心命题和推论。这一回顾旨在解决两个问题:①倾向值模型如何平衡数据? ②倾向值模型如何解决困扰经典匹配算法的维度问题。5.3 节集中讨论分析的第一步,即设定 logistic 回归模型并寻找使得倾向值估计值最佳的一组条件变量(conditioning variable)。我们在这一节中将回顾一般化加速回归的步骤。5.4 节集中讨论分析的第二步,即基于估计的倾向值进行**再抽样**(resampling)。接下来我们回顾不同类型的匹配算法,包括贪婪匹配(greedy matching)和最佳匹配(optimal matching)。5.5 节集中讨论分析的第三步:匹配后分析。我们回顾匹配后的各种方法,包括子分类之后整体均值和干预效应的方差的计算、贪婪匹配后多元分析的一般性步骤、最佳完全匹配(optimal full matching)或最佳可变匹配(optimal variable matching)后执行 Hodges-Lehmann 有序秩检验(aligned-rank test),以及最佳成对匹配后的回归调整(即结果的差分(difference score)对协变量的差分进行回归)。5.6 节阐述一种略去匹配的方法:使用倾向值作为抽样权重进行多元分析,有时候也称这种方法为**倾向值加权**(propensity score weighting)。5.7 节是两分类干预条件模型的扩展:依干预剂量的倾向值。5.8 节概括可用来运行本章大部分模型的计算机软件包的关键特征。5.9 节呈现部分模型的示例。5.10节概括本章讨论并作结论。

5.1 概　述

在 1983 年,Rosenbaum 和 Rubin 发表了一篇在倾向值分析方面影响深远的论文。这篇论文阐述了适用于各种倾向值模型的原理和应用原则。在这一成果之后,倾向值方法获得了快速发展并且在各个方面不断改进。新的模型,比如说一般化加速回归,已被发展出来改进 logistic 回归进而改进倾向值的估计。其他的创新还包括改进匹配算法的模型以及将运筹学(operation research)(即网络流理论(network flow theory))中的进展应用于匹配的最佳匹配方法。诸如倾向值加权等其他的新模型已被发展出来,以将倾向值和传统的统计方法结合起来。

刚入门的倾向值使用者通常对新的术语和看似不同的技术感到困惑。当第一次接触倾向值的文献时,很容易感到迷惑。为了便于掌握,我们将倾向值分析的过程归纳成一个两步或三步分析过程,如图 5.1 所示。

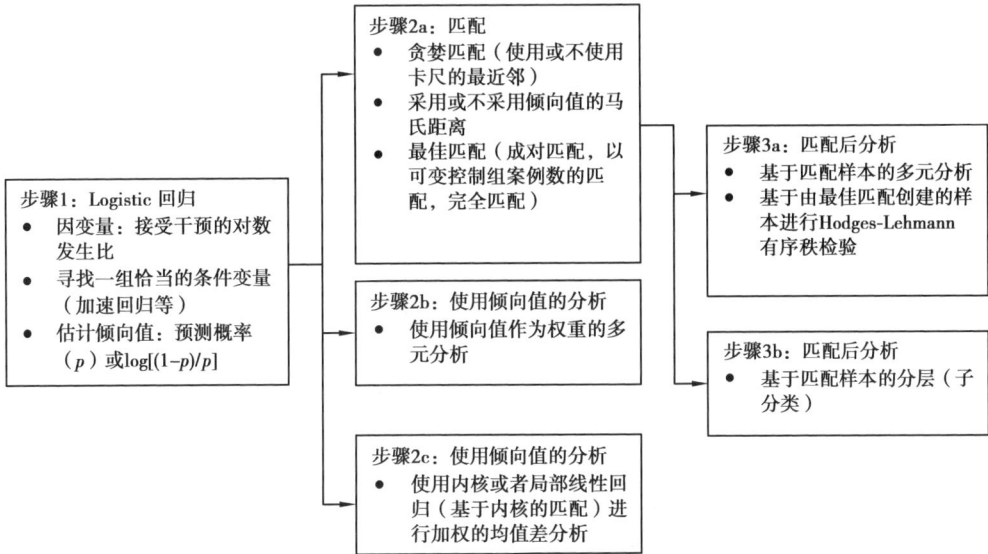

图 5.1 倾向值匹配的一般步骤

我们首先将倾向值模型作为一个三步分析过程进行考察。

步骤 1:寻找最佳的条件变量或者协变量,这些变量被怀疑导致了干预组和控制组之间的不平衡。严格的倾向值建模总是从估计接受干预的条件概率开始。数据分析人员通过估计 logistic 回归模型(或类似的模型,比如 probit 回归或者判别分析)或者多分类 logit 模型来分析多个干预剂量(multiple doses of treatment)的效应。这一阶段的分析目标是确定影响选择偏差的观测协变量并进一步为倾向值模型中的变量设定函数形式。理想情况下,我们寻求倾向值的一个最佳估计。根据定义,倾向值是一名研究的成员在给定观测变量下接受干预的条件概率;因此,接受干预的成员和接受控制的成员都具有非零的倾向值。更精确地讲,倾向值是一个平衡值,它代表一个协变量向量。在这种情形下,一对具有相似倾向值的干预组成员和控制组成员基本上被视为是可比的,即使他们也许在具体协变量的取值上会不同。

步骤 2a:匹配或者再抽样。获得平衡值(即倾向性)后,数据分析人员使用这些值来匹配干预组成员和控制组成员。使用单个倾向值的优点在于我们可以解决基于多个协变量进行匹配中出现的失败问题。由于估计的倾向值所形成的共同支持域(common support region)并不总是覆盖研究的全部成员,对于一些干预组成员,可能找不到相匹配的控制组成员,并且一些控制组成员可能并不被使用,所以匹配通常会导致研究成员的损失。因为这一特征,匹配被称作再抽样。即使原初样本中干预组和控制组在观测变量上并不平衡,但基于倾向值进行的再抽样会使干预组和控制组在观测变量上变得平衡并且基于观测量度(observed measures)来控制选择偏差。这一阶段的核心目标是使得两组成员在倾向值上尽量相似。人们发展出了各种算法来匹配具有相似倾向值的成员。这些方法包括贪婪匹配、采用或不采用倾向值的马氏距离匹配以及最佳匹配。这些算法采用不同的办法来处理那些因倾向值的极端取值而导致匹配困难的成员。

步骤3a:**基于匹配样本的匹配后分析**。大体上,步骤2a中得到的新样本已对选择偏差(基于观测协变量)以及内在于多元分析模型中的统计假定遭到违背(例如回归中关于自变量和回归方程误差项之间相互独立的假定)进行了修正。使用这一匹配的新样本,分析人员可以像通常使用随机化试验得到的样本那样进行多元分析。但是,大部分多元分析仅对由贪婪匹配所形成的匹配样本来说才是允许的。对于通过最佳匹配所构建的匹配样本,需要进行特定类型的分析。这些分析包括针对由最佳成对匹配所形成样本进行的特定回归调整(即干预组和控制组成员之间结果的差分对协变量的差分进行回归);针对最佳变量匹配或最佳完全匹配所形成样本的特定回归调整(即结果变量之 Hodges-Lehmann 有序秩的差分对协变量之有序秩的差分进行回归);以及针对最佳完全或变量匹配所形成样本而采用的 Hodges-Lehmann 有序秩统计量进行的 ATE 检验。

步骤3b:**使用倾向值分层进行的匹配后分析**。研究者也可以不进行多元建模(multivariate modeling),而是采用倾向值进行分层。这一分层可以采取一种类似于以随机化实验样本分析干预效应的方式进行,也就是说,比较同一层内干预组和控制组之间某一结果的平均差异,然后产生整个样本的均值和方差来测量样本的 ATE 及其统计显著性。

正如图 5.1 所指出的,倾向值模型也被使用在两步分析过程中。这种类型的模型使用几乎完全相同的方法来估计倾向值并且和三步模型(three-step models)中的第一步特征完全相同。但是两步模型跳过了再抽样(匹配)环节。它们以不同的方式使用倾向值。对两步模型而言,步骤 2 的主要特征如下:

步骤2b:**使用倾向值作为权重的多元分析**。如前所述,这一方法(Hirano & Imbens,2001;Robins & Ronitzky,1995;Rosenbaum,1987)并不对数据进行再抽样,因此避免了不必要的研究成员的丢失。将倾向值用作权重类似于调查抽样中的再加权程序,根据纳入样本的概率对观测案例进行调整(McCaffrey,Ridgeway & Morral,2004)。倾向值加权不仅克服了样本成员的丢失问题,同时还提供两种干预效应的估计值:ATE 和 ATT。

步骤2c:**采用内核或局部线性回归**(即 Heckman et al., 1997 以及 Heckman, Ichimura & Todd, 1988 所发展出来的基于内核匹配的估计量)**分析加权的均值差**。这一方法进行一个"潜在"的匹配并且使用非参数回归(即三次立方内核修匀技术或局部线性回归)将加权和结果分析合并成一步。考虑到这一方法与 Rosenbaum 和 Rubin 的方法在所属类别上的不同,我们将在第 7 章中描述基于内核的匹配。

在这一整体过程的基础上,我们现在来回顾倾向值分析方法的关键统计理论、建模原则、实践问题以及每一步的解决办法。

5.2 维度问题以及倾向值的性质

基于完整的数据,Rosenbaum 和 Rubin(1983)将成员 $i(i=1,\cdots,N)$ 的倾向值定义为:给定观测协变量向量 $\mathbf{x}_i$ 的情况下,成员 i 分配至某一特定干预($W_i=1$)而不是非干预($W_i=0$)的条件概率:

$$e(\mathbf{x}_i) = pr(W_i = 1 \mid \mathbf{X}_i = \mathbf{x}_i)$$

倾向值在匹配或分层中的优点在于它对维度的简化:**X** 向量可以包括很多协变量，它们代表着许多维度，而倾向值方法将所有这些维度简化为一个单维的值。在惯常的匹配中，随着匹配变量(matching variable)数量的增加，研究者面临着从控制组中为某一既定干预组成员找到一个好匹配(good match)这一困难所带来的挑战。Rosenbaum(2002b)用 p 个变量阐明了这点:即使每个协变量都是二分变量，**x** 也将有 2^p 个可能的取值。假设 $p=20$ 个协变量，那么将有 $2^{20} = 1\,048\,576$，或者说有超过 100 万个可能的 **x** 的取值。即使对于一个数百甚或数千成员的样本来说，也很可能许多成员具有 **x** 的独特值，从而既不能从控制组中找出多个匹配也不能作为任一干预案例的一个匹配。这种情形下，精确匹配(exact matching)通常会导致删除案例，并且，在存在大量协变量或独特变异(exceptional variation)的情况下，会变得不可行。

倾向值($e(\mathbf{x}_i)$)是一个平衡量度(balancing measure)(所谓**最粗的值**(the coarsest score))，它概括了向量 $\mathbf{x}_i$ 的信息。而在向量 $\mathbf{x}_i$ 中，每个 x 协变量都是一个**最细的值**(finest score)。Rosenbaum 和 Rubin(1983)推导并证明了一系列反映倾向值性质的原理和推论。最重要的性质是，一个最粗的值足可以平衡干预组和控制组之间在最细的值上被观察到的差异。根据 Rosenbaum 和 Rubin(2002)以及 Rosenbaum(2002b)，倾向值的性质包括如下内容:

1. 倾向值会平衡样本中干预组和控制组之间的差异。Rosenbaum(2002b:298)证明了具有相同倾向值的一名干预组成员和一名控制组成员在观察到的协变量 **X** 上具有同样的分布。这意味着，在倾向值上同质的某个层或匹配集(matched set)内，干预组和控制组的成员也许在 **X** 的取值上有所差异(也就是说，即使两名成员具有同样的倾向值，它们仍然可能在诸如性别等协变量上不同，如果性别这一最细的值包括在 **X** 向量中)，但这些差异将是随机差异(chance differences)而非系统差异(systematic differences)。

2. 给定倾向值的情况下，干预分配和观测协变量有条件地相互独立。也就是说:

$$\mathbf{x}_i \perp w_i \mid e(\mathbf{x}_i)$$

这一属性将倾向值和关于强可忽略干预分配(strongly ignorable treatment assignment)的假定联系起来。换句话说，控制了倾向值的情况下，协变量可以被认为独立于干预的分配。因而，对于具有同样倾向值的一些观测来说，协变量的分布应当在干预组和控制组之间是一样的。此外，这一性质意味着，在控制了倾向值的条件下，和随机化实验中一样，每一名成员具有分配到干预中去的相同概率。

3. 如果强可忽略干预分配假定成立并且 $e(\mathbf{x}_i)$ 是一个平衡值，那么，$e(\mathbf{x}_i)$ 处对两种干预情形的观测到反应(observed response)上的期望差值等于 $e(\mathbf{x}_i)$ 处的 ATE。这一性质将倾向值模型和反事实框架联系起来并且表明了可以如何解决无法观察到干预组成员在控制状态下之结果的难题(2.2 节中讨论过这一难题)。因而，对于所有具有相同倾向值的单元来说，干预组和控制组之间结果变量的均值差是该倾向值上 ATE 的无偏估计。也就是说:

$$E[E(Y_1, \mid e(\mathbf{x}_i), W_i = 1) - E(Y_0, \mid e(\mathbf{x}_i), W_i = 0)] = E[Y_1 - Y_0 \mid e(\mathbf{x}_i)]。$$

4. Rosenbaum 和 Rubin(1983:46)导出了一些推论来论证使用倾向值的 3 种主要方法的合理性。这些推论构成了本章介绍的所有模型的基础。

a. **成对匹配**:在一个匹配对(matched pair)中，具有相同倾向值 $e(\mathbf{x})$ 的干预组和控制组单元在反应(response)上的期望差值等于 $e(\mathbf{x})$ 处的 ATE，且通过这种两步抽样过程得到的配对差异的均值是 ATE(即 $\tau = E(Y_1 \mid W = 1) - E(Y_0 \mid W = 0) = E[Y_1 - Y_0 \mid e(\mathbf{x})]$)的无偏估计。

b. **倾向值的子分类**:即同一层内的所有单元具有相同的 $e(\mathbf{x})$ 并且该层内至少有一

个单元接受每一类干预状态——干预均值(treatment mean)上的期望差值等于该 $e(\mathbf{x})$ 取值处的 ATE,并且这些差值的加权平均值是干预效应 $\tau = E(Y_1 \mid W = 1) - E(Y_0 \mid W = 0)$ 的无偏估计。

c.**协方差调整**:假定干预分配在平衡值 $e(\mathbf{x})$ 处是强可忽略的,并且条件期望值 $Y_t(t = 0,1)$ 是线性的: $E[Y_t \mid W = t, e(\mathbf{x})] = \alpha_t + \beta_t e(\mathbf{x})$,那么对于给定的 $e(\mathbf{x}_i)(i = 1, \cdots, n)$ 来说,如果 $\hat{\alpha}_t$ 和 $\hat{\beta}_t$ 是 α_t 和 β_t 的条件无偏估计量,比如,最小二乘估计量,那么估计量 $(\hat{\alpha}_1 - \hat{\alpha}_0) + (\hat{\beta}_1 - \hat{\beta}_0)e(\mathbf{x})$ 是 $e(\mathbf{x})$ 处干预效应的条件无偏估计量,即 $E[Y_1 - Y_0 \mid e(\mathbf{x})]$。

在上述介绍中,倾向值 $e(\mathbf{x})$ 被定义为干预分配不可忽略的样本中接受干预的预测概率。通常,这个值是根据估计的 logistic 回归模型得到的一个预测概率。实际研究中,Rosenbaum 和 Rubin(1985)建议使用预测概率的 logit(logit)作为倾向值(即 $\hat{q}(x) = \log[(1 - \hat{e}(x)/\hat{e}(x))]$),因为 $\hat{q}(x)$ 的分布近似于正态分布。注意,尽管前面的公式表明 $\hat{q}(x)$ 和 $\hat{e}(x)$ 不同,但在文献中,量 $\hat{q}(x)$ 也被称作**估计的倾向值**(estimated propensity score)。在本章和其他地方,除非明确指明,我们遵循将 $\hat{e}(x)$ 称为**倾向值**(propensity score)的这一惯例。读者应该心里清楚,实际研究中可以使用 $\hat{e}(x)$ 的 logit 转换(即 $\hat{q}(x)$),并且 $\hat{q}(x)$ 具有使其比 $\hat{e}(x)$ 更理想的分布特征。

这些理论和推论建立了倾向值匹配方法和诸多相关程序的基础。例如,$\mathbf{x}_i \perp w_i \mid e(\mathbf{x}_i)$ 这一性质引出了一种经常被用来检查估计的倾向值是否成功消除了干预组和控制组之间的观测协变量上不平衡的程序。这一程序如下:a. 分析人员可以在匹配以前使用干预条件作为分组变量进行双变量检验(即 Wilcoxon 秩和检验——也被称为 Mann-Whitney 两样本统计量——对连续变量来说,是独立样本 t 检验或者一元方差分析;对分类变量来说,则是卡方检验);b. 基于倾向值进行匹配之后,分析人员使用一些调整执行同样的双变量检验(比如,不再使用 Wilcoxon 秩和检验,分析人员可以使用 Wilcoxon 匹配对(matched pair)符号秩检验或协变量均值上的绝对标准化差值);如果匹配后的双变量检验不显著,那么我们可以得出结论说,该倾向值成功地消除了观测协变量上的组间差异;以及 c. 如果匹配后的双变量检验显示有显著差异,就应当重新构建和运行用来预测倾向值的模型,直到匹配成功地消除所有显著的不平衡为止。

隐含在上面的使用过程中,向量 **X** 中的协变量被称作条件变量或者匹配变量(conditioning or matching variables)。正确设定步骤 1 模型中的协变量对倾向值方法来说十分关键,因为对干预效应的最终估计对这一设定十分敏感(Rubin,1997)。许多研究(例如,Heckman,Ichimura,Smith & Todd,1998;Heckman et al.,1997;Lechner,2000)表明,条件变量的选择会对倾向值分析的整体表现产生很大影响。

预测倾向值的**条件作用模型**(conditioning model)**的正确设定**包括两个方面。一是将正确的变量纳入模型;也就是说,研究者应该纳入一些具有理论相关性的重要协变量。为了做到这一点,我们通常依赖于实质性信息(substantive information)和先前关于接受干预的预测变量研究。这可能会涉及引入多项式和交互项。分析人员所面临的困境是没有明确的程序或者检验可以用来为设定最佳的倾向值模型提供指引,并且理论通常只对如何选择和构造条件变量提供微弱的指引(Smith & Todd,2005)。这一困境促进了一些十分有前景的方法的发展,比如说用来寻找最佳倾向值的一般化加速回归。下一节介绍倾向值的发展以及处理设定问题的策略。

5.3 估计倾向值

早先我们提到过,有好几种方法可以使用观测协变量的向量来估计接受干预的条件概率。这些方法包括 logistic 回归、probit 模型以及判别分析(discriminant analysis)。在这些方法中,本书仅介绍 logistic 回归,因为它是最主要的方法。一个紧密相关的方法是马氏距离法,这一方法在倾向值方法之前就被提出来(Cochran & Rubin,1973;Rubin,1976,1979,1980a)。马氏距离法本质上不是一个基于模型的倾向值。但马氏距离起到和倾向值相似的作用并且是贪婪匹配、最佳匹配和多变量匹配中所使用的一个十分重要的统计量。因此,我们将在 5.4.1 和 5.4.2 节以及第 6 章介绍马氏距离。

5.3.1 二分类 logistic 回归

当存在两种干预状态(即干预和控制)时,接受干预的条件概率是通过二分类变量 logistic 回归来进行估计的。记第 i 个案例的二分类干预状态为 $\mathbf{W}_i$(如果研究案例处于干预状态,$\mathbf{W}_i = 1$;如果案例处于控制状态,$\mathbf{W}_i = 0$),条件变量的向量记为 $\mathbf{X}_i$,且向量回归参数记为 β_i,那么,二分类 logistic 回归将接受干预的条件概率表达如下:

$$P(\mathbf{W}_i \mid \mathbf{X}_i = \mathbf{x}_i) = E(\mathbf{W}_i) = \frac{e^{\mathbf{x}_i\beta_i}}{1 + e^{\mathbf{x}_i\beta_i}} = \frac{1}{1 + e^{-\mathbf{x}_i\beta_i}} \tag{5.1}$$

这是一个非线性模型,它意味着因变量 $\mathbf{W}_i$ 不是条件变量向量 $\mathbf{x}_i$ 的线性函数。但是,通过使用诸如 logit 函数这样一个恰当的连接函数,我们可以将模型表达为一般化线性模型(MaCullagh & Nelder,1989)。虽然 $\mathbf{W}_i$ 不是 $\mathbf{x}_i$ 的线性函数,但通过 logit 函数得到的其转换变量(即发生比的自然对数或者 $\log\{P(W_i)/[1 - W_i]\}$)变成了 x_i 的线性函数:

$$\log_e\left(\frac{P}{1 - P}\right) = x_i\beta_i$$

这里,P 代表 $P(W_i)$。

模型 5.1 采用最大似然估计量进行估计。为了讲解方便,我们现在假定只有两个条件变量 x_1 和 x_2。只包含两个条件变量的模型 5.1 的对数似然函数(log likelihood function)可被表达如下:

$$\log_e l(\beta_0,\beta_1,\beta_2) = \sum_{i=1}^{n} W_i(\beta_0 + \beta_1 x_{1i} + \beta_2 x_{2i}) -$$
$$\sum_{i=1}^{n} \log_e[1 + \exp(\beta_0 + \beta_1 x_{1i} + \beta_2 x_{2i})] \tag{5.2}$$

$\log l$ 对 β 的偏导数使得该似然函数最大化。实际研究中,这一问题很少通过解析方式来解决,而是经常依赖于数值程序(numerical procedure)来找到 β 的估计值。Long(1997:56-57)介绍了 3 种数值估计量:Newton-Raphson 法、赋值法(the scoring method)以及 B-triple-H 法(BHHH)。通常情况下,一个数值法(numerical method)涉及以下步骤:a. 在方程 5.2 右边中代入 β_0,β_1 和 β_2 的初始值(starting value)(即"猜测值(guesses)")以得到 $\log l$ 的第一个猜测值;b. 在方程右边中代入一组不同的 β_0,β_1 和 β_2 以获得 $\log l$ 的第二个猜测值;通过比较将新的 $\log l$ 和旧的 $\log l$,分析人员会知道尝试下一组 β_0,β_1 和 β_2 的方向;从步骤 a 到步骤 b 的过程被称作**一次迭代**(iteration);c. 重复上述过程若干次(即进行若干次迭代),直到得到 $\log l$ 的最大值(即最大的对数似然函数)或者直到两次迭代之间 $\log l$ 上的差值不再大于某一事先设定的标准值,比如 0.000 001。

估计的 β_0, β_1 和 β_2 的值(即 $\hat{\beta}_0, \hat{\beta}_1$ 和 $\hat{\beta}_2$)是使得再现样本观测的可能性被最大化时的 logistic 回归系数。采用这些回归系数并应用方程 5.1(即用 $\hat{\beta}_0, \hat{\beta}_1$ 和 $\hat{\beta}_2$ 代替 β_0, β_1 和 β_2),分析人员获得每一个样本成员 i 接受干预的预测概率(即估计的倾向值)。

和运行 OLS 回归或其他多元模型时一样,我们必须对手头数据的属性以及其违反假定的可能性保持敏感。例行的诊断分析,比如说多重共线性的检验、权势观测(influential observations)的检验以及敏感性分析,应该被用来评价最终模型对数据的拟合情况。已经发展出许多统计量来评估模型的拟合优度。不幸的是,这些统计量中没有一个会指出估计的倾向值是否代表着真实的倾向值。不过,满足内在于这些拟合统计量中的必要条件是一个起码的要求或者起点。

有关 logistic 回归模型的拟合优度指数的详细内容可以在关于 logistic 回归或受限因变量分析的教科书中找到(比如,Kutner, Nachtsheim & Neter, 2004; Long, 1997)。这里,我们概略介绍一些指数并指出使用它们需要注意的地方。

1. **皮尔逊卡方拟合优度检验**(Person chi-square goodness-of-fit test)。这一检验检测对 logistic 反应函数(response function)的较大偏离。这一统计量的较大值(即那些和较小或显著的 p 值相联系的值)表明该 logistic 反应函数是不恰当的。但是,需要指出的是,这一检验对较小的偏离并不敏感(Kutrner et al., 2004)

2. **所有系数的卡方检验**(Chi-square test of all coefficients)。这一检验是一个似然比检验,它类似于线性回归模型的 F 检验。我们可以使用对数似然比进行一个卡方检验,如下:

模型卡方 = 完全模型对数似然值的 2 倍 − 只含截距的模型对数似然值的 2 倍

如果模型卡方(Model chi-square)$>\chi^2(1 - \alpha, df = $ 条件变量的个数),那么我们拒绝关于除了截距之外的所有系数都等于 0 这一虚无假设。作为对采用最大似然估计法所得模型的检验,最大似然比检验要求大样本,当样本较小时,这一检验是有问题的。

3. ***Hosmer-Lemeshow* 拟合优度检验**(Hosmer-Lemeshow goodness-of-fit test)。这一检验首先将样本分为较小的组(比如,g 个组),然后使用 $2 \times g$ 个观测频数和估计的期望频数的表格所得到的皮尔逊卡方计算一个检验统计量。一个小于 $\chi^2(1 - \alpha, df = g - 2)$ 就意味着一个好的模型拟合。Hosmer-Lemeshow 检验对样本量很敏感,也就是说,在通过分组简化数据的过程中,我们可能会错过由于一小部分个体数据点造成的对拟合的重大偏离。因此,我们主张,在宣称模型拟合良好之前,要对个体残差和有关诊断统计量进行分析(Hosmer & Lemeshow, 1989:144)。

4. **虚拟 R^2**(Pseudo R^2)。由于 logistic 回归是通过非线性估计量来进行估计,因变量变异被自变量所解释的比例(也即是决定系数 R^2)这一线性测度就无法得到。但是,类比于定义线性回归的 R^2,已经发展出一些应用于 logistic 回归模型的虚拟 R^2。这些虚拟 R^2 包括 Efron 提出的、McFadden 提出的、McFadden 提出的调整 R^2、Cox 和 Snell 提出的、Nagelkerke/Cragg 和 Uhler 提出的、McKelvey 和 Zavoina 提出的、计数 R^2(count R^2)以及调整的计数 R^2(adjusted count R^2)。一般来说,虚拟 R^2 的较高取值表明较好的拟合。但是,研究者应该了解虚拟 R^2 的局限性,并且谨慎地解释自己的发现。UCLA 研究技术服务中心(The UCLA Academic Technology Service, 2008)提供了关于每一个虚拟 R^2 的详细描述并作出如下结论:

> 虚拟 R^2 不能独立地被解释或者进行数据间的对比。它们在评估对基于同一数据的同一结果进行的多个模型中是有效和有帮助的。换言之,一个没有任何情景的虚拟 R^2 是没有什么意义的。一个虚拟 R^2 仅仅在和另一个基于同一

数据预测同一结果的同类型虚拟 R^2 进行比较时才是有意义的。在这种情况下，较高的虚拟 R^2 表明模型更好地预测了结果。

有了这些 logistic 回归中的基本概念，我们如何在观察研究的背景下优化倾向值的估计值呢？这里有必要强调先前提到的一个关键点：一个满足常规要求和标准的好的 logistic 回归模型是获得最佳倾向值的必要但非充分条件。

5.3.2 设定预测倾向值正确模型的策略

这就出现了一个原则性的问题：什么算是"最佳的" logistic 回归？答案很简单，我们需要使得两个组在观测协变量上平衡的倾向值。根据这一标准，一个最佳的 logistic 回归就是这样一个模型，即它能够估计出最能代表真实倾向值的倾向值。挑战在于真实倾向值是未知的，因而我们必须寻找测量估计值和未知真实值之间拟合程度的方法。

有关倾向值匹配的文献在强调将经过仔细选择且恰当的条件变量以正确的函数形式纳入模型的重要性这一点上是完全一致的。模拟和复证研究（replication research）已经发现干预效应的估计值对条件变量的不同设定十分敏感。Smith 和 Todd（2005）发现，采用更多的条件变量将会恶化共同支持域（common support region）这一难题，我们后面将会对此进行详细描述。一般来说，一个理想的 logistic 回归模型应当最小化整体样本的预测误差。也就是说，它应当使得整体样本在观察值 W_i 和 $P(W_i = 1)$ 之间的差值最小化。McCaffrey 等（2004）发展出一个程序，它使用一般化加速建模（generalized boosted modeling，GBM）来寻找两个组在观测协变量上的最佳平衡。这一程序在 5.3.4 节进行讲述。McCaffrey 等提出的算法更改了 GBM 的标准，这一更改要求只有当样本平均的标准化绝对均值差（average standardized absolute mean difference，ASAM）在观测协变量上达到最小时，迭代才会停止。这里只需指出一点就够了，即一个最佳的 logistic 回归模型应该将协变量平衡纳入考虑，而对于倾向值估计之外的实践来说，这一点可能是也可能不是进行 logistic 回归的关键考虑。拟合倾向值模型的策略概括如下：

1. Rosenbaum 和 Rubin（1984，1985）介绍了一种程序，这一程序在 logistic 回归中使用高阶多项式和/或交叉乘积的交互项，并且通过重复执行如下工作来进行：运行 logistic 回归，匹配，基于匹配数据进行协变量平衡的双变量检验，如果协变量仍不平衡则再次运行 logistic 回归。如前所述，在匹配前后运行双变量分析是一种常见方法，采用 Wilcoxon 秩和（Mann—Whitney）检验、t 检验、卡方或者其他的双变量方法，我们检验干预组和控制组在纳入 logistic 回归中的协变量上是否有差异。倾向值匹配方法致力于使两个组别之间在每个协变量上达到大致相同的分布。不过，即使匹配之后，组间仍然可能存在显著差异。当差异存在时，可以重新形成倾向值模型或者分析人员可以得出结论说，协变量分布的重合程度不足以允许接下来针对这些协变量进行调整的分析（Rubin，1997）。再次运行倾向值模型时，我们可以纳入一个在匹配后显示为显著的协变量的平方项，或者，如果两个协变量的相关在两个组之间有所不同，我们也可以纳入它们的乘积项（Rosenbaum & Rubin，1984）。

2. Rosenbaum 和 Rubin（1984）进一步建议应用逐步 logistic 回归（stepwise logistic regression）来选择变量。注意，数据驱动方法决定纳入或者排除一个条件变量是基于 Wald 统计量（或者 t 统计量）以及与相联系的 p 值。因此，这一方法得到的估计模型仅包括那些在既定水平上显著的变量。Rosenbaum（2002）建议采用另一个相似的经验准则：logistic 回归模型应当包括所有其组间差异达到了显著性的一个较低门槛（例如，$|t| > 1.5$）的

干预前协变量(pretreatment covariates)。

3. Eichler 和 Lechner(2002)采用了 Rosenbaum 和 Rubin(1985)建议的一种测度的变形,这一测度基于干预组和匹配的比较组之间在 x 中的每个变量、x 中每个变量的平方项以及 x 中每对变量之间的一阶交互项的均值上的标准化差值。

4. Dehejia 和 Wahba(1999)采用了一种与 Rosenbaum 和 Rubin(1984)所建议方法相类似的程序,但他们加入了分层来决定是否使用高阶多项式和交互项。他们首先拟合一个只设定了主效应(main effect)的 logistic 回归模型,然后他们根据估计的倾向值对样本进行分层。基于这一分层的样本,他们对每一层内协变量的均值和标准差在干预组和控制组之间的差异进行检验。如果仍有显著差异,他们就加入高阶多项式和交互项。持续进行这一过程直到层内观测不到显著差异为止。

5. Hirano 和 Imbers(2001)发展出一种程序,这一程序完全依赖于统计标准来寻找 logistic 回归中的条件变量以及后续结果回归(follow-up outcome regression)中的预测变量。他们搜寻 logistic 回归以及后续结果回归中的自变量的方法在某种程度上和逐步方法类似,但是这种方法使用 t 统计量不同的分界值(cutoff)来对一系列回归进行检验。由于这种方法是全新的、重要的且值得仔细探究的,我们下面用专门的一节对它进行介绍。

总之,仔细地选择条件变量和 logistic 回归的一个正确设定对于倾向值匹配来说十分关键。尽管这一领域的学者们提出了各种各样的规则和方法,但我们并未发现有确定无疑的程序。由于条件变量的选择影响着倾向值上的平衡以及最终的干预效应估计值,因此,我们必须不遗余力地保证倾向值的估计值已考虑到所有实质上有关的因素并且以一种对模型设定错误不敏感的方式使用观测数据。下面介绍的方法阐释了这些看法。

5.3.3 Hirano 和 Imbens 基于预设的临界 t 值来设定预测变量的方法

Hirano 和 Imbens(2001)的研究在几个方面具有创新性:将估计的倾向值作为抽样权重并进行倾向值加权分析;将倾向值加权和回归调整结合起来;论证了仔细搜寻 logistic 回归以及结果回归中的自变量的重要性;以及检验了临界 t 值的设定(即统计决策)对干预效果估计值的目标结果的敏感性。在下面的介绍中,我们集中关注他们使用预定临界 t 值的方法,暂不对倾向值加权的方法论进行讨论。我们在 5.6 节讨论加权程序。

Hirano 和 Imbens(2001)遇到的变量选择问题值得详细介绍。一共有 72 个协变量可用于分析:部分或者全部变量可被用于 logistic 回归,部分或者全部的变量可被用于结果回归。Hirano 和 Imbens 将变量纳入视作回归中传统的子集选择问题(例如,在 Miller(1990)意义上)。由于有 72 个变量,似乎任何选取协变量进入任一方程(即 logistic 回归或结果回归)的预定规则都是主观的并且将影响另一个模型的结果。因此,Hirano 和 Imbens 没有使用理论的指引或经验性推导得到的规则来决定将哪个变量纳入方程,而是使用 t 统计量的不同取值(即决定一个协变量是否应被纳入方程的 t 临界值)运行了一系列模型。然后作者显示了模型的所有可能组合下估计的干预效应。

Hirano 和 Imbens 采用下列步骤来估计干预效应。

1. 把将一个协变量纳入 logistic 回归随对应的临界 t 值记为 t_{prop},并把将一个协变量纳入结果回归所对应的临界 t 值即为 t_{reg},它们考虑集合 $\{0,1,2,4,8,\infty\}$ 中所有成对的 t_{prop} 和 t_{reg}。

2. 他们运行了给定 t_{prop} 情形下的 72 个**简单** logistic 回归模型。每一次只使用 72 个协变量中的一个。假设 $t_{prop}=2$。在这一临界值下,如果观察到某个估计的回归系数对应 $t<2$,那么此协变量被剔除出去;否则,此协变量在 $t_{prop}=2$ 情形下被保留下来并被纳入

logistic 回归的最终模型中。

3. 在运行了所有 $t_{prop} = 2$ 情形下的 72 个 logistic 回归后，Hirano 和 Imbens 发现 72 个变量仅有一部分是单个显著的。于是，这些变量成为 $t_{prop} = 2$ 情形下被选取来预测倾向值的协变量。

4. Hirano 和 Imbens 接下来按照与步骤 2 和步骤 3 类似的方式运行结果回归。也就是说，他们运行 72 个简单回归，每个模型仅包含一个协变量。接下来进行一个包含所有在 $t_{reg} = 2$ 情形下单个显著的协变量的回归。

5. 作者接下来对所有其他的临界 t 值重复步骤 2 到 4，即对 $t_{prop} = 0, 1, 4, 8, 16$ 及 ∞ 和 $t_{reg} = 0, 1, 4, 8, 16$ 及 ∞。

6. 最后，Hirano 和 Imbens 计算由所有成对 t_{prop} 和 t_{reg} 所定义和产生的条件下的干预效应。

从本质上来说，Hirano 和 Imbens 所采用的方法是一项敏感性分析，也就是说，它检验估计的干预效应对 logistic 回归和结果回归的不同设定有多敏感。在 t_{prop} 和 t_{reg} 都等于 ∞ 所对应临界值情况下（即，一种需要极大的观察 t 值才能将某个协变量纳入方程的情形），如果 72 个协变量没有一个被纳入 logistic 回归和结果回归，那么估计的干预效应就是干预组和控制组成员之间在没有控制任何协变量情况下的均值差异。在另一个极端，在 t_{prop} 和 t_{reg} 都等于 0 所对应临界值情况下（即，没有设立任何进入标准，因为任何一个协变量都有一个大于 0 的观测 t 值），所有 72 个变量都被用于 logistic 回归和结果回归。在这种情形下，估计的干预效应就是一个非常严格（stringent）的估计。其他成对 t 值（即 1, 2, 4, 8, 16）情形下所使用的协变量数目是变动的，并且一个较大的临界 t 值通常会导致模型使用少量的协变量。采用这一设置，Hirano 和 Imbens 用一个表来显示 t_{prop} 和 t_{reg} 所有组合情形下估计的干预效应。这一表格总共包括 49 个单元格，其中 7 行代表 t_{prop}，7 列代表 t_{reg}，且对应着预设的临界 t 值集合中的 7 个值。关键的发现是，在某些情形下，干预效应的估计值变异范围较大，而在另外一些情形下则不大。具体来说，Hirano 和 Imbens 发现估计的干预效应的变异范围在 $t_{prop} = 2$ 和 $t_{reg} = 2$ 下最小。$t_{prop} = 2$ 的情况下，干预效应的变化范围为（$-0.062, -0.053$）；$t_{reg} = 2$ 的情况下，则为（$-0.068, -0.061$）。这一估计效应进一步被一个使用偏差调整的匹配估计量的不同估计（bias-adjusted matching estimator）所证实和确认。[①]

Hirano 和 Imbens(2001)方法的关键特征在于选择协变量和设定模型上的灵活性。"通过使用灵活的倾向值设定，对回归函数之设定的敏感性被大大降低"（第 271 页）。Hirano 和 Imbens(2001)这样总结他们的工作：

> 如果协变量数目很大并且它们同干预和结果的函数关系未被清楚地认识到，那么在无交织假定（unconfoundness assumption）情形下估计因果效应可能是很有挑战性的。在给定干预和协变量的情况下，通过灵活地估计倾向值和结果的条件均值两者，能够以相对一般的方式潜在地防止误设（misspecification）。我们在此处为确定倾向值和回归函数的设定提供一个简单的规则。

> 这一规则只需要为变量选择设定两个易于解释的分界值，从而相对比较容易实施和解释。但是，需要做更多的工作来了解它的性质，也需要在相似问题中考察变量选择的其他方法。（第 273-274 页）

---

① 我们将在第 6 章描述这一偏误调整匹配估计量。

5.3.4 一般化加速建模

寻找最佳 logistic 回归模型可以采取完全不同的路线。我们看到 logistic 回归中的一个问题是为每一个预测变量设定未知的函数形式。如果设定函数形式可被避免的话,那么寻找最佳模型就会较少地涉及主观决策并因此可以得到一个对干预概率的更准确预测。一般化加速建模(GBM)也被称为一般化加速回归,是一种具有许多优点并且看起来在解决变量设定难题方面十分有前景的方法。McCaffrey 等(2004)首先将 GBM 方法应用于倾向值估计并且发展了针对 R 统计环境一个专门的软件程序。

GBM 是一个一般性的、自动的、数据自适应(data adaptive)的算法,它通过回归树(regression tree)的方式拟合多个模型,然后合并由每个模型得到的预测。正因为这样,GBM 可被用于以大量的干预前协变量(pretreatment covariate)来拟合非线性表面并预测干预分配。GBM 是机器学习领域以及主流统计学研究领域中已被炒得很流行的最新预测方法之一(Ridgeway,1999)。从统计学视角来看,将加速(boosting)应用于 logistic 回归和指数族模型中的突破性进展是由 Frideman、Hastie 和 Tibshirani(2000)取得的。他们证明了机器学习算法中所使用的一个指数衰减函数(即 *AdaBoost*)和伯努利似然函数(Bernoulli likelihood)密切相关。从这一基础出发,Friedman 等提出了一种新的加速算法,这种算法会找到一种分类器(classifier)来直接最大化柏努利似然函数。使用现代回归树方法的模型被称作 GBM。

有关 GBM 的详细介绍可参见 Ridgeway(1999)、Friedman(2002)以及近期的 Mease、Wyner 和 Buja(2007)。此处,我们仿效 McCaffrey 等(2004)突出用 GBM 估计倾向值的程序中的应用问题。

首先,GBM 并不像我们通常采用最大似然估计量那样提供诸如 $\hat{\beta}_0$,$\hat{\beta}_1$ 和 $\hat{\beta}_2$ 等估计的回归系数。回归树方法的主要特征和优点就是分析人员不需要设定预测变量的函数形式。正如 McCaffrey 等(2004)指出的,回归树处理连续的、正态的、定序的和缺失的自变量并获得非线性和交互效应。回归树的一个有帮助的性质就是它们不会因自变量的一对一转换而变。因此,"不管我们使用年龄、年龄的对数还是年龄的平方作为成员的特征,我们都会获得完全相同的倾向值调整"(McCaffrey et al.,2004:408)。这一性质解释了为什么每个预测变量之正确函数形式的不确定性在使用 GBM 时不再是一个问题。因为这一点,GBM 不再产生估计的回归系数。相反,它会给出**影响力**(influence),它是每一个输入变量(input variable)所解释的对数似然函数的百分比。所有预测变量之影响力的百分比加起来等于 100%。比如,假设有 3 个预测变量:年龄(x_1)、性别(x_2)以及干预前的风险因素(x_3)。一个 GBM 输出结果可能显示 x_1 的影响力是 20%,x_2 的影响力是 30%,而 x_3 的影响力是 50%。基于此,分析人员可以得出结论说,干预前风险因素对估计的对数似然函数贡献最大,其次是性别和年龄。

其次,为了进一步减少预测误差,GBM 算法采用 Friedman(2002)关于在估计中使用随机子样本的建议。在一些软件程序中,这一子样本被称为"**训练数据**"(training data)。Friedman(2002)建议每次迭代抽取 50% 的观测。但是,各程序针对子样本规模使用不同的设定。比如,Stata 的 ***boost*** 命令中训练数据的默认设定是 80%。

再次,McCaffrey 等(2004:408-409)提供了关于 GBM 如何处理交互项的详细介绍。基于他们的实验,他们建议对模型中使用的每一个简单回归树来说最大分割(split)数为 4,这也就是说,为了最优化每一步迭代中的似然函数,允许考虑所有协变量之间的所有四维交互(four-way interaction)。为了减少变异性,GBM 要求使用**收缩系数**(shrinkage coefficient)。McCaffrey 等建议使用 0.000 5 这一相对较小的收缩来保证得到一个流畅的拟合。

最后,值得指出的是,McCaffrey 等建议在使得协变量上的 ASAM 实现最小化时的迭代次数处停止这一算法。[①] 这一建议直接针对那些希望发展倾向值的 GBM 使用者。先前曾经提到,GBM 程序在使得预测误差实现最小化时的迭代次数处停止此算法。因而,一个实现预测误差最小化的倾向值最佳估计可能没有在观察协变量上最好地平衡样本干预组和控制组。根据他们的经验,McCaffrey 等观察到,ASAM 一开始随着迭代次数的增加而减小,并达到最小,此后,ASAM 会随着迭代次数的增加而增大。基于这个原因,McCaffrey 等建议在 ASAM 被最小化时就停止。

5.4 匹 配

在估计得到倾向值之后,下一步分析通常涉及基于估计的倾向值来匹配干预组成员和控制组成员(即进行图 5.1 所示的步骤 2a)。作为替代,也可能跳过匹配,而直接使用倾向值作为抽样权重来分析结果数据(即进行图 5.1 所示的步骤 2b)或者使用非参数回归计算结果变量的加权均值差(即进行图 5.1 所示的步骤 2c)。本节讨论与步骤 2a 有关的各种匹配方法。分为三个主题。第一个主题介绍常见的贪婪匹配及及其采用或不采用马氏距离的相关匹配方法;第二个主题介绍最佳匹配,这一方法克服了贪婪匹配的一些缺点;第三个主题强调精细平衡程序(fine balance procedure)的关键特征。

5.4.1 贪婪匹配

匹配的核心思想是在获得倾向值之后创建一个新的样本,其中的案例具有大致相同的可能性被分配至干预情形。最常见的匹配算法可能是所谓的贪婪匹配。它包括马氏距离匹配、使用倾向值的马氏距离匹配、最近邻匹配(nearest neighbor matching)、卡尺匹配(caliper matching)、卡尺内最近邻居匹配以及以倾向值界定的某一卡尺内的最临近的可得马氏距离匹配(nearest avalaible neighbor matching within a caliper defined by the propensity score)。所有这些方法都被称为贪婪匹配。仿效 D'Agostino(1998)以及 Smith 和 Todd(2005),我们将贪婪算法的主要特征总结如下:

1. 马氏距离匹配

马氏距离匹配方法被先于倾向值匹配提出来(Cochran & Rubin,1973;Rubin,1976,1979,1980a)。为了应用这一方法,我们首先随机排列研究成员,然后计算第一个干预组成员与所有控制组成员之间的距离,这里,干预组成员 i 和非干预组成员 j 之间的距离 $d(i,j)$ 由马氏距离定义如下:

$$d(i,j) = (\mathbf{u} - \mathbf{v})^T \mathbf{C}^{-1} (\mathbf{u} - \mathbf{v}) \tag{5.3}$$

这里,$\mathbf{u}$ 和 $\mathbf{v}$ 是干预组成员 i 和非干预组成员 j 的匹配变量取值,而 $\mathbf{C}$ 则是来自整个非干预组成员集合的匹配变量的样本协方差矩阵。具有最小距离 $d(i,j)$ 的非干预组成员 j 被选取作为干预组成员 i 的匹配,这两名成员都被从数据池中移出。重复这一过程直到为所有干预组成员都找到匹配。因为马氏距离匹配不是基于一维分值,因此,当模型包括很多协变量时,可能难以找到接近的匹配。随着协变量数量的增加,观测之间的平均马

---

① 有关 ASAM 的计算将在 5.5.3 节介绍。

氏距离也随之增大。这一关系是一种缺陷,但可以通过使用两种将马氏距离匹配和倾向值结合起来的方法加以克服(如下所示)。附带地,值得指出的是,不同的研究者所定义的 C 有所不同,虽然这些不同的定义都将这一方法称作马氏距离匹配。例如,D'Agostino(1998)将 C 定义为根据控制组成员集合得到的匹配变量的样本协方差矩阵,而 Adadie 等(2004)则将 C 定义为根据干预组和控制组成员两个集合得到的匹配变量的样本协方差矩阵。

2. 包括倾向值的马氏距离匹配

除了增加一个协变量即估计的倾向值 $\hat{q}(x)$ 外,这个过程执行起来和上面马氏距离匹配过程完全一样。其他的协变量都包括在马氏距离的计算中。

3. 最近邻居匹配

P_i 和 P_j 分别是干预组和控制组成员的倾向值,I_1 和 I_0 分别是干预组成员和控制组成员的集合。当倾向值之差的绝对值在 i 和 j 之间倾向值的所有可能配对中最小时,那么,邻居关系 $C(P_i)$ 包含一个控制组参者 j(即 $j \in I_0$),其作为干预组成员 i(即 $i \in I_1$)的匹配,即:

$$C(P_i) = \min_j \| P_i - P_j \| , j \in I_0 \tag{5.4}$$

一旦找到一个与 i 匹配的 j,j 就从 I_0 中移出且不再放回。对于每个 i,如果只找到单个的 j 落入 $C(P_i)$,那么此匹配为最近邻成对匹配(nearest neighbor matching)或者 1 对 1 匹配(1-to-1 matching)。对于每个 i,如果找到 n 个成员 j 落入 $C(P_i)$,那么此匹配为 1 对 n 匹配(1-to-n matching)。

4. 卡尺匹配

在上面的匹配中,只要 j 在估计的倾向值上是 i 的最近邻即可,并没有对 P_i 和 P_j 之间的距离加上任何约束条件。根据定义,即使 $\| P_i - P_j \|$ 很大(也就是说 j 在倾向值上和 i 非常不同),j 仍然被看作是 i 的一个匹配。为了克服错误地选取 j 的缺点,我们仅在两名成员之间倾向值的绝对距离满足如下条件时,我们才选取 j 作为 i 的一个匹配:

$$\| P_i - P_j \| < \varepsilon , j \in I_0 \tag{5.5}$$

这里,ε 是事先设定的匹配容忍度(tolerance for matching)或者说是卡尺(caliper)。Rosenbaum 和 Rubin(1985)建议采用样本估计的倾向值标准差的四分之一作为卡尺大小(caliper size)(即 $\varepsilon \leq 0.25\sigma$,此处 σ_p 指的是样本估计的倾向值的标准差)。

5. 卡尺范围内的最近邻居匹配

这一方法结合了上述两种方法。我们首先随机排列干预组和非干预组成员。接着我们选择第一个干预组成员 i,如果 i 和非干预组成员 j 之间倾向值差的绝对值落入预定的卡尺范围 ε,并且此差值的绝对值是该卡尺范围内 i 和其他 j 形成所有配对间倾向值差的绝对值中最小的,那么,我们就以 j 作为 i 的一个匹配。接着,i 和 j 都从匹配范围中移除并且选择下一个干预组参与。卡尺的大小由研究者决定,但通常设定为 $\varepsilon \leq 0.25\sigma_p$。卡尺内的最近邻匹配已变得越来越流行,因为当样本足够大时,可以使用匹配的样本进行多元分析。

6. 倾向值所界定的卡尺内最临近的可得马氏距离匹配

这一方法将马氏距离以及卡尺内最近邻居匹配结合成一个单独的方法。干预组成员被随机排列,然后选择第一个干预组成员。选择预定的倾向值($\hat{q}(x)$)卡尺内的所有非干预组成员,并基于一个更少数目的协变量(即不含 $\hat{q}(x)$ 的协变量)来计算这些成员和干预组成员之间的马氏距离。如果选取的 j 距离 i 的马氏距离最短,则 j 在所有候选者中

被取为 i 的一个匹配。然后,这一最靠近的非干预组成员和干预组成员被移出数据池,并重复此过程。根据 Rosenbaum 和 Rubin(1985),这一方法在干预组和被干预组中得到协变量之间的最佳平衡,同时也在两个组之间得到协变量的平方和乘积项的最佳平衡。

以上介绍的所有贪婪匹配算法具有一个共同的特征:每一种方法都将一项大的决策问题(即匹配)区分成一系列可被最优地加以处理的更小、更简单的决策。每一次都只进行一项决策,且进行后面的决策时并不考虑前面已经作出的决策(Rosenbaum,2002b)。

正因为这样,贪婪匹配的使用者经常在不完全匹配和不准确匹配之间遇到的一个困境。以卡尺内最近邻匹配为例来说,我们经常不得不在诸如以下选择中作出决策:当试图极大化精确匹配时,案例可能由于不完全匹配而被排除;或当试图最大化案例数时,通常会导致更不精确的匹配(Parsons,2001)。上述两种决策都并不是最优的。在贪婪匹配的框架内,我们最终经常被建议运行不同大小的卡尺、检查结果对不同卡尺的敏感性并选择一种事后看似最佳的方法。

贪婪匹配也因其需要相当大的共同支持域(common support region)才会产生效果而受到批评。当我们将图 5.2 中的 logit 定义为倾向值(即 $\hat{q}(x) = \log[(1 - \hat{e}(x))/\hat{e}(x)]$)并设定一个常规的共同支持域时,我们看到贪婪匹配会因为干预组成员落在共同支持域较低端之外而排除他们(即那些具有低 logit 的成员),同时也会因为控制组成员落在共同支持域较高端之外而排除他们(即那些即有高 logit 的成员)。这些成员只是没有匹配对象而已。共同支持域对步骤 1 中被用来预测倾向值的模型的不同设定十分敏感,因为具有不同预测变量和/或函数形式的 logistic 回归产生不同的共同支持区域。要想在倾向值匹配的常规框架范围内解决这一问题,我们向分析人员推荐尝试不同的模型并通过改变共同支持域的大小来进行敏感性分析。

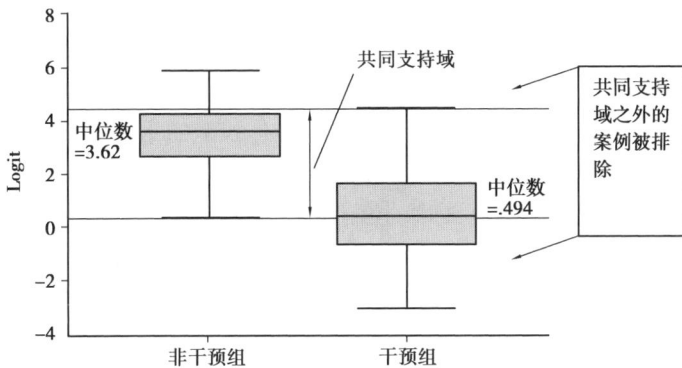

图 5.2　使用假设数据对共同支持域的示意说明 $\left(\hat{q}(x) = \log\dfrac{1 - \hat{e}(x)}{\hat{e}(x)}\right)$

克服这些局限导致了最佳匹配的发展,已经证明最佳匹配与贪婪匹配相比具有非常多的优点。但是,在放弃贪婪匹配之前,我们想强调,尽管有其局限性(比如,它要求较大的样本规模,并且会因为某些设定下狭窄的共同支持域而失去研究成员),但贪婪匹配,尤其是卡尺内的最近邻匹配,具有其独特的优势。优势之一就是,和随机化试验一样,它允许研究者使用几乎所有类型的后续多元分析来评估因果效应。由于这一独特的灵活性,贪婪匹配为来自许多学科的研究者所广泛使用。

5.4.2　最佳匹配

尽管将最佳匹配用于倾向值分析不过大约 10 年的历史,但这一应用发展十分迅速并且成果丰富,主要有两个原因:将网络流理论用于最佳匹配以及使得这一应用可行的快速计算机软件的可得性。从 Hansen(2007)开始,匹配调整要求分析人员清楚地区分合意的和不合意的潜在匹配,然后按照支持方式更合理的配对的方式去匹配干预组和控制组成员。正因为这样,第二项工作(即匹配自身)在本质上统计学意义就更少些,但很好地完成匹配工作可以显著地提升功效(power)和匹配后推论(matched inference)的稳健性(Hansen,2004;Hansen & Klopfer,2006)。Rosenbaum(2002b:302-322)对这一理论以及最佳匹配的原理进行过全面的回顾。Hansen 发展出了一个程序 *optmatch*,该程序可以在 R 软件环境下完成最佳匹配,并且可以和 R 一起免费获得。Hansen 的 *optimatch* 软件到目前为止是最快的匹配软件包。Ming 和 Rosenbaum(2001)推荐使用 *SAS proc Assign*,这对偏爱 SAS 编程的人员来说是一个合理选择。Haviland,Nagin 和 Rosenbaum(2007)提供了应用最佳匹配分析组基发展轨迹(group-based trajectories)的很好例子。他们易于理解的成果概述了进行最佳匹配的重要关注点和策略。此外,Haviland 等(2007)用易于理解的方式介绍了有关最佳匹配的内容。最佳匹配的核心思想介绍如下。

我们此前说过,所有的贪婪匹配算法有一个共同的特征:每一种方法都将一项大的决策问题区分成一系列可被最优地加以处理的更小、更简单的决策。每一次都只进行一项决策,且进行后面的决策时并不考虑前面已经作出的决策。从这一意义上来说,贪婪匹配并不是最优的。

看一个例子,我们来考虑根据 4 个具有下列倾向值的成员来构建两个匹配对:0.1,0.5,0.6 和 0.9。贪婪匹配将首先选取第二和第三位成员来形成第一对,因为在四者中,它们的倾向值距离小并且它们看起来最相似(即|0.5 - 0.6|)=0.1;接下来,贪婪匹配将用第一位和最后一位成员来形成第二对。这样做了之后,这两对的总的倾向值距离是|0.5 - 0.6| + |0.1 - 0.9| = 0.9。本节中描述的最佳匹配将形成如下的两对:用第一位和第二位成员形成第一对,第三位和第四位成员形成第二对。这样做之后,最佳匹配构建的任何一对都不会比贪婪匹配构建的第一对好,因为每一对的距离都大于0.1。但是,最佳匹配的总的距离是|0.1 - 0.5| + |0.6 - 0.9| = 0.7,这一结果比贪婪匹配的总距离(0.9)要好。从这一例子我们可以看到进行最佳匹配的重要性。

为了便于讨论,我们先介绍 Rosenbaum(2002b)使用的标记符号。首先,我们有成员的两个集合:干预组成员位于集合 A 中,控制组成员位于集合 B 中,且有 $A \cap B = \varnothing$。干预组成员的初始数量是|A|,控制组成员的初始数量是|B|。此处|•|代表某个集合的元素数量。

对每一个 $a \in A$ 以及每一个 $b \in B$,存在一个距离 δ_{ab},且有 $0 \leqslant \delta_{ab} \leqslant \infty$。这一距离测量 a 和 b 在它们观测到的协变量上的差异,比如它们在倾向值或者马氏距离上的差异。匹配这一过程则是形成 s 个层$(A_1, \cdots, A_s; B_1, \cdots, B_s)$,由 S 个 A 的非空、互斥集合和 S 个 B 的非空、互斥的集合构成,因此,$|A_s| \geqslant 1$,$|B_s| \geqslant 1$;对于 $s \neq s'$ 有 $A_s \cap A_{s'} = \varnothing$,对于 $s \neq s'$ 有 $B_s \cap B_{s'} = \varnothing$;$A_1 \cup \cdots \cup A_S \subseteq A$ 和 $B_1 \cup \cdots \cup B_S \subseteq B$。

根据这一定义,匹配过程产生 S 个匹配集合(matched set),每一个集合包含|A_1|和|B_1|、|A_2|和|B_2|…|A_s|和|B_s|。注意,根据定义,在每一层内或者说每一匹配集合中,干预组成员和控制组成员在倾向值方面是相似的。根据分析人员强加在匹配上的结构(即每一层内干预组成员数量相对于控制组成员数量的比值),我们可以将匹配分为如下 3 种类型:

1. **成对匹配**(paired matching):每一干预组成员和单个控制组成员相匹配,或者,在$(A_1, \cdots, A_s; B_1, \cdots, B_s)$的分层中,对每个 s,都有 $|A_s| = |B_s| = 1$。

2. **使用某一可变比值的匹配或可变匹配**(Matching using a variable ratio or variable

matching)：例如，每个干预组成员和至少一个、至多四个控制组成员相匹配。正式地说，这是一个比值 $|A_s|$: $|A_s|$ 会变动的分层。

3. **完全匹配**（full matching）。每个干预组成员和一个或多个控制组成员相匹配；同样地，每个控制组成员和一个或多个干预组成员相匹配。正式地说，这是一个对每个 s 都有 $(|A_s|,|B_s|)$ 的最小值等于 1 的 $(A_1,\cdots,A_s;B_1,\cdots,B_s)$ 的分层。

最佳匹配就是以倾向值的总样本距离最小这样一种方式中得到规模为 (α,β) 的匹配集合 $(A_1,\cdots,A_s;B_1,\cdots,B_s)$ 的过程。正式地说，最佳匹配最小化总距离（total distance）Δ，它被定义为

$$\Delta = \sum_{s=1}^{s} \omega(|A_s|,|B_s|)\delta(A_s,B_s) \tag{5.6}$$

这里，$\omega(|A_s|,|B_s|)$ 是一个权重函数。Rosenbaum（2002b）定义了权重函数的三种选择：①落入集合 s 的 α 个干预组成员的比例或者说 $\omega(|A_s|,|B_s|) = |A_s|/\alpha$；②落入集合 s 的 β 个控制组成员的比例或者说 $\omega(|A_s|,|B_s|) = |B_s|/\beta$；以及③落入集合 s 的干预组成员和控制组成员的总和的比例或者说 $(|A_s|+|B_s|)/(\alpha+\beta)$。对这三个加权函数的每一个来说，权重的和都等于 1，并且总距离 Δ 实际上是距离 $\delta(A_s,B_s)$ 的加权平均值。在应用中，实际的权重函数选择并不是十分重要。重要的是最佳匹配以针对给定数据集以及事先所设定结构进行匹配优化或者最小化总距离这样一种方式来得到配对集合（即，挑战在于创建 S 个集合并且区分出哪一个控制组成员和哪一个干预组成员相匹配）。

最佳匹配如何达到这一目的？这里只是仅仅指出，这一方法通过采用网络流方法（即运筹学中的一个主题）来实现此目标。Rosenbaum（2002b）提供了关于最佳匹配的详尽描述。网络流的一个主要特征是它关心使用 b 作为 a 的匹配的成本，这里成本被定义为匹配对 (a,b) 对方程 5.6 所定义的总距离的影响。和贪婪匹配形成鲜明对比的是，最佳匹配以旨在以最优化总距离的方式来识别匹配集合，且后面作出的决策将先前作出的决策也纳入考虑。实际上，后面的决策可能改变先前的决策。

从应用的角度看，强加给最佳匹配的结构（即不管你打算运行 1 对 1 匹配，干预组成员和控制组成员的比值保持恒定的匹配，为一个干预组成员设定最小和最大数目控制组成员的变量匹配，还是运行完全匹配）同时影响着偏差降低的水平和效率。在这一语境中，效率定义为方差的倒数，因而，较高水平的效率和较低的方差相联系。Haviland 等（2007）详细地回顾了这一话题并从中提取了两个实践意涵：①倘若有多个控制组成员和一个干预组成员相匹配，丢掉一些控制组成员将在减少偏差上有明显收益，且这样做几乎不会在效率上有什么损失；②允许与干预组不同成员相匹配的控制组成员数量发生变动，在减少偏差上有明显收益，且如果不平衡不是十分突出，这样做在效率上并没有什么损失。由此出发，他们提出了关于匹配结构决策的三个一般性原则：

1. 每一位干预组成员有两位控制组成员相匹配比成对匹配（即 1 对 1 匹配）更有效率。

2. 大量的控制组成员在效率上产生的收益可忽略不计。

3. 在全部层 S 中，匹配的控制组成员的数量的些许变异对效率的危害不是很大。

实际研究中，应当基于干预组和控制组的成员数量来进行匹配结构的选择。有时候，数据的结构暗示了这一选择。例如，假设你想对由一项准实验设计产生的数据或者由一项随机化失败了且干预组成员的数量和控制组成员的数量很接近的随机化实验所产生的数据进行评估。考虑到这一情形，那么 1 对 1 的成对匹配可能是唯一的选择。另

外一种情况,假设你已经实施了一项案例队列设计(case-cohort design)(例如,Doffe & Rosenbaum(1999)所描述的设计)并且控制组案例对干预组案例的比值比较大,可能在3:1或者4:1。这种情况下,可以在设定最佳匹配的结构上有一系列可能的选择,并且对结构的选择会对偏差减少和效率产生影响。这种情况下的常见做法是尝试不同的结构然后对匹配方案之间的结果(即干预效应的估计)加以比较。

匹配领域的方法正在快速发展,我们建议还应参考有关的文献。一个现在看起来不错的选择,但在两三年后或许就不是最好的了。例如,Hansen(2004)发现,在一个特定的应用场合中,采用特定结构的可变匹配(variable matching)效果很好。具体来说,每一个干预组的成员至少和 $0.5(1 - \hat{P})/\hat{P}$ 个、至多和 $2(1 - \hat{P})/\hat{P}$ 个控制组成员相匹配,此处 $\hat{P}$ 代表样本中干预组成员的比例。我们不能肯定具有如此结构的这样一种可变匹配方法对其他数据集合来说也将是一个最佳选择;但是,它显然应被作为一项可行的选择加以尝试。

最后,重要的是要指出,由最佳匹配算法产生的成对匹配有别于贪婪匹配产生的成对匹配,对于1对1匹配或者1对 n 卡尺内最近邻匹配来说尤其如此。这些差异的主要原因在于贪婪匹配不是一个最佳匹配过程,且先前作出的决策会影响后面实现的最优化程度。另一方面,即使研究者可能使用诸如 ***optmatch*** 这样的最优匹配算法来进行成对匹配,但 Rosenbaum(2002b:310-311)曾证明如此的成对匹配通常并不是最优的,特别是当与基于同一数据的完全匹配进行比较时。

5.4.3 精细平衡

以贪婪匹配算法和最佳匹配算法实施的匹配过程具有一个共同的主要特征:基于单一的倾向值将干预组成员与控制组的成员进行匹配以平衡大量的协变量。一种被称为**精细平衡**(fine balance)的最新方法不需要基于倾向值逐一进行匹配(Rosenbaum,Ross & Silber,2007)。因为这一方法非常新颖,因此我们在这里简要地强调其主要思想。

精细平衡指的是精确地平衡定类变量(nomial variable),经常是一个具有许多不连续的类别的变量,而并设法基于此变量对个体进行匹配。精细平衡采用与网络最优化算法(见5.4.2节)相类似的原理来构建一个模式化的距离矩阵(distance matrix),它被传递给一个最佳地使该矩阵的行和列成双成对的子程序。在示范性的例子中,Rosenbaum 等(2007)解决了基于一个具有 72 个类别的变量进行匹配的问题(即对具有至多 9 年诊疗史并且分布在 8 个地理位置的成员进行研究,这两个特征被认为对实现精确平衡非常重要)。采用精细平衡方法,获得了在 72 个类别上的精确平衡并且基于倾向值得到了在 61 个变量上的**紧密个体匹配**(close individual match)。精细平衡的核心思想是定类变量在每一取值水平上实现精确的平衡。Rosenbaum 等采用 ***SAS Proc Assign*** 来实施精细平衡策略。作为一种匹配工具,精细平衡被与其他匹配工具结合起来使用,比如倾向值、最小距离匹配或者马氏距离。它为这一领域的快速发展提供了例证。实际研究中,要选择的不是用哪一种工具,而是是否要将某一特定工具与其他工具联合使用。关于何时应用精细匹配的讨论可参见 Rosenbaum 等(2007)。

5.5 匹配后分析

本节介绍倾向值三步分析中的匹配后程序(postmatching procedure)(即图 5.1 中显

示的步骤 3a 或 3b 中的工作)。由于步骤 2 中采用的匹配方法不同,匹配后分析方法也有所不同。我们介绍 6 种方法:①贪婪匹配后的多元分析;②贪婪匹配后的分层;③最佳匹配前后检查协变量不平衡(covariate imbalance);④使用 Hodges-Lehmann 有序秩检验对最佳匹配样本进行结果分析;⑤基于最佳成对匹配样本就结果的差分对协变量的差分进行回归分析;以及⑥基于最佳匹配样本。使用结果和协变量的 Hodges-Lehmann 有序秩进行回归分析。

5.5.1 贪婪匹配后的多元分析

5.2 节的 4(c) 中所介绍的倾向值分析(即 Rosenbaum & Rubin(1983) 中的推论 4.3)是在贪婪匹配后进行多元分析的理论基础。发展倾向值和匹配的动力是因为观察数据经常是不平衡的,因此我们不能假定干预分配是可以忽略的。在基于估计的倾向值进行匹配后,至少样本在观察的协变量上是平衡的(在干预组和控制组的成员之间)因此,我们可以像在随机化实验中那样进行多元分析并且进行协变量调整。从理论上讲,在这一阶段,通过使用一个表明干预条件的二分解释变量,我们可以使用回归或任何回归类的模型来估计各个 ATE。许多研究已经使用这一方法来调整和估计 ATE。例如,采用卡尺匹配,Morgan(2001)进行了一项回归分析来估计天主教学校对学习的影响。Smith(1997)基于一个以随机序次、最近的可得成对匹配方法形成的匹配样本进行方差成分分析(也被称为分层线性回归)。在一个享受老年医疗保障的病人样本中,他试图估计医院内部的组织变革对死亡率的影响。在进行卡尺内的最近邻匹配之后,Guo 等(2006)进行了生存分析(Kaplan-Meier 乘积极限估计)。他们对估计监护人使用滥用药物服务对儿童虐待报告的风险率的影响感兴趣。

5.5.2 贪婪匹配后的分层

在贪婪匹配之后,基于倾向值进行分层并比较层内的干预组和控制组成员是一项常见的分析策略。5.2 节的 4(b) 中提供了贪婪匹配之后进行分层的理由(Rosenbaum & Rubin(1983) 中的推论 4.2)。这一过程十分简单:根据估计的倾向值以升序排列样本,使用估计的倾向值的五分位刻度将样本分为 5 个层,在每一个层内计算干预组和控制组成员之间的结果均值差以及差值的方差,估计整个样本(即所有的 5 个层)的均值差(ATE)并检验样本结果的均值差是否统计显著。

整个样本的干预效应是这 5 个子类在两种干预状态上的平均反应(mean response)的差值的均值。即:

$$\hat{\delta} = \sum_{k=1}^{K} \frac{n_k}{N} [\bar{Y}_{0k} - \bar{Y}_{1k}] \tag{5.7}$$

式中,k 是倾向值子类(subclass)的标识,N 是成员的总数,n_k 是第 k 个子类中成员的数量,$\bar{Y}_{0k}$,$\bar{Y}_{1k}$ 是第 k 个子类中与两个干预组相对应的平均反应。此估计值的方差使用下面的公式计算:

$$\text{Var}(\hat{\delta}) = \sum_{k=1}^{K} \left(\frac{n_k}{N}\right)^2 \text{Var}[\bar{Y}_{0k} - \bar{Y}_{1k}] \tag{5.8}$$

注意,在上面的方程中,$\text{Var}[\bar{Y}_{0k} - \bar{Y}_{1k}]$ 指均值差的方差,并且两个独立随机变量的方差等于各自方差之和。采用 $z^* = \hat{\delta}/SE(\hat{\delta})$ 这一公式,我们可以进行无方向的显著性检验(即进行双尾检验)或者有方向假定的检验(即进行单尾检验)。

为了示范样本 ATE 的计算及其显著性检验,我们使用 Perkins、Tu、Underhill、Zhou 和

Murray(2000)提供的例子。基于倾向值分层,Perkins 等(2000)报告了如表5.1中结果变量的均值及其标准误。

表5.1 分层后估计整体的干预效应

层	成员数量	结果均值		差值	标准误	
		干预一	干预二		干预一	干预二
子类一	1186	0.0368	0.0608	−0.024	0.0211	0.0852
子类二	1186	0.035	0.0358	−0.0008	0.0141	0.0504
子类三	1186	0.0283	0.0839	−0.0556	0.0083	0.0288
子类四	1186	0.0653	−0.0106	0.0759	0.0121	0.0262
子类五	1186	0.0464	0.0636	−0.0172	0.0112	0.0212
合计	5950					

资料来源:Perkins、Tu、Underhill 和 Myrray(2000,表2)。经 John Wiley & Sons 允许重印。

将方程5.7应用于这些数据,样本的 ATE 为

$$\hat{\delta} = \sum_{k=1}^{K} \frac{n_k}{N} [\bar{Y}_{0k} - \bar{Y}_{1k}]$$

$$= \frac{1\ 186}{5\ 930}(-0.024) + \frac{1\ 186}{5\ 930}(-0.000\ 8) + \frac{1\ 186}{5\ 930}(-0.055\ 6) +$$

$$\frac{1\ 186}{5\ 930}(0.075\ 9) + \frac{1\ 186}{5\ 930}(-0.017\ 2) = -0.004\ 34$$

将方程5.8应用于这些数据,ATE 的方差和标准误为

$$\text{Var}(\hat{\delta}) = \sum_{k=1}^{K} \left(\frac{n_k}{N}\right)^2 \text{Var}[\bar{Y}_{0k} - \bar{Y}_{1k}]$$

$$= \left(\frac{1\ 186}{5\ 930}\right)^2 [(0.021\ 1)^2 + (0.085\ 2)^2] +$$

$$\left(\frac{1\ 186}{5\ 930}\right)^2 [(0.014\ 1)^2 + (0.050\ 5)^2] + \left(\frac{1\ 186}{5\ 930}\right)^2 [(0.008\ 3)^2 +$$

$$(0.028\ 8)^2] + \left(\frac{1\ 186}{5\ 930}\right)^2 [(0.012\ 1)^2 + (0.026\ 2)^2] +$$

$$\left(\frac{1\ 186}{5\ 930}\right)^2 [(0.011\ 2)^2 + (0.021\ 2)^2]$$

$$= 0.000\ 509\ 971$$

$$SE(\hat{\delta}) = \sqrt{\text{Var}(\hat{\delta})} = \sqrt{0.000\ 509\ 971} = 0.023$$

由于(−0.004 3/0.023) = −0.188 7,所以,整个样本的干预组之间的均值差(即平均的样本干预效应)在 $\alpha = 0.05$ 的水平上统计不显著。

5.5.3 计算协变量不平衡的指数

在最佳匹配的前后经常需要检查协变量平衡情况。Haviland 等(2007)提出了**协变量均值上的绝对标准化差值**(absolute standardized difference in covariate means),匹配前使用时记为 d_X,匹配后使用时记为 d_{Xm}。这一测量值和文献中的 ASAM 十分相似。

d_X 用于检查匹配之前协变量 X 上的不平衡。它使用如下的公式进行估计:

$$d_X = \frac{|M_{X_t} - M_{X_p}|}{S_X}; \quad\quad (5.9)$$

这里，M_{X_t} 和 M_{X_p} 分别是干预组和潜在控制组的 X 的均值。记干预组和潜在控制组的标准差为 S_{X_t} 和 S_{X_p}，我们计算整体的标准差为 $S_X = \sqrt{(S_{X_t}^2 + S_{X_p}^2)/2}$。

d_{X_m} 用于检查匹配后协变量 X 上的不平衡情况，其估计公式为

$$d_{X_m} = \frac{|M_{X_t} - M_{X_c}|}{S_X} \quad\quad (5.10)$$

在此方程中，下标 c 表示控制组，M_{X_c} 表示和干预组成员相匹配的控制组在协变量 X 上的均值的未加权均值。协变量 X 可以用下述方法计算：匹配后，层 s 中的每位干预组成员 i 被与 m_{si} 个控制组成员相匹配，$j = 1, \ldots, m_{si}$。层 s 中的干预组成员数量为 n_s，在整个样本中的干预组成员总数是 n_+。某一协变量 X 的取值具有下标 t 或者 c 来表示干预组或者控制组，下标 s 表示层，下标 i 标识干预组成员，下标 j 用表示控制组成员以便区分与干预组成员 i 相匹配的 m_{si} 个控制组成员。从而，X_{csij} 表示和干预组成员 i 相匹配的第 j 个控制组成员在 X 上的取值，其中 $j = 1, \cdots, m_{si}$。用 X_{csi} 表示和干预组成员 i 相匹配的控制组成员在协变量 X 的 m_{si} 个取值上均值，并用 M_{X_c} 表示这些均值的未加权均值，我们有

$$M_{csi\bullet} = \frac{1}{m_{si}} \sum_{j=1}^{m_{si}} X_{csij} \ \text{和} \ M_{X_c} = \frac{1}{n_+} \sum_{s=i}^{S} \sum_{i=1}^{n_s} M_{csi\bullet}; \quad (5.11)$$

d_X 和 d_{X_m} 可以理解为以 X 的标准差单位表示的干预组和控制组在 X 上的差异。注意，d_X 和 d_{X_m} 是可被相互比较的标准化测度（standardized measure）。通常情况下，研究者希望有 $d_X > d_{X_m}$，因为在匹配前对不平衡进行校正的需求更大，并且样本平衡程度在匹配后应该有所改善。这里以 Haviland 等（2007：256，表 4）报告的数据为例，最佳匹配前，协变量"同行评价的声望（peer-rated popularity）"的 d_X 为 0.47，这意味着干预组和控制组在同行评价的声望上相差约半个标准差，而最佳匹配后，同一协变量的 d_{X_m} 为 0.18，这意味着两个组之间差异为同行评价的声望这一变量的标准差的 18%，并且匹配确实改善了平衡程度。

计算 d_X 和 d_{X_m} 的说明性例子将在 5.9.2 节给出。

5.5.4 最佳匹配后使用 Hodges-Lehmann 有序秩检验进行结果分析

完成最佳匹配后，我们通常希望估计 ATE 并进行显著性检验。本节中，我们介绍针对由完全匹配或可变匹配所创建匹配样本的这些程序。针对最佳成对匹配所创建样本的方法将在下一节介绍。样本的 ATE 可以通过所有匹配集合中干预组和控制组成员之间的均值差的加权平均来评估，使用与方程 5.7 类似的方程，即

$$\hat{\delta} = \sum_{i=1}^{b} \frac{n_i + m_i}{N} [\overline{Y}_{0i} - \overline{Y}_{1i}],$$

这里，i 表示 b 个匹配的层，N 是样本成员的总数，n_i 是第 i 层中干预组成员的数量，而 m_i 是第 i 层中控制组成员的数量。而 $\overline{Y}_{0i}$、$\overline{Y}_{1i}$ 分别是与第 i 层中的控制组和干预组相对应的平均应答。

ATE 的显著性检验可以通过 Hodges-Lehmann 有序秩检验来完成（Hodges & Lehmann，1962）。Lehmann（2006：132-141）详细介绍这一检验。它包括如下主要步骤：

1. 计算每一个匹配层 i 的结果的均值，然后用该结果的观测值减去层的均值为每一个成员创建一个对中值（centering score）。

2. 根据此对中值升序排列整个样本，然后评定这些值的秩（rank）；评定了秩的值被

称为有序秩(aligned rank)并被标记为 $k_{ij}(j=1,\cdots,N_i)$,这里 i 表示第 i 层,j 表示第 i 层内的第 j 个观察,N_i 是第 i 层内的成员总数。

3. 对每一个层 i,计算

$$k_{i\bullet} = \frac{k_{i1} + \cdots + k_{iN_i}}{N_i}, E(\hat{W}_s^{(i)}) = n_i k_{i\bullet} \text{ 以及 } \mathrm{Var}(\hat{W}_s^{(i)}) = \frac{m_i n_i}{N_i(N_i - 1)} \sum_{j=1}^{N_i} (k_{ij} - k_{i\bullet})^2$$

4. 在各层之间,计算

$$\hat{W}_s = \sum \hat{W}_s^{(i)}, E(\hat{W}_s) = \sum E(\hat{W}_s^{(i)}) \text{ 以及 } \mathrm{Var}(\hat{W}_s) = \sum \mathrm{Var}(\hat{W}_s^{(i)})$$

这里,$\hat{W}_s^{(i)}$ 是第 i 层内干预组成员的有序秩的和。注意,上面所有方程中的下标 s 都指的是干预组成员。

5. 最后,计算下列检验统计量 z^*:

$$z^* = \frac{\hat{W}_s - E(\hat{W}_s)}{\sqrt{\mathrm{Var}(\hat{W}_s)}} \tag{5.12}$$

z^* 这一统计量服从标准正态分布。使用 z^*,分析人员可以进行无方向假设的显著性检验(进行双尾检验)或者有方向假设的显著性检验(进行单尾检验)。

社会和行为科学研究者以及政策制定者通常对效应值(effect size)感兴趣。目前背景下,对干预效应规模的精确测度仍然有待发展。不过,我们推荐使用方程 5.10 定义的 d_{Xm} 作为对匹配后分析的效应值的一个近似。根据 Haviland 等(2007),d_{Xm} 统计量类似于 Cohen 提出的 d。要想近似计算出效应值,只需在匹配后计算结果变量的 d_{Xm} 即可。

5.9.3 节将介绍在最佳完全匹配或可变匹配后进行结果分析的例子。

5.5.5 基于以最佳成对匹配所得样本的回归调整

在使用最佳成对匹配得到一个匹配样本后,ATE 可以用 Rubin(1979)提出的专门特殊的**回归调整**来估计。回归调整的基本概念非常简单:干预组和控制组成员在结果变量上的差分对两个组在协变量上的差分进行回归。

仿效 Rubin(1979),我们记 $\alpha_i + W_i(\mathbf{X})$ 为给定总体 P_i 中的协变量矩阵 $\mathbf{X}$ 情况下结果变量 Y 的期望值,这里 i 指示干预状态($i=1$,干预;$i=0$,控制)。对具有 $\mathbf{X}$ 相同取值的 P_1 和 P_0 中的单元而言,Y 的期望值上的差异为 $\alpha_1 - \alpha_0 + W_1(\mathbf{X}) - W_0(\mathbf{X})$。当 P_1 和 P_0 代表两个干预总体,同时仅有 $\mathbf{X}$ 中的变量会影响 Y 且它们在 P_1 和 P_0 中具有不同的分布,那么这一差异就是此干预在 $\mathbf{X}$ 上的影响。如果对于所有 $\mathbf{X}$ 有 $W_1(\mathbf{X}) = W_0(\mathbf{X}) = W(\mathbf{X})$,反应面(response surface)就是平行的,并且对协变量 $\mathbf{X}$ 的所有取值来说,干预效应为 $\alpha_1 - \alpha_0$。

回归调整按照下述步骤进行:

1. 取得变量 Y 在干预组和控制组成员之间的差分 $\mathbf{Y} = \mathbf{Y}_1 - \mathbf{Y}_0$。
2. 取得协变量 $\mathbf{X}$ 在干预组和控制组成员之间的差分 $\mathbf{X} = \mathbf{X}_1 - \mathbf{X}_0$。
3. 通过 Y 对 $\mathbf{X}$ 进行回归,我们得到下述估计的回归函数:

$$\mathbf{Y} = \hat{\alpha} + \mathbf{X}'\hat{\beta}$$

那么,$\hat{\alpha}$ 就是估计的 ATE,我们可以使用与 $\hat{\alpha}$ 相联系的观测的 t 统计量以及 p 值来进行显著性检验(双尾或者单尾)。

5.9.4 节介绍了一个最佳成对匹配后进行结果分析的例子。

5.5.6 最佳匹配后使用 Hodges-Lehmann 有序秩得分进行回归调整

5.5.4 节中所介绍的方法是双变量的,也就是说,这一方法分析干预组和控制组成员之间结果上的 ATE,这里,协变量的控制是通过最佳匹配来获得的。分析人员还可以结合协方差控制(回归调整)来计算 ATE 以进行多元分析,这是 Rosenbaum(2002a,2002b)所建议的程序。实质上,这一方法是 Hodges-Lehmann 有序秩方法和回归调整的一种结合。此方法的核心理念可归纳如下:构建结果变量的有序性秩得分(aligned rank score);构建每一个协变量的有序秩得分;然后将结果变量的有序秩得分对协变量的有序秩得分进行回归(也许会使用稳健回归)。然后将残差按照从 1 到 N(样本中的成员总数)进行排秩,注意,对于结(ties),使用平均秩(average rank)。通过采用这一步骤,干预组成员的残差的秩的和就变成了检验统计量(即方程 5.12)。在这一阶段,可以在结合最佳匹配和回归调整后,采用 Hodges-Lehmann 有序秩来辨别干预效应是否统计显著。

5.6 倾向值加权

倾向值可以在不匹配的情况下使用,这一过程将分析缩减为两步。本节介绍一种这样的模型:使用倾向值作为抽样权重进行多元分析(即执行图 5.1 中的步骤 2b)。这种方法的详细内容可以在 Rosenbaum(1987)、Hirano 和 Imbens(2001)、Hirano、Imbens 和 Ridder(2003)以及 McCaffrey 等(2004)中找到。我们在下面概括这一分析的主要特征。

在本节,我们将倾向值定义为估计的接受干预的可能性;也就是说,我们使用 $\hat{e}(x)$ 而不是 logit:

$$\hat{q}(x) = \log\left[\frac{1 - \hat{e}(x)}{\hat{e}(x)}\right]$$

倾向值加权旨在对干预组和控制组成员进行再加权,从而使得他们能够代表研究总体,就像适用于分层抽样的 Horvitz-Thompson 估计量(Horvitz & Thompson,1952)中那样。分析的关键要素在基于估计的倾向值发展出权重。视是否想要平均干预效应(average treatment effect,ATE)还是干预组平均干预效应(average treatment effect for the treated,ATT)而定,将使用不同类型的权重。

1. 对于估计 ATE,我们将权重定义如下:

$$\omega(W,x) = \frac{W}{\hat{e}(x)} + \frac{1 - W}{1 - \hat{e}(x)} \tag{5.13}$$

根据这一定义,当 $W = 1$(即干预组成员),公式 5.13 变成 $\omega(W,x) = 1/\hat{e}(x)$。而当 $W = 0$(即控制组成员),公式 5.13 变为 $\omega(W,x) = 1/(1 - \hat{e}(x))$。

2. 对于估计 ATT,我们将权重定义如下:

$$\omega(W,x) = W + (1 - W)\frac{\hat{e}(x)}{1 - \hat{e}(x)} \tag{5.14}$$

根据这一定义,当 $W = 1$(即干预组成员),公式 5.14 变成 $\omega(W,x) = 1$。而当 $W = 0$(即控制组成员),公式 5.14 变为 $\omega(W,x) = \hat{e}(x)/(1 - \hat{e}(x))$。

总之,如果我们简单地记 $\hat{e}(x)$ 为 P,当估计 ATE 时,干预组成员的权重是 $1/P$,控制组成员的权重就是 $[1/(1 - P)]$;当估计 ATT 时,干预组成员的权重是 1,而控制组成员的权重则是 $[P/(1 - P)]$。在创建这些权重后,我们可以简单地将它们应用于多元分析。大部分软件包都允许用户在多元分析程序中设定权重变量的名称。接下来的分析和纳入抽样权重的多元建模(multivariate modeling)类似。

虽然用倾向值加权是一个很有创意的想法并且也很容易实施,但最近的研究表明这一方法会有一些局限。Freedman 和 Berk(2008)进行过一系列的数据模拟。他们发现,倾向值加权仅在 3 种情况下是最优的:①研究对象是独立且同分布的;②选择是外生的;以及③选择方程被恰当地设定(即具有正确的预测变量和函数形式)。当不满足这些条件时,他们发现加权可能增加估计值上的随机误差(random error)。实际上,即使选择机制设定得很好,似乎也会使得估计的标准误偏小。此外,在某些情况下,加权可能增加估计的因果参数上的偏差。由于这些发现,Freedman 和 Berk 建议,如果研究者有一个好的因果模型,最好在不加权的情况下来拟合模型。如果因果模型设定不恰当,用加权来挽回这种情况是明显成问题的,在这种情况下,研究者在进行加权时应该特别小心。Freedman 和 Berk 警告说,在结果方程和预测倾向值的方程中使用相同的协变量集几乎都是不合理的。Kang 和 Schafer(2007)最近反思了这一领域的发展特征以及围绕各种新出现程序的效度的不确定性,他们指出,当一些估计的倾向性很小时,使用概率倒数作为权重对倾向值模型的误设十分敏感。这些警告在将倾向值用作抽样权重时似乎是合理的。

5.7 对干预剂量进行建模

到目前为止,我们介绍的所有方法都是和二分的干预状态(binary treatment condition)有关,也就是说,一个干预组和一个与之相比较的控制组。但是,实际研究中,可能会有多于两种状态的情况。当我们希望估计干预剂量(treatment dosage)的影响时,这种情况就经常出现。例如,在一个基于学校的研究中,研究者也许准确地记录了学生暴露于某种干预的分钟数,以及接受或未接受干预的情况(即一个零分钟的剂量),这也许会提供对干预暴露的增加会带来结果改善这一假设进行检验的信息。干预剂量的其他例子包括接触旨在干预的广告的时间长度(例如成员在电视上看到、在收音机中听到或者在报纸杂志上读到反对服用麻醉药广告的频次)、使用服务或者看医生的次数、参与干预的学期数等。

可在两个方向上将采用倾向值匹配来分析干预剂量加以一般化。在第一个方向上,使用序次 logistic 回归(ordered logistic regression)来估计一个单独的倾向值标量(scalar),然后基于该倾向值进行匹配并像针对两种干预状态时那样进行后续分析(Joffe & Rosenbaum,1999)。在第二个方向上,采用多分类 logit 回归估计每一干预剂量水平的倾向值(即,如果以不同剂量界定得到了 5 种干预状态,那么就对每一个成员估计 5 个倾向值),然后定义某一特定估计的倾向值的倒数作为抽样权重来对结果进行多元分析(Imbers,2000;Rosenbaum,1987)。Imai 和 Van Dyk(2004)讨论了两种方法背后的统计学原理。本节中,我们概略介绍每一种方法的统计学原理和应用步骤。

1. **采用以序次 logistic 回归估计的一个单独的标量平衡值(scalar balancing score)来对剂量建模**。大体上,用干预的多个剂量进行匹配是对两类干预状态下倾向值匹配的一个扩展。这一方法最先由 Joffe 和 Rosenbaum(1999)提出。Lu、Zanutto、Hornik 和 Rosenbaum(2001)用示例详细回顾了这一方法的细节。当从两分类状态转到多个干预,匹配实际上要求用如下方式来建立匹配对(matched pair):即高剂量组和低剂量组在观测协变量上具有相似或平衡的分布。但是,多个剂量的情况下用倾向值平衡协变量有三个考虑或者说三个难题(Lu et al.,2001)。

第一,多个剂量情况下,倾向值的原初定义(即它是给定观测协变量下接受干预的一个条件概率,或者说是一个单独的标量值)不再适用。因为有多个剂量,每位成员现在可以有多个倾向值,并且每个倾向值将一个剂量和另一个剂量相比较。实际上,第二种对多个剂量进行建模的方法就是用这种方式来定义倾向值并估计多个倾向值。Joffe 和 Rosenbaum(1999)中的方法使用一个单独的标量平衡值并且表明这种倾向值仅对某些模型而言存在。这些模型包括 McCullagh(1980)的序次 logistic 回归和具有等方差误差的高斯多元线性回归(Gaussian multiple linear regression model with errors of constant variance)。关键的应用问题在于选择一个估计倾向值的统计模型,被推荐的模型是序次 logistic 回归(Joffe & Rosenbaum, 1999;Lu et al.,2001)。采用 OLS 回归来估计倾向值是成问题的,因为该模型假定误差具有相等的方差,但实际上误差方差(error variance)常常随着干预剂量的水平而变动,从而可能呈现异方差性(heteroscedasticity)。

第二,多个剂量的情况下,研究者需要在匹配的最优化过程中重新定义干预组案例和控制组案例之间的距离。这种情形下,目标是确定那些在观察协变量上相似但在剂量方面十分不同的配对。因此,距离必须同时测量协变量上的相似性和剂量上的差异。

最后,在多个剂量的情况下,所采用的匹配算法也与两分类情况下的不同。在运筹学的网络流文献中,将一个组和另一个分离的组(disjoint group)(即两分类情况下)进行匹配被称作**双向**匹配问题(bipartite matching question)。但多个剂量情况下的匹配被认为是在单个组内进行匹配,并被称为**非双向**匹配(nonbipartite matching)。由于这一差别,研究者在两分类条件下使用的最优化算法(optimization algorithms),比如说5.4.2节所介绍的最佳匹配算法,将不再适用。

这三个问题导致了多个剂量情况下进行匹配的新特征的发展。采用单独标量值的匹配过程概述如下。

第一步:基于序次 logistic 回归发展出一个单独的标量值。我们首先按照 McCullagh(1980)运行一个序次 logistic 回归。假设有 5 个被建模的干预剂量,那么,给定观测协变量 $\mathbf{x}_k$ 的情况下,对于一个包含 K 个成员的样本来说,剂量 Z_k 的分布可被建模为:

$$\log\left(\frac{\Pr(Z_k \geq d)}{\Pr(Z_k \leq d)}\right) = \theta_d + \boldsymbol{\beta}'\mathbf{x}_k, \text{对于 } d = 2,3,4,5$$

这一模型将一个大于等于给定类别($d=2,\cdots,5$)的应答的概率和一个小于该类别的应答的概率进行比较,并且此模型包含 $d-1$ 个并列的线性方程。在该模型的线性部分,θ_d 被称作是一个"分界"值,它用于计算落入五类中的每一类应答的预测概率,其中被忽略那类的概率等于 1 减去落入其他四类的累积概率。注意,对于每一个成员 k 来说,存在与 5 个有序次的应答和 5 个基于模型的预测概率相对应的 4 个 θ_d。这些量都并非一个单独的标量。Joffe 和 Rosenbaum 的模型的关键特征是将 $\hat{\boldsymbol{\beta}}'\mathbf{x}_k$ 定义为估计的倾向值,或者说 $e(\mathbf{x}_k) = \hat{\boldsymbol{\beta}}'\mathbf{x}_k$,因为给定协变量情况下的剂量的分布仅通过 $\hat{\boldsymbol{\beta}}'\mathbf{x}_k$ 依赖于这些观测协变量,并且在给定标量 $\hat{\boldsymbol{\beta}}'\mathbf{x}_k$ 的情况下,观测协变量 $\mathbf{x}$ 和剂量 Z 是条件独立的。在这一设置中,$e(\mathbf{x}_k) = \hat{\boldsymbol{\beta}}'\mathbf{x}_k$ 是一个单独的平衡值,并且在运行序次 logistic 回归后,极大似然估计值 $\hat{\boldsymbol{\beta}}'\mathbf{x}_k$ 会被在匹配中使用。

第二步:计算成员 k 和 k' 之间的距离,此处,$k \neq k'$。回忆一下,匹配是一种最小化干预组和控制组成员之间的样本总距离的最优化。对于多个剂量情况来说,这一目的仍不变,但距离公式被修改了。Lu 等(2001)提供了如下公式来计算多个剂量情况下的距离。

$$\Delta(\mathbf{x}_k, \mathbf{x}_{k'}) = \frac{(\hat{\boldsymbol{\beta}}'\mathbf{x}_k - \hat{\boldsymbol{\beta}}'\mathbf{x}_{k'}) + \varepsilon}{(Z_k - Z_{k'})^2} \tag{5.15}$$

这里,$\hat{\boldsymbol{\beta}}'\mathbf{x}_k$ 和 $\hat{\boldsymbol{\beta}}'\mathbf{x}_{k'}$ 是估计的倾向值,而 Z_k 和 $Z_{k'}$ 分别是 k 和 k' 下面的剂量值($=1,2,\cdots$, d,如果有 d 个剂量的话)。公式 5.15 的主要方面是 ε,它是一个趋近于 0 但严格为正的数($\varepsilon>0$)。常数 ε 表明协变量匹配或者说剂量被处理的完美程度。正是 ε 使得多个剂量情况和两分变量情况有所不同。因而,ε 有两个作用。它设定了①如果成员 k 和 k' 具有相同的干预剂量,那么他们之间的距离为 ∞,若他们又具有同样的协变量观测值 $\mathbf{x}_k = \mathbf{x}_{k'}$,那么他们之间的距离就为 0;②当两个成员具有同样的协变量观测值,它们之间的距离为零,剂量距离(dose distance)$\Delta(\mathbf{x}_k, \mathbf{x}_{k'})$ 将会随着剂量上差值 $(Z_k - Z_{k'})^2$ 的增加而变小。

第三步:**使用上述定义的距离进行非双向成对匹配**。对有 K 个成员的样本来说,每个成员 k 对所有其他的成员在估计的倾向值上都有一个距离。于是,研究者按照和所有匹配对的总距离最小这样一种方式来进行最佳成对匹配。那么,每一个得到的配对都会包含一个高剂量的成员和一个低剂量的成员,因为如果 $Z_k = Z_{k'}$,则 $\Delta(\mathbf{x}_k, \mathbf{x}_{k'}) = \infty$,但这是公式 5.15 所不允许的。值得指出的是,目前情况下的最佳匹配是所谓的非双向匹配,它和 5.4.2 节中所介绍的双向匹配不同。因此,研究者不得不使用专门的软件程序来进行这种匹配。具体而言,Hansen(2007)发展出的 R 程序 ***optmatch*** 进行双向匹配,因而不应用于目前的情形中。Lu 等(2001)基于 Derigs(1988)的程序采用了一种改进的算法。另外一种替代办法是使用 Ming 和 Rosenbaum(2001)介绍的 ***SAS Proc Assign***。

第四步:**在匹配之后检查协变量平衡情况**。获得匹配对之后,下一步涉及检查高剂量和低剂量成员之间的协变量平衡并以此来看倾向值匹配进行得有多好,也就是说,高剂量和低剂量成员在观测协变量方面是否可比。这一平衡检查很简单;就是说,你可以计算高剂量和低剂量成员在每个观测协变量上的均值差并进行独立样本 t 检验。我们希望在这一阶段所有高剂量和低剂量成员之间的 t 检验都不显著。如果显著性差异仍存在,可以回到序次 logistic 回归和匹配步骤来改变设定并重新执行之前的分析。

第五步:**评估干预剂量对结果的影响**。在最后这一步,将估计干预剂量对结果的影响。因为我们对多个剂量建模,因此不仅评估干预效应是可能的,同时评估剂量在何种程度上对结果差别产生影响也是可能的。结果评估将所有的显示有同样高剂量和低剂量对比的配对放到一起,计算高剂量和低剂量成员之间的结果变量均值差,然后进行 Wilcoxon 符号秩检验来评估此差异是否统计显著。有关示例,请参见 Lu 等(2001)。

2. 用多分类 logit 模型估计的多个平衡值来对剂量建模。Imbens(2000)建议用多分类 logit 模型估计多个平衡值,然后采用一个特定倾向值的倒数作为抽样权重进行结果分析。这一方法要求的假定较少并且易于实施。与 Joffe 和 Rosenbaum 的方法相比,Imbens 的方法可以用于多个无序次干预的情况。这一方法包含两个步骤。

第一步:**使用多分类 logit 模型估计一般化倾向值**(generalized propensity score)。Imbens 首先定义在给定协变量下接受特定水平干预剂量的条件概率为一般化倾向值,这一倾向值可以通过多分类 logit 模型来估计。假设有 d 个干预剂量,那么每名成员就有 d 个一般化倾向值,而且,当前的情形下,倾向值有多个值而不再是一个标量函数(scalar function)。

第二步:**按照倾向值加权的步骤进行结果分析**。接下里,研究者计算某个特定倾向值的倒数,并将这一倾向值的倒数定义为结果分析中所使用的抽样权重(即倾向值权加权分析)。记 $e(\mathbf{x}_{k,d}) = \mathrm{pr}(D = d \mid \mathbf{X} = \mathbf{x})$ 为具有观测协变量 $\mathbf{x}$ 下成员 k 接受剂量为 d 的干预的一般化倾向值,然后定义此一般化倾向值的倒数($1/e(\mathbf{x}_{k,d})$)为成员 k 的抽样权重。注意,尽管每名成员从多分类 logit 模型中会得到多个倾向值,但仅有其中的一个倾向值在倾向值加权分析中被使用和定义:所使用的是成员 k 落入剂量类别 d 的预测概率,并且该概率的倒数被定义为结果分析中的权重。

创建权重后,我们直接将其用于多元分析来评估结果差异。大部分软件包允许用户在多元分析程序指定权重变量的名称。这一分析类似于 5.6 节所介绍的包含抽样权重的多元分析。在结果分析中,创建一组 $d-1$ 个虚拟变量,其中被忽略的那个剂量类别被作为参照组。这些虚拟变量被设定为结果分析中的预测变量。它们指示剂量对结果变量的影响。和每个虚拟变量相联系的 p 值表明各个剂量的统计显著性并可以在假设检验中使用。5.9.6 节给出了一个例子对 Imbens 的这种方法进行说明。

对两种方法都感兴趣的读者可以在上面列出的参考文献中找到建模特征的详细情况。不过,在我们看来,进行效力子集分析(efficacy subset analysis)可以作为一种对干预剂量进行建模的有效且可行的替代。我们在第 6 章介绍效力子集分析。

5.8 Stata 和 R 程序概述

目前,并没有商业软件提供进行倾向值匹配的程序。在 SAS 中,Lori Parsons(2001)设计了一些宏(macros)(例如,宏 GREEDY 进行卡尺内的最近邻匹配)。在 Stata 和 R 中,有一些用户编写的程序可以完成本章介绍的大多数工作。基于我们使用 Stata 的经验,我们觉得 *psmatch*2(Leuven & SIanesi,2003)、*boost*(Schonlau,2007)、*imbalance*(Guo,2008b)以及 *hodgesel*(Guo,2008a)特别有用。在下面这节,我们对这些程序的主要特征进行概述。此外,此概述还包括了 R 程序 *optmatch*(Hansen,2007),我们发现它是一个进行最佳匹配的综合性程序。据我们所知,不管是在 Stata 还是在 R 中,目前都还没有可以用于进行非双向匹配的软件包。

要想从互联网上获得用户编写的 Stata 程序,可以使用 *findit* 命令,后面接上程序的命令即可(例如,*findit psmatch*2),然后按照在线说明安装程序。所有用户编写的程序都包括一个帮助文件,它提供运行软件的基本说明。

程序 *psmatch*2 可以执行完全马氏匹配以及各种倾向值匹配(比如,贪婪匹配和使用非参数回归的倾向值匹配)。表 5.2 展示了 3 种 *psmatch*2 例子的语法和输出:卡尺为 $0.25\sigma_p$ 内的最近邻匹配,无倾向值的马氏匹配以及有倾向值的马氏匹配。在我们的最近邻匹配的例子中,我们使用由外部程序估计的倾向值(命名为 *logit*3)。换言之,我们将倾向值输入 *psmatch*2。如果使用者想使用诸如 *R-gbm* 或其他的软件包估计倾向值,通常需要 *psmatch*2 这一步骤。或者,使用者也可以指定条件变量的名称然后让程序直接估计倾向值。

这里值得指出一些关于运行 *psmatch*2 的警告。当找到一名干预组成员时,好几名控制组成员——每一名都具有同样的倾向值——可能被打结在一起。在 1 对 1 匹配中,确定哪一个打结的案例(tied cases)作为匹配案例取决于数据的排列顺序。因此,首先创建一个随机变量然后使用这一变量整理数据十分重要。用户必须通过使用 *set seed* 命令来控制种子数(seed number)。对于最近邻匹配和马氏匹配,有关文献(例如,D'Agostino,1998)建议使用无回置(nonreplacement)的办法。也就是说,一旦某个干预组成员和某个控制组成员匹配上,两个成员都要从数据中移出去。无回置在 *psmatch*2 中的最近邻匹配时可以通过使用命令 *noreplacement descending* 来实现。但是，这一命令对马氏匹配并不奏效。在 **psmatch**2 马氏匹配创建的匹配样本中，可以让一个控制组案例作为多个干预组案例的相配者。在进行无回置的马氏匹配时，使用者需要仔细检查匹配数据（matched data），保留数据集内匹配和干预组案例中的其中一对，并删除所有使用被匹配的控制组案例超过一次的匹配对。

　　程序 **boost** 估计下列连接函数的加速回归：高斯（Gaussian）（正态）、logistic 以及泊松（Poisson）。表 5.3 展示了 **boost** 的语法以及输出。在 **boost** 之后，分析人员设定回归模型所使用的因变量和自变量的名称，连接函数的名称 **distribution**（**logistic**）以及模型的其他设定。在我们的例子中，我们设定替代的最大迭代次数为 1 000，一个 80% 的训练数据集（training data set），保存的预测概率名为 **p**，最大允许四次交互项，收缩系数（shrinkage coefficient）为 0.000 5，并要求在输出中显示每个预测变量的影响。

表 5.2　Stata 之 *psmatch*2 命令的句法以及运行贪婪匹配和马氏距离匹配的结果

```
// Chapter 5 Example of Running psmatch2
clear
cd"D:\Sage\ch5"
use nscaw1,replace
summarize logit3

(output)
· summarize logit3

Variable  |      Obs       Mean    Std. Dev.        Min        Max
----------+-----------------------------------------------------------
logit3    |     2758   3.063446    1.604109   -2.976967   5.905981

summarize logit3
set seed 1000
generate x = uniform()
sort x

// Nearest neighbor within caliper(.025 * SD = .401)

psmatch2 aodserv, pscore(logit3) caliper(0.401) ///
         noreplacement descending
sort _id
g match = nscawid[_n1]
g treat = nscawid if _nn == 1
drop if treat == .
list match treat in 1/10
summarize match treat

(output)
· list match treat in 1/5
     +------------------+
     |  match    treat  |
     |------------------|
  1. | 200451   201910  |
  2. | 202521   203574  |
  3. | 203896   200013  |
  4. | 205200   204683  |
  5. | 203070   204690  |
     |------------------|

· summarize match treat

Variable  |      Obs       Mean    Std. Dev.        Min        Max
----------+-----------------------------------------------------------
match     |      245   202706.7    1549.137     200009     205488
treat     |      245   202713.2    1657.963     200007     205475
```

```
clear
use nscaw1, replace
set seed 1000
generate x = uniform( )
sort x

// Mahalanobis without propensity score

psmatch2 aodserv, mahal(married high bahigh poverty2 ///
         poverty3 poverty4 poverty5 employ open black ///
         hispanic natam chdage1 chdage2 chdage3 cgrage1 ///
         cgrage2 cgrage3 cra47a mental arrest psh17a ///
         sexual provide supervis other ra cidi cgneed)
sort _id
generate match = nscawid[_n1]
generate treat = nscawid if _n1 ! = .
drop if treat == .
list match treat in 1 /10
summarize match treat


(output)
· list match treat in 1 / 10
       + ——————— + ———————
       |   match      treat  |
       |—————————|—————————
   1.  |  200174     202656  |
   2.  |  200740     200280  |
   3.  |  205482     201873  |
   4.  |  202589     203963  |
   5.  |  201406     200809  |
       |—————————|—————————
   6.  |  204334     204305  |
   7.  |  200463     204621  |
   8.  |  202592     205035  |
   9.  |  202224     205089  |
  10.  |  202437     203528  |
       + ——————— + ———————
· summarize match treat
```

Variable	Obs	Mean	Std. Dev.	Min	Max
match	298	202741	1598.967	200042	205500
treat	298	202708.6	1675.858	200001	205475

```
clear
use nscaw1, replace
set seed 1000
generate x = uniform( )
sort x
```

续表

```
// Mahalanobis with propensity score

psmatch2 aodserv, mahal(married high bahigh poverty2 ///
        poverty3 poverty4 poverty5 employ open black ///
        hispanic natam chdage1 chdage2 chdage3 cgrage1 ///
        cgrage2 cgrage3 cra47a mental arrest psh17a sexual ///
        provide supervis other ra cidi cgneed) add
pscore(logit3)
sort _id
generate match = nscawid[_n1]
generate treat = nscawid if _n1 ! = .
drop if treat == .
list match treat in 1/10
summarize match treat

(output)
· list match treat in 1/10
        + ——————— - + ———————
        |   match     treat  |
        |——————————|
    1.  |  200174    202656  |
    2.  |  200740    200280  |
    3.  |  205482    201873  |
    4.  |  202589    203963  |
    5.  |  201406    200809  |
        |——————————|
    6.  |  204334    204305  |
    7.  |  200463    204621  |
    8.  |  202592    205035  |
    9.  |  202224    205089  |
   10.  |  202437    203528  |
        + ——————— - + ———————
· summarize match treat

Variable  |      Obs        Mean      Std. Dev.       Min.         Max

——————-+———————————————————————————————————————————————

match     |      298      202741     1598.967      200042      205500

treat     |      298      202708.6   1675.858      200001      205475
```

表 5.3　Stata 之 *boost* 命令的句法以及使用 GBM 运行倾向值模型的结果

```
//Chapter 5 Example of running boost
cd"D: \ Sage \ ch5 \"
use chpt5_2, replace
//create propensity scores using boost
program boost_plugin, plugin using("D: /Data /boost.dll")
gen x = uniform()
sort x
set seed 1000
boost kuse pcg_adc age97 mratio96 pcged97 black, ///
   distribution(logistic) maxiter(1000)
trainfraction(0.8) ///
   pred(p) inter(4) shrink(.0005)influence

(output)
influence
Distribution = logistic
predict = p
Trainfraction = .8 Shrink = .0005 Bag = .5 maxiter =1000
Interaction = 4
Fitting...
Assessing Influence...
Predicting..

bestiter =1000
Test R2 = .1444125
trainn =802
Train R2 =  .19706948
Influence of each variable(Percent):
4.0252428 pcg_adc
.3782218 age97
84.372294 mratio96
7.0719709 pcged97
4.1522708 black
```

有关在 R 中运行 *gbm* 的信息以及由 McCaffrey 等(2004)设计的程序可以在 http://dx. doi. org/10.1037/1082-989X.9.4.403. supp 中找到。

程序 *imbalance* 用来产生 Haviland 等(2007)提出的协变量不平衡统计量 d_x 和 d_{xm},而程序 *hodgesl* 用来执行 Hodges-Lehmann 有序秩检验。两个程序都可在本书的配套网站上找到。*hodgesl* 的一个特征是它会保存结果变量的均值以及每一个匹配集合(matched set)中干预组和控制组成员的数量以用于今后的分析。

为了在 Stata 中进行倾向值加权并对多个干预剂量的影响进行建模,用户在进行诸如回归之类的多元模型时,首先要使用数据管理命令创建权重变量,然后使用命令 *pwight* 设定权重变量的名称。

为了运行 *optmatch*,分析人员需要首先从 www. r-project. org 安装免费统计软件包 R。在安装和启动 R 之后,获取 *optmatch* 软件包,从 R 的"Package"菜单选择"Load package"选项,从列表中选择 *optmatch*,在 R 的命令提示符之后键入 *library*(*optmatch*),然后键入 *help*(*fullmatch*)获得帮助。表 5.4 展示了在程序内(即使用 R 的 *glm* 函数)执行 *optmatch* 来创建倾向值的语法和输出结果。这个例子也展示了如何执行完全匹配,如何要求基于匹配集计算平均距离和总距离,以及如何要求输出显示成层结构(即匹配后与干预组成员相对于控制组成员的所有可能比值相联系的匹配集数量)的结果。

表 5.4　R 句法以及运行 logistic 回归和完全匹配的结果

```
#optmatch using glm to create propensity scores and then optmatch
set.seed(10)
setwd("D:/Sage/ch5")
library(foreign)
cds < - read.dta("chpt5_2.dta")
attach(cds)
#logistic regression
lcds < - glm(kuse ~ pcg.adc + age97 + mratio96 + pcged97 +
   black, family = binomial, data = cds)
summary(lcds)

(R output)
Results of Logistic regression
Deviance Residuals:
```

Min	1Q	Median	3Q	Max
−2.1750	−0.5974	−0.2311	0.4896	4.1454

```
Coefficients:
                  Estimate    Std. Error    z value    Pr( > | z |)
(Intercept)        3.05915     0.73939        4.137     3.51e - 05 ***
pcg.adc            0.19130     0.04620        4.140     3.47e - 05 ***
age97              0.06468     0.03214        2.013     0.0441 *
mratio96          -1.05239     0.10424      -10.096     <2e - 16 ***
pcged97           -0.26944     0.05830       -4.622     3.80e - 06 ***
black              0.80379     0.20179        3.983     6.80e - 05 ***
—
```

Signif. codes: 0 `***´0.001 `**´0.01 `*´0.05 `.´0.1 `´ 1

(Dispersion parameter for binomial family taken to be 1)

Null deviance: 1176.31 on 1002 degrees of freedom

Residual deviance: 748.02 on 997 degrees of freedom

AIC: 760.02

Number of Fisher Scoring iterations: 6

```
library(optmatch)
#create propensity scores based on the logistic regression
pdist < - pscore.dist(lcds)
#run full match
fm < - fullmatch(pdist)
(fm.d < - matched. distances(fm,pdist,pres = TRUE))
unlist(fm.d,max)
mean(unlist(fm.d))
sum(unlist(fm.d))
stratumStructure(fm)
(Output omitted …)
```

Results of Full Matching

```
>mean(unlist(fm.d))
[1] 0.1168186
>sum(unlist(fm.d))
[1] 99.64628
>stratum Structure(fm)
```

stratum treatment:control ratios

17:1	14:1	13:1	8:1	7:1	6:1	5:1	4:1	3:1	2:1	1:1	1:2	1:3	1:4	1:5	1:6
1	1	1	1	2	3	2	4	7	15	45	16	8	12	9	3

1:7	1:9	1:11	1:13	1:15	1:16	1:18	1:19	1:26	1:33	1:36	1:42	1:46	1:54	1:92
4	2	1	2	1	1	1	1	1	1	1	1	1	1	1

5.9 举 例

我们现在来给出示范本章所介绍的各种模型的例子。每个例子都取自于最近的研究对所获得观察数据的分析。这些例子代表了 3 个领域内的实质性兴趣。第一项研究是评估看护人使用药物滥用服务对儿童虐待的风险率。技术上,该研究集中关注一个和儿童福利有关的家庭样本,并且将结果定义为进入调查后(after referral)的儿童虐待的后续报告——再次报告。这一研究使用一个大规模全国代表性样本和纵向数据来评估滥用药物服务对儿童福利结果的因果效应,这一问题对政策制定者和儿童福利工作者都有重要的意义(5.9.1 节)。第二项研究是一项关于贫困和多代依靠福利对孩子学业发展影响的因果研究。这一研究也使用一个全国代表性样本和纵向数据来检验从理论模型中得到的重要假设(5.9.2 节到 5.9.7 节)。第三项研究是评估提高学生社交能力并减少攻击行为的学校层面上的干预。这一干预最初被设计为使用群组随机化试验,但实际研究中随机化并没有奏效(5.9.8 节)。

从方法的角度讲,这些例子对本章所介绍的大部分模型进行了说明。5.9.1 节示范一个随后使用了生存分析的贪婪匹配。5.9.2 节示范最佳匹配和匹配前后对协变量不平衡进行评估。5.9.3 节示范最佳匹配后进行 Hogdes-Lehmann 有序秩检验。5.9.4 节示范最佳成对匹配后进行回归调整。5.9.5 节示范倾向值加权;5.9.6 节示范对干预剂量建模,5.9.7 节处理模型比较问题以及示范研究者基于同一数据的不同模型(即比较 5.9.2节到 5.9.4 节所介绍的模型)可以得到的结论。5.9.8 节对 Rand 公司提出的 GBM 算法和用户提出的一种可在 Stata 中应用的 GBM 算法进行比较。

5.9.1 贪婪匹配以及后续的风险率分析

这一研究使用与 4.5.1 节中所用相类似的案例和条件变量。它对一个取自全国儿童和青少年福利调查(NSCAW)的样本量为 2 758 的子样本进行分析。这一研究的主要兴趣是监护人使用药物滥用服务是否减少再次报告儿童虐待的可能性。因而,因变量是基线调查后 18 个月再次报告虐待的时机(timing);18 个月结束时没有再次报告虐待的研究对象被定义为被删节。如 4.5.1 节中所介绍的,研究子样本仅限于那些居住在家里(例如,他们不是寄养的)并且主要看护人是女性的儿童。这一研究之所以限定在女性看护人是因为她们占 NSCAW 中的主要看护人的 90%。

我们进行一项三步分析。第一步,我们使用条件变量来得到倾向值。第二步,我们使用卡尺内的最近邻匹配和马氏距离匹配来构建不同的匹配样本。第三步,由于第一次虐待再报告的时机涉及删节(即我们仅仅知道在 18 个月的窗口期内的再报告时机,那些在研究窗口期结束时没有再次报告的案例就被删节了),我们进行 Kaplan-Meier 乘积极限分析来评价干预组成员(即在基线调查和第 18 个月之间接受药物滥用干预的看护人)和控制组成员(在同一时期内没有接受该项服务的看护人)在存活函数(survivor function)上的差异。匹配样本为 1 对 1 匹配(即再抽样样本中的每个干预组案例只与一个非干预组案例进行匹配)。

这一再报告分析的 1 对 1 匹配是一个"3 × 2 × 2"的设计。也就是说,我们使用 3个 logistic 回归模型(每个模型设定不同的一组条件变量来预测接受干预的倾向值)、**两种**匹配算法(即卡尺内的最近邻匹配和马氏匹配)以及**两种**匹配设定(即,对最近邻匹配,我们使用两种不同的卡尺大小设定;而对马氏匹配,计算马氏距离时,一种方法中我们使用倾向值,另一种方法中我们不使用倾向值)。从而,我们总共检验了 12 个匹配方案。使用多个匹配方案的设计是出于比较不同方法的结果以及检验研究发现对不同模型假定之敏感性的需要。我们将倾向值定义为 logit 或 $\log[(1 - \hat{e}(x))/\hat{e}(x)]$ 而不是预测概率 $\hat{e}(x)$,因为 logit 近似地服从正态分布。

表 5.5 展示了样本的描述性统计以及 3 个 logistic 回归模型。在这 2 758 名儿童中,有 10.8% 接受过药物滥用干预的女性看护人,剩下的 89.2% 则有没接受过干预服务的女性看护人。双变量卡方检验显示大部分变量在匹配前是统计显著的($p < 0.05$),这表明原初样本中,协变量分布在干预组和控制组之间并不十分重合。显然,整体上,干预组有更多的药物滥用问题并且更多地暴露在和风险有关的情况下。

3 种 logistic 回归模型在如下方面有所不同:Logistic 1 包含除了 4 个测量服务需求的协变量之外的所有预先决定的协变量;Logistic 2 加入了这 4 个服务需求变量;Logistic 3 删除了变量"儿童福利工作人员对服务需求的报告"("Child welfare worker(CWW) report of need for service"),因为我们判定这一变量和干预的实际实施之间高度相关,因而它并不是一个适用于进行匹配的恰当变量。

表 5.6 描述了这 12 个匹配方案以及再抽样样本的成员数量:方案 1 到 4 基于 Logistic 1,方案 5 到 8 基于 Logistic 2,方案 9 到 12 基于 Logistic 3。在每一组使用同一 logistic 回归的方案中,前两个方案都采用卡尺内的最近邻匹配(一个使用倾向值标准误的四分之一或 $0.25\sigma_p$,另一个使用更为严格或更窄的卡尺 0.1),接下来的两个方案使用马氏距离匹配(一个不使用而另一个则使用倾向值作为匹配协变量)。对不同卡尺的使用显示了我们在匹配中的两难处境:尽管宽的卡尺会导致更多的相配者和一个更大的样本(即 $N_{方案1} > N_{方案2}$、$N_{方案5} > N_{方案6}$ 和 $N_{方案9} > N_{方案10}$),但会出现不精确的匹配,这一点从干预组和控制组成员之间在倾向值上的较大距离就可以反映出来。我们将两种大小的卡尺纳入分析来检验结果对卡尺大小变动的敏感性。注意,当采用方案 5 和方案 6 时,样本规模最小:使用同样的卡尺为 $0.25\sigma_p$ 的最近邻匹配,样本规模从方案 1(基于 Logistic 1)的 564 降到方案 5(基于 Logistic 2)的 328,表明加入这 4 个需求变量(need variables)极大地限制了成功的匹配,并减少了样本规模。不过,进一步的分析表明,再抽样的样本规模对纳入变量"CWW 报告的服务需求"最为敏感。Logistic 3 保留了 Logistic 2 中的 3 个变量但去掉了"CWW 报告的服务需求",这使得样本量从方案 5 的 328 上升到方案 9 的 490。

由于不同的匹配方案产生不同的再抽样样本,因此在匹配后检查协变量分布以及考察结果对不同再抽样策略的敏感性就十分重要。表 5.7 展示了这一信息。在这 12 个匹配方案中,只有两个方案(方案 5 和方案 6)成功地消除了干预组和非干预组之间协变量分布的所有显著差异。但是,由于前面提到的样本规模减小这一不可忽视的问题,这些匹配方法并没有得到对原始样本有代表性的再抽样样本。

所有使用马氏距离匹配的方案(方案 3,4,7,8,11 和 12)都不能消除干预组和非干预组之间的显著差异。通过这种方式对这些方案的检验表明,马氏距离方法对于涉及大量匹配变量的匹配(如本例中的情形)来说可能不是一个好的方法。而且,使用倾向值作为附加的匹配变量(方案 8 和 12)也没有什么帮助。

表 5.5 样本描述和预测倾向值模型(例 5.9.1)

变　量	N	%	接受干预的看护人 百分比(服务 使用者)/%	双变量卡方(χ²)检验	B Logistic 1	B Logistic 2	B Logistic 3
婚姻状态							
未婚	1926	69.8	11.5				
已婚(MARRIED)	832	30.2	9.3	.085	.055	.397	.180
教育							
没有高中文凭	926	33.6	13.1				
高中文凭或同等学历(HIGH)	1232	44.7	10.6		-.161	.078	-.210
大学或以上(BAHIGH)	600	21.8	7.8	.005	-.424*	-.064	-.253
贫困							
小于50%	623	22.6	13.5				
50%到小于100%(POVERTY2)	898	32.6	11.7	.023	-.146	-.206	-.088
100%到小于150%(POVERTY3)	503	18.2	8.0		-.329	-.220	-.221
150%到小于200%(POVERTY4)	339	12.3	8.9		-.125	-.099	.095
200%或以上(POVERTY5)	395	14.3	9.9		.095	-.277	.011
就业							
没有就业	1424	51.6	13.6				
就业(EMPLOY)	1334	48.4	7.9	<.0001	-.175	-.323	-.162
案例状况							
关闭的	1211	43.9	5.7				
开放的(OPEN)	1547	56.1	14.8	<.0001	.807***	.167	.509**
儿童的种族							
白人	1504	54.5	9.8		.167		
非裔美国人(BLACK)	706	25.6	12.2	.010	.167	-.367	.021

西班牙裔（HISPANIC）	404	14.7	9.7		.298		−.089	.332
美国原住民（NATAM）	144	5.2	18.1		.882***		.769*	.819**
儿童年龄				<.0001				
11 +	559	20.3	6.8					
0—2（CHDAGE1）	937	34.0	16.9		1.088***		.739*	1.027***
3—5（CHDAGE2）	452	16.4	9.1		.341		.223	.358
6—10（CHDAGE3）	810	29.4	7.5		.233		.179	.190
看护人的年龄				.313				
> 54	43	1.6	18.6					
< 35（CGRAGE1）	1904	69.0	10.4		−1.225**		−.925	−1.210*
35 —44（CGRAGE2）	653	23.7	11.3		−.754		−.460	−.813
45 —54（CGRAGE3）	158	5.7	12.0		−.719		−.421	−.410
支付基本必需品有困难				<.0001				
没有	1911	69.3	9.2					
有（CRA47A）	847	30.7	14.5		−.059		−.195	−.083
看护人精神健康状况				<.0001				
没有精神问题	2014	73.0	7.4					
有精神健康问题（MENTAL）	744	27.0	20.2		.734***		.203	.633***
看护人被逮捕				<.0001				
从未被逮捕	1837	66.6	6.1					
有被逮捕过（ARREST）	921	33.4	20.2		1.034***		.767***	.858***
AOD 干预接受				<.0001				
没有接受过	2469	89.5	8.1					
接受过（PSH17A）	289	10.5	33.9		1.366***		.358	.630***

续表

变量	N	%	接受干预的看护人（服务使用者）/% 百分比	双变量卡方(χ²)检验	B Logistic 1	B Logistic 2	B Logistic 3
虐待类型							
身体虐待	681	24.7	7.8	$< .0001$			
性虐待(SEXUAL)	356	12.9	3.7		-.667*	-.422	-.422
不能供养(PROVIDE)	596	21.6	17.0		.440*	-.191	.276
不能监护(SUPERVIS)	764	27.7	11.9		.108	-.202	-.020
其他(OTHER)	361	13.1	11.1		.211	-.569	.034
风险评估							
不存在风险	2284	82.8	4.3	$< .0001$			
存在风险(RA)	474	17.2	42.2			1.338***	2.026***
"CIDI—SF"							
不存在	1958	71.0	6.1	$< .0001$			
存在(CIDI)	800	29.0	22.4			.971***	.912***
看护人员自报需求							
没有需要	2635	95.5	9.3	$< .0001$			
有需要(CGNEED)	123	4.5	43.1			1.109**	1.210***
CWW 报告的服务需求							
没有需要	2425	87.9	3.1	$< .0001$			
有需要(CWWREP)	333	12.1	67.0			3.398***	
logitic 回归的解决					-3.084***	-3.933***	-3.799***

资料来源:Guo, S., Barth, R. P., & Gibbons, C. (2006),表1,第372-373页。经 Elservier 允许重印。

注:接着变量名显示的为参照组。

$* p < 0.05$, $** p < 0.01$, $*** p < 0.001$。

表 5.6　匹配机制描述与再抽样样本规模(例 5.9.1)

方　案	匹配方法描述	新样本的规模(N)	
		干预组	控制组
1. 最近邻匹配 1—1	采用 logistic 1 预测的倾向值,卡尺 = 0.311(即 0.25σ)的最近邻 1 对 1 匹配	282	282
2. 最近邻匹配 1—2	采用 logistic 1 预测的倾向值,卡尺 = 0.1 的最近邻 1 对 1 匹配	281	281
3. 马氏距离匹配 1	用于计算马氏距离的协变量与 logistic 1 相同	265	265
4. 加入倾向值的马氏距离匹配 1	加入倾向值的马氏距离匹配 1,倾向值由 logistic 1 预测	265	265
5. 最近邻匹配 2—1	采用 logistic 2 预测的倾向值,卡尺 = 0.490(即 .25σ)的最近邻 1 对 1 匹配	164	164
6. 最近邻匹配 2—2	采用 logistic 2 预测的倾向值,卡尺 = 0.1 的最近邻 1 对 1 匹配	163	163
7. 马氏距离匹配 2	用于计算马氏距离的协变量与 logistic 2 相同	182	182
8. 加入倾向值的马氏距离匹配 2	加入倾向值的马氏距离匹配 2,倾向值由 logistic 2 预测	182	182
9. 最近邻匹配 3—1	采用 logistic 3 预测的倾向值,卡尺 = 0.401(即 .25σ)的最近邻 1 对 1 匹配	245	245
10. 最近邻匹配 3—2	采用 logistic 3 预测的倾向值,卡尺 = 0.1 的最近邻 1 对 1 匹配	245	245
11. 马氏距离匹配 3	用于计算马氏距离的协变量和 logistic 3 相同	235	235
12. 加入倾向值的马氏距离匹配 3	加入倾向值的马氏距离匹配 1,倾向值由 logistic 3 预测	235	235

资料来源:Guo,S., Barth, R. P., & Gibbons, C(2006),表 2,第 375 页。经 Elservier 允许重印。

表 5.7　敏感性分析的结果(例 5.9.1)

方　案	协变量分布不十分重合:匹配后协变量显著 $p < 0.05$	再次报告之时机的生存分析结果		
		以月为单位存活函数的第 85 百分位(Kaplan-Meier 估计)		组间差异检验的 p 值
		干预组	控制组	(Wilcoxon)
原始样本或者全部样本($n = 2\,723$)[a]	BAHIGH, POVERTY3, EMPLOY,OPEN, NATAM,CHDAGE1, CHDAGE3, CRA47A, MENTAL, ARREST, PSH17A, SEXUAL, PROVIDE, RA, CIDI, CGNEED, CWWREP	7.6	13.6	<.0001
1. 最近邻匹配 1—1	RA, CIDI, CGNEED, CWWREP	7.4	9.5	.48
2. 最近邻匹配 1—2	RA, CIDI, CGNEED, CWWREP	7.6	10.2	.33
3. 马氏距离匹配 1	OPEN, MENTAL, ARREST, RA, CIDI, CGNEED, CWWREP	7.6	12.1	.01
4. 加入倾向值的马氏距离匹配 1	OPEN,MENTAL,RA,CIDI,CGNEED, CWWREP	90% 5.2	90% 9.2	.01

续表

| | 协变量分布不十分重合:
匹配后协变量显著 | 再次报告之时机的生存分析结果 | | |
| | | 以月为单位存活函数的第 85 百分位
(Kaplan-Meier 估计) | | 组间差异检验的 p 值 |
方　案	$p < 0.05$	干预组	控制组	(Wilcoxon)
5. 最近邻匹配 2—1		7.4	9.5	.36
6. 最近邻匹配 2—2		8.8	9.5	.45
7. 马氏距离匹配 2	CGRAGE2, MENTAL, ARREST, PSH17A, RA, CIDI, CWWREP	7.8	9.9	.41
8. 加入倾向值的马氏距离匹配 2	CGRAGE1, CGRAGE2, MENTAL, PSH17A, RA, CIDI, CWWREP	7.3	9.9	.44
9. 最近邻匹配 3—1	CWWREP	7.6	12.7	.02
10. 最近邻居匹配 3—2	CWWREP	7.6	12.7	.02
11. 马氏距离匹配 3	CGRAGE1, CGRAGE2, MENTAL, ARREST, RA, CIDI, CWWREP	90% 5.3	90% 7.6	.08
12. 加入倾向值的马氏距离匹配 3	CGRAGE1, CGRAGE2, MENTAL, ARREST, RA, CIDI, CWWREP	90% 6.0	90% 7.6	.06

资料来源:Guo,S., Barth, R. P., & Gibbons, C(2006),表3,第375页。经 Elserver 允许重印。

a.35 个被研究成员因为缺失数据从分析中被删除。

在剩下的采用卡尺内最近邻匹配的方案中,只有方案 9 和方案 10 成功地消除了组间的显著差异,尽管变量 CWWREP 在这些样本中仍然显著。这两个方案都建立在将CWWREP 排除在匹配变量之外的 Logistic 3 基础之上。这一排除是因为更仔细地查看CWWREP 的分布表明 CWWREP 变量和 logistic 回归的因变量(也即是是否接受药物滥用服务这个二分类变量)高度相关。原始样本中,没有接受服务的人中有 95.5% 被儿童福利工作人员所认定为服务需求为 0,而接受服务的人中有 74.8% 被认定对此服务有需求。这种情况几乎总是可能出现的,因为那些观察到阳性药物检测现象的儿童福利工作者更有可能认为某个看护人参与了药物滥用干预。CCWREP 和因变量之间存在高相关妨碍了将 CWWREP 用作一个条件变量。因而,我们认为,在 3 个 Logistic 回归中,Logistic 3 是最好的。

表 5.7 也呈现了生存分析的结果。也就是说,与每个方案相联系的存活函数的第 85百分位数和对关于各组之间具有相等的存活函数这一虚无假设进行的显著性检验。我们报告了方案 4、11 和 12 的第 90 百分位数(而不是第 85 百分位数),因为到研究窗口期结束时,这些方案中各组的存活者比例超过 85%。在本分析中,第 85 百分位数表明了研究对象中其余 15% 有虐待的再次报告所需的月数,且这个数字越小,再次报告就越快,从而虐待再次发生的风险就越大。统计结果显示,对于原始样本中的 2 723 个儿童来说,看护人使用药物滥用服务的儿童中 15% 的人 7.6 个月就有一次虐待的再次报告,但是,15% 的非干预组儿需要 13.6 个月才有再次报告,并且这一差异是统计显著的($p < 0.000\ 1$)。因而,那些其看护人使用药物滥用服务的儿童比起其看护人不使用药物滥用服务的儿童更可能有儿童虐待再次报告。

　　所有的匹配方案都显示出相同方向的存活函数差异,也就是说,干预组比非干预组有更高的再报告风险。这一发现在不同的匹配方法之间是一致的,表明那些使用药物滥用服务者的子女比那些没有使用药物滥用服务者的子女有更高的被再报告的可能性。剩下的问题就是这一差异是否统计显著。由于我们知道仅有使用 Logistic 3 的卡尺内最近邻匹配方法(方案 9 和方案 10)才满足可忽略的干预分配这一假定,并且存活函数的组间差异在这些方案中是统计显著的(即 p 值为 0.02),因此,我们可以认为,组间差异是统计显著的。使用药物滥用服务者的子女似乎生活在一个提升虐待风险的环境,并且和没有使用药物滥用使用者的子女比起来,他们值得给予持续的保护性监护。

　　图 5.3 用图示的方式就原始样本和方案 9 所得样本的存活曲线进行了对比。该图表明:a. 8 个月和 12 个月期间,方案 9 再抽样样本中干预组和非干预组之间的差异比原始样本中的略微更高;以及 b. 到研究窗口期结束时,原始样本中仍处于“没有再报告”状态的儿童的比例较方案 9 再抽样样本中的略高一些。这一基于未对接受服务的异质性加以控制的原始样本所做的分析掩盖了这样一个事实:药物滥用干预可能是一个更高风险的标志和一个家庭持续加入儿童福利服务体系的迹象。

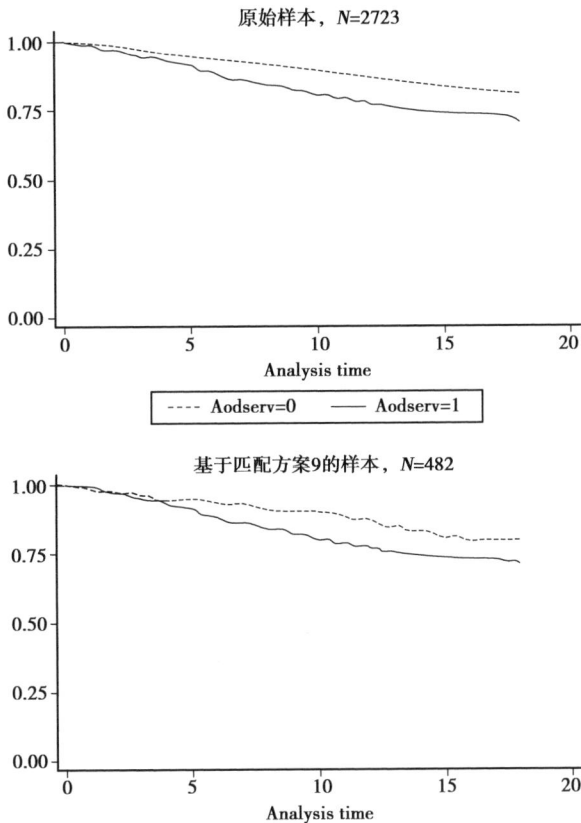

图 5.3　存活函数:仍未再次报告的百分比(例 5.9.1)

资料来源:Guo,S.,Barth,R.,P. & Gibbons C. (2006),图 1,第 377 页。经 Elsevier 允许重印。

　　总之,当无法取得实验数据的时候,对于再次报告风险进行倾向值匹配分析使得分析观察数据成为可能,这为以下观点提供了证据:药物滥用干预并没有为使用此项服务的人员的子女带来生活安全。针对这些发现的更多的验证性分析和讨论可以在别处找到(Barth,Gibbons & Guo,2006)。

5.9.2 最佳匹配

我们现在来介绍一项考察代际福利依赖(intergenerational dependence on welfare)及其与儿童学业成绩的关系的研究。这一研究示例性地说明了最佳匹配在观察数据中的应用。

1. **概念问题和实质兴趣**。正如第 1 章所介绍的,先前的研究表明,儿童贫困和儿童福利依赖都对儿童发展有影响。一般来说,成长于贫困环境中对儿童的生活前景有负面影响,并且随着贫困持续,后果会变得更加严重(Smith & Yeung, 1998)。Duncan 等(1998)发现儿童早期的家庭经济条件对成就的影响最大,对于低收入家庭的儿童来说情况尤其如此。Foster 和 Furstenberg(1998,1999)发现大部分处于不利地位的儿童都往往生活在女性作为户主的低收入家庭户中、接受公共资助和/或具有失业的户主。Duncan,Brooks-Gunn 和 Klebanov(1994)在他们将孩童期贫困的模式与对孩子的 IQ 和行为联系起来的研究中发现,经济剥夺的持续期(duration)是这两个结果的一个重要预测变量。Brooks-Gunn 和 Duncan(1997)的研究集中讨论了贫困的时机、程度以及时间长短对儿童的影响,这一研究支持了如下结论:家庭收入对儿童和青少年的福祉(well-being)具有选择性的但显著的影响,对能力和成就的影响比对情感发展的影响更大。此外,Brooks-Gunn 和 Duncan 还发现,如果儿童在幼儿期经历贫困的话,贫困对儿童的影响就更大得多。

文献很清楚地表明了代际福利依赖和儿童发展结果之间的联系。从资源模型的视角(Wolock & Horowitz,1981),这一联系是重复性的并且会导致数代陷于贫困的恶性循环。出生于多代依赖福利的家庭的儿童可能缺乏充足的资源来实现学业目标,这将最终影响他们自己的就业能力(employability)并增加他们在成年期使用公共资助的风险。

Corcoran 和 Adam(1997)发展了 4 个模型来解释代际间的贫困持续(poverty persistence):①经济资源的缺乏阻碍人力资本的开发;②父母的非经济资源和他们的贫困水平有关,并决定着儿童长大成人后的贫困;③福利系统自身会产生出一种父母和儿童共同具有的贫困文化;④劳动力市场情况、人口变动以及种族歧视相连的结构性环境因素形塑着代际贫困。Corcoran 和 Adam 的发现在一定程度上支持所有这些模型,其中对经济资源论断的支持最强。

先前对贫困以及它对儿童发展的影响的研究已阐明联系资源和儿童福祉之间的风险机制。这些研究中的一部分已经形塑了福利改革政策的形成;一些发现助长了正在进行的关于福利改革的争论;还有一些其他研究发现仍有争议。在这些文献中,有两个主要的方法局限。第一,先前的研究没有分析广泛的儿童结果(即身体健康、认知和情感发展以及学业成绩)。第二,就本例来说更为突出的是,先前的研究隐含地假定了贫困和儿童学业成就之间居具有因果关系。但是,大部分此类研究都是在没有明确控制样本选择和混杂协变量(confounding covariate)下使用诸如回归或者回归类的协方差控制方法。我们此前已经展示,使用协方差控制的研究可能无法得到有效的因果推论。

2. **最佳匹配的数据和结果**。这一研究使用取自收入动态追踪研究(PSID)中的 1997 年儿童发展附加调查(Child Development Supplement,CDS)的数据和 1968 年到 1997 年间的核心 PSID 年度数据(Hofferth et al.,2001)。这一核心 PSID 数据由一个全国代表性家庭样本构成。在 1997 年,密歇根大学的调查研究中心收集了 3 586 个儿童的信息,这些儿童年龄在 0 ~ 12 岁,并生活在 2 394 个 PSID 家庭中。信息从父母、教师以及儿童自己那里收集得到。目的是向研究者提供关于母亲就业模式、家庭结构变化及贫困影响儿童健康与发展的综合且具有全国代表性的数据。CDS 样本包含和 1 602 名主要看护人相联系的 2 208 名儿童的学业成绩。为了解决关于代际福利依赖的研究问题,我们分析这一样本的一个子集。本研究的对象是这样一些儿童:有关在儿童期接受福利项目(比如,抚养未成年儿童家庭援助项目(Aid to Families with Dependent Children,AFDC)的有效数据,并且他们的看护人在1997年时不超过36岁。这一研究涉及使用主要看护人在1968年PSID中的ID号作为一个关键对30年的数据进行仔细检查。由于信息有限,该研究不能区别资助项目的类型。此研究按照如下准则定义一个儿童作为某一年份公共资助(例如AFDC)的接受者:他或者她的看护人曾经在该年接受过AFDC项目。同时如果看护人的主要看护人(或者说被研究儿童的祖父母)在某一年接受过AFDC项目,则定义该看护人为此项目的接受者。在某一年内接受AFDC项目这一定义并不能区分短期使用(例如,仅在单个月份内接受AFDC)和长期使用(例如,全部12个月)。这项研究的一个局限源于AFDC数据的离散特征以及AFDC研究变量(即"看护人在儿童时期使用AFDC的年数)在分析中被作为连续变量这一事实,它也许并没有准确地测量AFDC的真实影响。在仔细审查数据之后,应用入选标准(inclusion criteria)以及整列方式(listwise)删除缺失数据后,得到的研究样本包含与708名看护人相联系的1 003名儿童。

出于举例说明的考虑,我们只报告对学业成绩其中一个方面进行考察的发现:以Woodcock-Johnson修订的成绩测验(Woodcock-Johnson Revised Tests of Achievement)(Hofferth et al.,2001)得到年龄标准化"识字"得分(age-normed "letter-word identification" score)。这一测量上的高得分表明高的成绩。此得分被定义为这项研究的结果变量。因为它具有双重优点:一是它是标准化的,二是它体现着福利改革争论中的一个关键想法——福利改革对儿童教育获得的影响。

表5.8显示了这一样本中代际福利依赖的水平。在与其看护人的福利状态进行对比的这1 003名儿童中,615名或者说61.3%仍处在没有使用福利的相同状态,114名或者说11.4%呈现出向上的社会流动(即他们的看护人在6~12岁期间使用了福利,但下一代在其出生后到1997年时并没有使用福利),154名或者说15.4%呈现出向下的社会流动(即他们的看护人没有使用福利,但下一代在他们一生中的某个时候使用了福利),120名或者说12.0%仍处在和他们的看护人一样的使用福利状态。因而,按照时期为两代的定义方式,代际福利依赖的整体水平即为12%。

基于这一研究问题,我们将研究对象分为两组:从出生到1997当年曾经使用AFDC的以及那些在此期间从没有使用AFDC的。从而,此二分变量定义了本研究中的干预条件:曾经使用AFDC的干预组相对于从没使用AFDC的控制组。为了评估干预效应(即儿童对AFDC的使用)对学业成绩的影响,分析人员必须控制多个协变量或者说干扰变量(confounding variable)。出于示例说明的目的,我们考虑如下协变量:目前的收入或者贫困状态,通过1996年时的家庭收入与贫困线的比值来测量;看护人在1997年时的受教育程度,通过受教育年数进行测量;看护人使用福利的历史,通过看护人在6~12岁期间使用AFDC的年数进行测量(即连续变量);儿童的种族,通过非裔美国人还是非非裔美国人来测量;儿童在1997年时的年龄;儿童的性别,按照男还是女来进行测量。

表5.8 儿童使用AFDC的状态与看护人在儿童时期使用AFDC的状态的交互(例5.9.2)

儿童从出生到1997时的AFDC使用	看护人在儿童时期(6~12岁)的AFDC使用		
	从未使用	使用过	合　计
从未使用	615(61.3)	114(11.4)	729(72.7)
使用过	154(15.4)	120(12.0)	274(27.3)
合计	769(76.7)	234(23.3)	1003(100)

注:$p < 0.001$,卡方检验;每个百分数(括号中)通过观察频数除以总样本量1003得到。

表 5.9 显示了样本的描述性统计、对 ATE 的独立样本 t 检验以及一个评估 ATE 的 OLS 回归。和协变量相连的 p 值由 Wilcoxon 秩和(Mann-Whitney)检验提供。该表显示,除了儿童的性别,干预组和控制组之间在每个协变量上的差异都是统计显著的。干预组成员往往是那些 1996 年时比较贫困的($p < 0.000$)、其看护人 1997 年时的受教育水平更低($p < 0.000$),并且他们的看护人在儿童时期接受过更长时间的 AFDC($p < 0.000$)。此外,干预组有更高比例的非裔美国人($p < 0.000$),并且干预组平均来说在 1997 年比控制组年龄更大($p < 0.001$)。如果不控制这些协变量,干预效应的估计值将是有偏的。表中也呈现了 ATE 的两个估计值。一个估计值是从独立样本 t 检验中获得的,这一结果表明干预组的平均识字得分比控制组低 9.82 分($p < 0.000$)。另一个估计值从使用稳健标准误对家庭内儿童的聚群(clustering)加以控制的 OLS 回归中获得。第二个估计值是大多数研究愿意使用的,它表明控制这些协变量后,干预组的识字得分平均比控制组低 4.73 分($p < 0.01$)。基于第 2 章和第 3 章的分析,我们可以有较大把握认为两个估计值都可能是有偏且不一致的。

接下来进行倾向值分析。在步骤 1,我们使用 GBM(即 stata 的 boost)估计接受干预的倾向值。GBM 表明:1996 年时的家庭收入与贫困线的比值对似然函数具有最大的影响(86.74%),护理人员在儿童时期使用 AFDC 具有第二大的影响(6.03%),其他有影响的因素包括 1997 年时看护人的受教育程度(3.70%)、儿童的种族(2.58%)以及 1997 年时儿童的年龄(0.95%)。Wilcoxon 秩和检验表明性别并非显著的预测变量,故 GBM 并未使用儿童的性别。

图 5.4 按照干预状态呈现了估计的倾向值的箱线图和直方图。该图表明,两个组在估计的倾向值的分布上有所不同。共同支持域尤其成问题,因为干预组的第 25 百分位数等于控制组上部的相邻值。两个组具有一个非常窄的共同支持域。如果我们应用卡尺内的最近邻匹配或者其他类型的贪婪匹配,这一非常窄的共同支持域很可能产生不可忽视的匹配成员丢失。此外,贪婪匹配还用一种非最佳的方式为每一个干预组成员找出相配者。基于这些考虑,我们决定使用最佳匹配。

在进行最佳匹配之前,我们需要仔细检查干预组成员与控制组成员的比值来决定匹配方案。在这一个示例中,我们有 274 个干预组成员和 729 个控制组成员或者说干预组和控制组成员的比约为 0.38:1。采用这些数据,1 对 1 或者 1 对 2 成对匹配方案都是可行的。但是,最佳成对匹配通常并不是最优的,和基于同一数据的完全匹配比起来情况尤其如此(见 5.4.2 节)。1 对 1 匹配将导致 729 - 274 = 455 个控制组成员不可用,1 对 2 匹配则将使得 729 - (274 × 2) = 181 个控制组成员不可用。出于示例目的,我们决定进行 1 对 1 匹配。我们还发现这些数据也允许进行完全匹配或者可变匹配。采用 5.4.2 节介绍的原则和考虑,我们采用下列匹配方案:a. 完全匹配;b. 使用至少 1 名和至多 4 名控制组成员与每一干预组成员进行匹配的可变匹配 1;c. 使用至少 2 名和至多 4 名控制组成员与每一干预组成员进行匹配的可变匹配 2;d. 使用 Hansen 公式的可变匹配 3(即,设定匹配的控制组成员数最小为 $0.5(1 - \hat{P})/\hat{P} = 0.5(1 - 0.273)/0.273 = 1.33$,最大为 $2(1 - \hat{P})/\hat{P} = 2(1 - 0.273)/0.273 = 5.32$);e. 使用至少 2 名和至多 7 名控制组成员与每一干预组成员进行匹配的可变匹配 4;以及 f. 1 对 1 成对匹配。

表 5.9　样本描述和回归分析的结果（例 5.9.2）

| 变　量 | 儿童从出生到 1997 年使用 AFDC 的情况［% 或均值（标准差）］ | | | 用 1997 年的识字得分作为结果变量的回归系数估计值（稳健标准误） |
	从未使用	使用过	p 值	
结果变量:1997 年识字得分	103.98(16.8)	94.16(14.8)	.000ᵃ	
协变量				
1996 年时的家庭收入与贫困线的比值	3.16(2.76)	1.05(1.00)	.000ᵇ	1.13(0.33) **
1997 年时看护人的受教育程度（受教育年数）	13.2(1.88)	11.6(1.55)	.000ᵇ	0.91(0.34) **
护理人员在儿童时期使用 AFDC 的年数	0.48(1.36)	1.86(2.59)	.000ᵇ	− 0.76(0.31) *
儿童的种族:非裔美国人（参照:其他）	36.20%	78.10%	.000ᵇ	− 1.88(1.23)
儿童在 1997 年的年龄	6.50(2.78)	7.11(2.81)	.001ᵇ	0.87(0.17) ***
儿童的性别:男性（参照:女性）	53.50%	51.80%	.636ᵇ	− 2.00(0.99) *
儿童使用 AFDC 的状态（参照类:从不）				− 4.73(1.39) **
截距				84.85(4.5) ***
R^2				0.15
儿童数量（家庭数量）	729(506)	274(202)		1003(708)

注:a. 独立样本 t 检验,双尾。

　　b. Wilcoxon 秩和（Mann-Whitney）检验。

　　$* p < 0.05$, $** p < 0.01$, $*** p < 0.001$。

我们根据这些方案在 R 中运行 *optmatch* 来执行最佳匹配。表 5.10 展示了最佳匹配的结果。表中显示了 *optmatch* 产生的两个有用结果:层结构以及总距离。层结构是根据干预组成员数与控制组成员数之比对匹配集合的一个计数（count）。例如,完全匹配得到了一共 135 个匹配集合。其中,1 个集合有 22 名干预组成员和 1 名控制组成员,40 个集合有 1 名干预组成员和 1 名控制组成员,20 个集合有 1 名干预组成员和 2 名控制组成员,等等。注意,有一个集合包含一名干预组成员和 245 名控制组成员。总距离是一个基于所有匹配集合得到的干预组成员和控制组成员之间在倾向值上的差值的总和,因而总距离是一个反映匹配紧密度（closeness）的整体度量指标,其中,较小的数表明匹配较为紧密。采用总距离这一指标,我们发现在所有的 6 个方案中,完全匹配提供了最好的办法,成对匹配次之。在 4 个可变匹配方案中,使用 Hansen 公式的可变匹配 3 表现得最好。值得注意的是,1 对 1 匹配没有使用 455 个控制组成员,这意味着有一个 45.4% 的研究案例损失。虽然成对匹配在匹配上显示得较为紧密,但它删除了一些研究对象,这对研究功效（study power）有不令人满意的影响。我们的数据确证了先前关于完全匹配是最佳的这一发现。

对于匹配样本（matched sample）来说,我们总是想知道匹配在多大程度上减少了偏差。偏差减少的程度可以通过比较匹配前后协变量均值上的标准化绝对差异（absolute standardized difference）（即 d_x 和 d_{xm} 之间的对比）来反映。表 5.11 显示了这一信息。完全匹配极大地减少了除性别之外的所有协变量上的不平衡。以 1996 年时的家庭收入与贫困线的比值为例,匹配前,干预组和控制组在这一变量上的差异超过标准差的 100%,而完全匹配后,这一标准偏差仅为标准差的 4%。几乎所有匹配方案都在某种程度上减少了几乎所有变量上的偏差,但是有的多一些,有的少一些。按照协变量平衡,表 5.11 确证了完全匹配做得最好而成对匹配次之。

表 5.10 最佳匹配的结果（例 5.9.2）

层结构 "干预组:控制组"之比（匹配集合的数量）

匹配方案	22:1	20:1	15:1	14:1	10:1	8:1	7:1	6:1	5:1	4:1	3:1	2:1	1:1	1:2	1:3	1:4	1:5	1:6	1:7	1:8	1:9	1:10	1:12	1:13	1:14	1:18	1:19	1:27	1:29	1:245	0:1	总距离	匹配中丢失案例的百分比/%
完全匹配	(1	1	1		2	2	1	1	1	3	4	8	40	20	12	6	6		3	2	2	2	2	3	1	1	2	1	1	1)		31831	0.0
可变匹配 1（至少 1 名，至多 4 名）													(122		1	151)																241707	0.0
可变匹配 2（至少 2 名，至多 4 名）														(182	1	90)																255603	0.0
可变匹配 3（根据 Hansen 公式确定）													(183					91)														198664	0.0
可变匹配 4（至少 2 名，至多 7 名）														(237	1				36)													228723	0.0
成对匹配													(274																		455)	40405	45.40

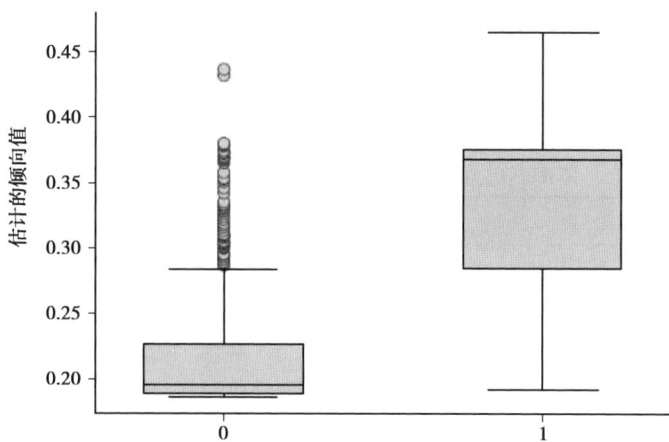

(a)估计的倾向值的箱线图

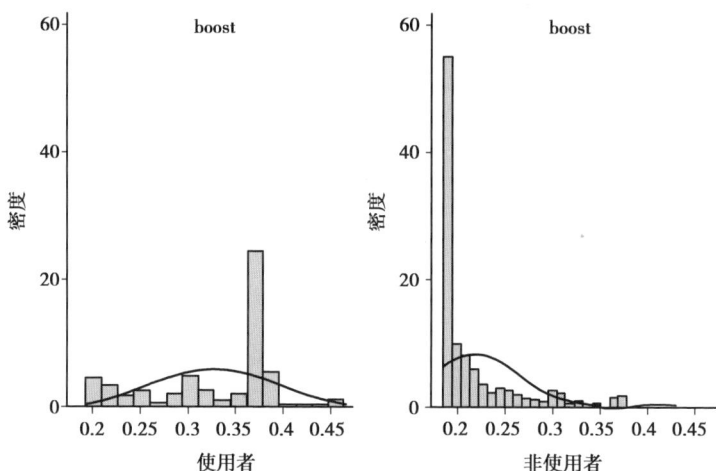

(b)估计的倾向值的直方图

图 5.4 估计的倾向值的分布(例 5.9.2)

5.9.3 使用 Hodges-Lehmann 有序秩的匹配后分析

Hodges-Lehmann 有序秩可用于完全匹配或者可变匹配所创建的匹配样本。由于这些匹配方案没有一个显示出令人满意的误差较少,我们在进一步的分析中排除了这些匹配样本。表 5.12 呈现了完全匹配后分析(post-full matching analysis)的结果。

该表显示,我们使用了完全匹配,并且发现,那些使用 AFDC 的儿童在 1997 年时的识字得分平均比那些从未使用的儿童低 1.97 分,这一差异在 0.05 水平上统计显著。我们使用 Hodges-Lehmann 检验来测量此统计显著性。本研究还检测到了一个 0.19 的效应值(effect size),但根据 Cohen(1988)的标准,这是一个较小的效应值。

5.9.4 使用差分回归进行匹配后分析

我们可以基于最佳成对匹配构建得到的匹配样本进行差分回归。基于成对匹配样本,我们首先计算每一对干预组和控制组成员在所有研究变量(即结果变量以及所有协变量)上的差值。然后,我们就结果的差分对协变量的差分进行回归。此外,注意我们的模型还纳入了一个对聚群效应(即多个孩子嵌套于同一看护人)的校正,此校正通过采用标准误的稳健估计来实现。表 5.13 展示了回归调整的成对匹配后分析结果。

我们在5.5.5节已经解释过了,差分回归的截距反映了样本的ATE。这一模型估计的截距是-3.17($p<0.05$)。因而,使用成对匹配和回归调整,此研究发现,平均而言,使用AFDC的儿童在1997年时的识字得分比未使用AFDC的儿童低3.17分,且这一结果是统计显著的。

表5.11 不同匹配方案下匹配前和后的协变量不平衡(例5.9.2)

协变量及匹配方案	d_x	d_{xm}
1996年时收入与贫困线的比值	1.02	
完全匹配		0.04
可变匹配1(至少1名,至多4名)		0.79
可变匹配2(至少2名,至多4名)		0.94
可变匹配3(根据Hansen公式确定)		0.74
可变匹配4(至少2名,至多7名)		0.87
成对匹配		0.25
1997年时看护人的受教育程度(受教育年数)	0.91	
完全匹配		0.17
可变匹配1(至少1名,至多4名)		0.72
可变匹配2(至少2名,至多4名)		0.87
可变匹配3(根据Hansen公式确定)		0.75
可变匹配4(至少2名,至多7名)		0.81
成对匹配		0.34
看护人在儿童时期使用AFDC的年数	0.67	
完全匹配		0.01
可变匹配1(至少1名,至多4名)		0.56
可变匹配2(至少2名,至多4名)		0.65
可变匹配3(根据Hansen公式确定)		0.55
可变匹配4(至少2名,至多7名)		0.63
成对匹配		0.40
儿童的种族:非裔美洲人(参照:其他)	0.93	
完全匹配		0.01
可变匹配1(至少1名,至多4名)		0.79
可变匹配2(至少2名,至多4名)		0.92
可变匹配3(根据Hansen公式确定)		0.73
可变匹配4(至少2名,至多7名)		0.85
成对匹配		0.44
儿童在1997年的年龄	0.22	
完全匹配		0.07
可变匹配1(至少1名,至多4名)		0.21
可变匹配2(至少2名,至多4名)		0.22
可变匹配3(根据Hansen公式确定)		0.19
可变匹配4(至少2名,至多7名)		0.24
成对匹配		0.14
儿童的性别:男性(参照:女性)	0.03	
完全匹配		0.05
可变匹配1(至少1名,至多4名)		0.02
可变匹配2(至少2名,至多4名)		0.05
可变匹配3(根据Hansen公式确定)		0.01
可变匹配4(至少2名,至多7名)		0.03
成对匹配		0.09

注:协变量上的标准化绝对差异指的是匹配前(d_x)和匹配后(d_{xm})的差别。

5.9.5 倾向值加权

在本例中,我们阐述倾向值加权分析,该模型在 5.6 节介绍过。记估计的倾向值为 P,我们首先创建两个权重变量:①为了估计 ATE,我们为干预组成员创建的权重为 $1/P$,为控制组成员创建的权重为 $[1/(1-P)]$;②为了估计 ATT,我们为干预组创建的权重为 1,为控制组创建的权重为 $[P/(1-P)]$。

回想一下,倾向值加权并不使用匹配,因此,所使用的样本和原始样本是相同的。据此,5.5.3 节中所介绍的检查协变量不平衡的方法就不适用了。我们需要采用不同的方法来检查不平衡,这种方法适于加权分析。我们选择的方法是**加权简单回归**(weighted simple regression)或者**加权简单 logistic 回归**(weighted sample logistic regression)。具体来说,我们进行一个回归,该回归使用一个连续的协变量作为因变量并使用一个二分变量作为单个自变量。如果我们要检验的协变量是一个二分变量,那么我们使用这一个二分变量作为因变量进行一个加权 logistic 回归,并再次使用二分的干预变量作为单个自变量。表 5.14 呈现了基于此种方法的不平衡检查。此表还呈现了分别与 ATE 和 ATT 权重情况下的干预变量(即儿童使用 AFDC)之回归系数相联系的 p 值。

表 5.12 以 Hodges-Lehmann 有序秩检验对 1997 年识字得分上估计的平均干预效应进行检验
(匹配方案:完全匹配)(例 5.9.3)

平均干预效应 (效应值:Cohen 的 d)	Hodges-Lehman 检验 统计量的点估计值 $(\hat{W}_s - E(\hat{W}_s))$	检验统计量 的标准误 $\sqrt{Var(\hat{W}_s)}$	Z $(\hat{W}_s - E(\hat{W}_s))/\sqrt{Var(\hat{W}_s)}$	p 值
$-1.97(.190)$	-7051.766	3247.278	-2.172	$.015$

表 5.13 成对匹配后以识字得分之差分对协变量之差分进行回归(例 5.9.4)

协变量差值	估计的回归系数(稳健标准误)
截距	$-3.17(1.73)$ *
1996 年时的家庭收入与贫困线的比值	$3.14(1.67)$ *
1997 年时看护人的受教育程度(受教育年数)	$.01(.51)$
儿童的种族:非裔美国人(参照:其他)	$-3.34(2.33)$
儿童在 1997 年的年龄	$.23(.33)$
儿童的性别:男性(参照:女性)	$-1.21(1.84)$
儿童数量(家庭数量)	$274(202)$

注:* $p < 0.05$,单尾检验。

结果并不像我们所希望的那样好。在这两种加权中,除了性别之外,控制组和干预组成员之间在所有协变量上的不平衡都在某一统计显著水平上。这一发现表明,对这一数据集来说,倾向值加权并不能消除协变量不平衡,因此,加权分析的结果可能仍然是有偏的。

出于示例说明的目的,我们进行了倾向值加权分析,有关结果呈现在表 5.15 中。此分析表明,使用 AFDC 的儿童所具有的识字得分比未使用 AFDC 的儿童平均低 5.16 分($p < 0.001$)。从干预组的干预效应角度来看(即,如果分析人员仅仅考虑那些被分配到

干预条件下的个体,那么,此效应有多大?),我们发现使用 AFDC 的儿童的平均识字得分比从未使用 AFDC 的儿童低 4.62 分($p < 0.01$)。和 ATE 比起来,ATT 在大小和显著性程度上都减小了。

5.9.6 对干预剂量的建模

本例中,我们介绍研究多个干预剂量对结果影响的倾向值分析。除了一点不同之外,这一示例使用与 5.9.2 节中相同的数据和研究问题。5.9.2 节的分析中,干预变量"儿童使用 AFDC"是一个二分类变量——一名被研究儿童从出生到 1997 年是否曾经使用过 AFDC。这一研究的作者还检查了所有被研究儿童从出生到 1997 年期间每一年的 PSID 数据,并获得了每名儿童从出生到 1997 年期间使用 AFDC 时间的百分比。于是,这一示例评估不同水平的 AFDC 使用对学业成绩的影响。我们假设使用 AFDC 水平的增加以线性方式导致学业成绩下降。

表 5.14　倾向值加权后的协变量不平衡(例 5.9.5)

协变量	干预(即儿童使用 AFDC)之回归系数的 p 值	
	ATE	ATT
1996 年时的家庭收入与贫困线的比值	.000 ***	.000 ***
1997 年时看护人的受教育程度(受教育年数)	.000 ***	.000 ***
儿童的种族:非裔美国人(参照:其他)	.000 ***	.000 ***
儿童在 1997 年的年龄	.005 **	.011 ***
儿童的性别:男性(参照:女性)	.688	.590
儿童数量(家庭数量)	1003(708)	1003(708)

注:平衡检查对连续因变量来说使用回归,对二分因变量则使用 logistic 回归。

　　ATE = 平均干预效应,此处干预组案例的权重为 $1/p$,控制组案例的权重为 $1/(1-p)$;ATT = 控制组的干预效应,此处干预组案例的权重为 1,而控制组案例的权重是 $p/(1-p)$。

　　$^{*}p < 0.05$,$^{**}p < 0.01$,$^{***}p < 0.001$,双尾检验。

表 5.15　使用倾向值加权对 1997 年识字得分的回归分析(例 5.9.5)

预测变量	估计的回归系数(稳健标准误)	
	ATE	ATT
1996 年时的家庭收入与贫困线的比值	1.14(0.32) ***	1.26(0.34) ***
1997 年时看护人的受教育程度(受教育年数)	0.99(0.36) **	0.93(0.37) *
儿童的种族:非裔美国人(参照:其他)	− 2.50(1.35)	− 2.75(1.42)
儿童在 1997 年的年龄	0.74(0.18) ***	0.62(0.20) **
儿童的性别:男性(参照类:女性)	− 1.62(1.09)	− 1.59(1.15)
儿童使用 AFDC 的状态:使用(参照:从未使用)	− 5.16(1.42) ***	− 4.62(1.41) **
截距	84.20(4.83) ***	85.29(5.05) ***
R^2	.142	.132
儿童数量(家庭数量)	1003(708)	1003(708)

注:ATE = 平均干预效应,此处干预组案例的权重为 $1/p$,控制组案例的权重为 $1/(1-p)$;ATT = 控制组的干预效应,此处干预组案例的权重为 1,而控制组案例的权重是 $p/(1-p)$。

　　$^{*}p < 0.05$,$^{**}p < 0.01$,$^{***}p < 0.001$,双尾检验。

在检查从出生到 1997 年期间使用 AFDC 时间的百分比的分布后,我们构建 3 个剂量组:从未使用,从出生到 1997 年期间使用 AFDC 的时间为 1% 到 33.9%;从出生到 1997 年期间使用 AFDC 的时间为 34% 到 100%。3 种剂量的分布显示如表 5.16 所示。

表 5.16　剂量类别的分布(例 5.9.6)

儿童从出生到 1997 年使用 AFDC 时间的百分比	n	%
剂量类别 1:从未使用	729	72.68
剂量类别 2:1% 到 33.9% 的时间	135	13.46
剂量类别 3:34% 到 100% 的时间	139	13.86
合计	1003	100

为了研究剂量对学业成绩的影响,我们采用 Imbens(2000)的方法。首先估计一个多分类的 logit 模型,双变量分析中统计显著的变量都作为预测变量进入多分类模型。表 5.17 中显示了这一多分类模型的结果。

表 5.17　预测一般化倾向性的多分类 logit 模型(例 5.9.6)

	剂量 1:从未使用		剂量 2:1% ~33.9%	
	系数	标准误	系数	标准误
1996 年时的家庭收入与贫困线的比值	1.77	0.186 ***	1.03	0.194 ***
1997 年年时看护人员的受教育水平(受教育年数)	0.30	0.077 ***	0.04	0.081
儿童在 1997 年的年龄	−.28	0.055 ***	−.16	0.054 **
儿童的种族:非裔美国人(参照:其他)	−.99	0.303 **	−.28	0.335
儿童在 1997 年的年龄	−.12	0.043 **	−.08	0.045
截距	−2.69	0.979 **	−.41	1.017

注:LR $\chi^2(10) = 486.78, p < 0.00$, Psedudo$R^2 = 0.313, p < 0.05$;** $p < 0.01$,*** $p < 0.001$,双尾检验。多分类 logit 模型采用剂量类别 3"34% 到 100% 的使用时间"作为参照(被忽略的)类。

在 Stata 中,我们在估计多分类模型后使用 **predict** 命令来预测所有被研究儿童的一般化倾向值。如此一来,对于每一名儿童,我们获得 3 个得分,每个得分分别指示从未使用 AFDC 的一般化倾向性,1% 到 33.9% 的时间内使用 AFDC 的一般化倾向性,以及 34% 到 100% 的时间内使用 AFDC 的一般化倾向性。然后我们定义预测被研究儿童使用**实际**剂量的倾向值的倒数作为抽样权重。我们使用 1997 年识字得分作为结果变量来测量学业成绩,并进行一个加权 OLS 回归,该回归在结果分析中也控制了聚群效应。结果变量分析的结果见表 5.18。

表 5.18　儿童 AFDC 使用的剂量对 1997 年识字得分之影响的回归分析:
采用和不采用倾向值调整的情况(例 5.9.6)

	估计的回归系数(稳健标准误)	
	不采用倾向值调整的回归	采用倾向值调整的回归
1996 年时家庭收入与贫困线的比值	1.13(.332) **	1.03(.281) ***
1997 年时看护人的受教育程度(受教育年数)	.91(.336) **	1.26(.378) **
看护人在儿童时期使用 AFDC 的年数	−.73(.318) *	−.48(.536)
儿童的种族:非裔美国人(参照:其他)	−1.86(1.232)	−1.58(1.95)
儿童在 1997 年的年龄	.878(.169) ***	.66(.208) **
儿童的性别:男性(参照:女性)	−2.02(.987) *	−1.17(1.30)

续表

	估计的回归系数(稳健标准误)	
	不采用倾向值调整的回归	采用倾向值调整的回归
干预的剂量:儿童使用 AFDC 时间的百分比		
(参照:34% ~100% 的时间使用)		
从未使用	5.45(1.798)**	7.48(1.07)***
1% ~33.9% 的时间使用	1.30(1.979)	3.29(1.735)+
截距	79.41(4.444)***	73.32(3.996)***
R^2	.154	.230
儿童数量(家庭数量)	1003(708)	1003(708)

注:$+p<0.1$,$*p<0.05$,$**p<0.01$,$***p<0.001$,双尾检验。

在 OLS 回归中,我们创建两个虚拟变量来测量剂量类别,并以最高剂量"使用 AFDC 时间在 34% ~100%"作为参考组。结果分析进一步控制了儿童的年龄、性别、种族、1997 年时看护人的受教育程度、看护人在儿童时期使用 AFDC 的年数以及贫困(即 1996 年的家庭收入与贫困线的比值)。出于比较的目的,我们还运行了一个没有控制倾向值的未加权 OLS 回归(即没有使用估计的倾向值作为抽样权重的回归)。

采用倾向值调整的回归结果表明,在其他情况相同的情况下:a. "在 1% ~33.9% 的时间中使用 AFDC"使得学业成绩比"从未使用"减少 4.19 个单位(即 7.48 – 3.29 = 4.19);b. "在 34% ~100% 的时间中使用 AFDC"使得学业成绩比"在 1% ~33.9% 的时间中使用 AFDC"减少 3.29 个单位;以及 c. "在 34% ~100% 的时间中使用 AFDC"使得学业成绩比"从未使用"减少 7.48 个单位。根据单尾检验的结果,所有的差异都在 0.05 水平统计显著。从而,结果验证了使用 AFDC 的剂量对学业成绩有线性的影响。一名被研究的儿童处在贫困中的时间越长,他的学业成绩就会被降得越低。从将儿童使用 AFDC 作为一个二分变量的分析中是无法得出这样一个结论的。

相比而言,没有控制观测变量的回归分析表明,对于所有可能的对比来说,贫困的影响幅度更小,并且两个干预变量中只有一个是统计显著的。这一结论在某种意义上例证了使用倾向值控制协变量的重要性。

归纳起来说,上面的分析表明对多个剂量的建模提供的信息十分丰富。它允许我们不仅可以检验关注干预效应的假设,还可以检验关心剂量水平的影响的假设。

5.9.7 模型比较以及贫困对儿童学业成绩影响研究的结论

我们已经说明了评估贫困(即福利依赖)对儿童学业成绩的影响的不同方法。我们的例子反映了倾向值分析中的通常性实践:也就是说,我们在具体的研究中不是使用单一的方法而是采用多种方法进行反复的比较和敏感性分析,并试图基于对模型间的收敛和分化的全面考察来得出结论。

那么,不同模型的结果告诉了我们关于贫困对学业成绩影响的哪些东西呢? 表 5.19 比较了从定义一个二分干预条件的分析中得到的结果。我们排除了 5.9.6 节中的结果来取得模型间最高水平的可比性。基于该表,我们可以得到如下结论。

表 5.19　估计贫困对儿童学业成绩影响的不同模型间的比较(例 5.9.7)

	估计的平均水平	
	干预效应	干预组的干预效应
独立样本 t 检验	-9.82^{***}	
OLS 回归	-4.73^{***}	
带有 Hodges-Lehmann 有序秩检验的最佳匹配(完全)	-1.97^{*}	
配对匹配后结果差分对协变量差分的回归	-3.17^{*}	
使用倾向值加权的回归分析	-5.16^{***}	-4.62^{***}

注 $^{*}p<0.05$, $^{***}p<0.001$,单尾检验。

首先,所有模型都估计有一个显著的干预效应。不过,值得提到的是并非进行倾向值分析的时候都是这种情况。我们知道,诸如回归或者回归类分析等简单协方差控制会忽略选择偏差,从而有可能产生对干预效应的有偏且不一致的估计值。在使用倾向值模型校正这一违背假定的情况之后,估计值可能会不同。这一研究所考察的现象(即参加 AFDC 项目对学业成绩的影响)很明显,因而,即使我们引入复杂的控制之后,一个由非修正方法(例如,t 检验或者 OLS 回归)得到的显著的估计值仍然是显著的。

其次,所有的估计值中,哪一个更准确或者更值得接受呢? 6 个模型中,t 检验或者 OLS 回归在设计上就没有控制选择偏差;针对 ATE 和 ATT 的倾向值加权试图控制它但失败了;因此,唯一可接受的估计值就是那些使用 Hodges-Lehmann 有序秩检验的最佳完全匹配以及成对匹配后的差分回归所得到的估计值。由最佳完全匹配得到的估计值是 $-1.97(p<0.05)$,由成对匹配得到的估计值是 $-3.17(p<0.05)$。基于这些发现和观测协变量的情况,我们可以认为,平均而言,贫困导致[①]识字得分减少 2～3 分。相比之下,独立样本 t 检验和 OLS 回归都夸大了这一影响:t 检验夸大此影响达 398% $\left(即\frac{9.82-1.97}{1.97}\times100\%=398\%\right)$ 或 210% $\left(即\frac{9.82-3.17}{3.17}\times100\%=210\%\right)$,OLS 回归夸大此影响达 140% $\left(即\frac{4.73-1.97}{1.97}\times100\%=140\%\right)$ 或 49% $\left(即\frac{4.73-3.17}{3.17}\times100\%=49\%\right)$。注意,不仅是估计的效应被 t 检验和 OLS 回归夸大了,并且估计的显著水平也被夸大了(两个模型都显示了小于 0.001 的 p 值。)

最后,这些例子强调了进行倾向值分析的重要性。研究者应当试着使用这些种类的模型,仅仅是因为和传统的方法相比,它们似乎对收集了可能的选择假象(selection artifact)之测量的观察研究中的干预效应提供了更精确的估计值。

5.9.8　对 RAND-*GBM* 和 Stata 的 *BOOST* 算法对比

在最后的这个例子中,我们想展示一项仅仅服务于方法目的的研究:比较 McCaffrey 等(2004)提出的 GBM 程序和一般的 GBM 算法。正如 5.3.4 节中所讨论过的,GBM 致力于最小化样本预测误差;也就是说,当样本预测误差被最小化时,GBM 停止迭代。这是 Stata 的 **boost** 程序和 R 的 **gbm** 程序两者的标准设定。McCaffrey 等(2004)改变了这一程

---

① 注意,我们使用了导致(cause)这一字眼。实际上,我们在最终可以使用这一字眼之前经过了一个长期的过程,并且我们这一使用仍然必定是有条件的。它仅仅在被观测到的异质性(即我们已经充分测量了选择效应)的背景下才是因果性的。

序,设定在使协变量上的 ASAM 达到最小化的迭代次数处即停止该算法(因而我们称这种算法为 Rand-*gbm*)停止迭代。换句话说,Rand-*gbm* 是一个对倾向值分析来说更为量身定做的程序。我们对下列问题感兴趣:从 Rand-*gbm* 得到的结果在何种程度上不同于那些从常规 GBM 算法得到的结果? 为了回答这一问题,我们将 Rand-*gbm* 与 Stata 的 *boost* 进行比较。我们采用不同的数据来进行这一比较,并得到了几乎相同的发现。尽管我们认为我们的发现非常重要,足以值得与读者共享,但我们还是应当强调我们的比较并不是一项蒙特卡罗研究,并且这些结果在其他数据背境或类型中也许不一定成立。

我们的对比使用了从一项基于学校干预的研究中得到的数据,其中区间随机化失败了。关于研究样本和数据的详细信息,请参见 4.5.2 节。我们使用加速回归来估计倾向值。图 5.5 展示了由 Rand-*gbm* 和 Stata 的 *boost* 所得估计倾向值的分布。

使用完全相同的一组条件变量,Rand-*gbm* 和 Stata 的 *boost* 产生了十分不同的倾向值。图 5.5 中直方图所示的 Rand-*gbm* 倾向值具有较高的离散程度,分布在 $0.2 \sim 0.8$。相比之下,Stata 的 *boost* 所得到的倾向值具有较低的分散程度并且集中在 $0.4 \sim 0.6$ 这一范围。因此,两种方法得到了非常不同的箱线图:Rand-*gbm* 没有显示出干预组和控制组之间有太多的倾向值重叠,但是 Stata 的 *boost* 却显示了较多的重叠。

使用这两组倾向值,我们进行成对匹配和匹配后分析。我们对这两组倾向值在后续分析中是否产生不同的结果这一问题感兴趣。表 5.20 呈现了协变量不平衡检查的结果。表 5.20 的最后两列(即统计量 d_{xm})表明,虽然两组倾向值具有不同的分布,但两者以非常相似的方式对不平衡进行了校正(或者没能校正不平衡)。

表 5.20 Rand-*gbm* 和 Stata 的 *boost* 之间匹配前和后协变量不平衡的比较(例 5.9.8)

		d_{xm}	
	d_x	Rand-*gbm*	Stata 的 *boost*
基线调查时的年龄	0.07	0.03	0.03
性别:女性(参照:男性)	0.11	0.08	0.08
种族(参照:其他)			
非裔美国人	0.59	0.54	0.56
白人	0.51	0.53	0.57
西班牙裔	0.24	0.16	0.09
看护人的受教育程度	0.17	0.12	0.08
收入与贫困线的比值	0.14	0.16	0.18
看护人就业情况:全职(参照:其他)	0.14	0.13	0.10
父亲:在家(参照:不在家)	0.23	0.19	0.20

注:协变量上标准化绝对差值指的是匹配前(d_x)和匹配后(d_{xm})之间的差异。

基于成对匹配样本,我们接着分析差分回归(表 5.21)。结果表明,Rand-*gbm* 估计的干预效应(即回归模型的截距)为 0.15,而 Stata 的 *boost* 估计的干预效应为 0.13。这两个效应统计上均不显著。因而,两套数据提供了大致相同的发现。

基于这些结果,我们认为,Rand-*gbm* 和 Stata 的 *boost* 在协变量控制和干预效应估计上没有导致不同的结果,尽管这一发现需要在今后的研究中加以验证。

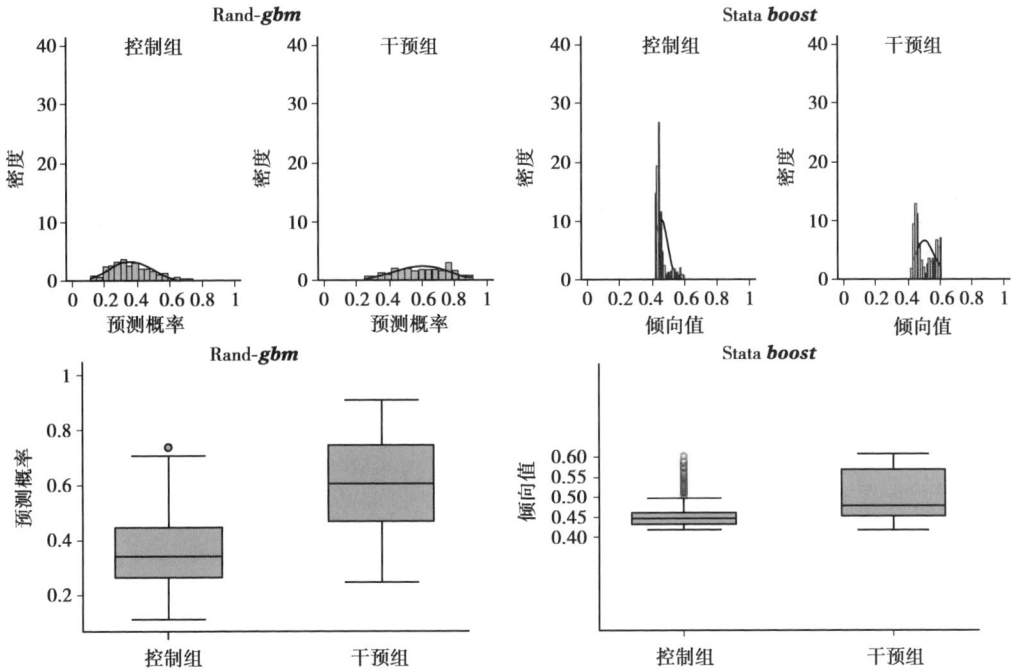

图 5.5 以 Rand-*gbm* 所得估计倾向值与以 Stata 的 *boost* 所得估计倾向值的比较(例 5.9.8)

表 5.21 成对匹配后结果的差分(即三年级中学业能力的变化)对协变量差分

进行回归:Rand-*gbm* 和 Stata 的 *boost* 之间结果的比较(例 5.9.8)

	Rand-*gbm*		Stata 的 *boost*	
	系数	稳健标准误	系数	稳健标准误
基线调查时的年龄	0.10	0.09	−0.04	0.13
性别:女性(参照:男性)	−0.21	0.23	−0.05	0.08
种族(参照:其他)				
非裔美国人	−0.17	0.27	0.16	0.25
白人	−0.28	0.33	0.04	0.22
西班牙裔	−0.63	0.28 +	−0.38	0.37
看护人的受教育水平	−0.03	0.02	−0.01	0.02
收入与贫困线的比值	0.00	0.00	0.00	0.00
看护人就业情况:全职(参照:其他)	−0.09	0.22	0.10	0.13
父亲:在家(参照:不在家)	0.35	0.21	−0.12	0.12
截距	0.15	0.13	0.13	0.12

注:$p < 0.05$,$+ p < 0.10$,双尾检验。

5.10　结　论

在我们结束本章之前,我们需要指出倾向值分析的一些局限。根据 Rubin(1997),倾向值 a. 不能调整未被观测协变量(unobserved covariates),b. 在更大的样本中效果更好,以及 c. 不能处理和干预分配相关但是和结果变量不相关的协变量,同样也不能处理和干预分配无关但和结果变量高度相关的协变量;Rubin 建议进行敏感性分析并检验条件变量的不同集合来应对第一个局限。Michalopoulos 等(2004)也指出,对于干预组和非干预组成员并非来自同一社会背景/环境因而并非处在相同的生态学影响下的情况,采用倾向值进行研究所作的校正会更不好。这是下述情况的一个特例:不能对在社会服务和进行服务间比较的其他项目评估中常见的未被观测协变量进行调整。

还值得再说一次的是,倾向值匹配是一个快速发展的研究领域,许多新发展仍然处于试验阶段。随着研究者转向新的发展,新的问题以及策略都将被提出来。我们同意,甚至随机化临床试验也是决定总体每名成员——干预的或者未被干预的——干预结果的不完美方法。倾向值方法同样不能对干预效应这一问提供明确的答案。建议在研究内以及研究间使用估计项目效应(program effects)的多种方法。使用倾向值匹配的研究者应该谨慎对待这些局限并努力保证对研究结果的解释没有超出数据和分析方法的限制。尽管如此,我们从本章中还是看到了倾向值匹配是一种有发展前景的方法,此方法为面临违背无交织假定和选择偏差的观察研究提供了不断增加的证据基础。

6 匹配估计量

本章集中讨论一系列匹配估计量,包括简单匹配估计量(simple matching estimator),偏差矫正匹配估计量(bias-corrected matching estimator)、假定有恒定干预效应和方差齐性的方差估计量(variance estimator assuming a constant treatment effect and homoscedasticity)以及允许异方差性之方差估计(the variance estimator allowing for heteroscedasticity)的匹配估计量(Abadie et al.,2004;Abadie & Imbens,2002,2006)。匹配是这些匹配估计量以及第 5 章和第 7 章中所介绍的估计量的共同特征。但是,本章中介绍的匹配估计量不使用 logistic 回归来预测倾向值。他们需要的决策更少,容易实施,且还不涉及未知函数的非参数估计。由于有这些优点,这些匹配估计量是解决项目评估中所遇到难题的有吸引力的方法。

6.1 节概述这些匹配估计量。我们将这些方法和其他各章中提到的方法进行对比,并对方法特征上的相似之处和不同之处给予特别关注。我们在此节中的目的是提供足够的背景信息来将这些匹配估计量和其他倾向值分析区分开来。6.2 节是本章的核心,介绍了匹配估计量的方法原理。尽管这一回顾的重点在于简单匹配估计量和偏差矫正匹配估计量,但我们也回顾了 Abadie 和 Imbens(2006)在大样本基础上对匹配估计量特征的研究。6.3 节总结了 Stata 程序 ***nnmatch*** 的关键特征,这一程序可以用来运行匹配估计量。6.4 节则提供了详细的案例。由于匹配估计量估计干预组的平均干预效应,6.4 节也说明了如何使用匹配估计量来进行效力子集分析(efficacy subset analyses,ESA)来检验与干预的接触程度(剂量分析)有关的假设。6.5 节总结本章。

6.1　概　述

第 2 章曾讨论过,Neyman-Rubin 反事实框架是项目评估中一项具有深远意义的发展。这一框架的核心假定是被选入干预组和非干预组的个体在两种状态上都有潜在结果(potential outcome):被观测到的结果以及未被观测到的结果。从而,对于干预组成员来说,除了有一个在干预状态下观测到的平均结果 $E(Y_1 \mid W=1)$ 之外,这一框架假定在非干预状态下还存在一个未观测到的平均结果 $E(Y_0 \mid W=1)$。同样的,对于控制组成员来说,也有观测到的均值 $E(Y_0 \mid W=0)$ 和未观测到的均值 $E(Y_1 \mid W=0)$ 这两者。两种情况下未观测到的潜在结果均为缺失数据(missing data)。基于此反事实框架,匹配估计量使用向量模(vector norm)在单元层次(unit level)上直接填补缺失数据。也即是说,在单元层次上,匹配估计量对每一个被研究成员的潜在结果进行填补。具体来说,它估计

$Y_i(0) \mid W = 1$的值(即某名干预组成员在控制条件下的潜在结果)以及 $Y_i(1) \mid W = 0$ 的值(即某名控制组成员在干预条件下的潜在结果)。填补缺失数据之后,匹配估计量可被用于估计各种平均干预效应,包括样本平均干预效应(sample average treatment effect,SATE)、总体平均干预效应(population average treatment effect,PATE),样本的干预组平均干预效应(sample average treatment effect for the treated,SATT)、总体的干预组平均干预效应(population average treatment effect for the treated,PATT)、样本的控制组平均干预效应(sample average treatment for the control,SATC)以及总体的控制组平均干预效应(population average treatment for the control,PATC)。

正如之前在 5.2 节提到的,内在于观察研究的一个主要挑战就是协变量或者说匹配变量的维度。本质上,随着匹配变量数的增加,使用精确匹配(exact matching)来为某一既定的控制组成员找到一个相配者的难度就会增加。第 5 章和第 7 章所介绍的方法使用 logistic 回归来预测倾向值并反过来用它将多个匹配变量简化为一个单一的分值。它们解决了维度问题。这样一来,具有相同倾向值的干预组和控制组成员被视为在观测变量上具有相同的分布。相比之下,匹配估计量不使用 logistic 回归来预测倾向值。相反,这些方法使用**向量模**来计算干预组案例与其每一个潜在控制组案例之间在观测协变量上的距离。向量模用于选取某个控制组案例的结果,该案例被要求在协变量上的距离相比于其他控制组案例来说是最短的。这一结果被用作干预组案例的反事实。同样的,匹配估计量可以用来选取某个干预组案例的结果,该案例被要求在协变量上的距离相比于其他干预组案例来说是最短的。这一结果被用作控制案例的反事实。

匹配估计量选择以下两种方差矩阵(variance matrix)之一来计算向量模:样本方差矩阵的逆矩阵或样本方差协方差矩阵的逆矩阵。当选择样本方差协方差矩阵来计算向量模时,匹配估计量计算马氏距离。因而,就像 5.4.1 所介绍的,这一方法变成了马氏距离匹配,它先于倾向值匹配被提出(Cochran & Rubin,1973;Rubin,1976,1979,1980a)。显而易见的是,虽然这些方法和传统方法具有共同的特征,但 Abadie 和 Imbens(2002,2006)提出的匹配估计量在数个重要方面扩展了马氏距离匹配。它们估计 a. 控制组的平均干预效应;b. 样本和总体两种情形下的干预效应;c. 统计显著性检验的方差和标准误以及 d. 对有限样本的偏差矫正(当马氏距离匹配不准确时)。

匹配估计量内含了两个假定:①干预分配在控制协变量的条件下独立于结果变量;以及②分配的概率限于 0 和 1 之间,这也被称为重叠假定(overlap assumption),此假定要求在观测协变量的分布上有足够的重合(Abadie et al.,2004)。

第一个假定与强可忽略干预分配假定(strongly ignorable treatment assignment assumption)(Rosenbaum & Rubin,1983)相同,我们已在本书的好几处讨论中考察了这一基本假定。这是一个严格且很强的假定,而且它在很多情况下可能都不满足。但是,这一假定是概念上将采用非随机化设计的观察研究和针对随机化设计而提出的原理联系起来的桥梁。在某些时候,无论如何,大多数评估分析是以可忽略干预分配假定为条件的(Abadie et al.,2004;Imbens,2004)。

重叠假定要求估计的倾向值具有某种程度的重叠。这一假定意味着样本数据中的干预组和控制组具有倾向值的一个共同支持域。如果这一假定被违背,那么就不宜使用匹配估计量。在这种情况下,研究者可能打算考虑使用最佳匹配(见 5.4.2 节),因为这一方法对违反重叠的情况来说更加稳健。

正如之前所讨论的,匹配估计量和第 5 章以及第 7 章中所介绍的其他方法具有一个重要的共同特征,那就是匹配估计量基于观测协变量来匹配干预组案例和控制组案例

（或者相反）。但是,匹配估计量使用一种更简单的办法（即向量模）来匹配,这使得该方法比其他方法更易于实施。不同于其他基于倾向值进行匹配的方法（例如,最近邻匹配[5.4.1 节]或使用网络流理论的最佳匹配[5.4.2 节]）,匹配估计量不要求诸如生存分析、分层线性建模、Hodges-Lehmann 有序秩检验或者基于差分的回归调整等匹配后分析。略去匹配后分析是一个优势,因为它减少了匹配中所涉及的分析步骤的数量,也减少了研究者不得不做的主观决定的数量。这总是受欢迎的。

匹配估计量允许评估人员估计样本和总体两种情况下的效应。SATE 和 PATE 之间的差别在于效应是否可以超出研究样本进行推论。正因为这样,STAE 和 PATE 对于回答不同的问题十分有用。Abadie 等（2004）曾使用一个职业培训（job-training）项目来阐明这一差别。SATE 在评价职业培训项目（即手头的样本数据）是否成功中十分有用。相比之下,如果评估人员想知道同一项目在总体的另一个样本中是否也会成功,那么 PATE 就十分有用。尽管 SATE 和 PATE 得到相同的系数,但它们会有差别地估计标准误。实际上,总体效应的估计标准误通常比样本效应的大,因而可能导致关于显著性的不同结论。这一变动是合理的,因为一个成功的干预可能存在于一个样本中但并不存在于同一总体的另一个样本中。SATE 与 PATE 之间的关系和 SATT 与 PATT 之间的关系以及 SATC 与 PATC 之间的关系相类似。

SATC 和 PATC 只能由匹配估计量才能估计得到。在 SATC 的情况下,控制组的平均干预效应基于这一问题：如果控制组接受干预而干预组接受控制,那么样本的干预组干预效应将会是什么样的？ 同样的,对于 PATC,控制情形下的平均干预效应指的是,如果控制组接受干预而干预组案例接受控制,那么总体的干预组干预效应将会是什么样的？如果匹配中所使用的变量解释了所有情形下的选择偏差并且评估数据符合匹配估计量的所有假定,那么,SATT 和 SATC 将具有类似大小的取值。从而,这两个系数的差异也就具有反映隐藏的选择偏差的水平和数据对模型假定的偏离的潜力。不过,虽然这听起来很有用,但它也有严重的局限。实际研究中,这两个问题可能同时出现从而出现联合且相互缠绕的效应。尽管如此,SATT 和 SATC 之间的差异可以作为应该尝试具有不同假定的替代分析的一个指示。

在第 2 章中,我们回顾了**稳定的单元干预值假定**（stable unit treatment value assumption）或 SUTVA（Rubin,1986）,这一假定主张任一单元的潜在结果都不会随着分配给任何其他单元的干预而变化,且不存在干预的不同形式。如第 2 章所介绍的那样,SUTVA 是一个有得便于对反事实进行研究或估计的假定,同时也是一个强调分析不同的干预效应时要使用恰当估计量的重要性的概念性视角。SUTVA 假定对结果差异施加了**排他**（exclusion）约束。基于这些约束,经济学家强调了对干预单元这一子总体的平均干预效应进行分析的重要性,因为该分析往往比基于总体作为一个整体所得到的效应更重要。当就某一针对性较强的干预进行评估时,比如说劳动力市场项目（Heckman, Ichimura & Todd,1997, 1998; Imbens,2004）,对子总体的分析尤其成为一个关注点。匹配估计量为这一任务提供了一个方便的工具。统计学家和计量经济学家称之为**评估被干预者的平均干预效应**（evaluating average treatment effects for the treated）（也称为被干预的干预（treatment of the treated, TOT））与干预研究文献（Lochman, Boxmeyer, Powell, Ruth & Windle,2006）中可找到的 ESA 框架十分相似。由于匹配估计量对每一个单元的潜在结果进行评估,因此估计用户所界定的单元子集的平均干预效应和检验与不同的干预接触有关的研究假设都并不难。

遵循计量经济学文献的传统,而不同于统计学文献中一些传统,匹配估计量关注有回置的匹配(matching with replacement)(Abadie & Imbens,2006)。也就是说,此匹配估计量允许单个观测(individual observation)被不止一次地用作相配者(match)。有回置的匹配使得匹配估计量与第5章中介绍的所有匹配方法不同。记 $K_M(i)$ 为单元 i 被用作相配者的次数——假定每个单位使用 M 个相配者——本章所介绍的匹配估计量允许 $K_M(i) > 1$,而第5章中介绍的匹配方法要求 $K_M(i) \leq 1$。根据 Abadie 和 Imbens(2006:240),

> 随着可能匹配之集合的增多,有回置的匹配得到比无回置的匹配更高质量的匹配。此外,有回置的匹配还具有一些优点,这些优点允许我们考虑对所有单元(干预组成员以及控制组成员)进行的估计量,因此,此被估计量等同于总体的平均干预效应。(第240页)

当采用有回置的匹配时,$K_M(i)$ 的分布在计算估计量的方差中起着重要作用,因而,$K_M(i)$ 是检查匹配估计量的大样本特性的一个关键要素(Abadie & Imbens,2006)。

不同匹配估计量的方差的提出特别有吸引力,因为它使得对匹配估计量所估计的干预效应进行显著性检验成为可能。与采用依赖自助法进行统计推断的非参数回归进行的匹配(即第7章所介绍的)不同,匹配估计量为方差估计提供一致性的估计量,从而比起那些采用自助法的方法来说,匹配估计量允许更严格的显著性检验。最新的研究表明,"估计匹配估计量方差的自助法未必给出正确的结果"(Abadie et al.,2004:300)。

虽然匹配估计量提供了若干优势,但它们也具有一些和其他匹配方法共同的局限性。那就是,大多数匹配估计量都包含一个条件性偏差项(conditional bias term),其随机阶数(stochastic order)会随着连续变量数目的增加而增加。结果是,匹配估计量不是 $1/\sqrt{N}$ 一致的。Abadie 和 Imbens(2006)曾经证明匹配估计量的方差仍相对较高。因此,使用固定数目的相配者进行的匹配并不会得到一个有效的估计量;具体来说,它未达到 Hahn(1998)计算的半参数有效性范围(semiparametric efficiency bound)。这些问题将在6.2节讨论。根据我们自己的模拟研究(simulation study),我们发现匹配估计量比其他方法对违反**强可忽略假定**更为敏感,这意味着,在某些条件下(例如,高选择性),匹配估计量将会导致比其他方法更大的偏差。我们会在第8章中比较不同估计量对选择偏差的敏感性时再来讨论这一问题。

6.2 匹配估计量的方法

本节中,我们回顾匹配估计量的基本的方法特征。我们的回顾主要仿效 Abadie 等(2004)和 Abadie 和 Imbens(2006)的成果。我们关注两个问题:①使用简单匹配估计量或偏差矫正匹配估计量的各种估计效应的点估计值(即 SATE、PATE、SATT、PATT、SATC 和 PATC 的系数)以及②假定同方差性或允许异方差性下的各种干预效应的方差估计值(即 SATE、PATE、SATT、PATT、SATC 和 PATC 的标准误)。实际研究中,研究者愿意使用两种方法的组合,即一种方法用来估计系数而另一种方法用来估计方差(等同于标准误)。典型的评估通常使用包含允许异方差性之方差估计的误差矫正匹配。本节描述的所有方法都作为匹配估计量的集合来联合考虑。

6.2.1 简单匹配估计量

对每一个观测 i,单元层次的干预效应(unit-level treatment effect)为 $\tau_i = Y_i(1) - Y_i(0)$。正如前面曾讨论过的,取决于单元的干预状态是 $W_i = 1$ 还是 $W_i = 0$,两个结果中总有一个是缺失的(即要么是 $Y_i(0)$ 要么是 $Y_i(1)$ 是缺失的)。在外生性和重叠假定下,简单匹配估计量通过使用观测协变量上具有"相似"取值的个体的平均结果来填补缺失的潜在结果。

我们首先考虑采用一个观测协变量的匹配。这是简单匹配的最基本情形,在这一情况下,对于一个干预组案例,此估计量只取作为观测协变量上最接近的匹配的控制组案例的结果值(outcome value)。在存在结(tie)的情况下,此估计量取打结案例(tied cases)的结果的平均值。类似地,对于一个控制组案例,此估计量取作为在观测协变量上最接近的匹配的干预组案例的结果值。

令 $J_M(i)$ 表示单元 i 的匹配的标号的集合,这里,这些匹配至少和第 M 个匹配一样近,$\#J_M(i)$ 表示集合 $J_M(i)$ 中元素的个数;则简单匹配估计量可用下列公式来表示:

$$\hat{Y}_i(0) = \begin{cases} Y_i & \text{如果 } W_i = 0 \\ \dfrac{1}{\#J_M(i)} \sum_{l \in J_M(i)} Y_l & \text{如果 } W_i = 1 \end{cases} \qquad (6.1)$$

和

$$\hat{Y}_i(1) = \begin{cases} \dfrac{1}{\#J_M(i)} \sum_{l \in J_M(i)} Y_l & \text{如果 } W_i = 0 \\ Y_i & \text{如果 } W_i = 1 \end{cases}$$

表 6.1 示例说明了简单匹配估计量在只有一个协变量时如何进行。在这一例子中,3 个单元是控制组案例($W=0$),4 个单元是干预组案例($W=1$),一个协变量 x_1 被观测。潜在结果的填补值被突出显示。对于第一个单元($x_1=2$ 的控制组案例),精确匹配是第 5 个单元(因为 $i=5$ 的 x_1 也等于 2);因此,通过取 $i=5$ 的 y 值,填补值 $y(1)$(即 $i=1$ 处在干预情形下的潜在结果)就是 8。对于第二个单元($x_1=4$ 的控制组案例),干预组单元 4 和单元 6 同等程度地接近它(两者都有 $x_1=3$ 这一距 4 最近的取值)。因此,填补的潜在结果 $y(1)$ 就是单元 4 和单元 6 对应结果的平均,即 $(9+6)/2=7.5$。注意,对于 $i=2$,有 $\#J_M(i)=2$,因为对这一成员找到了两个匹配($i=4$ 和 $i=6$)。

表 6.1　具有一个观察协变量的 7 个观察的简单匹配例子

i	w_i	x_{1i}	y_i	$\hat{y}_i(0)$	$\hat{y}_i(1)$
1	0	2	7	7	8
2	0	4	8	8	7.5
3	0	5	6	6	7.5
4	1	3	9	7.5	9
5	1	2	8	7	8
6	1	3	6	7.5	6
7	1	1	5	7	5

我们接下来考虑采用**超过 1 个观测协变量**的匹配。在这种情况下,简单匹配估计使用向量模(即 $\| \mathbf{x} \|_{\mathbf{v}} = \mathbf{x}'\mathbf{Vx}$,其中 $\mathbf{V}$ 是正定矩阵[①])来计算一个干预组案例和它的多个可能的控制组案例中每一个之间的距离,并选择所有这些控制组案例中距离最短的案例的结果作为该干预组案例的潜在结果。简单匹配估计量用类似的方式对控制组案例在干

---

① 最早由 Abadie 等(2004)定义的向量模为($\| \mathbf{x} \|_{\mathbf{v}} = (\mathbf{x}'\mathbf{Vx})^{1/2}$),也即是说,量 $\mathbf{x}'\mathbf{Vx}$ 的平方根。我们验证了 Abadie 等人提出的 Stata 程序 **nnmatch** 中的结果。我们发现 **nnmatch** 所使用的向量模没有取平方根。因此,在关于向量模的介绍中,我们去掉了平方根并定义向量模为 $\| \mathbf{x} \|_{\mathbf{v}} = \mathbf{x}'\mathbf{Vx}$。这一修正并没有改变最小距离的属性,因为如果 $\sqrt{a_1}$ 是 $\sqrt{a_1}, \sqrt{a_2}, \cdots, \sqrt{a_n}$ 中的最小值,那么 a_1 也是 $a_1, a_2, \cdots, a_n$ 中的最小值。

预条件下的缺失结果进行填补。具体地,我们定义 $\|\mathbf{z} - \mathbf{x}\|\mathbf{v}$ 为向量 $\mathbf{x}$ 和向量 $\mathbf{z}$ 之间的距离,这里 $\mathbf{x}$ 代表第 i 个观测的协变量取值的向量,而 $\mathbf{z}$ 代表第 i 个观测的一个可能匹配的协变量取值的向量。对于 $\mathbf{v}$,有两种选择:样本方差矩阵(即所有非对角线元素被限定为等于 0 的对角线阵)的逆矩阵,或样本方差协方差矩阵(即所有非对角线元素为非零协方差的非对角线矩阵)的逆矩阵。当使用样本方差协方差矩阵的逆矩阵时,$\|\mathbf{z} - \mathbf{x}\|\mathbf{v}$ 变成了马氏距离。正如第 5 章所指出的,对于马氏距离匹配,一些研究者(例如,D'Agostino,1998)采取了与本章中所介绍的匹配估计量不同的方式来定义方差协方差矩阵,他们采用**控制组**观测(control observations)而不是所有的**样本**观测(sample observations)(即同时包含干预组和控制组观测)的方差协方差矩阵的逆矩阵来定义 $\mathbf{v}$。

令 $d_M(i)$ 为单元 i 根据协变量 X_p 衡量的到处于相反干预条件中的第 M 个最近匹配的距离。考虑到存在结的可能性,不超过 M 个单元与单元 i 的距离比 $d_M(i)$ 更短,同时至少有 M 个单元具有与 $d_M(i)$ 一样的距离。使用多个协变量时,$J_M(i)$ 仍然表示单位 i 的匹配的标号的集合,这些匹配至少和第 M 个匹配一样近,不过,这 M 个匹配是使用满足以下最近距离条件的向量模被选取出来的:

$$J_M(i) = \{l = 1, \cdots, N \mid W_l = 1 - W_i, \|X_l - X_i\|v \leq d_M(i)\}$$

如果没有结,$J_M(i)$ 中的元素个数为 M,但也可能更大。先前我们提到过,倘若每个单元有 M 个匹配,那么 $K_M(i)$ 为单元 i 被用作匹配的次数。采用引入的新标记符号,我们可以更精确地定义 $K_M(i)$ 为单元 i 被用作处于相反干预条件下的全部观测 l 的匹配的次数,每次都用观察 l 的匹配的总数目进行加权:

$$K_M(i) = \sum_{l=1}^{N} 1\{i \in J_M(l)\} \frac{1}{\#J_M(l)}$$

此处 $1\{\bullet\}$ 是一个指示函数(indicator function),当大括号内的表达式为真时,它等于 1;否则等于 0。如果我们记总样本规模为 N,干预组的案例数为 N_1,控制组的案例数为 N_0,那么我们可以使用刚才介绍的标记符号将这些数量表达如下:

$$N = \sum_i K_M(i), \quad N_1 = \sum_{i:W_i=0} K_M(i) \text{ 和 } N_0 = \sum_{i:W_i=1} K_M(i)$$

在超过一个观测协变量的情况下,每个单元缺失的潜在结果通过使用与式 6.1 相同的公式来进行填补。与只有一个观测协变量的情况不同,潜在结果的填补现在使用向量模来进行。使用虚构的数据,我们提供一个简单匹配法的示例,因为其中使用了多个协变量,故使用向量模来进行匹配。表 6.2 呈现了一个使用 3 个观测协变量来对 7 个观测进行简单匹配的例子。该表给出了每个单元的最小距离,这一距离由使用样本方差矩阵的逆矩阵的向量模计算得到。计算最小距离的细节解释如下。

表 6.2　就 3 个观测协变量对 7 个案例进行简单匹配的例子:
以样本方差矩阵的逆矩阵来确定最小距离

i	w_i	x_1	x_2	x_3	y	最小距离	距离最小的案例 i	$\hat{y}_i(0)$	$\hat{y}_i(1)$
1	0	2	4	3	7	1.0648	5	7	8
2	0	4	2	2	8	1.1053	6	8	6
3	0	5	5	4	6	4.8119	4	6	9
4	1	3	4	6	9	4.8119	3	6	9
5	1	2	3	4	8	1.0648	1	7	8
6	1	3	3	2	6	1.1053	2	8	6
7	1	1	1	3	5	5.5263	1	7	5

　　首先,对正要填补其潜在结果的单元构建由 x_1,x_2 和 x_3 形成的 $\mathbf{x}$ 向量。因此,$i=1$ 的 $\mathbf{x}$ 向量为(2 4 3)。这个单元是一个控制组案例($W=0$)。因为样本数据中有 4 个干预组单元(即 $i=4,5,6$ 和 7),因此,单元 $i=1$ 有 4 个距离。对于每个干预组单元,$\mathbf{z}$ 向量由 x_1,x_2 和 x_3 形成;也就是说,$i=4$ 的 $\mathbf{z}$ 为(3 4 6),$i=5$ 的 $\mathbf{z}$ 为(2 3 4),$i=6$ 的 $\mathbf{z}$ 为(3 3 2),而 $i=7$ 的 $\mathbf{z}$ 为(1 1 3)。

　　就 7 个观测而言,样本方差为 $\mathrm{Var}(x_1)=1.810$、$\mathrm{Var}(x_2)=1.810$ 和 $\mathrm{Var}(x_3)=1.952$。因此,样本方差的逆矩阵为:

$$\begin{pmatrix} 1.810 & 0 & 0 \\ 0 & 1.810 & 0 \\ 0 & 0 & 1.952 \end{pmatrix}^{-1} = \begin{pmatrix} 0.533 & 0 & 0 \\ 0 & 0.533 & 0 \\ 0 & 0 & 0.512 \end{pmatrix}$$

　　使用向量模 $\|\mathbf{z}-\mathbf{x}\|_{\mathbf{v}}$,其中 $\mathbf{v}$ 是样本方差矩阵的逆矩阵,我们可以计算 $i=1$ 的 4 个距离如下:

　　$i=1$ 和 $i=4$ 这一对之间的距离为:

$$\left[(2\ 4\ 3)-(3\ 4\ 6)\right]\begin{pmatrix} 0.553 & 0 & 0 \\ 0 & 0.553 & 0 \\ 0 & 0 & 0.512 \end{pmatrix}\left[\begin{pmatrix} 2 \\ 4 \\ 3 \end{pmatrix}-\begin{pmatrix} 3 \\ 4 \\ 6 \end{pmatrix}\right]$$

$$=(-1\ \ 0\ \ -3)\begin{pmatrix} 0.533 & 0 & 0 \\ 0 & 0.533 & 0 \\ 0 & 0 & 0.512 \end{pmatrix}\begin{pmatrix} -1 \\ 0 \\ -3 \end{pmatrix}=5.162\ 4$$

　　$i=1$ 和 $i=5$ 这一对之间的距离为:

$$\left[(2\ 4\ 3)-(2\ 3\ 4)\right]\begin{pmatrix} 0.553 & 0 & 0 \\ 0 & 0.553 & 0 \\ 0 & 0 & 0.512 \end{pmatrix}\left[\begin{pmatrix} 2 \\ 4 \\ 3 \end{pmatrix}-\begin{pmatrix} 2 \\ 3 \\ 4 \end{pmatrix}\right]$$

$$=(0\ \ 1\ \ -1)\begin{pmatrix} 0.533 & 0 & 0 \\ 0 & 0.533 & 0 \\ 0 & 0 & 0.512 \end{pmatrix}\begin{pmatrix} 0 \\ 1 \\ -1 \end{pmatrix}=1.064\ 8$$

　　$i=1$ 和 $i=6$ 这一对之间的距离为:

$$\left[(2\ 4\ 3)-(3\ 3\ 2)\right]\begin{pmatrix} 0.553 & 0 & 0 \\ 0 & 0.553 & 0 \\ 0 & 0 & 0.512 \end{pmatrix}\left[\begin{pmatrix} 2 \\ 4 \\ 3 \end{pmatrix}-\begin{pmatrix} 3 \\ 3 \\ 2 \end{pmatrix}\right]$$

$$=(-1\ \ 1\ \ 1)\begin{pmatrix} 0.533 & 0 & 0 \\ 0 & 0.533 & 0 \\ 0 & 0 & 0.512 \end{pmatrix}\begin{pmatrix} -1 \\ 1 \\ 1 \end{pmatrix}=1.617\ 5$$

　　$i=1$ 和 $i=7$ 这一对之间的距离为:

$$\left[(2\ 4\ 3)-(1\ 1\ 3)\right]\begin{pmatrix} 0.553 & 0 & 0 \\ 0 & 0.553 & 0 \\ 0 & 0 & 0.512 \end{pmatrix}\left[\begin{pmatrix} 2 \\ 4 \\ 3 \end{pmatrix}-\begin{pmatrix} 1 \\ 1 \\ 3 \end{pmatrix}\right]$$

$$=(1\ \ 3\ \ 0)\begin{pmatrix} 0.533 & 0 & 0 \\ 0 & 0.533 & 0 \\ 0 & 0 & 0.512 \end{pmatrix}\begin{pmatrix} 1 \\ 3 \\ 0 \end{pmatrix}=5.526\ 3$$

　　上述计算验证了表6.2中显示的两个数值:对于 $i=1$(即第一行),最小的距离等于 1.064 8,这是 $i=1$ 和 $i=5$ 之间的距离,因为 1.064 8 是我们刚才计算的 4 个距离中最小的,因此填补的值 $\hat{y}_{i=1}(1)=8$,这是 $i=5$ 的观测结果。我们选择 $i=5$ 的结果作为 $\hat{y}_{i=1}(1)$,是因为 $i=5$ 在观测协变量上具有到 $i=1$ 的最小距离。所有其他单元的潜在结果可以通过重复上面的过程得到。

最小距离也可以通过将 $\mathbf{v}$ 定义为样本方差协方差矩阵的逆矩阵的马氏距离来决定。表 6.3 示意了基于样本方差协方差矩阵的逆矩阵的每个单元的最小距离计算。这样计算的距离和马氏距离完全一样。我们将在接下来的几页中解释这一计算的主要特征。

表6.3　就3个观测协变量对7个案例进行简单匹配的例子:
以样本方差协方差矩阵的逆矩阵来确定最小距离

i	w_i	x_1	x_2	x_3	y	最小距离	距离最小的案例 i	$\hat{y}_i(0)$	$\hat{y}_i(1)$
1	0	2	4	3	7	2.5518	6	7	6
2	0	4	2	2	8	3.4550	6	8	6
3	0	5	5	4	6	4.1035	6	6	6
4	1	3	4	6	9	5.2330	3	6	9
5	1	2	3	4	8	3.0790	1	7	8
6	1	3	3	2	6	2.5518	1	7	6
7	1	1	1	3	5	5.6580	2	8	5

首先,$i=1$ 的 $\mathbf{x}$ 向量为 $(2\ 4\ 3)$,并且,$i=4$ 的 $\mathbf{z}$ 向量为 $(3\ 4\ 6)$,$i=5$ 的 $\mathbf{z}$ 向量为 $(2\ 3\ 4)$,$i=6$ 的 $\mathbf{z}$ 向量为 $(3\ 3\ 2)$,$i=7$ 的 $\mathbf{z}$ 向量为 $(1\ 1\ 3)$。这一包含 7 个观测的数据集的样本方差协方差矩阵的逆矩阵为:

$$\begin{bmatrix} 1.810 & 1.024 & 0.071 \\ 1.024 & 1.810 & 0.929 \\ 0.071 & 0.929 & 1.952 \end{bmatrix}^{-1} = \begin{bmatrix} 0.917 & -0.663 & 0.282 \\ -0.663 & 1.211 & -0.552 \\ 0.282 & -0.552 & 0.764 \end{bmatrix}$$

使用向量模 $\|\mathbf{z}-\mathbf{x}\|\,\mathbf{v}$,我们可以计算 $i=1$ 的 4 个距离如下:

$i=1$ 和 $i=4$ 这一对之间的距离为:

$$\left[(2\ \ 4\ \ 3) - (3\ \ 4\ \ 6) \right] \begin{bmatrix} 0.917 & -0.663 & 0.282 \\ -0.663 & 1.211 & -0.552 \\ 0.282 & -0.552 & 0.764 \end{bmatrix} \left[\begin{pmatrix} 2 \\ 4 \\ 3 \end{pmatrix} - \begin{pmatrix} 3 \\ 4 \\ 6 \end{pmatrix} \right]$$

$$= (-1\ \ 0\ \ -3) \begin{bmatrix} 0.917 & -0.663 & 0.282 \\ -0.663 & 1.211 & -0.552 \\ 0.282 & -0.552 & 0.764 \end{bmatrix} \begin{pmatrix} -1 \\ 0 \\ -3 \end{pmatrix} = 9.4877$$

$i=1$ 和 $i=5$ 这一对之间的距离为:

$$\left[(2\ \ 4\ \ 3) - (2\ \ 3\ \ 4) \right] \begin{bmatrix} 0.917 & -0.663 & 0.282 \\ -0.663 & 1.211 & -0.552 \\ 0.282 & -0.552 & 0.764 \end{bmatrix} \left[\begin{pmatrix} 2 \\ 4 \\ 3 \end{pmatrix} - \begin{pmatrix} 2 \\ 3 \\ 4 \end{pmatrix} \right]$$

$$= (0\ \ 1\ \ -1) \begin{bmatrix} 0.917 & -0.663 & 0.282 \\ -0.663 & 1.211 & -0.552 \\ 0.282 & -0.552 & 0.764 \end{bmatrix} \begin{pmatrix} 0 \\ 1 \\ -1 \end{pmatrix} = 3.0790$$

$i=1$ 和 $i=6$ 这一对之间的距离为:

$$\left[(2\ \ 4\ \ 3) - (3\ \ 3\ \ 2) \right] \begin{bmatrix} 0.917 & -0.663 & 0.282 \\ -0.663 & 1.211 & -0.552 \\ 0.282 & -0.552 & 0.764 \end{bmatrix} \left[\begin{pmatrix} 2 \\ 4 \\ 3 \end{pmatrix} - \begin{pmatrix} 3 \\ 3 \\ 2 \end{pmatrix} \right]$$

$$= (-1 \quad 1 \quad 1) \begin{bmatrix} 0.917 & -0.663 & 0.282 \\ -0.663 & 1.211 & -0.552 \\ 0.282 & -0.552 & 0.764 \end{bmatrix} \begin{pmatrix} -1 \\ 1 \\ 1 \end{pmatrix} = 2.5518$$

$i=1$ 和 $i=7$ 这一对之间的距离为:

$$\left[(2 \quad 4 \quad 3) - (1 \quad 1 \quad 3) \right] \begin{bmatrix} 0.917 & -0.663 & 0.282 \\ -0.663 & 1.211 & -0.552 \\ 0.282 & -0.552 & 0.764 \end{bmatrix} \left[\begin{pmatrix} 2 \\ 4 \\ 3 \end{pmatrix} - \begin{pmatrix} 1 \\ 1 \\ 3 \end{pmatrix} \right]$$

$$= (1 \quad 3 \quad 0) \begin{bmatrix} 0.917 & -0.663 & 0.282 \\ -0.663 & 1.211 & -0.552 \\ 0.282 & -0.552 & 0.764 \end{bmatrix} \begin{pmatrix} 1 \\ 3 \\ 0 \end{pmatrix} = 7.8365$$

上述计算验证了表 6.3 中显示的两个数值:对于 $i=1$(即第一行),最小的距离等于 2.5518,这是 $i=1$ 和 $i=6$ 之间的距离,因为 2.5518 是 4 个距离中最小的,因此填补的值等于 6,这是 $i=6$ 的观测结果。所有其他单元的潜在结果都可以通过重复上面的过程得到。

最后,我们考虑**不同干预效应**(various treatment effect)的计算。在填补好缺失的潜在结果后,对每一个单元,我们现在都有两个结果:一个是观测的结果,另一个是填补的潜在结果(或反事实)。以不同的方式求平均值,我们获得不同干预效应的点估计如下:

样本的平均干预效应(SATE):

$$\hat{\tau}^{\text{average}} = \frac{1}{N} \sum_{i=1}^{N} \left\{ \hat{Y}_i(1) - \hat{Y}_i(0) \right\} = \frac{1}{N} \sum_{i=1}^{N} (2W_i - 1)\{1 + K_M(i)\} Y_i \quad (6.2)$$

样本的干预组平均干预效应(SATT):

$$\hat{\tau}^{\text{t}} = \frac{1}{N_1} \sum_{i:w_i=1} \left\{ Y_i - \hat{Y}_i(0) \right\} = \frac{1}{N_1} \sum_{i=1}^{N} \{ W_i - (1 - W_i)K_M(i) \} Y_i \quad (6.3)$$

样本的控制组平均干预效应(SATC):

$$\hat{\tau}^{\text{c}} = \frac{1}{N_0} \sum_{i:w_i=0} \left\{ \hat{Y}_i(1) - Y_i \right\} = \frac{1}{N_0} \sum_{i=1}^{N} \{ W_i K_M(i) - (1 - W_i) \} Y_i \quad (6.4)$$

前面早先曾经指出,一个总体效应恰好就刚好是其相应的相应样本效应的点估计值。因而,PATE = SATE,其中,SATE 可以通过应用式 6.2 获得;PATT = SATT,其中,SATT 可以通过应用式 6.3 获得;PATC = SATC,其中,SATC 可以通过应用式 6.4 获得。

当运行匹配估计量时,必须考虑每个单元的匹配数量。在上面的例子中,我们使用处在相反干预状态上的所有单元作为潜在匹配并基于最小距离选择一个单独的单元。因为匹配估计量采用有回置的匹配,因此,理论上,所有的控制组单元可以被选取作为某个干预组单元的匹配,同时所有的干预组单元也可以被选取作为某个控制组单元的匹配。另一极端情况是,研究者可以使用最近邻(nearest neighbor)对每一个单元只选取一个匹配。使用一个匹配的缺点是这一过程在匹配中使用的信息太少。和所有修匀参数(smoothing parameters)一样,匹配估计量的最终推论依赖于匹配数目的选择。为了解决这一问题,Abadie 等(2004:298)建议对每个单元使用**4 个匹配**,"因为它提供了好处,即不会在没有纳入那些不是足够相似的观测的情况下依赖过少的信息"(第 298 页)。

6.2.2 偏差矫正的匹配估计量

Abadie 和 Imbens(2002)发现,当匹配不精确时,有限样本中简单估计量会有偏差。具体来说,在有 k 个连续协变量的情况下,估计量将会有一个与匹配差异(matching discrepency)(即被匹配的单元和其匹配之间的差异)相对应的偏差项。为了消除匹配后仍存在的部分偏差,Abadie 和 Imbens(2002)提出了一个**偏差矫正匹配估计量**(a bias-corrected matching estimator)。这一调整使用最小二乘回归来调整由于各匹配在协变量上的差异而造成的内部差异。

这一回归调整由 4 步来完成:

1. 设想我们在估计 SATE。在这一情况下,我们仅使用匹配样本中的数据来进行回归。对 $w = 0$(即控制组)或 $w = 1$(即干预组)定义 $\mu_w(x) = E\{Y(w) \mid X = x\}$。使用匹配样本的数据,我们进行两个单独的回归:一个使用 $w = 0$ 的数据,另一个使用 $w = 1$ 的数据。每个回归模型都使用 $Y(w)$ 作为因变量,同时所有的协变量都用作自变量。

2. 在这一步中,我们已经获得了两套回归系数,一套对应着 $w = 0$,一套对应着 $w = 1$ 的。令回归函数的截距为 $\hat{\beta}_{u0}$ 且斜率向量为 $\hat{\beta}'_{u0}$。我们选择以 $K_M(i)$ 为权重使得加权残差平方和(weighted sum of square residual)最小化的 $\hat{\beta}_{u0}$ 和 $\hat{\beta}'_{w1}$。准确地讲,对 $w = 0, 1$ 来说,调整项 $\hat{\mu}_w$ 是基于下列方程的预测值:$\hat{\mu}_w = \hat{\beta}_{u0} + \hat{\beta}'_{w1} x$,其中,$(\hat{\beta}_{u0}, \hat{\beta}'_{w1}) = \arg \min_{\{\beta_{u0}, \beta_{w1}\}} \sum_{i : W_i = w} K_M(i)(Y_i - \hat{\beta}_{u0} - \hat{\beta}'_{w1} X_i)^2$。换句话说,我们选择能够使加权残差平方和 $\sum_{i : W_i = w} K_M(i)(Y_i - \hat{\beta}_{u0} - \hat{\beta}'_{w1} X_i)^2$ 最小化的 $\hat{\beta}_{u0}$ 和 $\hat{\beta}'_{w1}$。

3. 在获得 $w = 0$ 和 $w = 1$ 的调整项后,我们可以使用该项来矫正包含在简单匹配估计量中的偏差。偏差矫正估计量接着使用下面的公式来填补缺失的潜在结果:

$$\widetilde{Y}_i(0) = \begin{cases} Y_i & \text{如果 } W_i = 0 \\ \dfrac{1}{\#J_M(i)} \sum_{l \in J_M(i)} Y_l \{Y_l + \hat{\mu}_0(X_i) - \hat{\mu}_0(X_l)\} & \text{如果 } W_i = 1 \end{cases} \quad (6.5)$$

和

$$\widetilde{Y}_i(1) = \begin{cases} \dfrac{1}{\#J_M(i)} \sum_{l \in J_M(i)} Y_l \{Y_l + \hat{\mu}_0(X_i) - \hat{\mu}_0(X_l)\} & \text{如果 } W_i = 0 \\ Y_i & \text{如果 } W_i = 1 \end{cases}$$

4. 上述步骤以 SATE 的点估计(等价于 PATE,因为这两个系数是完全一样的)为例阐述了偏差矫正过程。如果我们对估计 SATT 或 PATT 有兴趣,那么我们仅需估计控制组的回归函数 $\hat{\mu}_0$ 即可。如果我们对估计 SATC 或 PATC 感兴趣,那么我们仅需估计干预组的回归函数 $\hat{\mu}_1$ 即可。

偏差矫正匹配估计量总是可用来代替简单匹配估计量。当基于数个协变量且其中至少有一个连续协变量进行匹配,这一方法尤其有用。由于当使用连续协变量时精确匹配很少是精确的,因此需要这一矫正。有关矫正偏差匹配估计量的应用,可参见 Hirano 和 Imbens(2001)。总的说来,偏差矫正匹配最重要的功能就是调整针对观测到的协变量对较差的匹配进行调整,除了在一些特殊和理想情况下,这一方法并会不真正地矫正偏差。例如,该方法不能(和并不旨在)矫正因忽略重要协变量而产生的偏差或者因隐藏的选择而导致的偏差。

6.2.3 假定方差齐性的方差估算

Abadie 和 Imbens(2002)提出了一种针对不同干预效应的方差估计量。他们首先在两个假定下来考虑方差估计量:①单元层次的干预效应 $\tau_i = Y_i(1) - Y_i(0)$ 是不变的;②给定 X_i 的 $Y_i(W)$ 的条件方差(conditional variance)既不随着协变量 x 也不随着干预 w 的变动而变动,这也被称为是方差齐性假定。在这些假定之下,我们可以应用下列公式获得不同效应的方差。

SATE 的方差:

$$\hat{V}^{\text{SATE}} = \frac{1}{N^2} \sum_{i=1}^{N} \{1 + K_M(i)\}^2 \frac{1}{2N} \sum_{i=1}^{N} \left[\frac{1}{J_M(i)} \sum_{l \in J_M(i)} \{W_i(Y_i - Y_l - \hat{\tau}) + (1 - W_i)(Y_l - Y_i - \hat{\tau})\}^2 \right] \tag{6.6}$$

SATT 的方差:

$$\hat{V}^{\text{SATT}} = \frac{1}{N_1^2} \sum_{i=1}^{N} \{W_i - (1 - W_i)K_M(i)\}^2 \frac{1}{2N_1} \sum_{i:W_i=1}^{N} \left[\frac{1}{J_M(i)} \sum_{l \in J_M(i)} \{(Y_i - Y_l - \hat{\tau})^2\} \right] \tag{6.7}$$

SATC 的方差:

$$\hat{V}^{\text{SATT}} = \frac{1}{N_0^2} \sum_{i=1}^{N} \{W_i K_M(i) - (1 - W_i)\}^2 \frac{1}{2N_0} \sum_{i:W_i=0}^{N} \left[\frac{1}{J_M(i)} \sum_{l \in J_M(i)} \{(Y_l - Y_i - \hat{\tau})^2\} \right] \tag{6.8}$$

PATE 的方差:

$$\hat{V}^{\text{PATE}} = \frac{1}{N^2} \sum_{i=1}^{N} \left[\{\hat{Y}_i(1) - \hat{Y}_i(0) - \hat{\tau}\}^2 + \{K_M^2(i) + 2K_M(i) - K_M'(i)\} \right.$$
$$\left. \frac{1}{2N} \sum_{i=1}^{N} \left[\frac{1}{J_M(i)} \sum_{l \in J_M(i)} \{W_i(Y_i - Y_l - \hat{\tau}) + (1 - W_i)(Y_l - Y_i - \hat{\tau})\}^2 \right] \right] \tag{6.9}$$

这里

$$K_M'(i) = \sum_{l=1}^{N} 1\{i \in J_M(l)\} \left\{ \frac{1}{\#J_M(l)} \right\}^2$$

PATT 的方差为:

$$\hat{V}^{\text{PATT}} = \frac{1}{N_1^2} \sum_{i=1}^{N} \left[W_i \hat{Y}_i(1) - \hat{Y}_i(0) - \hat{\tau}^t\}^2 + (1 - W_i)\{K_M^2(i) - K_M'(i)\} \right.$$
$$\left. \frac{1}{2N} \sum_{i:W_1=0} \left\{ \frac{1}{J_M(i)} \sum_{l \in J_M(i)} \{(Y_l - Y_i - \hat{\tau})^2\} \right\} \right] \tag{6.10}$$

PATC 的方差为:

$$\hat{V}^{\text{PATC}} = \frac{1}{N_0^2} \sum_{i=1}^{N} \left[(1 - W_i)\{\hat{Y}_i(1) - \hat{Y}_i(0) - \hat{\tau}^t\}^2 + (1 - W_i)\{K_M^2(i) - K_M'(i)\} \right.$$
$$\left. \frac{1}{2N} \sum_{i:W_1=0} \left\{ \frac{1}{J_M(i)} \sum_{l \in J_M(i)} \{(Y_l - Y_i - \hat{\tau}^t)\}^2 \right\} \right] \tag{6.11}$$

对每个方差项取平方根,我们就获得点估计值的标准误。然后我们可以使用这一标准误来计算点估计值的 95% 置信区间或在给定统计显著性水平上进行统计检验。点估计值对标准误的比值服从标准正态分布,它允许使用者可以进行 z 检验。

6.2.4 考虑异方差性的方差估计量

对于某些类型的评估数据,关于恒定干预效应以及方差齐性的假定也许并不一定合理。实际研究中,对评估者手头的数据而言,式 6.6 到式 6.10 中的条件误差方差项可能会随着干预状况 w 以及协变量向量 x 的变动而变动。为了解决这一问题,Abadie 和 Imbens(2002)提出了一个考虑异方差性的稳健方差估计量。这一稳健估计量的关键特征是它在估计所有样本点的条件误差方差方面的效用。Abadie 和 Imbens 提出的这一算法包含又一个匹配程序,即将干预组单元和干预组单元、控制组单元和控制组单元相匹配。在运行诸如 Stata 的 **nnmatch** 等计算机软件包时,用户必须设定在针对处于相同干预状态的观测之间进行的第二个匹配阶段中所使用的匹配数目(number of matches)。这一数目不需要和估计干预效应时的匹配数目相同。关于稳健估计量的细节,可参见 Abadie 等(2004:303)。

6.2.5 大样本性质以及矫正

尽管匹配估计量,包括由像 Cochran 和 Rubin(1973)、Rosenbaum 和 Rubin(1983)以及 Heckman 和 Robb(1985)等提出的那些,具有很强的直接吸引力并且在实际研究中被广泛应用,但直到最近,它们的正式大样本性质(formal large sample properties)才得以确定。这一延迟部分地归因于使用固定数目的匹配是数据分布的一个高度非平滑函数(highly nonsmooth function),该函数不服从于平滑函数的标准渐近方法(standard asymptotic method)。不过,Abadie 和 Imbens(2006)最近提出了一种分析方法来证明匹配估计量的大样本性质。下面,我们简要强调这一发现。

Abadie 和 Imbens(2006)的结果表明,匹配估计量的一部分正式大样本性质并不非常有吸引力。第一,他们论证了匹配估计量包含了一个随机阶数(stochastic order)随着连续匹配变量数目增加而增加的条件误差项。误差项的阶数可能比 $1/\sqrt{N}$ 大,因而匹配估计量不是与 $1/\sqrt{N}$ 一致的。第二,一般来说,简单匹配估计量是与 $1/\sqrt{N}$ 一致的。不过,简单匹配算法还达不到 Hahn(1998)所计算的半参数有效性范围。对于只有单个连续协变量用于匹配的情况,Abadie 和 Imbens 已证明通过允许有足够多的匹配,使得效率损失可以任意地接近于 0。第三,尽管有这些低劣的正式性质,但匹配估计量极易于实施并且不要求对未知函数进行一致性的非参数估计。正因为这样,匹配估计量有数个具有吸引力的特征,这可以解释它们为什么广受欢迎。第四,Abadie 和 Imbens 提出了一个简单匹配估计量的条件方差估计量,这一估计量不要求对未知函数进行一致性的非参数估计。这一条件方差实质上是由考虑了异方差性的方差估计量来进行估计并且涉及又一个匹配程序(见 6.2.4 节)。关键的思想是,不是在干预组单元和控制组单元之间进行匹配,条件方差的估计量而是代之以在干预组单元和干预组单元之间、控制组单元和控制单元之间进行匹配。最后,基于匹配估计量大样本性质的结果,Abadie 和 Imbens 得出结论说,自助法并不适用于匹配估计量。

6.3 Stata 程序 *nnmatch* 概述

Stata、Matlab 以及 R 中都有执行匹配估计量的软件。本节中,我们回顾 Stata 中的一个用户编写程序 *nnmatch*。它可以处理本章介绍的所有估计量。作为一个用户编写的程序,*nnmatch* 没有包含在常规的 Stata 软件中。用户可以使用后接 *nnmatch* 的 *findit* 命令(即 *findit nnmatch*)通过互联网来搜索这一程序,并按照在线指导进行下载和安装。安装好后,用户应当检查帮助文件以获得运行程序的基本指导。由 *Stata Journal* 出版的 Abadie 等(2004)这一成果专门用来解决如何使用 *nnmatch* 评估本章讨论的各种干预效应。用户或许会发现该文献很有帮助。

nnmatch 程序可以采用下列基本语法来初始化:

nnmatch depvar treatvar varlist, *tc*(*att*) *m*(#) *metric*(*maha*) *biasadj*(*bias*) ///
    robust(#) *population keep*(*filename*)

在这一命令中,*depvar* 是结果变量,用户希望评估干预组和控制组在它上面的差异,也即是说,它是显示干预效应的结果变量;*treatvar* 是二分干预成员身份变量,它表明干预的状态;*varlist* 设定匹配中所使用的协变量。这些表述都是所需的而且是必须设定的。其余的表述是可选的,并且不对它们加以设定则调用默认设定。*tc* 这一项设定拟评估的干预效应类型;并且括号中可以设定 3 个值:*ate*,*att* 以及 *atc*,它们分别表示**平均干预效应**(average treatment effect)、**干预组的平均干预效应**(average treatment effect for the treated)**和控制组的平均干预效应**(average treatment effect for the controls)。默认情况下,*nnmatch* 估计 *ate*。*m* 设定每个观测所用的匹配数目。用户用一个具体的数字代替语句中的 # 并将数字放在括号中。*metric* 这一项设定所测量的两个协变量向量之间的距离测度,或者用户选择在向量模中加以使用的方差矩阵类型。默认情况下,*nnmatch* 使用样本方差的逆矩阵;*metric*(*maha*)使得 *nnmatch* 在向量模中采用样本方差协方差矩阵的逆矩阵并计算马氏距离。*biasadj* 这一项设定想要使用的偏差矫正匹配估计量。默认情况下,*nnmatch* 使用简单匹配估计量。如果用户设定为 *biasadj*(*bias*),那么 *nnmatch* 会使用同一套匹配协变量 *varlist* 来估计偏差调整中的线性回归函数。替代地,用户也可以在括号中设定一个新的变量名单,这会导致 *nnmatch* 在回归调整中纳入一套不同的协变量。*robusth*(#)这一项设定 *nnmatch* 在第二个匹配阶段中使用 # 个匹配估计考虑了异方差性的一致性标准误。用一个具体的数字代替上述语句中的 #,并且用户应当将该数字放在括号中。这一数字无需和 *m*(#)中设定的数字一样。默认情况下,*nnmatch* 使用方差齐性/恒定的方差估计量。*population* 这一选项使得 *nnmatch* 估计总体干预效应(*ate*,*att* 或 *atc*)。默认情况下,*nnmatch* 估计样本干预效应。最后,*keep*(*filename*)将临时匹配数据集保存在文件 *filename*.*dta* 中。一套新的变量被创建出来并被保存新的 Stata 数据文件中,该文件可用于后续分析。

表 6.4 展示了 6 个 *nnmatch* 例子的语法和输出结果:每个观测使用 4 个匹配来估计 SATE、PATE、SATT、PATE、PATT 以及 PATC,并使用了考虑异方差性的偏差矫正和稳健方差估计量。下一节将讨论这些示例的实质性发现。

表6.4 Stata 的 *nnmatch* 语句以及采用稳健标准误运行偏差矫正匹配估计量的输出结果

```
//Chapter 6 Example 1
//use the PSID-CDS pcss97(passage comprehension) to illustrate
nnmatch
cd "D:\Sage\ch6"
use cds_pcss97, replace

//(SATE) Sample average treatment effect
nnmatch pcss97 kuse male black age97 pcged97 mratio96 pcg_adc, ///
m(4) tc(ate) bias(bias) robusth(4)
```

(*Output*)

Matching estimator: Average Treatment Effect ate

Weighting matrix: inverse variance	Number of obs	=	606
	Number of matches (m)	=	4
	Number of matches,		
	robust std. err.(h)	=	4

pcss97	Coef.	std. Err.	z	p > |z|	[95% Conf. Interval]
SATE	−4.703774	1.76969	−2.66	0.008	−8.172303 −1.235244

Matching variables: male black age97 pcged97 mratio96 pcg_adc
Bias-adj variables: male black age97 pcged97 mratio96 pcg_adc

```
//(PATE) Population average treatment effect
nnmatch pcss97 kuse male black age97 pcged97 mratio96 pcg_adc, ///
m(4) tc(ate) population bias(bias) robusth(4)
```

(*Output*)

Matching estimator: Population Average Treatment Effect ate

Weighting matrix: inverse variance	Number of obs	=	606
	Number of matches (m)	=	4
	Number of matches,		
	robust std. err.(h)	=	4

pcss97	Coef.	std. Err.	z	p > |z|	[95% Conf. Interval]
PATE	−4.703774	1.765187	−2.66	0.008	−8.163476 −1.244072

Matching variables: male black age97 pcged97 mratio96 pcg_adc
Bias-adj variables: male black age97 pcged97 mratio96 pcg_adc

```
//(SATT) S average treatment effect for the treated
nnmatch pcss97 kuse male black age97 pcged97 mratio96 pcg_adc, ///
m(4) tc(att) bias(bias) robusth(4)
```

（*Output*）

Matching estimator：Average Treatment Effect for the Treated

Weighting matrix：inverse variance　　　Number of obs　　　　=　　606
　　　　　　　　　　　　　　　　　　Number of matches（m）=　　　　4
　　　　　　　　　　　　　　　　　　Number of matches,
　　　　　　　　　　　　　　　　　　　robust std. err.（h）=　　　　4

pcss97	Coef.	std. Err.	z	p > |z|	[95% Conf. Interval]
SATT	-5.229651	1.781161	-2.94	0.003	-8.720663　-1.738639

Matching variables：male black age97 pcged97 mratio96 pcg _ adc
Bias-adj variables：male black age97 pcged97 mratio96 pcg _ adc

// （**PATE**）**P average treatment effect for the treated**
nnmatch pcss97 kuse male black age97 pcged97 mratio96 pcg _ adc, ///
m（4）tc（att）population bias（bias）robusth（4）

（*Output*）

Matching estimator：Population Average Treatment Effect for the Treated

Weighting matrix：inverse variance　　　Number of obs　　　　=　　606
　　　　　　　　　　　　　　　　　　Number of matches（m）=　　　　4
　　　　　　　　　　　　　　　　　　Number of matches,
　　　　　　　　　　　　　　　　　　　robust std. err.（h）=　　　　4

pcss97	Coef.	std. Err.	z	p > |z|	[95% Conf. Interval]
PATT	-5.229651	1.72059	-3.04	0.002	-8.601946　-1.857356

Matching variables：male black age97 pcged97 mratio96 pcg _ adc
Bias-adj variables：male black age97 pcged97 mratio96 pcg _ adc

// （**SATT**）**S average treatment effect for the controls**
nnmatch pcss97 kuse male black age97 pcged97 mratio96 pcg _ adc, ///
m（4）tc（atc）bias（bias）robusth（4）

（*Output*）

Matching estimator：Average Treatment Effect for the Controls

Weighting matrix：inverse vagriance　　　Number of obs　　　　=　　606
　　　　　　　　　　　　　　　　　　Number of matches（m）=　　　　4
　　　　　　　　　　　　　　　　　　Number of matches,
　　　　　　　　　　　　　　　　　　　robust std. err.（h）=　　　　4

pcss97	Coef.	std. Err.	z	p > |z|	[95% Conf. Interval]
SATC	-4.467255	2.133536	-2.09	0.036	-8.648908　-.2856015

续表

```
Matching variables:  male black age97 pcged97 mratio96 pcg_adc
Bias-adj variables:  male black age97 pcged97 mratio96 pcg_adc


//(PATC) P average treatment effect for the controls
nnmatch pcss97 kuse male black age97 pcged97 mratio96 pcg_adc, ///
m(4) tc(atc) population bias(bias) robusth(4)


(Output)
Matching estimator: Population Average Treatment Effect for the Controls
Weighting matrix: inverse variance        Number of obs        =        606
                        Number of matches (m)   =            4
                        Number of matches,
                          robust std. err. (h) =            4


pcss97 |    Coef.      std. Err.    z      p>|z|     [95% Conf. Interval]
------ - +
PATC |   -4.467255    2.135647   -2.09   0.036    -8.653045   -.2814641

Matching variables:  male black age97 pcged97 mratio96 pcg_adc
Bias-adj variables:  male black age97 pcged97 mratio96 pcg_adc
```

6.4 举例

本节中,我们用两个例子来说明匹配估计量在项目评估中的应用。第一个例子展示了 6 个有关因果关系的干预效应评估,这些评估涉及使用考虑了异方差性的方差估计量的偏差矫正估计量。第二个例子示范了将匹配估计量应用于 ESA*,该分析的核心关注的是干预的剂量。第二个例子还基于 50 个填补文件进行了仿照缺失数据填补的所有分析。就此而论,第二个例子模拟了在真实项目评估中可能出现的研究情景。

6.4.1 采用偏差矫正和稳健方差估计的匹配

本节介绍一个例子来展示偏差矫正和稳健方差估计量的应用。使用和 5.9.2 节中所给案例相同的样本和匹配变量,我们分析一个包含 606 个儿童的子样本,该样本来自于收入动态追踪研究(PSID)中的 1997 年儿童发展附加调查(CDS)的数据以及 1968 年到 1997 年间的核心 PSID 年度数据(Hofferth et al.,2001)。我们的主要研究目的是检验关于儿童时期的贫困对发展结果(尤其是学习成绩)的因果效应这样一个研究假设。这一研究检验了参加福利项目——贫困的一个指标——对测验表现的影响。我们请读者回到 5.9.2 节查看此项研究的概念框架和实质性内容。

对于这一应用,我们报告对学习成绩单个领域的测验进行分析的结果:以 Woodcock-Johnson 修订的成绩测试(Woodcock-Johnson Revised Tests of Achievement)测得的年龄标

---

* 这里,ESA 即效力子集分析。——译者注

准化的阅读理解得分(age-normed passage comprehension)(Hofferth et al.,2001)。这一测量上的得分越高被认为是对更高学习成绩的一个反映。段落理解得分在这一研究中被作为结果变量。读者应当注意,这一研究中分析的是 606 名儿童而不是 5.9.2 节的分析中的 1 003 名儿童。因为 397 个案例缺失阅读理解得分,这些案例从分析中移除了。

基于这一研究问题,我们将研究对象分成两个组:从出生到 1997 年曾使用过 AFDC(Aid to Family With Dependent Children)的儿童和在同一时期从未使用过 AFDC 的儿童。因此,这个二分变量表明了研究中的干预条件:使用过 AFDC 的干预组相对于从未使用 AFDC 的控制组。606 名被研究儿童中,188 名曾经使用过 AFDC 的被作为干预组,从未使用过 AFDC 的 418 名儿童作为控制组。

为了评估干预效应(即参加 AFDC 项目作为贫困的一个指标)对学习成绩的影响,我们考虑下列协变量或匹配变量:a. 目前的收入或贫困状态,这一变量用 1996 年时的家庭收入与贫困线的比值来测量;b. 1997 年时看护人的受教育程度,这一变量通过受教育年数来测量;c. 看护人使用福利的历史,这一变量(连续变量)通过护理人员在自己的儿童时期(6～12 岁)曾经使用过 AFDC 的年数来测量;d. 儿童的种族,这一变量通过是不是非裔美国人来测量;e. 儿童在 1997 年的年龄;以及 f. 儿童的性别,这一变量通过男或女来测量。

值得指出的是,在这 6 个协变量中,有 4 个是连续变量,仅有儿童的种族和性别是分类变量。在这种情况下,不可能对这一数据集进行精确匹配,因而重要的是使用偏差矫正匹配估计量来对与被匹配单元和其匹配之间在这 4 个连续协变量上的匹配差异相对应的偏差进行矫正。在我们的例子中,我们对偏差矫正中的回归调整使用同一套匹配变量作为自变量。遵照 Abadie 等(2004)的建议,我们在本分析中选择每个观测有 4 个匹配。

对方差估计量的选择值得做些说明。注意,方差齐性的方差估计量假定单元层次的干预效应是恒定的,并且给定 X_i 下的 $Y_i(w)$ 的条件方差既不随着协变量也不随着干预的变动而变动。为了检验我们的数据是否满足方差齐性假定,我们首先进行阅读理解得分对 6 个匹配变量及二分干预变量的回归。然后,我们对这 7 个自变量逐个进行 Breusch-Pagan 以及 Cook-Weisberg 异方差性检验。从 Breusch-Pagan 以及 Cook-Weisberg 检验得到的结果表明,儿童的年龄是统计显著的,这表明结果变量在不同年龄水平上的条件方差并不恒定。基于这一发现,我们决定使用考虑异方差性的稳健方差估计量。我们在第二阶段中使用同样数量的匹配(即 4 个匹配)来运行稳健方差估计量。

表 6.5 展示了我们对本研究数据进行分析的结果。本研究的解释和发现可被概述如下。第一,前面已经指出,特定样本的效应和其对应的总体的效应在大小上是相同的(例如,SATE 和 PATE 都是 -4.70)。两个效应彼此之间仅在标准误上有区别(例如,SATE 的标准误是 1.769 69,而 PATE 的标准误是 1.765 187)。第二,我们的结果表明,儿童时期的贫困强烈地影响着儿童的学习成绩。与儿童时期从未使用 AFDC 的儿童相比,儿童时期使用 AFDC 的儿童在阅读理解得分上平均要低 4.7 分。这一发现在我们考虑了 6 个观察协变量的选择偏差后仍然是真的。对于干预组成员子总体,干预效应甚至更大: -5.23,或比样本(或总体)的平均干预效应大 0.63 个单位。第三,倘若所有的控制组成员(即从未使用过 AFDC 的儿童)使用 AFDC 而所有干预组儿童不使用 AFDC,那么平均来说,控制组儿童的阅读理解得分将比对应的另一方低 4.47 分。注意,在这一研究中,SATT 等于 -5.23,而 SATC 等于 -4.47,或者相差 0.76 个单位。这一差异要么源于这一研究中没有解释的选择偏差,要么说明研究数据违反了匹配估计量的假定,这意味着需

要做进一步的细查。第四，总体的效应表明被检验的干预是否在取自同一总体的另一个样本中也是有效果的。以 SATT($p = 0.003$) 和 PATT($p = 0.002$) 为例，本研究表明样本中干预组的干预效应在 0.01 水平上统计显著。如果我们从总体中抽取另一个样本，我们可能观察到相同水平的干预组的干预效应，并且这一效应也应仍在 0.01 的水平上统计显著。最后，我们的结果表明全部 6 个干预效应都是统计显著的($p < 0.05$)，并且所有的 95% 的置信区间都不包含零。因此，我们认为，本研究数据不能拒绝干预效应为零这一零假设(null hypothesis)，同时，由参与 AFDC 项目的成员来反映并以有效数据为条件的情况下，儿童时期的贫困似乎是导致儿童阅读理解得分较低的一个重要因素。

表 6.5　使用采取稳健方差估计量的偏差矫正估计量估计的对 1997 年阅读理解得分的干预效应
（儿童使用 AFDC 的效应）（例 6.4.1）

干预效应	系数	标准误	z	p 值	95% CI
样本的平均干预效应（SATE）	−4.70	1.76969	−2.66	.008	$[-8.17, -1.24]$
总体的平均干预效应（PATE）	−4.70	1.765187	−2.66	.008	$[-8.16, -1.24]$
样本的干预组平均干预效应（SATT）	−5.23	1.781161	−2.94	.003	$[-8.72, -1.74]$
总体的干预组平均干预效应（PATT）	−5.23	1.72059	−3.04	.002	$[-8.60, -1.86]$
样本的控制组平均干预效应（SATC）	−4.47	2.133536	−2.09	.036	$[-8.65, -0.29]$
总体的控制组平均干预效应（PATC）	−4.47	2.135647	−2.09	.036	$[-8.65, -0.28]$

注意：95% CI = 95% 置信区间。

6.4.2　使用匹配估计量的效力子集分析

本例中，我们阐释如何使用匹配估计量实施 ESA，也就是说，根据剂量或暴露水平估计干预效应。在 5.7 节，我们介绍过剂量分析方法，这种方法首先使用序次 logistic 回归或多分类 logistic 回归来预测倾向值，然后进行非双向匹配或倾向值加权分析。因为匹配估计量直接计算样本和总体的干预组平均干预效应，因此它们可以直接进行 ESA 来验证有关干预剂量的假设。因此，我们选择匹配估计量来进行剂量分析。

本例使用与 4.5.2 节所介绍的例子中相同的样本和匹配变量。此处报告的结果呈现了一项在北卡罗来纳州实施的"社会和人格发展"(Social and Character Development)评估项目的发现。这一研究样本包含 400 多名研究对象。

北卡罗来纳干预项目包含了一门技能培训课程——《做选择》(Making Choice)——该课程为小学的学生而设计。《做选择》这一课程的主要目标是增加学生的社交能力并减少学生的攻击行为。干预组接受多要素(multi-ement)的干预，包括在三年级期间被安排了 29 次《做选择》课堂教学及四年级和五年级每一学年中被安排了 8 次后续或"强化(booster shot)"的课堂教学。分配到控制组的学生接受常规的人格发展和健康教育指导，不接受《做选择》课程的任何教学。

我们用一些有效且可靠的工具来测量学生的社交能力和攻击行为，并且对干预组和控制组成员均收集在三年级、四年级和五年级开始与结束时的数据。因此，可以使用 6 个波次的面板数据来进行评估。本例子仅使用在四年级和五年级期间收集的结果数据，也就是说，对实施干预后 1~2 年的行为变化进行测量的数据。对于大多数学生来说，结果数据由不同年级的不同教师进行收集，这些数据可能部分地反映了评分者效应(rater's effect)。为了消除评分者效应，我们对同一年级的变化分（即用年级结束时的结果变量减去同一年级开始时的结果变量）进行分析。通常情况下，同一年级的评分是由同一个老师给出的。

4.5.2 节曾经提到，《做选择》干预采用了包含 14 个学校的群组随机化(group randomization)(队列 1 = 10 所学校，队列 2 = 4 所学校)。但是，尽管采用了群组随机化设计，但初步的分析表明样本数据在很多观测协变量上并不平衡。这表明群组随机化并没有像所计划的那样奏效。在一些学区，仅有 4 所学校符合研究标准。比预期样本小的结果就是两所干预学校在协变量上与两所控制学校相比呈现出形同性差异。当调查者比较来自这些学校的数据时，他们发现干预学校在好几个明显的方面与控制学校不同：干预学校 a. 在全州范围的测试(Adequate Yearly Progress)中学习成绩得分更低；b. 有色人种学生的比例更高；c. 学生接受免费和减价午餐的比例更高；d. 基线调查时的行为综合量表得分更低。研究者发现这些差别在 0.05 的水平上统计显著。研究者面临随机化失败的问题。如果这些选择效应不被纳入考虑，对项目效果的评估就会是有偏的。因而，使用倾向值办法，包括匹配估计量，矫正评估中的选择偏差就十分重要。

和大多数评估一样，数据集里的很多研究变量都包含缺失值。在进行评估分析之前，我们使用多重填补方法(multiple imputation method)对缺失数据进行填补(Little & Rubin，2002；Schafer，1997)。使用这一方法，我们为每一个结果变量构造了 50 个填补数据文件。根据我们针对这 50 个数据集的分析结果，这一填补取得了 99% 的相对效率(relative efficiency)。遵照填补缺失数据中的惯常做法，我们为所有案例的缺失值进行填补，但结果变量上有缺失数据的案例被删除了。这样一来，最终分析的样本规模会随着结果变量而变动。

使用多重填补文件(即本例中 50 个不同的数据文件)，我们首先对每一个文件运行 **nnmatch** 命令然后使用 Rubin 法则(Little & Rubin，2002；Schafer，1997)来汇总点估计和标准误以构建一套对每个结果变量进行显著性检验的统计量。请读者参考本书的附属网页，我们在上面提供了有关的命令语法，这些语法针对每一结果运行 **nnmatch** 命令 50 次和用于使用 Rubin 法则进行汇总。

为了分析出现在四年级学年和五年级学年中的结果变化，我们首先使用 3 种方法分析整个样本的变化分：①采用回归调整的最佳成对匹配；②采用 Hodges-Lehmann 有序秩检验的最佳完全匹配；③匹配估计量。我们在表 6.6 中提供这些分析结果。

由前两种方法(即最佳成对匹配和最佳完全匹配)得到的结果没有什么希望。基于干预项目的设计，我们希望有正向的发现(即干预在改变行为结果方面是有效果的)；但是，从采用回归调整的最佳成对匹配中得到的结果没有一个是统计显著的。这一情况在采用 Hodges-Lehmann 检验的最佳完全匹配中略有改善，其中部分结果表明统计上的趋势($p < 0.10$)，有两个变量(社交能力和亲社会行为)呈现出统计显著性($p < 0.05$)。当面临这一情况时，研究者需要寻找一个合理的解释。我们认为对这一不显著的结果至少有两个合理的解释：一个是干预没有效果，另一个是我们的评估数据违反了包含在我们所使用评估方法中的假定，从而这一结果反映了方法的缺陷。实际研究中，并没有确切的方式可以用来找出哪一个解释是真的。不过，第三种方法(即匹配估计量)的分析结果比前两种方法呈现了比前两个分析更重要的发现。

值得指出的是，即使是使用匹配估计量，我们仍然可能发现这一干预是没有效果的。此外，我们发现，由匹配估计量得到的结果在方法上也是有错误的，但在这一情况下，误差走向了另一个方向：违反模型假定可能导致"过度乐观"的发现。对哪一种方法更适合我们的研究以及哪一套结果更值得相信超出了本章讨论的范围。但是，我们强调在评估研究中使用多种方法是重要的，对那些干预效应很微小或者其效应值落入 Cohen(1988)

所定义的"小"类别的项目来尤其如此。Cohen 曾经强调,探测小的效应值通常是社会行为研究中一项新调查的重要目标。Sosin(2004)也强调了这一点,他的有关研究使用不同的方法来检查一个普通的数据集,这些方法包括了样本选择(sample selection)、常规的控制变量(conventional control variable)、工具变量(instrumental variable)以及倾向值匹配。Sosin 发现,各种方法提供了非常不同的结果。根据这一发现,他建议研究者要习惯性地对比不同方法所得到的结果。

表 6.6　3 种估计量估计的以四年级和五年级中的变化分测量的干预效应(例 6.4.2)

结果变量	假设的符号	使用最佳成对匹配和回归调整的变化分		使用最佳完全匹配和 Hodges-Lehmann 一致性秩检验的变化分		使用匹配估计量的变化分	
		四年级	五年级	四年级	五年级	四年级	五年级
ICSTAGG—攻击(aggression)	−	−.28	−.18	−.33[+]	−.02	−.47[***]	−.15
ICSTACA—学习能力(academic competence)	+	−.09	.23	−.18	.23	−.09	.15
ICSYINT—内化性得分(internalizing)	−	−.03	−.21	.16	−.30[+]	.05	−.30[*]
CCCSCOM—社交能力(social competence)	+	.19	.27	.12	.26[*]	.21[*]	.27[**]
CCCPROS—亲社会行为(prosocial)	+	.17	.28	.11[+]	.27[*]	.20[*]	.29[**]
CCCEREG—情绪控制(emotion regulation)	+	.21	.26	.20[+]	.26[*]	.22[*]	.26[**]
CCCRAGG—亲属攻击(relational aggression)	−	−.16	−.21	−.13[+]	−.21[+]	−.27[**]	−.18[+]

注:[***] $p<0.001$,[**] $p<0.01$,[*] $p<0.05$,[+] $p<0.1$,双尾检验。

回到我们例子。我们首先考虑整个样本的结果,然后基于干预剂量将样本区分成各子集。我们接着在每个子集内进行 ESA。在这一研究中,我们将剂量定义为学生接受《做选择》课堂教学的分钟数。基于这一定义(它取决于教师对实施以及真实度(fidelity)的报告),所有控制组成员的干预剂量为零。此外,我们在年级层次的强化剂量(grade-level booster dosage)的基础上定义 3 个子集:①恰当暴露于干预(即推荐的暴露量),也就是,接受《做选择》课堂教学在 240~379 分钟的学生;②高度暴露于干预,即接受超过 380 分钟《做选择》课堂教学这一异常高暴露量的学生;③控制组,接受 0 分钟的《做选择》课堂教学的学生。表 6.7 分年级显示了这 3 个子集的样本规模与分布。

根据 ESA,上面定义的子集使我们有可能对每个年级进行两个对比:恰当暴露相对于参照组,和高暴露组相对于参照组。我们的一般性假设是《做选择》干预导致了干预组出现令人满意的行为变化,并且接受恰当或更多干预的学生会显示更高水平的行为变化。

针对我们的研究所进行的匹配具有下列特征:我们选择偏差矫正匹配估计量,该估计量在回归调整和偏差矫正中使用同一套协变量,对每个观测使用 4 个匹配,匹配策略是使用考虑异方差性的稳健方差估计量并在第二匹配阶段为每个观测使用 4 个匹配,匹配所估计的是 SATT。我们在表 6.8 中呈现了 ESA 的结果。

总的来说,对四年级的学生来讲,ESA 证实了两个核心结果变量(即攻击和亲属攻击)的研究假设。也就是说,在这些结果上,干预组的干预效应不仅仅是统计显著的,而且也和假设的符号具有同样的方向。此外,高暴露量组呈现出一个比恰当暴露组更大的效应。其次,对于社交能力测量(包括亲社会行为和情感控制)来说,结果的方向和大小在四年级和五年级期间是相对一致的。这一模式和假设也是一致的。在样本规模较小的高暴露组中观察到了较大的变异。最后,对四年级和五年级来说,恰当干预组的大部分结果的样本干预效应都是统计显著的。总的说来,ESA 建议,推荐的 240 分钟项目内容暴露量产生了积极的效应。在该剂量水平下,《做选择》项目看起来是促进了亲社会行为并减少了攻击性行为。高水平的项目暴露量对四年级的学生有一些收益,但对五年级的学生具有的影响似乎微不足道。总的来说,这一结论与理论、目标以及《做选择》干预项目的设计相一致。

表 6.7 分年级的样本规模以及对项目干预的暴露时间("剂量")分布(例 6.4.2)

	四年级				五年级			
	总数	恰当暴露	高暴露	比较组	总数	恰当暴露	高暴露	比较组
ICSTAGG—攻击(aggression)	413	130	60	223	434	148	33	253
ICSTACA—学习能力(academic competence)	413	130	60	223	434	148	33	253
ICSYINT—内化性得分(internalizing)	413	130	60	223	434	148	33	253
CCCSCOM—社交能力(social competence)	414	130	61	223	433	149	33	251
CCCPROS—亲社会行为(prosocial)	414	130	61	223	433	149	33	251
CCCEREG—情绪控制(emotion regulation)	414	130	61	223	433	149	33	251
CCCRAGG—亲属攻击(relational aggression)	414	130	61	223	433	149	33	251

注:恰当暴露即恰当暴露于干预中(240 ~ 379 分钟);高暴露 = 即高度暴露于干预(380 分钟或以上);比较组即暴露于干预中 0 分钟。

表 6.8 使用匹配估计量的子集效力分析:估计不同剂量下的干预组平均干预效应(例 6.4.2)

结果变量	假设符号	恰当暴露(240~379)相对于比较组(0)四年级	高暴露(380 +)相对于比较组(0)四年级	恰当暴露(240~379)相对于比较组(0)五年级	高暴露(380 +)相对于比较组(0)五年级
ICSTAGG—攻击(aggression)	−	− . 34 *	− .78 ***	− . 15	− . 14
ICSTACA—学习能力(academic competence)	+	− . 21	− . 18	. 11	. 33
ICSYINT—内化性得分(internalizing)	−	− . 05	. 31 +	− . 33 *	. 09
CCCSCOM—社交能力(social competence)	+	. 21 *	. 18	. 27 **	. 27
CCCPROS—亲社会行为(prosocial)	+	. 22 *	. 15	. 30 **	. 25
CCCEREG—情绪控制(emotion regulation)	+	. 21 *	. 22	. 25 *	. 30 +
CCCRAGG—亲属攻击(relational aggression)	−	− . 20 *	− . 45 ***	− . 18 +	− . 25

注:*** $p < 0.001$,** $p < 0.01$,* $p < 0.05$,+ $p < 0.1$,双尾检验。

6.5 结 论

本章讨论了观察研究中被广泛使用的一种方法:匹配。这一讨论集中在 Abadie 和 Imbens(2002)所提出的一系列匹配估计量。这些估计量包括向量模、使用线性回归函数的偏差矫正以及涉及两阶段匹配的稳健方差估计。最近,正式的研究已对各种匹配估计量的大样本性质进行过考察,其中包括那些由 Abadie 和 Imbens 之外的其他研究者所提出的匹配估计量。总的来说,匹配估计量不是与 $1/\sqrt{N}$ 一致的,因而大样本性质的结果不是那么具有吸引力。不过,通过采用将干预组单元和干预组单元匹配、控制组单元和控制组单元进行匹配的矫正,渐近方差的稳健估计量已被证明十分有前景。

匹配估计量十分直观并且很有吸引力,但是至少在两个应用领域值得小心。首先,包含连续协变量的匹配提出了持续的挑战。当匹配变量是连续变量时,用户需要十分小心,并使用诸如劈叉矫正匹配估计量等来对偏差进行调整。注意,在连续变量和分类变量都被作为预测倾向值的 logistic 回归方程中的自变量的倾向值匹配中,连续匹配变量的存在似乎并不是一个严重的问题。其次,估计方差的自助法是成问题的,Abadie 和 Imbens(2002)提出的直接估计程序显得更可取。注意,自助法被用于对采用非参数回归的匹配进行统计推断,这是我们下一章将要讨论的一个主题。

本章所讨论的匹配估计量可以处理异方差性,但它们并不矫正因聚群(clustering)而带来的无效性(inefficiency)。在社会行为研究中,组内相关或聚群会经常在项目评估中碰到(Guo,2005)。但是,目前的匹配估计量并没有考虑聚群的问题(issue of clustering)。匹配估计量的提出者对这一局限十分清楚并且正在致力于发展能够对聚群效应进行调整的匹配估计量(G. Imbens,个人通信,2007 年 10 月 10 日)。

尽管本章介绍的系列匹配估计量有局限性,但它们提供了干预分配不可忽略情况下平衡数据的一种明确且十分有前景的方法。这一方法易于实施并且只需要研究者做很少的主观判断。

7 使用非参数回归的倾向值分析

本章中,我们对最后一种倾向值方法——**使用非参数回归的倾向值分析**(propensity score analysis with nonparametric regression)进行介绍。这一方法是由 Heckman、Ichimura 和 Todd(1997,1998)发展出来的。Heckman 等 1997 年的论文说明了使用非参数回归的倾向值分析在评估工作培训项目中的应用,而 1998 年的论文则对此方法严格的分布理论(distribution theory)做了介绍。此方法的主要特征是应用非参数回归(即采用三次立方内核的局部线性回归(local linear regression with a tricube kernel),也被称作 *lowess*)来对未知且可能复杂的函数进行修匀。此方法允许使用来自某一事先确定跨距(span)内所有可能对照的信息估计干预组的干预效应。因为这一特征,此方法有时被称作**基于内核的匹配**(*kernel-based matching*)(Heckman et al.,1998)。[①] 此模型有时被称作**差中差方法**(*difference-in-differences* approach)(Heckman et al.,1997),当它被应用于两时点数据(two-time-point data)(即对干预前和干预后的数据进行分析)以阐明动态形式的干预所导致的变化时。本章中这 3 个术语——使用非参数回归的倾向值分析、基于内核的匹配和差中差方法——是相互通用的。尽管 lowess 的渐近性质已被证实,但基于这些性质编制程序计算标准误在技术上仍较复杂。因此,为了实现这一估计量,自助迭代(bootstrapping)被用来进行统计推断。一般地,此方法使用从多重匹配(multiple matches)中得到的倾向值来计算一个被用作反事实的加权均值(weighted mean)。就此而言,基于内核的匹配属于一种稳健估计量(robust estimator)。

7.1 节对使用非参数回归的倾向值分析进行了概述。7.2 节通过关注以下 3 个主题介绍了此方法:基于内核的匹配估计量及其在两时点数据中的应用、对 *lowess* 的探讨性回顾以及对与基于内核的匹配的渐近和有限样本性质有关的问题的回顾。7.3 节概括了 Stata 中可用来运行本章中介绍的所有模型的两个计算程序(即 *psmatch*2 和 *bootstrap*)的主要特征。7.4 节给出了一个在两时点的数据中的应用。因为局部线性回归可被应用于并未构成差中差(difference-in-differences)的后干预结果(postintervention outcome),所以我们也以单时点数据(one-point data)展示了评估中如何使用它。7.5 节结束本章。

7.1 概　述

与基于内核的匹配相反,前面章节中所介绍的大多数匹配算法都属于 1 对 1 或 1 对

[①] 本章中,Heckman 等(1998)指的是 Heckman、Ichimura 和 Rodd(1998),而 Heckman 等(1997)则指的是 Heckman、Ichimura 和 Todd(1997)。

n(这里 n 是一个固定的数字)匹配。也就是说,1 对 1 和 1 对 n 方法都旨在找到一个或固定数目个在倾向值或观测协变量 **X** 上与一个接受干预的案例(treated case)匹配最佳的对照(control)。实际应用中,这一类型的匹配并不很有效,因为我们可以在一个事先确定的尺度内为每一接受干预的案例一共找到 n 个以上的对照。大多数情况下,一个尺度内与一个接受干预的案例接近的对照的数目是变动着的,但与对照的相对接近度(relative closeness)有关的信息却被忽略了。基于内核的匹配以从那些更接近相配者的对照中获取更多信息而降低距离更远观测的权重的方式使用潜在对照样本中的所有个体来进行匹配。如此一来,基于内核的匹配使用了比其他匹配算法相对更多的信息。

基于内核的匹配和最佳匹配都对每一被干预的案例使用不同数目的相配者;但是,这两种方法采用不同的方式。基于内核的匹配使用非参数回归,而最佳匹配使用来自运筹学(operation research)的网络流理论(network flow theory)。最佳匹配旨在最小化总距离(total distance)并使用不同的权重从对照案例中获取信息。但它通过使一个由网络流系统所界定的"成本"最优化来实现。正如 5.4.2 节和式 5.6 所描述的,最佳匹配算法旨在最小化的总距离是一个与基于内核的匹配相类似的加权平均(weighted average)。不过,最佳匹配使用 3 种方法选择加权函数(weight function),所有的方法都取决于匹配集内接受干预的案例在所有接受干预的案例中所占的比例(或对照案例数在所有对照中所占的比例),或者样本整体中落入集合 s 中的接受干预案例和对照案例的比例。正是加权函数的选择使得基于内核的匹配在根本上不同于最佳匹配。在选择加权函数时,基于内核的匹配使用 *lowess*,一种对未知且复杂的函数进行修匀的非参数方法。

正如第 2 章中所讨论过的,Heckman 明确地将因果关系的计量经济学模型与反事实的统计学模型做过对比。这反映在基于内核的匹配的发展中。Heckman 和他的同事们认为包含在 Rosenbaum 和 Rubin(1983)所提出的倾向值匹配框架中的两个假定(即**强可忽略的干预分配和重叠假定**(*strongly ignorable treatment assignment and overlap assumptions*))太强和太严格。在这些条件下,概念上有区别的参数(比如干预组的平均干预效应、控制组的平均干预效应和把成员随机分配到干预中的平均效应)变得没有差别(Heckman et al.,1998)。Heckman 和他的同事们认为,这 3 种效应应当被明确地加以区分,而且就对诸如工作培训这样针对性很强的项目进行评估而言,他们认为对干预组的干预效应的均值是最重要的。基于内核的匹配服务于这一目的,同时它也是估计干预组的平均干预效应(ATT)的一种方法。有关 ATT 视角的详细说明,请见 Heckman(1997)以及 Heckman 和 Smith(1998)。

为了克服他们所认为的 Rosenbaum 和 Rubin 框架的局限和确定干预组的干预效应,Heckman 和他的同事们提出了一个包含下述要素的框架。第一,不再假定强可忽略的干预分配或$(Y_0, Y_1) \perp W | X$,他们采用了更弱的条件,假定 $Y_0 \perp W | X$。在这一假定下,只有处在控制状态下的结果才被要求在控制了观测协变量的情况下独立于干预分配。第二,不再假定完全独立(full independence),Heckman 团队采用均值独立(mean independence)或 $E(Y_0 \perp W = 1, X) = E(Y_1 \perp W = 0, X)$。也就是说,在控制了观测协变量的情况下,只有干预组案例处在控制状态下的平均结果被要求与控制组案例处在干预状态下的平均结果相等。第三,他们的框架纳入了两个关键元素:**可分离性**(separability)和**排他性约束**(exclusion restriction)。可分离性将决定结果的变量区分为两类:可观测的和不可观测的。这一分离使得有可能定义并不取决于不可观测变量的参数。排他性约束将决定结果和项目参与的不同变量隔离开来。具体而言,排他性约束将协变量矩阵 **X** 区分成两组变量

$(\mathbf{T}, \mathbf{Z})$，这里 $\mathbf{T}$ 中的变量决定结果，而 $\mathbf{Z}$ 中的变量决定是否参与项目。[①] 将这些元素合在一起，Heckman 和他的同事们提出了一个适用于对干预组的干预效应 $E(Y_0 - Y_1 \perp W = 1, X)$ 而非平均干预效应 $E(Y_1 \perp W = 1) - E(Y_0 \perp W = 0)$ 进行评估的框架。通过考虑 $U_0 \perp W | X$，其中 U_0 是由不可观测变量决定的结果 Y_0，这一框架将 Rosenbaum 和 Rubin 的框架扩展至更为一般且可行的情形。

在排他性约束下，Heckman 和他的同事们进一步假定基于 $\mathbf{X}$ 的倾向值（即 $P(\mathbf{X})$）与基于项目参与的倾向值（即 $P(\mathbf{Z})$）相等，或者 $P(\mathbf{X}) = P(\mathbf{Z})$，这导致 $U_0 \perp W | P(Z)$。根据这些定义和假定，Heckman 等认为他们提出的框架不再包含以下意思：在控制项目参与的倾向值的条件下，处于控制状态下的平均不可观测量（the average unobservables）等于零。类似地，Heckman 团队认为他们的框架也不再包含以下意思：在控制项目参与的倾向值的条件下，处于干预状态下的平均不可观测量等于零。更正式地，他们声称在这一框架下不需要假定 $E(U_0 | P(Z)) = 0$ 或 $E(U_1 | P(Z)) = 0$，这里 U_1 是一个决定结果 Y_1 的不可观测量（an unobservable）。此框架下唯一需要的假定就是：一旦数据对 $P(\mathbf{Z})$ 进行了控制，那么不可观测量的分布在总体 $W = 1$ 和 $W = 0$ 中是相同的。这样，Heckman 和他的同事们就提出了一个评估项目效应的革新性的一般性框架，而且他们还设法对依赖更强和更严格假定的 Rosenbaum 和 Rubin 框架中的限制条件做了处理。

对固定的一组被观测协变量 $\mathbf{X}$，分析人员是应当先用 $\mathbf{X}$ 来得到倾向值 $P(\mathbf{X})$ 然后基于 $P(\mathbf{X})$ 进行匹配，还是直接基于 $\mathbf{X}$ 进行匹配？Heckman 和同事们（1998）对这两种估计量（即基于倾向值 $P(\mathbf{X})$ 进行匹配的估计量和直接基于 $\mathbf{X}$ 进行匹配的估计量）的效率（efficiency）进行了比较，认为："这一问题并无明确答案"（Heckman et al., 1998：264）。他们发现，两种估计量都未必比另一种更有效，而且两者都并不实用，因为两者都假定条件均值函数（conditional mean function）和 $P(\mathbf{X})$ 为已知值，然而这些值在大多数评估中都必须进行估计。当干预效应恒定不变时，如常规计量经济学评估模型中那样，他们报告了基于 $\mathbf{X}$ 而不是基于 $P(\mathbf{X})$ 进行匹配的一个优势。但是，当结果 Y_1 只通过 $P(\mathbf{X})$ 来由 $\mathbf{X}$ 决定时，基于 $\mathbf{X}$ 进行匹配并没有比基于 $P(\mathbf{X})$ 进行匹配具有优势。最后，当有必要估计 $P(\mathbf{X})$ 或 $E(Y_0 | W = 0, X)$ 时，$\mathbf{X}$ 的维度性（dimensionality）对于匹配方法的实际应用而言确实是一个严重的缺点。两种方法（即基于 $\mathbf{X}$ 进行匹配或基于 $P(\mathbf{X})$ 进行匹配）都是"需要大量数据"的统计程序。

基于他们的研究，Heckman 和他的同事们认识到基于 $P(\mathbf{X})$ 进行匹配通过估计控制一个单维分值条件下的均值函数（mean function）会避免维度性问题（dimensionality problem）。使用倾向值的优势就在于估计上的简易（simplicity）。因此，在基于内核的匹配中，Heckman 等提出了一个两阶段程序（two-stage procedure），首先估计 $P(\mathbf{X})$，然后使用非参数回归基于 $P(\mathbf{X})$ 进行匹配。

重要的是注意到一些针对 Heckman 及其同事们提出的更弱假定的怀疑。问题就是：所谓更弱的假定是否弱到在实际应用中它们会比与 Rosenbaum 和 Rubin 框架相联系的更强的假定更易于进行评估的地步。比如，Imbens（2004）指出，尽管均值独立性假定（mean-independence assumption）

> 毫无疑问是更弱，但实际上，提出一个适合更弱假定的令人信服的例子很难找到。原因在于更弱的假定内在地与函数形式的假定紧密联系，因此，没有更强的假定，就不能识别出原始结果之转换形式（诸如对数）的平均效应。（第 8 页）

---

① 实际研究中，$\mathbf{T}$ 和 $\mathbf{Z}$ 可能是、也可能不是由相同的变量所构成。

7.2 使用非参数回归的倾向值分析方法

接下来开始讨论基于内核的匹配,我们将突出该方法的一些主要特征。具体而言,我们会指出基于内核的匹配如何对每一被干预的案例建构一个反事实的加权平均值(weighted average),然后这一方法如何对所有被干预的案例计算得到干预效应的样本平均值。此时,我们假定加权程序(weighting procedure)是给定的;也就是说,我们忽略非参数回归的细节。实际上,将非参数回归应用于倾向值分析是一个富有创造性的举措,这是 Heckman 和他的同事们作出的一个重大贡献。但是,非参数回归的发展源于修匀复杂的经验函数中所出现的经验性问题,而这些具有超出观察研究领域的一般性目的。为了更全面地解释非参数回归的逻辑,我们对 lowess 进行了启发式介绍。具体而言,我们把关注点放在局部线性回归(local linear regression)的主要特征和使用各种函数来确定权重上。我们最后以对考察 lowess 的渐近和有限样本属性的研究的主要发现进行概括结束本节。

7.2.1 基于内核的匹配估计量

内核和局部线性匹配算法由进行曲线修匀的非参数回归方法发展而来(Heckman et al.,1997,1998;Smith & Todd,2005)。通过对所有未被干预的案例计算出结果变量的加权平均值,然后将该加权平均值与被干预案例的结果进行比较,这些方法使得用户能够执行**一对多匹配**(one-to-many matching)。这两项之间的差值得到对被干预者干预效应的一个估计值(estimate)。所有被干预案例的样本平均值(sample average)(下面的方程中被记作 ATT)是对干预组的平均干预效应的一种估计(estimation)。因此,一对多匹配方法将匹配和分析(即对结果测量上均值差异的比较)合二为一。

记 $\mathbf{I}_0$ 和 $\mathbf{I}_1$ 分别为指示一个案例是属于控制组还是干预组的一套符号,Y_0 和 Y_1 分别为控制组案例和干预组案例的结果。为了估计干预组中每一案例 $i \in \mathbf{I}_1$ 的干预效应,结果 Y_{1i} 被与未被干预样本(untreated sample)中被匹配的案例(matched case)$j \in \mathbf{I}_0$ 的结果 Y_{0j} 的均值进行比较。匹配(matches)以倾向值 $P(\mathbf{X})$ 为基础来建构,而倾向值 $P(\mathbf{X})$ 则基于协变量 $\mathbf{X}$ 使用 logistic 回归估计得到。准确地讲,当一个未被干预的控制组案例的估计的倾向值更接近于被干预案例 $i \in \mathbf{I}_1$ 时,该未被干预案例在建构结果的加权平均值时就会得到一个更大的权数。将对被干预者的平均干预效应记为 ATT,此方法可由以下公式表达:

$$\text{ATT} = \frac{1}{n_1} \sum_{i \in \mathbf{I}_1 \cap S_p} \left[Y_{1i} - \sum_{j \in \mathbf{I}_0 \cap S_p} W(i,j) Y_{0j} \right] \tag{7.1}$$

这里,n_1 为被干预案例的数目,而 $\sum_{j \in \mathbf{I}_0 \cap S_p} W(i,j) Y_{0j}$ 这一项测量基于倾向值有区别地与成员 i 进行匹配的所有未接受干预案例之结果的平均值。值得注意的是,式 7.1 中的 $\sum_{j \in \mathbf{I}_0 \cap S_p} W(i,j) Y_{0j}$ 对控制组中的所有案例 $j \in \mathbf{I}_0 \cap S_p$ 进行求和。这一特征是基于内核的匹配的一个关键要素,因为它意味着每一被干预案例基于落入共同支持区域(common-support region)中的所有控制组案例而不是一对一或一对 n 进行匹配。此外,此要素也意味着估计量通过有区别地对倾向值进行加权或使用不同的权数 $W(i,j)$ 来构造加权平均值。式 7.1 中,$W(i,j)$ 为权数或者 i 和 j 之间在倾向值上的距离。我们会在下一节中说明如何确定 $W(i,j)$。

Heckman 等(1997,1998)使用过差中差方法(difference-in-difference method),该方法

是估计的 ATT 效应的一种特殊形式。此这种情况下,Heckman 和他的同事们使用纵向数据(longitudinal data)(即干预前和干预后的结果)计算接受干预案例在结果上的差值和未接受干预在结果上的加权的平均差值。以 $(Y_{1ti} - Y_{1t'i})$ 替换 Y_{1i},$(Y_{0tj} - Y_{0t'j})$ 替换 Y_{0j},其中,t 表示干预后的时间点,t' 则表示干预前的时间点,我们就得到了差中差估计量

$$\text{DID} = \frac{1}{n_1} \sum_{i \in \mathbf{I}_1 \cap S_p} \left\{ (Y_{1ti} - Y_{1t'i}) - \sum_{j \in \mathbf{I}_0 \cap S_p} W(i,j)(Y_{0tj} - Y_{0t'j}) \right\} \tag{7.2}$$

注意,每一个接受干预的成员都有一个差值 $(Y_{1ti} - Y_{1t'i})$,而他或她的多个匹配者则有平均的差值(average difference)。这两个数值之差得到**差中差**(*difference-in-differences*),它测量了结果上的平均变化,也就是一个被干预的案例 $i \in \mathbf{I}_1$ 因干预所导致的结果。对样本中所有被干预的案例求平均值,也就是说,求平均值 $(1/n_1) \sum_{i \in \mathbf{I}_1 \cap S_p} \{ \bullet \}$,分析人员就得到被干预案例的样本干预效应(sample treatment effect)的差中差估计值。

第 5 章中,我们讨论过倾向值匹配中经常遇到的共同支持域问题(common-support-region problem)。正如图 5.2 中所表明的,当某些接受干预的案例找不到相匹配者时,倾向值匹配通常会将这些案例排除出研究中。案例未能被匹配,是因为被干预的案例落在共同支持域的下端之外(即低 logit 的案例)和未被干预的案例落在共同支持域的上端之外(即高 logit 的案例)。即使是对于被匹配上的案例而言,处在(共同支持)区域两端的相匹配者可能也是数量稀少的,这意味着对被干预者的干预效应的估计并不是很有效。为了应对这一问题,Heckman 等(1997)推荐了一个修剪策略(trimming strategy):分析人员应当将未被干预案例的倾向值稀少的区域上的非参数回归结果丢弃掉,而且通常使用不同的修剪设定(trimming specification)来丢弃掉处在两端的研究成员(study participants)中的 2%,5% 或 10%。[①] 研究者可以将这些修剪设定视作敏感性分析(sensitivity analysis)。在不同的修剪设定下,结果表明被干预者的干预效应对倾向值的分布属性(distributional properties)很敏感。

7.2.2 对局部线性回归(lowess)基本概念的回顾

非参数回归方法被用来确定式 7.1 和式 7.2 中的 $W(i,j)$。这一小节中,我们介绍内核估计量(kernel estimator)和使用**三次立方内核函数**(*tricube kernel function*)的局部线性回归估计量的大体思路,其中,第二种估计量被称作 *lowess*。有关一般性非参数回归方法的全面介绍,请读者参阅 Hardle(1990)。此外,Fox(2000)也是对了解基于内核的匹配非常有帮助的参考资料。本小节主要参照 Fox(2000),而且我们选用了一个最初由 Fox 提出的范例来说明非参数回归的基本概念。[②]

正如前面所提到的,非参数回归是一种曲线修匀方法(curve-smoothing approach)(常常被称作**散点图修匀**(scatterplot smoothing)),但曲线修匀是什么呢? 在典型的应用中,非参数回归方法以一条平滑曲线穿过一幅 y 对 x 所得散点图中的点。考虑图 7.1 中的散点图。它展示了 190 个国家的女性预期寿命(y 变量)与人均国内生产总值(GDP)(x 变量)之间的关系(J. Fox,e-mail 个人通信,2004 年 10 月 1 日)。虚线通过线性最小二乘回归(linear least square regression)得到。线性回归线也被称作参数回归线,因为它是由参

---

① Smith 和 Todd(2005)介绍了一种更复杂的程序来确定被修剪的成员的比例。他们提出了一种确定密度截断修剪水平(density cutoff trimming level)的方法。

② 我们非常感谢 John Fox 提供这个例子和绘制本例中图形所需的 R 代码。

数回归 $\hat{y} = \hat{b}_0 + \hat{b}_1 x$ 得到的,其中,$\hat{b}_0$ 和 $\hat{b}_1$ 为关注的两个参数。

图 7.1 中,线性回归线并未非常准确地反映出预期寿命(相当于死亡率)和经济发展之间的关系。为了改进这条线的拟合,研究者可以通过寻找一个数学函数来分析 y 和 x 之间的关系,然后使用该函数画出一条与此数据更加吻合的平滑曲线。很不凑巧,这两个变量之间的关系可能太复杂以致难以分析性地提出来。现在看看图 7.1 中的实线。尽管它并不完美,但它却是对预期寿命和经济发展之间关系的一个更准确的描述。这条线通过非参数回归得到。我们现在转到核心问题"如何使用非参数回归画出一条平滑曲线?"上来。

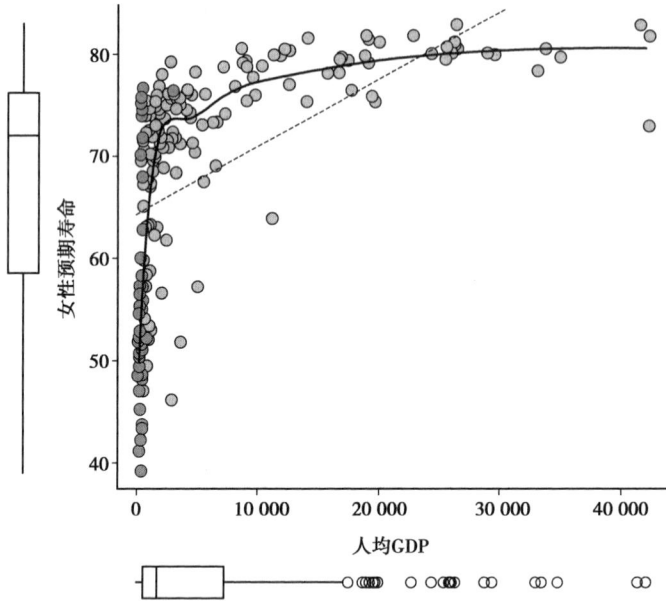

图 7.1　需要使用非参数回归进行更好的曲线修匀的图示

在能够使用非参数回归画出一条平滑曲线之前,我们首先需要求局部平均(local averaging)。局部平均意指,对于任一焦点(focal point)x_0,其 y 值的大小是一个由所有邻近 x_0 的 y 值决定的局部加权平均值。考虑图 7.2,其中,我们将第 120 个 x 取值界定为我们的焦点或 x_{120}。(也就是说,首先根据 x 以升序方式对数据进行排序,然后选择 x 的任一取值作为焦点。这样,接近焦点(当前情形中为 x_{120})的邻近观测(neighboring observations)就是以 x 取值而论的邻居(neighbors)。)本例中选中的国家 x_{120} 是加勒比国家圣卢西亚(Saint Lucia),其观测的人均 GDP 为 3 183 美元,女性的预期寿命为 74.8 岁。然后,我们定义一个窗口,被称作"跨距"(span),它以此焦点为中心包含了该数据中的 $0.5N = 95$ 个观测。跨距在图用虚线给围起来了。正如散点所表明的,在该跨距内,一些国家具有比圣卢西亚更高的女性预期寿命(即大于 74.8 岁),而一些国家具有比圣卢西亚更低的女性预期寿命(即小于 74.8 岁)。凭直觉,对于 x_{120},y 值的局部平均值(local average)(记作 $\hat{f}(x_{120})$)应当接近于 74.8,但不应恰好为 74.8。我们把跨距内所有邻近点的 y 值都考虑进去,因此修匀曲线(smoothed curve)描述了 x 和 y 变量之间的关系。因此,局部平均值是落入跨距中的所有 y 值的一个加权均值(weighted mean),它在建构加权均值时将更大的权数赋予焦点 x_{120} 和与其最靠近的邻居而将更小的权数赋予远处的点。使用各种内核函数(kernel function)对一个焦点(即 $\hat{f}(x_{120})$)建构加权均值的方法被**称作内核估计量**(kernel estimator)。

令 $z_i = (x_i - x_0)/h$ 表示第 i 个观测的 x 值和焦点 x_0 之间的尺度化符号距离(scaled, signed distance),其中,尺度因子(scale factor)由内核函数来确定。用来确定落入跨距内的观测数目的比例(fraction),被称作**带宽**(bandwidth)。在我们的例子中,我们定义了一个包含 50% 以焦点为中心的全部观测的跨距;因此,带宽的取值为 0.5。内核函数(记作 $G(z_i)$)是 z_i 的函数和构造 $\hat{f}(x_0)$ 的拟合值(fitted value)的实际权数。在针对焦点计算好带宽内的所有 $G(z_i)$ 之后,研究者通过计算 y 的加权局部平均值可以得到 x_0 处的拟合值为

$$\hat{f}(x_0) = \hat{y} \mid x_0 = \frac{\sum_{i=1}^{n} G(z_i) y_i}{\sum_{i=1}^{n} G(z_i)} \tag{7.3}$$

已发展出数种方法来估计内核函数。常见的内核函数包括以下几种:

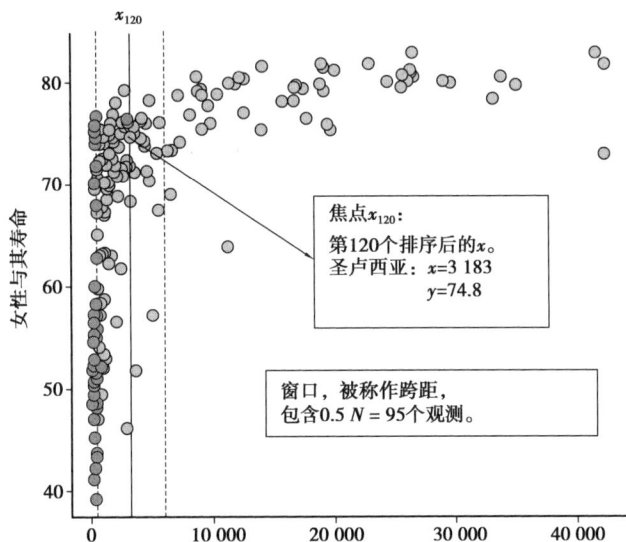

图 7.2　任务:对焦点 x_{120} 确定 y 的数值

1. **三次立方内核**(tricube kernel):

$$G_T(z_1) = \begin{cases} (1 - \mid z_i \mid^3)^3 & \text{对于} \mid z_i \mid < 1 \\ 0 & \text{对于} \mid z_i \mid \geqslant 1 \end{cases} \tag{7.4}$$

对于此内核函数,h 为计算 $z_i = (x_i - x_0)/h$ 时落入以焦点 x_0 为中心的跨距内的观测案例数目。

2. **正态内核**(normal kernel)(也被称作**高斯内核**(Gaussian kernel))也就是标准正态密度函数(standard normal density function):

$$G_N(z_i) = \frac{1}{\sqrt{2\pi}} e^{-\frac{z_i^2}{2}} \tag{7.5}$$

对于此内核函数,h 为计算 $z_i = (x_i - x_0)/h$ 时以 x_0 为中心的正态分布的标准差。

其他的内核函数包括:a. **矩形内核**(rectangular kernel)(也被称作**均匀内核**(uniform kernel)),它赋予以 x_0 为中心的跨距中的每一观测以相等的权数,因此得到一个未加权的局部平均值;和 b. **伊凡尼契科夫内核**(Epanechnikov kernel),它呈抛物线状,支持域为

[−1,1],且此内核在 $z = \pm 1$ 处是不可微的(differentiable)。*

三次立方内核是基于内核的匹配的一个常见选择。如图 7.3 中所示,由三次立方内核函数所确定的权数在跨距内服从正态分布。

下面,我们用范例数据来说明焦点 x_{120} 的加权均值 $\hat{f}(x_{120})$ 的计算。图 7.4 给出了计算结果。在我们的计算中,焦点 x_{120} 为圣卢西亚,其人均 GDP 为 3 183 美元(即 $x_{120} = 3\ 183$)。对于南非(图 7.4 中数据表内处于圣卢西亚下方最近的邻国),z 和 $G_T(z)$ 可被确定如下:

$$z = \frac{x_i - x_0}{h} = \frac{3\ 230 - 3\ 183}{95} = 0.494\ 7$$

因为 $|0.494\ 7| < 1$,我们根据式 7.4 求解三次立方函数得到 $G_T(z)$:$G_T(z) = (1 - |z|^3)^3 = (1 - |0.494\ 7|^3)^3 = 0.68$。以另一邻国(见图 7.4)斯洛伐克为例,$z$ 和 $G_T(z)$ 可被确定如下:

$$z = \frac{x_i - x_0}{h} = \frac{3\ 266 - 3\ 183}{95} = 0.873\ 7$$

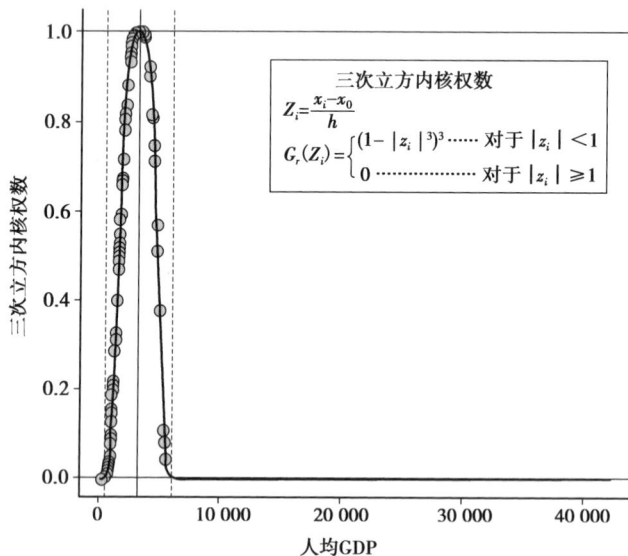

图 7.3　跨距内的权数可以由三次立方内核函数来确定

因为 $|0.873\ 7| < 1$,我们根据式 7.4 求解三次立方函数得到 $G_T(z)$:$G_T(z) = (1 - |z|^3)^3 = (1 - |0.873\ 7|^3)^3 = 0.04$。以委内瑞拉为例,$z$ 和 $G_T(z)$ 可被确定如下:

$$z = \frac{x_i - x_0}{h} = \frac{3\ 496 - 3\ 183}{95} = 3.294\ 7$$

因为 $|3.294\ 7| > 1$,我们用方程 7.4 得到:$G_T(z) = 0$。注意,就 x_i 对 x_0 的接近性(closeness)而言,委内瑞拉被视为是距圣卢西亚很远的国家,因为委内瑞拉的 $|z|$ 大于 1。如此一来,委内瑞拉的权数就是 $G_T(z) = 0$,意味着委内瑞拉对计算加权均值 $\hat{f}(x_{120})$ 没有任何贡献。使用式 7.3,我们得到焦点 x_{120} 的加权均值为

$$\hat{f}(x_{120}) = \hat{y} \mid x_{120} = \frac{\sum_{i=1}^{n} G(z_i) y_i}{\sum_{i=1}^{n} G(z_i)}$$

---

* 可微指的是函数在某点处的导数存在,而所谓不可微就是函数在某点的导数不存在。——译者注

$$= \frac{(0 \times 75.7) + (0.23 \times 71.1) + (1 \times 74.8) + (0.68 \times 68.3) + (0.04 \times 75.8) + (0 \times 75.7)}{0 + 0.23 + 1 + 0.68 + 0.04 + 0}$$

$$= 72.183$$

本例中,有 94 个国家落在跨距内,但我们只使用了 5 个最接近的邻国来计算 $\hat{f}(x_{120})$。实际上,在这 5 个国家中,根据下式,只有 3 个 z 的绝对值小于 1 的国家符合条件

$$G_T(z_1) = \begin{cases} (1 - |z_i|^3)^3 & \text{对于 } |z_i| < 1 \\ 0 & \text{对于 } |z_i| \geq 1 \end{cases}$$

与波兰和委内瑞拉的情况一样,跨距内的所有其他国家都具有零权数 $G_T(z)$。它们对 $\hat{f}(x_{120})$ 的计算没有任何贡献。

以上的计算是针对一个焦点国家圣卢西亚而言的。我们现在对其余 189 个国家重复上述步骤以得到 190 个加权均值。将全部 190 个加权均值连起来,我们得到如图 7.5 所示的一条平滑曲线。得到这条平滑曲线的过程被称作**内核修匀**(kernel smoothing),这一方法也被称作**内核估计量**(kernel estimator)。

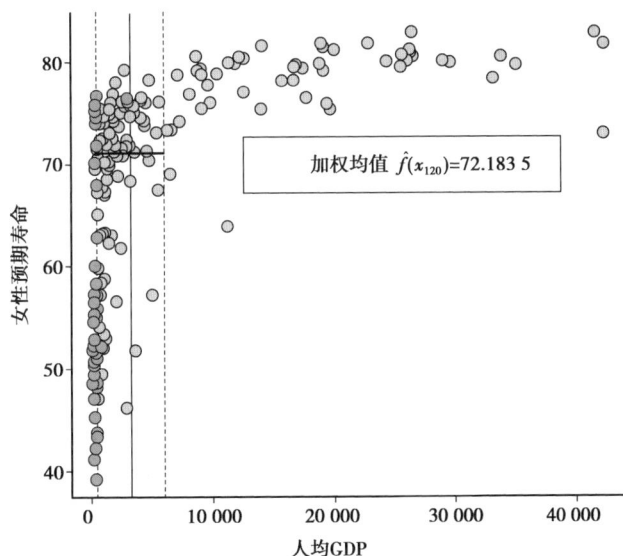

加权均值 $\hat{f}(x_{120})=72.1835$

x_{120} 的加权均值 $\hat{f}(x_{120})$ 的计算:

国　　家	预期寿命	GDP	$|z|$	$G_T(z)$
波兰	75.7	3058	1.3158	0.00
黎巴嫩	71.7	3114	0.7263	0.23
圣卢西亚	74.8	3183	0.0000	1.00
南非	68.3	3230	0.4947	0.68
斯洛伐克	75.8	3266	0.8737	0.04
委内瑞拉	75.7	3496	3.2947	0.00

图 7.4　焦点 x_{120} 处的 y 值是一个加权均值

相比于内核估计量,**局部线性回归**(local linear regression)(也称作**局部多项式回归**(local polynomial)或 lowess)使用更复杂的方法来计算拟合的 y 值。不再建构加权平均值(weighted average),局部线性回归而是旨在用将下式最小化的估计的 β_0 和 β_1 来建构一个平滑的局部线性回归(smooth local linear regression)

$$\sum_{1}^{n} \left[Y_i - \beta_0 - \beta_0(x_i - x_0) \right]^2 G\left(\frac{x_i - x_0}{h}\right)$$

这里,$G((x_i - x_0)/h)$是三次立方内核。注意

$$G\left(\frac{x_i - x_0}{h}\right) = G_T(z_i)$$

可以由前面所介绍的相同内核估计量确定。采用局部线性回归,拟合的 y 值或 $\hat{y}(x_0)$ 就是落在回归线上的预测值(predicted value),这里的回归线通常并不与 x 轴平行。图 7.6 展示了 lowess 如何局部性地预测拟合的 y 值。将由局部线性回归得到的全部 190 个拟合的 y 值连起来,研究者就得到了一条看上去应与图 7.5 相似的 lowess 修匀曲线。

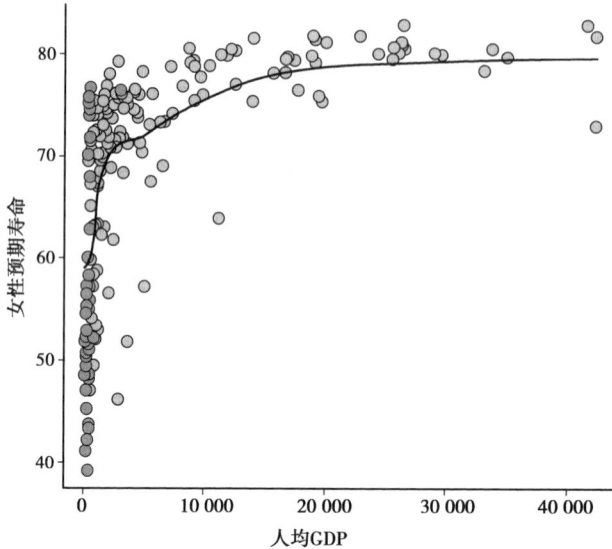

图 7.5 非参数回归线连接全部 190 个平均值

正如前面所介绍的,带宽是用来界定跨距的比例(fraction)(上例中等于 0.5)。因此,带宽确定了 h 的取值,它是落入跨距中的观测案例数(上例中 $h = 95$)。带宽的选择会影响拟合曲线的修匀程度,它也是会对基于内核的匹配的结果造成影响的一个重要设定。我们会在讨论 lowess 的有限样本属性时再次考察这一问题。

我们已经回顾了两种非参数回归方法:内核估计量和局部线性回归。这一回顾的主要目的在于介绍如何确定式 7.1 和式 7.2 中所用到的 $W(i,j)$。现在,将散点图的 x 轴视为倾向值,并将 y 轴视为我们想据其来估计受干预者的平均干预效应的结果变量,那么 $W(i,j)$ 就变成了根据某一被干预案例 $i \in \mathbf{I}_1$ 和每一未被干预案例 $j \in \mathbf{I}_0$ 之间的倾向值的距离推导得到的权数。对于每一被干预案例 i,有 n_0 个权数或 $n_0[W(i,j)]s$,其中,n_0 代表未被干预的案例的数目。这一条件存在是因为每一被干预案例 i 都会在倾向值上与所有未被干预案例有一定的距离。通过使用内核估计量或 lowess,基于内核的匹配对每个 i 计算 $W(i,j)$,方法是:赋予在倾向值上距离 i 更近(更接近)的 j 一个更大的 $W(i,j)$ 值,而赋予在倾向值上距离 i 更远(更末端)的 j 一个更小的 $W(i,j)$ 值。准确地讲,内核匹配通过下述方程应用内核估计量来确定 $W(i,j)$:

$$W(i,j) = \frac{G\left(\dfrac{P_j - P_i}{h}\right)}{\sum\limits_{k \in \mathbf{I}_0} G\left(\dfrac{P_k - P_i}{h}\right)} \tag{7.6}$$

这里,$G(\bullet)$ 为内核函数,h 为落入带宽中的观测案例数,P_i,P_j 和 P_k 为估计的倾向值,且 P_i 还是带宽内的焦点(focal point)。目前,对于 $G(\bullet)$,三次立方内核是最常见且被建议

的选择。与前述回顾中我们所使用的符号不同,这里,P_i 是焦点或我们想要对其构建反事实的加权平均值的某一被干预案例的倾向值,而 P_j 和 P_k 是落入跨距中的第 j 个和第 k 个未被干预案例的倾向值,即 $j \in \mathbf{I}_0$ 和 $k \in \mathbf{I}_0$。

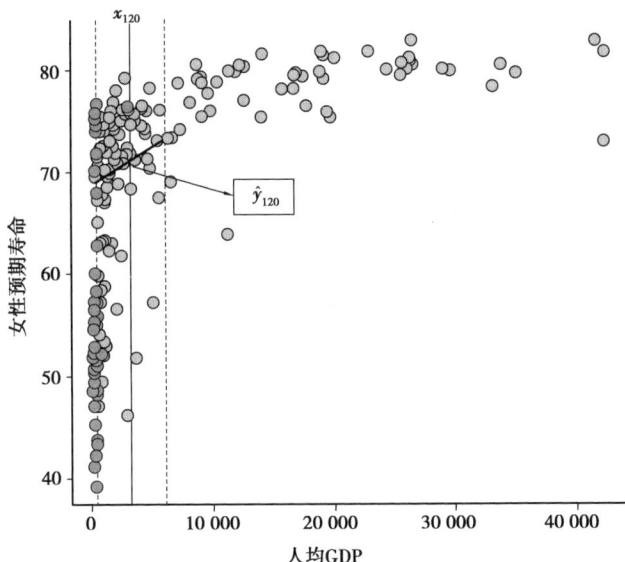

图 7.6　局部平均值现在由回归线而不是一条与 x 轴平行的线来预测

局部线性匹配(local linear matching)通过下述公式应用使用三次立方函数的局部线性回归或 *lowess* 来确定 $W(i,j)$:

$$W(i,j) = \frac{G_{ij}\sum_{k \in \mathbf{I}_0} G_{ik}(P_k - P_i)^2 - \left[G_{ij}(P_j - P_i) \right]\left[\sum_{k \in \mathbf{I}_0} G_{ik}(P_k - P_i) \right]}{\sum_{j \in \mathbf{I}_0} G_{ij}\sum_{k \in \mathbf{I}_0} G_{ij}(P_k - P_i)^2 - \left[\sum_{k \in \mathbf{I}_0} G_{ik}(P_k - P_i) \right]^2} \quad (7.7)$$

这里,$G(\bullet)$ 是三次立方内核函数,且 $G_{ij} = ((P_j - P_i)/h)$。实际应用中,基于式 7.7 的局部线性匹配似乎比基于式 7.6 的内核匹配更为常见。有关两者之间的选择,Smith 和 Todd(2005)建议:

> 内核匹配可以被看做是给定随评估点而变动的内核权数 $W(i,j)$ 的情况下 Y_{0j} 对截距的加权回归。权数取决于每一对照组观测案例与针对其建构反事实的干预组观测案例之间的距离。估计的截距提供了该反事实均值(counterfactual mean)的估计。局部线性匹配之所以不同于内核匹配,就在于它在 P_i 中除了截距之外还纳入了一个线性项(linear term)。当对照组观测案例围绕着干预组案例呈非对称分布时,正如 P 的边界点(boundary point)或 P 分布出现间隔处的任意点上的情形,该线性项的纳入是有帮助的。(第 316-317 页)

7.2.3　内核和局部线性回归的渐近和有限样本性质

数项研究讨论过内核和局部线性匹配方法的渐近性质(Fan,1992,1993;Hahn,1998;Heckman et al.,1998)。这种方法中,局部线性回归似乎具有更具前景的抽样性质(sampling properties)和更高的极小极大功效(minimax efficiency)(Fan,1993)。这也许部分地解释了局部线性匹配在实际应用中的优势。

Heckman 等(1998)曾介绍过基于内核的匹配估计量的渐近分布理论(asymptotic

distribution theory)。此理论涉及基于内核的估计量的渐近性质的证明,这超出了本书的范围。Heckman 等(1998)认为这些证明论证了在与 **X** 的分布有关的一般性条件下使用估计的倾向值(即执行以估计的倾向值 $P(\mathbf{X})$ 进行的基于内核的匹配而不是执行直接基于 **X** 的匹配)的合理性。

尽管如此,实际应用中基于内核的匹配的渐近性质的意涵在很大程度上仍然是未知的。当将倾向值的非参数回归分析应用于有限样本(finite sample)尤其是小样本(small sample)时,渐近性质实际上在多大程度上适用或合理还远不清楚。如此情况下,研究者也许应该在进行统计推断(statistical inference)的过程中保持谨慎,尤其是当样本规模较小时。

直至最近才有一项研究讨论过内核和局部线性匹配的有限样本性质。根据 Frölich (2004)的一项研究,两个意涵或许特别值得注意:①重要的是通过非参数回归估计量的交叉验证(cross-validation)来探寻最佳的带宽值(bandwidth value);②修剪(trimming)(即删除未被干预案例的倾向值稀少区域上的非参数回归结果)似乎不是针对与局部线性匹配有关的方差问题(variance problem)的最佳应对。

基于这些意涵,我们针对模拟数据和经验数据检验了各种带宽设定和修剪策略。我们发现,就经验应用而言,需要发展出一些方法来探寻最佳的带宽和处理由共同支持域所导致的方差问题。检验各种带宽值和修剪方案显得很重要。正如之前我们所提到的,在这点上,将带宽值的不同设定和修剪方案视作敏感性分析以及在估计的被干预者的干预效应随着这些设定而变动的情况下(即当研究发现容易受到带宽值和修剪方案的影响时)对最终结果谨慎对待是明智的。

内核和局部线性估计的结果包含未被干预案例的加权平均结果(weighted average outcome)。因为加权平均值的渐近分布相对复杂以至于难以编程,因此,目前没有可用的软件包提供参数检验(parametric test)来辨别某一组群差异(group difference)统计上是否显著。作为一个普遍的做法,研究者使用自助抽样(bootstrapping)来估计被干预和未被干预案例之间样本平均差异的标准误(standard error)。但是,最近,Abadie 等(2004)及 Abadie 和 Imbens(2006)警告说,用于估计匹配估计量方差的自助抽样法未必会给出正确的结果。因此,实际应用中,对以基于内核的匹配得到的被干预者的干预效应进行显著性检验可能是有问题的,研究者在解释结果时应当小心谨慎。

7.3　Stata 程序 *psmatch2* 和 *bootstrap* 概述

为使用非参数回归进行倾向值分析,可以在 Stata 中运行一个用户编写的程序 **psmatch2**(Leuven & Sianesi,2003)和标准程序(regular program)。本书的 5.8 节提供了下载和安装 *psmatch2* 的信息。

运行 *psmatch2* 以内核匹配估计被干预者的干预效应的基本语法如下:

psmatch2 *depvar*, *kernel outcome*(*varlist*) *kerneltype*(*kernel_type*) ///

pscore(*varname*) *bwidth*(*real*) *common trim*(*integer*)

此命令中,*depvar* 是表明干预状态的变量,其中,对于被干预者,*depvar* = 1;对于作为控制的观测(control observations),*depvar* = 0。关键词 *kernel* 被用来调用内核匹配。*outcome*(*varlist*)一项设定用户想要基于其评估被干预者的干预效应的结果变量;用户在括号中设定结果变量的名称。为了运行差中差或两个时点的数据,用户可以在运行 **psmatch2** 之前创建变化分变量(change-score variable)(即结果变量在时间 2 和时间 1 之间的差值),然后在括号中设定此变化分变量。*kerneltype*(*kernel_type*)一项设定内核的类型,以下 5 个中的其中之一可在括号在被设定为一个内核类别:*epan*——伊凡尼契科夫内核,这是使用内核匹配时的默认设定;*tricube*——三次立方内核,这是使用局部线性回归匹配时的默认设定;*normal*——正态(高斯)内核;*uniform*——矩形内核;以及 *biweight*——双权数内核(biweight kernel)。*pscore*(*varname*)一项设定被用作倾向值的变量;通常,这是用户在运行 ***psmatch2*** 之前使用 ***logisti*** 创建并加以保存的倾向值变量。*bwidth*(*real*)一项设定一个实数,以表明内核匹配或局部线性回归匹配的带宽;内核匹配时默认的带宽值为 0.06。*common* 一项强加了一个共同支持区域,它使程序删除那些倾向值比控制案例的倾向值的最大值更大或最小值更小的干预案例。*trim*(*integer*)一项使程序删除位于控制案例的倾向值密度最低处"*integer*%"的干预案例。也就是说,若用户试图删除 5% 的干预案例,那么此设定为 *trim*(5)。

运行 ***psmatch2*** 以局部线性回归匹配估计被干预者的干预效应的基本语法看上去与上面设定内核匹配的语法相似。用户必须做的唯一变动就是以关键词 *llr* 替换关键词 *kernel*。因此,局部线性回归匹配的语法如下:

> ***psmatch2*** *depvar*, *llr outcome*(*varlist*) *kerneltype*(*kernel_type*) ///
>
> *pscore*(*varname*) *bwidth*(*real*) *common trim*(*integer*)

注意,对于局部线性回归匹配或 *llr*,默认的内核类型是 *tricube*。

Stata 程序 ***bootstrap*** 可以用来运行自助抽样以获得估计的被干预者的平均干预效应的标准误和 95% 置信区间。***bootstrap*** 程序也可以由简写 ***bs*** 来调用。***bootstrap*** 唯一必需的语法由以下两个要素构成:之前运行来执行基于内核的匹配的 ***psmatch2*** 命令,以及表明我们想要针对估计的被干预者的平均干预效应 *att* 进行自助抽样的 *r*(*att*)。以上两个要素中的每一个都应当用双引号引起来。下面的语法用来运行 ***psmatch2*** 以采用局部线性回归匹配来得到估计的被干预者的干预效应,然后运行 ***bs*** 得到标准误的自助抽样估计(bootstrap estimation):

> ***psmatch2*** *aodserv*, *outcome*(*extern*) *pscore*(*logit*) *llr*
>
> ***bs*** "*psmatch2 aodserv*, *outcome*(*extern*) *pscore*(*logit*) *llr*" "*r*(*att*)"

与运行 ***psmatch2*** 进行最近邻匹配(nearest neighbor matching)或马氏匹配(Mahalanobis matching)的情况相类似(见5.8节),重要的是在调用 ***psmatch2*** 之前先创建一个随机变量(random variable)并根据这个变量对数据进行排序。为了确保每次得到相同的结果,用户可以使用 ***set seed*** 命令来控制随机数字。

表7.1 给出了一个典型的以局部线性回归匹配估计被干预者的干预效应的分析所对应的语法和输出结果。这一分析由以下步骤构成:a. 首先使用 ***logistic*** 运行一个 logistic 回归以得到所有观测案例的预测概率(predicted probability);b. 然后创建一个 logit 得分(logit score)并将该 logit 定义成倾向值;此外,还创建一个差值得分(difference score)(即结果变量在两个时点之间的差值)——此差值得分在后续分析中被设定为结果变量,这样一来,便是进行差中差分析(difference-in-differences analysis);以一种随机顺序对样本数据加以排序并设定一个随机数字以确保每次能够得到相同的结果;c. 使用关键词 *llr* 运行 ***psmatch2*** 以调用局部线性回归匹配;注意,未设定 *kerneltype* 和 *bwidth*,而是使用"三次立方内核(tricube kernel)"这一默认内核和 0.8 这一默认带宽值;然后运行 ***bs*** 以得到标准误和 95% 置信区间的自助抽样估计(bootstrap estimation);d. 通过设定 *bw*(0.01)以使用不同的带宽来做一次相同的分析,还通过设定 *trim*(5)以删除 5% 的被干预案例来做一次相同的分析。

表 7.1　以非参数回归进行匹配的 Stata _psmatch2_ 和 _bs_ 的语法及输出结果

```
//Illustration of syntax for Chapter 7
cd "D:\sage\ch7"
clear
use cd7datal.dat, replace

//logistic regression to obtain predicted probabilities
logistic aodserv married high bahigh poverty2 poverty3 ///
        poverty4 poverty5 employ open black hispanic natam chdage2 ///
        chdage3 cgragel cgrage2 cgrage3 cra47a mental arrest psh17a ///
        sexual provide supervis other ra cidi cgneed
```

(*output*)

Logistic regression			Number of obs	=	1407
			LR chi2(28)	=	304.19
			Prob > chi2	=	0.0000
Log likelihood = -238.76283			Pseudo R2	=	0.3891

aodserv	Odds Ratio	std. Err.	z	p > |z|	[95% Conf. Interval]	
married	.8722329	.2539633	-0.47	0.639	.4929385	1.543377
high	.6797779	.1984999	-1.32	0.186	.3835396	1.204825
bahigh	1.025153	.374521	0.07	0.946	.5009768	2.09779
poverty2	1.040178	.3430974	0.12	0.905	.5449329	1.98551
poverty3	.6640589	.3026247	-0.90	0.369	.27183	1.622243
poverty4	1.662694	.7816965	1.08	0.279	.6616523	4.178255
poverty5	1.843642	.8439033	1.34	0.181	.7517098	4.521714
employ	.7969929	.2160853	-0.84	0.403	.4684592	1.35593
open	2.25983	.6765611	2.72	0.006	1.256719	4.063623
black	1.141407	.3522907	0.43	0.668	.623334	2.090068
hispanic	.9598291	.4224611	-0.09	0.926	.4050833	2.274277
natam	3.76478	1.609303	3.10	0.002	1.628856	8.701548
chdage2	.8200867	.3220923	-0.51	0.614	.379793	1.770813
chdage3	1.098924	.3141514	0.33	0.741	.627528	1.92443
cgrage1	.2387381	.1755824	-1.95	0.051	.0564803	1.009129
cgrage2	.2919873	.2154312	-1.67	0.095	.0687605	1.239907
cgrage3	.3335309	.272129	-1.35	0.178	.0673966	1.650571
cra47a	1.000749	.2691986	0.00	0.998	.5906824	1.695493
mental	1.363044	.3589353	1.18	0.240	.8135041	2.283809
arrest	2.164873	.5697876	2.93	0.003	1.292406	3.626319
psh17a	2.874274	.8494826	3.57	0.000	1.610491	5.129772
sexual	.6673541	.3169791	-0.85	0.395	.2630593	1.693008
provide	1.068848	.441482	0.16	0.872	.4756984	2.401598
supervis	1.0883	.4047152	0.23	0.820	.5250555	2.255756
other	1.208436	.5186203	0.44	0.659	.5210947	2.802405
ra	10.44879	2.796397	8.77	0.000	6.183865	17.65517
cidi	2.924023	.763034	4.11	0.000	1.753302	4.876461
cgneed	2.574197	1.040365	2.34	0.019	1.16581	5.684025

```
//syntax to create logit and difference scores
predict p
g logit = log((1-p)/p) /* create logit using predicted probability */
g extern = bc3_ept-pbc_ept /* create difference score */
g x = uniform() /* create a random variable to sort sample data */
sort x
set seed 1000 /* use constant seed number to ensure same results */

//run psmatch2 and bootstrap
psmatch2 aodserv, outcome(extern) pscore(logit) llr
 /*use defualt bandwidth.*/
```

(*output*)
There are observations with identical propensity score values.
The sort order of the data could affect your results.
Make sure that the sort order is random before calling psmatch2.

Variable	Sample	Treated	Controls	Difference	S.E.	T-stat
extern	Unmatched	.151785714	−1.81621622	1.96800193	.990888957	1.99
	ATT	.151785714	−3.21498278	3.36676849	.	.

psmatch2: Treatment assignment	psmatch2: Common support On suppor	Total
Untreated	1,295	1,295
Treated	112	112
Total	1,407	1,407

```
bs "psmatch2 aodserv, outcome(extern) pscore(logit) llr" "r(att)"
/* run bootstrap */
```

(*Output*)
command: psmatch2 aodserv, outcome(extern) pscore(logit) llr
statistic: _bs_1 = r(att)

Bootstrap statistics   Number of obs   =   1407
                                        Replications   =   50

Variable	Reps	Observed	Bias	std.Err.	[95% Conf. Interval]	
_bs_1	50	3.366769	−.5101031	1.547192	.2575694	6.475968 (N)
					.2953247	5.525669 (P)
					.6939262	6.8301 (BC)

Note: N = normal
      P = percentile
      BC = bias-corrected

续表

```
// specify a different bandwidth = .01
sort x
set seed 1000
psmatch2 aodserv, outcome(extern) pscore(logit) Ilr bw(.01)
bs "psmatch2 aodserv, outcome(extern) pscore(logit) llr bw(.01)" ///
    "r(att)"
```

(output)
· psmatch2 aodserv, outcome(extern) pscore(logit) Ilr bw(.01) /* specify
bandwidth = .01 */
There are observations with identical propensity score values.
The sort order of the data could affect your results.
Make sure that the sort order is random before calling psmatch2.

Variable	Sample	Treated	Controls	Difference	S.E.	T-stat
extern	Unmatched	.151785714	−1.81621622	1.96800193	.990888957	1.99
	ATT	.151785714	−3.81204898	3.9638347	.	.

psmatch2: Treatment assignment	psmatch2: Common support On suppor	Total
Untreated	1,295	1,295
Treated	112	112
Total	1,407	1,407

```
bs "psmatch2 aodserv, outcome(extern) pscore(logit) llr bw(.01)" "r(att)"
```

command: psmatch2 aodserv, outcome(extern) pscore(logit) llr bw(.01)
statistic: _bs_1   = r(att)

Bootstrap statistics   Number of obs   =   1407
                                            Replications   =   50

Variable	Reps	Observed	Bias	std.Err.	[95% Conf. Interval]	
_bs_1	50	3.963835	−.434758	1.756217	.4345837	7.493086	(N)
					.4854501	7.276724	(P)
					1.241536	7.76199	(BC)

Note: N = normal
      P = percentile
      BC = bias-corrected

```
// trim 5%
sort x
set seed 1000
psmatch2 aodserv, outcome(extern) pscore(logit) llr trim(5)
bs "psmatch2 aodserv, outcome(extern) pscore(logit) llr trim(5)" ///
  "r(att)"
```

续表

```
(output)
·psmatch2 aodserv, outcome(extern) pscore(logit) llr trim(5) /* trim 5% */
There are observations with identical propensity score values.
The sort order of the data could affect your results.
Make sure that the sort order is random before calling psmatch2.
```

Variable	Sample	Treated	Controls	Difference	S.E.	T-stat
extern	Unmatched	.151785714	−1.81621622	1.96800193	.990888957	1.
	ATT	.560747664	−2.81583993	3.37658759	.	.

psmatch2: Treatment assignment	psmatch2: Common support off suppo	On suppor		Total
Untreated	0	1 295		1 295
Treated	5	107		112
Total	5	1 407		1 407

```
bs "psmatch2 aodserv, outcome(extern) pscore(logit) llr trim(5)" "r(att)"

command:      psmatch2 aodserv, outcome(extern) pscore(logit) llr trim(5)
statistic:    _bs_1      = r(att)
```

Bootstrap statistics			Number of obs	=	1407
			Replications	=	50

Variable	Reps	Observed	Bias	std.Err.	[95% Conf. Interval]	
_bs_1	50	3.376588	−.3977445	1.455069	.4525168	6.300658 (N)
					.4125744	5.858139 (P)
					1.074213	7.27467 (BC)

```
Note:  N  = normal
       P  = percentile
       BC = bias-corrected
```

7.4　实　例

本节我们提供两个实例来说明基于内核的匹配在项目评估中的应用。第一个例子展示了使用差中差估计量将局部线性回归匹配应用于两时点数据(two-time-point data)。在这一例子中,我们还阐明了如何设定带宽的不同值和如何使用一个可变的删剪方案进行案例删剪;然后,将这些设定合并起来,介绍了如何进行敏感性分析。第二个例子展示了局部线性回归匹配在单一时点数据(one-time-point data)中的应用。我们还将基于内核的匹配所得结果与采用 Abadie 等(2004)的匹配估计量所得到的结果加以比较。

7.4.1 差中差分析

这里,我们再次使用 4.5.1 节中所用到的样本和匹配变量。本例展示了对取自全国儿童和青少年福利调查(National Survey of Child and Adolescent Well-Being, NSCAW)纵向数据集 1 407 名儿童子样本数据所进行的分析。在这些研究成员中,有 112 名是已经接受了药物滥用干预服务的看护者的孩子(即干预组),其余 1 295 名成员为未接受药物滥用干预服务的看护者的孩子(即对照组)。本研究考察两个研究问题:在他们参与儿童保护服务后达 18 个月时,接受药物滥用干预服务的看护者的孩子情况如何? 这些孩子是否比那些未接受药物滥用服务的看护者的孩子表现出更严重的行为问题?

4.5.1 节中,我们用过 Heckit 干预效应模型来分析单一时点数据:儿童在其看护者参与儿童保护服务后第 18 个月时的心理状态。当前的分析中,我们使用两时点数据:NSCAW 基线调查时测量的儿童的心理状态和基线调查后 18 个月时测量的同一个变量。如此一来,这一分析使得对差中差进行纵向探究(longitudinal inquiry)成为可能,所谓差中差也就是给定看护者在参与药物滥用干预服务上差异的情况下儿童在心理状态上的差异。除了外化性和内化性功能得分(对心理社会状态的测量)之外,当前的分析还纳入了另一个结果变量:Achenbach 儿童行为量表(Achenbach Children's Behavioral Checklist)(CBCL/4-18;Achenbach,1991)的总得分。基于看护者的打分,本研究使用儿童行为的三种测量作为结果:外化性得分(externalizing score)、内化性得分(internalizing score)和总得分。这些测量的每一个上的得分越高表明行为问题越严重。根据基于内核的匹配这一设计,当前的分析为一对多匹配(one-to-many matching),这是对被干预者的干预效应进行的综合考察。本例中,干预包括儿童的保护性看管(protective supervision)和看护者参与药物滥用干预项目。并不提供任何具体服务来矫正儿童的行为问题。

当前分析中的差中差估计量使用局部线性回归以三次立方内核和默认带宽计算非干预组的加权平均差值(weighted average difference)。基于讨论局部线性匹配的有限样本属性的文献,我们就分析结果对带宽和修剪的不同设定的敏感性进行了检验。在修剪策略相同的情况下,使用了 3 种带宽值:0.01,0.05 和 0.8。我们也检验了分析结果对修剪程度(trimming level)变化的敏感性。将带宽固定在默认取值的情况下,我们采用了以下 3 种修剪方案(即删除那些倾向值比未被干预观测案例倾向值的最大值更大或最小值更小的被干预观测案例):2%,5% 和 10%。差中差估计值的标准误通过自助抽样得到。差中差估计值的标准误进一步被用来估计被干预者的平均干预效应的 95% 自助抽样置信区间(bootstrap confidence interval)。我们报告了使用偏差矫正方法(bias-correction method)得到的 95% 置信区间,因此,正如一个没有包含零值的 95% 置信区间所表明的,一个有意义的效应就相当地不可能偶然出现。

表 7.2 给出了干预组的平均干预效应的估计值。以外化性得分为例,此数据表明:干预组的平均外化性得分从基线调查到之后第 18 个月上升了 0.15 个单位,而非干预组的平均外化性得分从基线调查到之后第 18 个月则下降了 1.82 个单位。未调整的组间平均差异为 1.97,意味着干预组的外在性得分的平均变化比非干预组高 1.97 个单位(或更差)。通过在被干预者的干预效应的计算中考虑干预案例和其未被干预的相配者之间在倾向值上的距离,差中差估计进一步对服务参与的异质性加以调整。外在性得分的差中差点估计值(point estimate)为 3.37,落入由 0.27 和 5.43 所围成的 95% 自助抽样置信区间。也就是说,我们有 95% 的把握认为干预组和非干预组之间外在性得分的非零差值落入这一区间。下一个显著的调整均值上的差异是总得分:差中差点估计值为 2.76,落入

由 0.96 和 5.12 所围成的 95% 自助抽样置信区间。内化性得分差中差的 95% 自助抽样置信区间包含零值,因此我们并不肯定这一差异统计上是否显著。

不同带宽设定和不同修剪策略的敏感性分析倾向于肯定这些结果。也就是说,对于外在性得分和总得分,所有的分析(除与较大带宽相联系的 CBCL 总分之外)都给出了一个由非零的差中差估计值所围成的 95% 自助抽样置信区间。类似地,对于内在性得分,所有的分析都给出了一个包含差中差估计值为零的 95% 自助抽样置信区间。本研究强调了使用矫正程序(corrective procedure)(比如使用非参数回归的倾向值分析)对接受和不接受服务群体之间行为问题的变化进行分析的重要性。基于观察数据的未调整的平均差异低估了两个群体之间行为问题的差异:对于外在性得分,低估量为 3.37 − 1.94 = 1.4 个单位;而对于总得分,低估量为 2.76 − 1.03 = 1.73。

表 7.2　估计的被干预者在 CBCL 变化上的平均干预效应:
采用局部线性回归的差中差估计(例 7.4.2)

组和比较	结果测量:CBCL 得分		
	外化性得分	内化性得分	总得分
之后第 18 个月时和基线调查时之间的平均差异			
其看护者接受服务的儿童($n = 112$)	0.15	− 2.09	− 0.89
其看护者未接受服务的儿童($n = 1\ 295$)	− 1.82	− 1.44	1.92
未调整的平均差异[a]	1.97*	− 0.65	1.03
调整的平均差异	3.37*	0.84	2.76*
DID[b] 点估计值(偏差矫正的 95% 置信区间)			
敏感性分析			
DID 点估计值(偏差矫正的 95% 置信区间)			
改变带宽			
小带宽 = 0.01	3.97*	1.30	3.35*
小带宽 = 0.05	3.52*	0.84	2.83*
大带宽 = 0.8	2.77*	0.08	2.10
修剪方案			
2%(2 个案例被排除)	3.31*	0.77	2.82*
5%(5 个案例被排除)	3.38*	0.89	2.99*
10%(11 个案例被排除)	3.50*	0.58	3.01*

注:a. t 检验表明两个未调整的平均差异统计上并不显著;

　　b. 差中差;* 表示 95% 置信区间不包含零值,或双尾检验时 $p < 0.05$。

值得说明的是,本分析使用自助抽样法进行显著性检验,这可能是有问题的,因此,这是本研究的一个局限。本研究的结果应当谨慎地加以解释。有条件地讲,对 NSCAW

观察数据进行的基于内核的匹配分析表明,不应仅仅只是预期将保护性看管和针对儿童福利体系中牵涉的看护者的药物滥用干预结合起来会对儿童产生发展性收益(developmental benefit)。这些发现另外的验证性分析和讨论可在别处见到(Barth, Gibbons & Guo,2006)

7.4.2 基于内核的匹配在单时点数据中的应用

在这一应用中,我们使用与6.4.1节中相同的样本和变量。唯一的不同在于6.4.1节采用匹配估计量(matching estimator),而当前的分析采用基于内核的匹配。纳入本例是出于两条理由:①我们想说明基于内核的匹配也可以应用于被干预者的干预效应并非是差中差的单一时点数据;以及②我们想将基于内核的匹配与匹配估计量进行比较。

关于第一个目的,我们在语法中(可在本书的配套网页上获取)说明了单一时点数据分析比差中差分析更简单。也就是说,采用单一时点数据,可以在 *psmatch2* 命令中直接设定结果变量,而采用两个时点的数据,则必须首先用来自两个时点的数据创建一个变化分变量,然后在 *psmatch2* 命令中将该变化分变量设定为结果。

回想6.4.1节中所举的例子,该研究的目的是对一个与儿童期贫困经历(即儿童对AFDC福利项目的使用)对儿童学业成就的因果效应有关的假设进行检验。此研究考察了儿童学业成就的一个范畴:以 Woodcock-Johnson 修订版学业成就测验测得的1997年时(即单一时点)年龄标准化的"阅读理解"得分(Hofferth et al.,2001)。此学业成就测验上的得分越高表明成就也越高。研究样本由606名儿童构成,其中的188名儿童在生活中的某个时候已经使用了AFDC(即曾经使用组(ever used group)),他们被看做干预案例(treated case)。其余418名儿童从未接受过AFDC(即从未使用组(never used group)),他们被看做对照案例(comparison case)。

本研究使用了以下6个协变量:①当前的收入或贫困状态,以1996年时的家庭收入与贫困线之比来进行测量;②看护者在1997年时的受教育程度,以接受学校教育的年数进行测量;③看护者使用福利的历史,以看护者在其6~12岁的儿童时期参与AFDC项目的年数(即连续变量)进行测量;④儿童的种族,以非裔美国人和非非裔美国人进行测量;⑤儿童在1997年时的年龄;以及⑥儿童的性别,以男性和女性进行测量。注意,在6.4.1节中,这些协变量在向量模方法(vector-norm approach)中被用作匹配变量,但它们在当前的分析中被用来估计每名研究儿童(study child)的倾向值。换言之,这6个协变量被纳入到 logistic 回归中,然后使用局部线性回归对倾向值进行匹配。

表7.3 给出了本研究的结果。基于内核的匹配估计得到被干预者的平均干预效应为 -4.85,这意味着,在控制了观测到的协变量之后,儿童时期使用过 AFDC 项目的儿童在阅读理解测量上的得分比那些在儿童时期没有使用过 AFDC 项目的儿童低 4.85 个单位。这一效应在 0.05 水平上统计显著。注意,匹配估计量得出了相似的发现:被干预组的干预效应估计值为 -5.23,且这一效应在 0.05 水平上统计显著。尽管匹配估计量得到的此效应的估计值略微更大些,但这两种估计量都发现了该效应在统计上显著,因此,就检验本研究假设而言,两者得到了相一致的结论。这一研究表明:a. 至少对于此数据集而言,匹配估计量和内核匹配估计量得出了相同的实质性发现,且两者似乎恰好同样令人满意;b. 由于是以不同的统计方法和结论覆盖范围(findings coverage)对同一问题进行研究,故本研究的实质性结论比只采用某一种方法所得结论更具有说服力。此应用突出了观察研究的一个紧要之处:研究者应当对多种方法之间的估计值进行比较。

表 7.3　1997 年时阅读理解标准分上被干预者的干预效应(儿童对 AFDC 的使用)估计值:
采用非参数回归的倾向值分析同偏差矫正匹配和稳健方差估计量之间的比较(例 7.4.2)

被干预者的干预效应	系数	标准误	z	p 值	95% CI
采用非参数回归和自助抽样的倾向值分析	−4.85	NC	NC	NC	[−8.71, −0.26]
偏差矫正的匹配和稳健方差估计量(样本估计值或 SATT)	−5.23	1.781	−2.94	.003	[−8.72, −1.74]

注:95% CI 指 95% 置信区间,NC 指由于采用了自助抽样因而是不可比的(not comparable)。

7.5　结　论

本章介绍了使用三次立方内核的局部线性回归匹配在评估被干预者的干预效应中的应用。基于内核的匹配被发展出来克服 Rosenbaum 和 Rubin(1993)反事实框架中被察觉到的局限。Heckman 和他的同事们(1997,1998)在这一领域作出了重大贡献:a. 不同于传统的匹配,基于内核的匹配有差别地使用倾向值来计算反事实的加权均值,这是一种使用来自所有控制案例的信息的富有创造性的方法;b. 将基于内核的匹配应用于两个时点的数据,差中差估计量使得以前/后测试验形式对被干预者的干预效应进行分析成为可能;以及 c. 这样一来,此估计量在处理测量误差这点上就更为稳健:当项目成员和非成员在地理上不匹配或以一种系统性有偏的方式对调查问卷做出应答时,它暂时消除了可能出现的偏差的不变来源(invariant sources)。

基于内核的匹配也是在被严格证明的分布理论的基础上发展出来的。但是,就我们所知,Heckman 和其同事们发展出来的分布理论并未被纳入对被干预者的干预效应估计值的标准误进行估计的计算程序中。自助抽样在统计推断中的使用是一个不足,基于自助抽样的结果也应谨慎地加以解释。

8 选择偏差与敏感性分析

我们已经介绍了四种旨在处理选择偏差(selection bias)的模型或方法。选择偏差是观察研究和许多采用控制或对照组设计进行评估时的一个主要问题。本章我们将对所有使用倾向值分析方法估计干预效应的评估所面临的一系列问题进行介绍。这些问题包括：

- 当所进行的观察研究包含选择偏差尤其是隐藏的选择偏差(hidden selection bias)时,研究者所面临的挑战是什么?
- 矫正方法(corrective methods)在多大程度上可以处理选择偏差? 每种方法包含何种假定?
- 研究者可以如何评估分析结果对隐藏的选择偏差的敏感性?

8.1 节对选择偏差进行概述。该节回顾选择效应(selection effect)的来源、类型和后果。此外,还讨论矫正选择偏差的策略。8.2 节是本章的核心,介绍一项蒙特卡罗研究,对两类数据产生(data generation)设定下的四种模型进行比较:基于可观测因素的选择和基于不可观测因素的选择。此研究的意涵阐明了矫正选择偏差的策略。8.3 节介绍 Rosenbaum(2002b,2005)对研究结果的敏感性进行评估的方法。8.4 节介绍可用来运行某些 Rosenbaum 模型的 Stata 程序 ***rbounds***。8.5 节呈现敏感性分析的例子。8.6 节总结本章的内容。

8.1 选择偏差:一个概述

选择偏差有时被称作**选择性偏差**(selectivity bias)(Madalla,1993)、**显在和/或隐藏偏差**(overt and/or hidden bias)(Rosenbaum,2002b)以及**选择问题**(selection problem)(Manski,2007)。但是,"选择偏差""选择效应"和"选择"这些名称最为常见,尤其是在观察和准实验研究中。选择问题在经典随机化实验(classic randomized experiment)中并不存在,只要 Fisher 所构想的这种实验被成功实施的话。因此,考察选择偏差的一个天然起点就是考虑随机化实验的经典论据(argument)和假定不成立的情形。在以下这段话中,Manski(2007)介绍了随机化实验可能失败的三种实际情形:

1. 经典论据假定被试是从所关心总体(population of interest)中随机抽选出来的。然而在民主国家人们通常并不能被要求参与实验。因此,各种实验实际上经常是从一群志愿成员中随机地抽取被试。所以，所了解到的是志愿成员总体（population of volunteers）而非所关心总体内的干预反应（treatment response）。

2. 经典论据假定实验中的所有成员都遵从所指派的干预。实际上，被试经常并不遵从。

3. 经典论据假定观测到实验中所有成员的实现的干预、结果和协变量。实际上，各种实验都可能有缺失数据。当研究者在成员的结果可被记录下来之前与其失去联系时，结果数据的缺失就会是一个特别常见的问题。（第138-139页）

Manski 所概述的这些问题与 Heckman 和 Smith（1995）针对社会实验的批评相类似（见 1.3.3 节）。因此，正如之前章节所讨论过的，选择偏差变成了一个与观察（包括项目评估）研究有关的问题，干预分配在这类研究中是不可忽略的。下面对选择偏差的主要问题进行概括。

8.1.1 选择偏差的来源

选择效应（selection effects）往往被根据偏差的来源加以归类，比如自我选择（self-selection）、研究者选择（researcher selection）、管理选择（administrative selection）、地理选择（geographical selection）、测量选择（measurement selection）和撤退选择（attrition selection）。自我选择是观察研究中最为常见且被广泛研究的偏差来源。在一份早期报告中，Roy（1951）使用依据每次渔猎中的生产率从狩猎和捕鱼这两个职业之间选取的个体作为例子讨论过这个问题。他认为这两种职业活动吸引着自我选择去从事狩猎或捕鱼的不同种类的人；而且进一步认为是猎人和渔民上而非狩猎和捕鱼活动本身上的根本性差别解释了任何观测到的收入差距（observed income differentials）。

自我选择往往牵涉与项目招募（program recruitment）和将研究成员分配到干预状态中有关的过程。儿童心理健康和儿童福利领域中的研究者已将自我选择视为项目评估中的一个常见问题。比如，Littell（2001）发现，在评估家庭维护服务（family preservation service，FPS——儿童福利中旨在强化家庭和阻止家外安置（out-of-home placements）的一种家庭干预）时，结果会随着服务参与（service participation）的程度而变动，而服务参与反过来又会随着项目成员特征而变动。因为 FPS 参与程度在很大程度上是一个自我选择的问题——即便是干预被授权的情况下——积极成员的结果可能不同于那些消极或有抵触心理的接受者。针对自我选择的研究表明，重要的是在评估中对服务参与的异质性进行建模。

在收集和分析项目数据（program data）以确定研究总体和样本时，研究者经常做一些对选择（selection）造成影响的决策。据我们所知，并没有研究者曾有意识地介绍过选择偏差，但实际情况经常是早期的决策会对可忽略的干预分配和其他假定造成影响。Kennedy（2003）将这一偏差来源描述成一种确定哪些观测案例进入研究样本而哪些观测案例被排除掉的选择机制。值得指出的是，进入研究样本和进入干预在概念上是有区别的：前者影响外在效度（external validity），而后者影响内在效度（internal validity）。尽管这两个概念不应被合并，但它们两者在将因果关系由样本推论至总体时都可以是选择偏差的来源。研究者提到的选择偏差的经典例子是政治科学研究者在预测1948年哈里·S.杜鲁门（Harry S. Truman）当选总统的巨大失败：

调查以电话的方式进行,而当时富人更可能拥有电话。富人也更可能把票投给杜威(Dewey)。财富这一未被测量的变量同时影响着调查应答(survey answer)和成为样本的概率,导致得到了误导性的结果。(Kennedy,2003:286)。

今天将互联网用作数据收集的一个主要途径类似于1948年总统选举预测中对电话的依赖。尽管互联网调查在当今的社会行为研究中很流行且被广泛使用,但是这一方式对统计推断(statistical inference)的影响和意含却仍是未知的。因为对互联网的接触尚不普遍,所以选择可能会对基于网络调查的研究结果的一般化(generalization)造成影响。

Guo 和 Hussey(2004)做过一项研究,对社会工作研究中使用非概率抽样(nonprobability sampling)的困境、影响和策略进行评估。根据定义,非概率抽样指的是使用并非基于一个先定的概率(predetermined probability)而是基于研究目的、被访者可获得性(subject availability)、主观判断(subjective judgment)或各种其他非统计学标准的程序来选取样本。换言之,非概率抽样并非基于随机选择(random selection),但概率抽样是这样的。Guo 和 Hussey 以一项蒙特卡罗研究来说明使用非概率抽样程序的影响。他们发现了一组与研究者有关的决策,这些决策会引入研究者选择效应(researcher selection effects)并有可能促使在研究的设计中保持谨慎。

然而,当管理者基于他们对成员资格条件的评价来决定成员的招募并将其分配到研究情景(即进入干预组或控制组)时,会引入另一种形式的选择偏差。尽管这是一个重要且常见的误差来源,但管理者选择并未得到充分地研究。比如,管理者选择会在选择学生进入教会学校或公立学校的情形中出现。在学校选择的过程中,教会学校的管理者使用基本的财务和学业资格作为录取标准。对教会学校相对于公立学校中学生的教育结果的比较会被构成选择效应的这些差异所干扰。

由管理者选择所引起的偏差问题在使用非实验设计的评估研究中是明显的。在缺少随机化的情况下,评估人员必须经常对基于需要、风险或其他标准被指派着接受服务的各服务接受者群体进行比较。在此类情况下,服务接受将与服务接受者的需要或风险因素有关,同时服务结果将会与选择效应纠缠在一起;就是说,服务接受者将会因为分派服务中的管理决策而呈现出系统性的差异。选择偏差的问题在服务体系(service systems)中普遍存在。比如,在儿童福利中,Courtney(2000)发现,亲属监护(kinship care)与领养监护(foster care)之间长期结果的比较会被进入和退出这两种监护的选择过程中的权限之间的变异所影响。他发现,管理规则、章程和决定会对哪些孩子够资格进入亲属监护而非领养监护具有很大影响,更边缘地,也会对诸如安全(即有一个安全的地方居住)、持久(即有一个固定的养育家庭)和儿童福利等结果具有很大影响。

经常与管理者选择或自我选择一同发生,地理选择(geographic selection)指的是由地理错位(geographic mismatch)所导致的偏差。Heckman 等(1997)注意到,当管理者和成员选择(或不选择)某一特定项目是因为替代选择在本地区或劳动力市场上无法获得时,地理选择就会发生。然后,结果就会与地理学地址(geographic site)或其他的地方效应(local effects)混杂在一起。

以有关**选择**这个术语的更为宽泛的观点来看,选择偏差的另一来源是测量误差(measurement error)。心理测量学家们通常在两种测量误差之间加以区分:随机误差(random error)和系统误差(systematic error)(Nunnally & Bernstein,1994)。正是系统误差会在数据分析中带来问题并使得有必要进行明确的控制。当一个工具(instrument)或项目(item)会产生差别反应性(differential reactivity)时,系统误差就会引起选择效应。就是说,当处在干预或控制状态中的成员会因为一个测量的表述方式、它的呈现顺序或测量的某个其他特征而做出不同反应时,它就会产生偏差。系统测量误差总是要求重新校准测量工具。在分析中,Heckman 等(1997)将测量误差(比如,调查问卷中的差异)视为暂时不变的误差来源,然后,在某种程度上,他们提出了差中差估计量对测量误差进行修正。

测量误差的另一个重要来源是评分员效应(rater effect)。通常情况下,数据是从使用诸如 Achenbach(1991)儿童行为量表(CBCL)等工具对项目成员进行打分的评分员处收集得到的。在一个长时间的研究过程中,不同评分员可能导致在任何评估项目中都应明确加以控制的系统性测量误差。控制测量误差很关键,因为社会行为研究中的干预效应往往较小,而且这些较小的效应能够很容易地就被评分员效应所"消除"。使用概化理论(generalization theory)(Cronbach,Gleser,Nanda & Rajaratnam,1972;Shavelson & Webb,1991),Guo 和 Hussey(1999)阐明了一个交叉的双面随机效应设计(crossed, two-facet random-effect)(等价于一项使用多个评分者的追踪研究)中结果变异性(outcome variability)的 7 个来源。在这一测量程序中,样本数据和总体(the universe)之间的不准确性(inaccuracies)可以有数个来源:成员(σ_s^2)、评分者(σ_r^2)、场合(σ_o^2)、成员和评分者的交互(σ_{sr}^2)、成员和场合的交互(σ_{so}^2)、评分者与场合的交互(σ_{ro}^2)和残差($\sigma_{sro,e}^2$)。每一来源对于总测量误差(total measurement error)的相对分布(relative distribution)会随着所研究的干预、所使用的工具和研究设计而变动。不过,Guo 和 Hussey 发现,这类数据包含不可忽略的与评价者有关的变异来源是个常见的问题。比如,假设所研究的某项干预旨在改变儿童的问题行为(problematic behavior)。在对这类干预进行打分时,一些评分者可能会在对评分规则的理解上有不同,其中有些评分者在对孩子进行打分时往往会更严格——一种可能增加 σ_r^2 的情形。类似地,其他评分者也许会对评分规则做更为宽松的理解,或者允许评分受到对孩子的个人偏好的影响——一种可能增加 σ_{sr}^2 的情形。最后,某位评分者也许某一天给出的评分比其他时候更加严格,而仅仅是因为此评分者在那天遇到了不开心的事情——一种可能增加 σ_{ro}^2 的情形。当这些情形部分或全部出现时,评分者效应(rater effect)可能会是系统性的,故研究者不能忽略这种评分者影响(rater influence)。在他们的独创性研究中,Guo 和 Hussey 提出了一个三层随机效应模型(three-level random effects model),将评分者效应设定为随机的。

顺便说一句,使用本书所介绍的修正模型(corrective models)进行项目评估的话,无法将三层随机效应模型与此四种方法中之一结合起来使用。这种情况下,对不可忽略的评分者效应的系统性变异进行控制仍然是重要的,而且,有时候这可以通过改变分析计划来实现。比如,假设某位研究者有四波学生数据(four waves of student data):前两波数据是在四年级开始和结束时收集到的,包含相同老师(即评分者)给出的评分。后两波数据是在五年级开始和结束时收集到的,包含由另一群老师给出的评分。这个研究中,评分者只是在某个年级中才相同。不再遵循估计第 1 波到第 4 波的总变化(overall change)这样的分析计划,研究者可以在通过分析分段变化(piecewise change)(即四年级内的变化值(change score)和五年级内的变化值)控制评分者效应的情况下来评估此干预效应。尽管此分段分析的缺点在于,研究者不能估计出一个描述总变化增长曲线(growth curve)的模型,但此分析的收益是研究者可以控制评分者效应。例 6.4.2 展示了这一分析过程。我们的分析表明,存在评分者效应的情况下,揭示年级内一个小的干预效应也许比描述年级间的总变化更为重要。实际上,我们研究的结果显示,如果将所有四波数据汇合起来分析,那么这一小的干预效应将会被评分者效应所掩盖。

最后一点但也是重要的一点,研究成员的退出(attrition)是选择偏差的一个重要来源,而且它是追踪研究中的一个普遍问题。退出在 Maddala(1983)针对社会实验评估而提出的决策树(decision tress)中是选择偏差的主要来源之一(见图 4.1)。尤其是与选择偏差的其他来源相比,退出更是对评估提出了挑战。在一项临床研究中,更可能退出的患者往往是那些认为治疗不会有作用的人;因此,退出并不是随机的。与此相联系,那些更难治疗的患者(比如,可能生活更加混乱的那些人)更可能退出。即使进行了随机化分组,随机化后(postrandonmization)的退出也可能破坏组别平衡(group balance)。许多采用随机分配(random assignment)的实验研究中,干预分配是可忽略的,但分配后(postassignment)的退出会导致选择偏差,因为不论是干预组还是控制组中的成员都是有差别地退出。尽管针对追踪研究的统计方法一直在发展,但统计学家和研究人员还只刚刚开始提出修正退出偏差(attrition bias)的稳健和有效的模型。

8.1.2 显在偏差和隐藏偏差

Rosenbaum(2002b)对显在偏差(overt bias)和隐藏偏差(hidden bias)做过仔细的区分:

> 观察研究是有偏的,如果干预组和控制组在实施干预之前就在会对所研究的结果产生影响的多个方面有所不同的话。显在偏差是能够从手头的数据中看到的偏差——比如,在实施干预之前,接受干预的被试被观测到具有比处于控制状态的被试更低的收入。隐藏偏差与此类似但是不能被看到,因为所需信息未被观测到或未被记录下来。(第 71 页)

尽管我们经常通过事先料想到各种选择来源(sources of selection)并将它们作为干预前的协变量加以测量,但是我们永远也不能够确定已经把方方面面都考虑到了。事实上,隐藏偏差就是未被观测到的选择(unobserved selection)。未被观测到的异质性(unobserved heterogeneity)可能同时对因变量和进入样本的概率均产生影响。根据Kennedy(2003),隐藏偏差的未被测量属性(unmeasured nature)很关键,因为如果它被测量了的话,我们就可以解释它并避免这一偏差。而且,因为未被测量的变量也影响到成员进入样本的概率,因此我们得到的是一个不具代表性的(非随机的)样本;加上因为未被测量的变量也会对因变量产生影响,因此这一不具代表性的样本就有可能导致会对因果推断产生影响的选择。

影响因果推断的显在和隐藏偏差在执行良好的随机化实验中会被控制住。我们借助随机化机制对潜在偏差(potential bias)加以控制或修正。它易于平衡数据和使遗漏变量(omitted variable)(即回归模型的误差项)的平均值等于零。这一针对被测量的变量和未被测量的变量两者进行数据平衡的特征确实是随机化的优势。

对数据进行平衡在观察研究中尤其成问题。尽管研究者会借助匹配来控制选择偏差,但他们只能基于被观测或被测量的协变量进行调整;因此,因未被测量的协变量而导致的选择偏差仍然是个问题。就这点而论,对于大多数观察研究而言,匹配或其他调整恰当地控制偏差并得到可信的干预效应估计值的程度仍是未知的(Rosenbaum,2002b)。

为了解决这个问题,Rosenbaum 提出了敏感性分析方法(sensitivity analysis method),该方法旨在估计研究结果对隐藏偏差的敏感性水平。我们在 8.3 节讨论这些方法。

8.1.3 选择偏差的后果

当一项观察研究含有选择偏差时,不可忽略的干预分配就变成了备受关注的事情。就此而论,常规回归分析或回归类型的模型经常涉及偶然的截尾(incidental truncation)、内生性偏误(endogeneity bias)或混杂(confoundedness)。本书中,我们一直在介绍将回归模型应用于这类数据可能引发的不利后果。当被用来试图对选择效应进行控制时,常规回归模型可能得到有偏(且往往是夸大)的干预效应估计值。此外,效应估计值可能并不满足一致性(consistency)。考虑到这些不尽如人意的结果,我们如何来修正选择偏差呢?

8.1.4 修正选择偏差的策略

各种技术和策略已被发展出来对选择偏差进行修正。Wooldridge(2002:551-589)认为,当选择效应会导致回归模型的误差项与某个解释变量相关时,就应当认真考虑它们。而且,他提倡三种对选择加以控制的方法:干预效应的最大似然估计(见 4.2 节)、Heckman 两阶段程序(见 4.1 节)和工具变量估计(见 4.3 节)。

我们已介绍过三种其他的调整选择偏差的方法:倾向值匹配方法、匹配估计量和基于内核的匹配估计量。重要的是要谨慎地应用这些修正策略,因为每一种策略都是基于不同的统计理论而发展出来的。通过将四种方法(即 Heckman 样本选择模型加上面提到的三种)与观察研究中的两大核心传统(即计量经济学和统计学传统)联系起来,本节考察修正方法的历史和发展。我们的讨论围绕着以下核心问题展开:修正模型在多大程度上处理了选择偏差的问题,以及每种方法背后包含的假定是什么。

第 1 章和第 2 章中,我们介绍过发展适用于观察研究的方法的计量经济学传统和统计学传统。计量经济学传统源于 Haavelmo(1943,1994)的线性联立方程模型、Quandt(1958,1972)的转换回归模型和 Roy(1951)关于打猎和捕鱼之间的选择模型。根据 Maddala(1983)和 Manski(2007),Roy 的模型可被概括为**结果优化**(outcome optimization);也就是说,该模型强调了选择行为可能使得某一行为结果(behavioral outcome)的可观测性(observability)取决于该结果的取值。下面我们以阐明结果优化的重要性这一方式来对该理论做一回顾。我们这里仿效了 Maddala(1983:257-259)。

令 Y_{1i} 表示选择打猎中的第 i 个个体的结果、Y_{2i} 表示选择捕鱼中的个体的结果。个体依据优化结果(比如收入或社会地位)来做出理性选择。也就是说,当且仅当 $Y_{1i} > Y_{2i}$ 时,个体 i 才会选择当一名猎人。假定 (Y_{1i}, Y_{2i}) 服从联合正态分布,且均值为 (μ_1, μ_2)、协方差矩阵为

$$\begin{bmatrix} \sigma_1^2 & \sigma_{12} \\ \sigma_{21} & \sigma_2^2 \end{bmatrix},$$

并定义

$$u_1 = Y_1 - \mu_1, u_2 = Y_2 - \mu_2, \sigma^2 = Var(u_1 - u_2)$$

$$Z = \frac{\mu_1 - \mu_2}{\sigma} \text{ 和 } u = \frac{u_1 - u_2}{\sigma}。$$

那么,条件 $Y_1 > Y_2$ 意味着 $u < Z$。猎人的平均收入为

$$E(Y_1 \mid u < Z) = \mu_1 - \sigma_{1u}\frac{\phi(Z)}{\Phi(Z)}$$

这里,$\sigma_{1u} = \mathrm{Cov}(u_1, u)$,$\phi(\bullet)$ 和 $\Phi(\bullet)$ 分别为标准正态密度函数和标准正态分布函数。渔夫的平均收入为

$$E(Y_2 \mid u > Z) = \mu_2 + \sigma_{2u}\frac{\phi(Z)}{1 - \Phi(Z)}$$

这里,$\sigma_{2u} = \mathrm{Cov}(u_2, u)$。因为

$$\sigma_{1u} = \frac{\sigma_{12} - \sigma_1^2}{\sigma} \text{ 和 } \sigma_{2u} = \frac{\sigma_2^2 - \sigma_{12}}{\sigma}$$

因此,我们有 $\sigma_{2u} - \sigma_{1u} > 0$。给定上述定义的情况下,我们现在可以考虑不同的情形。

情形 1:$\sigma_{1u} < 0, \sigma_{2u} > 0$。这时,猎人的平均收入大于 μ_1,而渔夫的平均收入大于 μ_2。这种条件下,选择打猎的那些人具有比猎人的平均收入更高的收入,而选择捕鱼的那些人则具有比渔夫的平均收入更高的收入。

情形 2:$\sigma_{1u} < 0, \sigma_{2u} < 0$。这时,猎人的平均收入大于 μ_1,而渔夫的平均收入小于 μ_2。这种条件下,选择打猎的那些人具有比打猎和捕鱼两者的平均收入更高的收入,而且他们选择打猎会比选择捕鱼更好。选择捕鱼的那些人则具有比打猎和捕鱼两者的平均收入更低的收入,但是他们选择捕鱼要比选择打猎更好。

情形 3:$\sigma_{1u} > 0, \sigma_{2u} > 0$。这与情形 2 正相反。

情形 4:$\sigma_{1u} > 0, \sigma_{2u} < 0$。在此处给定的 σ_{1u} 和 σ_{2u} 的定义下,这种情形是不可能的。

以上模型深深地影响着计量经济学关于自我选择和发展修正自我选择的模型方面的讨论。此 Roy 模型的主要特征在于:a. 它建立在理性选择理论(rational-choice theory)的基础之上,具体而言,就是个体根据最优化结果来做出选择这一思想;b. 不能假定选择过程是随机的,决定选择结构的因素应被明确地加以设定和建模。

Maddala(1983)指出,在开始他们有关劳动力市场中的女性的研究时,Gronau(1974)、Lewis(1974)和 Heckman(1974)都采用 Roy 模型。这些研究中,工资的观测分布(observed distribution)变成了一个截尾分布(truncated distribution),自我选择性问题也变成了一个偶然截尾(incidental truncation)的问题。正是这一开创性的工作激起了对自我选择性的后果的讨论,并推动了修正自我选择性的计量经济学模型的发展。尽管这些模型在方法论上存在差别,但它们之间的一个共同特征是:选择偏差的影响既未被低估也未被假定是随机的。相反,通过对选择理论(choice perspective)加以扩展,修正模型中明确纳入了选择偏差并对其进行估计。更重要的模型包括:a. Heckman 的两阶段样本选择模型 b. Heckman 两阶段模型的变形——使用最大似然估计量(maximum likelihood estimator)的 Maddala 干预效应模型(treatment effect model)。

相比而言,一些沿循统计学传统对选择偏差进行修正的模型都会作一个关键假定。它们都假定选择是一个随机过程。Manski(2007)详细阐明过这一区别,他指出:"尽管计量经济学家一直力图将非实验情形下的干预效应作为自觉的选择行为(conscious choice behavior)来建模,但是统计学家却通常假定干预效应在控制了所设定协变量的情况下是随机的。详情请见 Rubin(1974)以及 Rosenbaum 和 Rubin(1983)"(第 151 页)。假定随机选择在发展修正程序中具有诸多好处。但是,实践中,研究者需要考虑这些假定是否符合实际,并需要选择一种合理的修正方式。尽管自我选择可能被假定是随机的,但其

他来源的选择(即研究者选择、诸如评分者效应等测量选择、管理者选择和撤出所导致的选择)并不能被假定是随机的。

尽管存在这些不同的视角(即"选择是理性的且应明确地对其进行建模"相对于"选择在控制所设定协变量情况下是随机的"),但两大传统在一个关键特征上是一致的:两者都强调了控制会对选择产生影响的被测量协变量的重要性。在 Heckman(1978,1979)提出其使用接受干预的预测概率的两阶段估计量后不久,Rosenbaum 和 Rubin(1983)就提出了他们的倾向值匹配估计量。两种模型具有一个共同的特征:修正中都使用接受干预的条件概率。

计量经济学传统和统计学传统之间的另一个区别在于假定的严格程度。因为观察研究分析的是潜在结果或反事实,所以方法的提出者必须对模型强加一些假定以使得模型参数可识别。因此,争论的一个关注点或主题就是这些模型假定在何种程度上符合实际。

基于上述讨论,对选择偏差进行修正的策略的发展出现了四个主要问题:①计量经济学方法突出了选择的结构,并因此强调对选择偏差进行直接建模;②统计学方法假定选择在控制协变量情况下是随机的;③两种方法都强调通过使用接受干预的条件概率对观测到的选择进行直接控制;以及④两种方法都建立在不同假定的基础上,但在假定的严格程度上存在差别。因此,很明显,假定在修正选择偏差中起着关键作用。修正模型的使用者们应当意识到包含在每一模型中的假定,应当乐于对假定在其数据中的合理性(tenability)进行检查,应当选择一个与数据的属性和研究问题最相符的修正模型,以及应当谨慎地解释研究结果。

第4章到第7章中,我们对包含在四种修正模型中的假定进行了回顾:Heckman 样本选择模型、倾向值匹配模型、匹配估计量及基于内核的匹配。表 8.1 概括性地给出了每一模型中的主要假定。请注意,这些修正模型随着被估计的干预效应类型而有所不同。一些模型可被用来估计平均干预效应和受干预者的平均干预效应,而其他模型只能估计这两种效应之一。我们鼓励修正模型的使用者考虑表 8.1 中所列出的假定,并将研究结果限定在假定被满足的程度上。

8.2　一项比较修正模型的蒙特卡罗研究

我们以一项蒙特卡罗研究(Monte Carlo study)来说明对与修正模型有关的假定的合理性进行检查的重要性,并对不同的数据产生情形(即不同类型的选择偏差)下的模型进行比较。蒙特卡罗研究是一种模拟练习,旨在阐明某一既定估计问题(estimating problem)对应的多个竞争性估计量的小样本属性(small-sample properties)(Kennedy,2003)。当然,也可以采用其他的方式来实现相同的目的,比如使用统计理论分析性地推导出结果。那种分析加强了修正模型最初提出者工作的基础,本书各章一直在强调那些研究的主要发现。但我们之所以选择用蒙特卡罗研究来比较各模型,是因为此模拟方法有助于我们以更直观和更不技术性的方式对比较结果进行考察。

表 8.1 修正模型的主要假定和效应类型

修正模型	估计的效应	主要假定
1. Heckman 样本选择和 Heckit 干预效应模型(第 4 章)	平均干预效应	1. 结果变量服从正态分布; 2. 回归方程和选择方程的误差项服从二元正态分布且两者存在相关
2. 倾向值匹配(Rosenbaum & Rubin,1983;第 5 章)	平均干预效应	1. 强可忽略干预分配或$(Y_0, Y_1) \perp W \mid X$; 2. 干预组和控制组之间接受干预的条件概率存在重叠
3. 匹配估计量(第 6 章)	1. 平均干预效应; 2. 受干预者的平均干预效应; 3. 未受干预者的平均干预效应	1. 强可忽略干预分配或$(Y_0, Y_1) \perp W \mid X$; 2. 干预组和控制组之间接受干预的条件概率存在重叠
4. 基于内核的匹配(第 7 章)	受干预者的平均干预效应	1. 关于强可忽略干预分配的更弱假定或$(Y_0) \perp W \mid X$; 2. 均值独立性或$E(Y_0 \mid W=1, X) = E(Y_1 \mid W=0, X)$。

已有诸多对修正方法的属性进行讨论的蒙特卡罗研究,但这些研究中的大多数一直仅就这四种修正方法之一在不同情形下的属性进行比较。比如,Stolzenberg 和 Relles (1990)、Hartman(1991)以及 Zuehlke 和 Zeman(1991)曾以蒙特卡罗研究对 Heckman 或 Heckit 模型的各方面进行考察。Kennedy(2003)对这些研究有过综述,并将主要的发现概括如下:相对于子样本常规最小二乘法(subsample ordinary least squares)和基于均方误差的标准(mean-square error criterion),Heckman 程序并未表现得很好,当误差不具有正态分布、样本规模较小、删截量较少、回归方程和选择方程的误差之间的相关较小或回归方程和选择方程中的解释变量之间的共线性程度较高时。Kennedy 提醒说,Heckman 模型在存在较高共线性情况下的表现比较差——甚至有害无益。

Zhao(2004)以蒙特卡罗研究比较了不同条件下的倾向值匹配和协变量匹配估计量。Zhao 发现只源于可观测因素的选择偏差是一个强假定,不过,以适当的数据集且如果仅基于可观测因素的选择这一假定可证明是合理的话,匹配估计量对于估计干预效应是有益的。此外,Zhao 还发现不同的匹配估计量之间并没有明确的更佳者,倾向值匹配估计量依赖于数据平衡的属性。

Freedman 和 Berk(2008)以数据模拟考察了倾向值加权(propensity score weighting)的属性。正如之前提到的,他们发现加权方法要求正确地设定因果模型。

不同于这些研究,很少有蒙特卡罗模拟对某一固定情形下各修正方法的属性进行比较;这是我们此处进行蒙特卡罗研究的目的。本研究中,我们对某一给定情形下的四种模型(即 OLS 回归、使用最大似然估计的 Heckit 干预效应模型、与匹配后回归分析(postmatching regression analyais)结合使用的倾向值一对一匹配[PSM],以及匹配估计量)进行比较。我们没有考虑基于内核的匹配,因为它只估计受干预者的平均干预效应,而以上列出的四种模型并不都旨在估计这一效应。因此,我们的蒙特卡罗研究关注平均干预效应。

我们模拟了两种数据产生情形(即基于可观测因素的选择和基于不可观测因素的选择),并比较了四种模型在每一情形中的表现。我们进行蒙特卡罗研究的目的在于回答以下四个研究问题:①每一选择偏差情形中,哪个模型表现最佳以及这四个模型按照偏差和均方误差的标准是如何被排序的? ②对每一选择偏差情形,修改模型设定来模拟实际应用中最合理的情况后,哪个模型表现最佳以及这四个模型按照偏差和均方误差的标准是如何被排序的? ③就模型表现(model performance)对数据产生机制的敏感性而言,我们可以从这一模拟研究中得到什么结论? 最后,④将由某一给定情形所界定的数据产生过程与包含在某一给定模型中的假定进行比较,这些假定有多重要和多严格?

我们强调蒙特卡罗研究只是触及了非常有限的数据产生情形。毫无疑问还有许多其他情形——实际上有无限多的情形。[①] 因此,本研究的结论并不能推论至其他情形。我们并不试图在一般性情形下比较所有这四种模型从而确定哪个模型是最佳的。此蒙特卡罗研究的主要目的是说明对数据假定进行检查的重要性,也就是说,为了阐明这些模型具有不同的假定,而且这些模型在相同的数据产生情形下的表现也将不同。

8.2.1 蒙特卡罗研究的设计

本小节中,我们首先给出描述干预分配过程的统计学框架,然后说明此蒙特卡罗研究所涉及的两种选择偏差情形的设定。最后,我们介绍这些情形下四种模型中每一种的模型设定以及所采用的评价标准。

本研究所采用的统计学框架取自于 Heckman 和 Robb(1985,1986,1988),它旨在对产生干预组和控制组的分配机制进行建模。

令 Y_{i1} 和 Y_{i0} 分别表示观测案例 i 在干预与控制条件下的潜在结果。潜在结果 Y_{i1} 和 Y_{i0} 可被表达成与它们均值的离差:

$$Y_{i0} = E(Y_0) + u_{i0}$$
$$Y_{i1} = E(Y_1) + u_{i1}$$

将这两个表达式与由反映干预分配的虚拟变量 W_i 所表达的观察规则(observation rule)(即第 2 章的式 2.1 或 $Y_i = W_i Y_{1i} + (1 - W_i) Y_{0i}$)结合起来,任一 Y_i 的公式为

$$Y_i = E(Y_0) + W_i[E(Y_1) - E(Y_0)] + u_{i0} + W_i(u_{i1} - u_{i0})$$
$$= E(Y_0) + W_i E(\delta) + u_i \tag{8.1}$$

这里,$u_i = u_{i0} + W_i(u_{i1} - u_{i0})$。式 8.1 被称作**结构方程**(structural equation)。对于平均估计效应真值的一致性估计(consistent estimate),W_i 和 u_i 必须是不相关的。

考虑一个补充公式(supplemental equation),也被称作**分配**或**选择方程**(assignment or selection equation),它决定 W_i。记 W_i^* 为一个潜连续变量(latent continuous variable),我们有

[①] 比如,本研究中的样本规模被固定为 500。我们可以改变这一数值以看看不同样本规模情况下的模型表现。如果研究者需要评估样本规模较小时的模型特性,这一特征是有帮助的。实际上,数据产生中所用到的每一固定值都可加以更改,以对参数的一系列情形进行比较。我们之所以没有这样而是固定为两种情形,是因为我们试图实现本研究的一个狭义的目的。

$$W_i^* = Z_i\alpha' + \nu_i \tag{8.2}$$

这里,Z_i 是影响分配过程的各外生观测变量(exogenous observed variable)取值所构成的一个行向量(row vector),α 是一个通常需要被估计的参数的向量,而 ν_i 是一个误差项,反映着会影响干预分配的未被观测因素(unobserved factor)。干预虚拟变量 W_i 有以下规则决定:如果 $W_i^* > c$,则 $W_i = 1$,而如果 $W_i^* < c$,则 $W_i = 0$(c 是分界值)。

其他协变量也可以被纳入到式 8.1 中,而且 X_i 和 Z_i 可以相同。我们可以在式 8.1 中 W_i 和误差项 u_i 可能存在相关的两种情形之间加以区分。

情形 1:**基于可观测因素的选择**。当 Z_i 和 u_i 相关但 u_i 和 ν_i 不相关时,我们就得到了被称作**基于可观测因素的选择**(selection on the observables)的情形。这一情形或者也被称作**强可忽略干预分配**(strongly ignorable treatment assignment)假定(Rosenbaum & Rubin,1983)。此情形下,诸如式 8.1 所示的 OLS 回归这样的统计控制将是无偏的,只要 Z_i 被充分地纳入到方程中。

情形 2:**基于不可观测因素的选择**。当 Z_i 和 u_i 不相关但 u_i 和 ν_i 相关时,此情形被称作**基于不可观测因素的选择**(selection on the unobservable)。此情形涉及隐藏偏差以及对误差项与自变量不相关这一回归假定的违背。此情形中,OLS 估计的结果被预期是有偏且不一致的。实际上,很难控制因不可观测因素所导致的偏差。

这两种数据产生过程呈现在图 8.1 中。除了上述设定之外,这一过程还进一步施加了以下条件:a. 3 个影响结果变量 y 的变量或协变量(x_1,x_2 和 x_3),b. z 只决定干预分配 w,c. x_3 也会影响干预分配 w。

以上每一情形下的数据产生均使用 Stata 9.0 来实现,数据产生所用的语法文件(syntax file)和使用四种模型的分析可在本书的配套网页上获取。我们鼓励读者重复此研究和使用我们的语法作为基准去产生更多的情形或对其他的模型进行比较。

1. *Stata* **中情形 1 的设定**:Stata 语法使用下述设定产生情形 1:

$$Y = 100 + 0.5x_1 + 0.2x_2 - 0.05x_3 + 0.5W + u \tag{8.3}$$

$$W^* = 0.5Z + 0.1x_3 + \nu,$$

这里,x_1,x_2,x_3,Z 和 u 都是随机变量,且服从均值向量为(3 2 10 5 0)、标准差向量为(0.5 0.6 9.5 2 1)的正态分布,它们之间对称的相关矩阵如下:

$$r_{(x_1, x_2, x_3, Z, u)} = \begin{bmatrix} 1 & & & & \\ 0.2 & 1 & & & \\ 0.3 & 0 & 1 & & \\ 0 & 0 & 0 & 1 & \\ 0 & 0 & 0 & 0.4 & 1 \end{bmatrix}$$

此外,ν 是一个服从均值为 0、方差为 1 的正态分布的随机变量;而且,如果 $W^* >$ 中位数(W^*),那么 $W = 1$,否则,$W = 0$。

上述设定创建了 Z 和 u 之间系数为 0.4 的相关以及 u 和 ν 之间系数为 0 的相关。因此,这一数据产生满足了导致图 8.1 中情形 1 所示的基于可观测因素的选择所需要的条件。此蒙特卡罗研究对每一修正模型产生 10 000 个样本,且每个样本的规模为 500 个观测案例。这一设定下,总体中平均干预效应的真值是事先已知的,也就是 $W = 0.5$,如式 8.3 中所示。

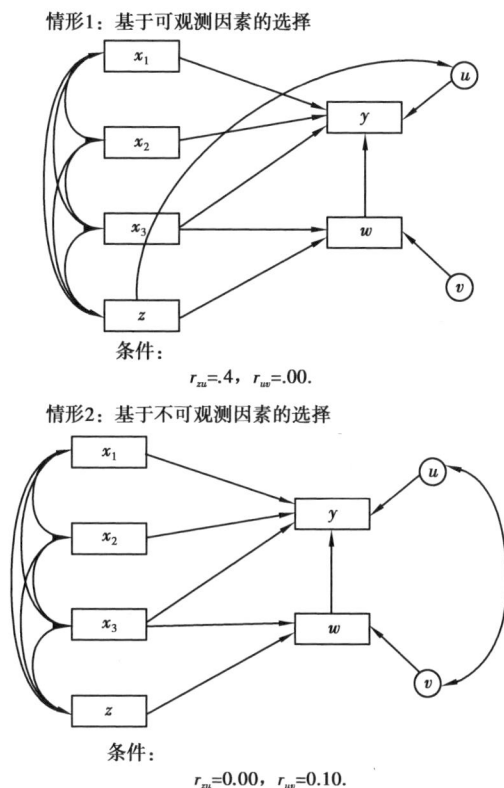

情形1：基于可观测因素的选择

条件：
$$r_{zu}=.4, \quad r_{uv}=.00.$$

情形2：基于不可观测因素的选择

条件：
$$r_{zu}=0.00, \quad r_{uv}=0.10.$$

图8.1 蒙特卡罗研究的设计：选择偏差的两种情形

2. *Stata* **中情形2的设定**：Stata语法使用以下设定产生情形2：

$$Y = 100 + 0.5x_1 + 0.2x_2 - 0.05x_3 + 0.5W + u \tag{8.4}$$

$$W^* = 0.5Z + 0.1x_3 + \nu$$

$$\nu = \delta + 0.15\varepsilon$$

这里，x_1, x_2, x_3, Z, u 和 ε 都是随机变量，且服从均值向量为（3 2 10 5 0 0）、标准差向量为（0.5 0.6 9.5 2 1 1）的正态分布，它们之间对称的相关矩阵如下：

$$r_{(x_1, x_2, x_3, Z, u, \varepsilon)} = \begin{bmatrix} 1 & & & & & \\ 0.2 & 1 & & & & \\ 0.3 & 0 & 1 & & & \\ 0 & 0 & 0 & 1 & & \\ 0 & 0 & 0 & 0 & 1 & \\ 0 & 0 & 0 & 0 & 0.7 & 1 \end{bmatrix}$$

此外，δ 是一个服从均值为0、方差为1的正态分布的随机变量；而且，如果 $W^* >$ 中位数（W^*），那么 $W=1$，否则，$W=0$。

上述设定创建了 Z 和 u 之间系数为0的相关以及 u 和 ν 之间系数为0.1的相关。因此，这一数据产生满足了导致图8.1中情形1所示的基于不可观测因素的选择所需要的条件。此蒙特卡罗研究对每一修正模型产生10 000个样本，且每个样本的规模为500个观测案例。这一设定下，总体中平均干预效应的真值是事先已知的，也就是 $W=0.5$，如式8.4中所示。

3. *Stata* **中修正模型的设定**：情形1下四种修正模型中每一个模型的设定如下所示。

模型 1.1。OLS 回归:$\hat{Y} = \hat{\beta}_0 + \hat{\beta}_1 x_1 + \hat{\beta}_2 x_2 + \hat{\beta}_3 x_3 + \hat{\beta}_4 Z + \hat{\tau} W$。

模型 1.2。PSM:预测条件概率的 logistic 回归模型为

$$\hat{P}(W = 1) = \hat{e}(x) = \frac{1}{1 + e^{-(\hat{\beta}_0 + \hat{\beta}_1 x_1 + \hat{\beta}_2 x_2 + \hat{\beta}_3 x_3 + \hat{\beta}_4 Z)}}$$

由 logistic 回归 $\hat{e}(x)$ 得到的预测概率被定义为估计的倾向值;PSM 程序然后基于估计的倾向值在 0.086 的卡尺(即估计的倾向值标准差的四分之一)内使用最近邻(nearest neighbor)法将每一受干预案例与一个控制案例进行匹配(即进行一对一匹配);而匹配后分析基于匹配样本(matched sample)执行以下 OLS 回归:$\hat{Y} = \hat{\beta}_0 + \hat{\beta}_1 x_1 + \hat{\beta}_2 x_2 + \hat{\beta}_3 x_3 + \hat{\beta}_4 Z + \hat{\tau} W$。

模型 1.3。干预效应模型:回归方程为 $\hat{Y} = \hat{\beta}_0 + \hat{\beta}_1 x_1 + \hat{\beta}_2 x_2 + \hat{\beta}_3 x_3 + \hat{\tau} W$;选择方程为 $W^* = \gamma Z + \nu$,其中,如果 $W^* > $ 中位数(W^*),那么 $W = 1$,否则,$W = 0$;$\text{Prob}(W = 1 | Z) = \Phi(Z\gamma)$ 和 $\text{Prob}(W = 0 | Z) = 1 - \Phi(Z\gamma)$。此模型以最大似然估计进行估计。[①]

模型 1.4。匹配估计量:匹配协变量包括 x_1, x_2, x_3 和 Z;此模型以矫正偏差和稳健方差估计量进行估计,其中,向量模(vector norm)采用样本方差矩阵的逆。

情形 2 下的四种修正模型与情形 1 下的那些完全相同。也就是:

模型 2.1。OLS 回归:同模型 1.1。

模型 2.2。PSM:同模型 1.2。

模型 2.3。干预效应模型:同模型 1.3。

模型 2.4。匹配估计量:同模型 1.4。

此设计中,情形 1 模拟基于可观测因素的选择。依据设计,Z 是一个决定样本选择的重要变量,因此,基于可观测因素的选择的关键是在分析模型中正确地控制 Z。需要对 Z 进行控制是因为我们在 OLS 回归、PSM 模型的 logistic 回归、干预效应模型的选择方程和匹配估计量中将 Z 设定为一个对选择具有影响的协变量。实践中,分析人员也许并不知道 Z 是重要的,因此可能在分析中无意地将其遗漏掉。分析中遗漏 Z 会导致显在的选择偏差(overt selection bias)。为了模拟这一情形,我们运行了情形 1 下的另一组模型,此时,Z 并未被纳入到所有的模型中。使用这一组模型的设定如下所示。

模型 1.1.1。OLS 回归:$\hat{Y} = \hat{\beta}_0 + \hat{\beta}_1 x_1 + \hat{\beta}_2 x_2 + \hat{\beta}_3 x_3 + \hat{\tau} W$

模型 1.2.1。PSM:预测条件概率的 logistic 回归模型为

$$\hat{P}(W = 1) = \hat{e}(x) = \frac{1}{1 + e^{-(\hat{\beta}_0 + \hat{\beta}_1 x_1 + \hat{\beta}_2 x_2 + \hat{\beta}_3 x_3)}}$$

由 logistic 回归 $\hat{e}(x)$ 得到的预测概率被定义为估计的倾向值;PSM 程序然后基于估计的倾向值在 0.06 的卡尺(即估计的倾向值一个标准差的四分之一)内使用最近邻法将每一受干预案例与一个控制案例进行匹配(即进行一对一匹配);而匹配后分析基于匹配样本(matched sample)执行以下 OLS 回归:$\hat{Y} = \hat{\beta}_0 + \hat{\beta}_1 x_1 + \hat{\beta}_2 x_2 + \hat{\beta}_3 x_3 + \hat{\tau} W$。

模型 1.3.1。干预效应模型:回归方程为 $\hat{Y} = \hat{\beta}_0 + \hat{\beta}_1 x_1 + \hat{\beta}_2 x_2 + \hat{\beta}_3 x_3 + \hat{\tau} W$;选择方程为

---

① 注意,选择方程只包含 Z。这并不完全等价于以 x_1, x_2, x_3 和 Z 进行 logistic 回归来实施的倾向值匹配。我们尝试过在选择方程中设定 x_1, x_2, x_3 和 Z 的模型,但是该模型并不收敛。出于比较的目的,目前的模型刻画情形 1 的主要特征而且是我们可以设定的最佳可能模型。

$W^* = \gamma_1 x_1 + \gamma_2 x_2 + \gamma_3 x_3 + \nu$，其中，如果 $W^* >$ 中位数 (W^*)，那么 $W = 1$，否则，$W = 0$；$\mathrm{Prob}(W = 1 \vert X) = \Phi(X\gamma)$ 和 $\mathrm{Prob}(W = 0 \vert X) = 1 - \Phi(X\gamma)$；而且，此模型以最大似然估计进行估计。

模型 1.4.1。匹配估计量：匹配协变量包括 x_1, x_2 和 x_3；此模型以矫正偏差和稳健方差估计量进行估计，其中，向量模（vector norm）采用样本方差矩阵的逆。

4. 用于评价模型表现的标准。我们使用两个标准来评估模型表现。一个标准是估计的偏差（estimated bias），它基于 10 000 个样本的平均干预效应估计值的平均值（mean value）得到。因为真实的干预效应是已知的（即 0.5），因此 10 000 个样本的平均干预效应估计值的均值减去 0.5 就提供了对某一给定模型的偏差的一种估计。第二个标准就是估计的**均方误**（mean square error，MSE），这通过对 $\hat{\tau}_{\mathrm{MODEL}-n}$ 和干预效应真值 0.5 之间差值的平方求平均来进行估计：

$$MSE = \frac{\sum_{i=1}^{10\,000} (\hat{\tau}_{\mathrm{MODEL}-n,\,i} - 0.5)^2}{10\,000}。$$

MSE 提供了干预效应估计值抽样分布的变异的一种估计，一个小的 MSE 值表明变异少。

8.2.2　蒙特卡罗研究的结果

表 8.2 给出了两种情形下蒙特卡罗研究的结果。该表概括了情形 1 下模型表现的主要发现。

在情形 1 中，即对于基于可观测因素的选择，PSM 模型表现最佳：平均而言，PSM 模型估计的干预效应为 0.487 5，比真实效应低 0.012 5（或存在 2.5% 的低估），且 MSE 很小，为 0.015 2。

OLS 回归也表现得很好，位列第二：平均而言，OLS 回归估计的干预效应为 0.537 5，比真实效应高 0.037 5（或存在 7.5% 的高估），且 MSE 很小，为 0.012。值得注意的是，OLS 在此情形中表现得很好是因为 x_3 和 Z 是决定选择的主要变量、Z 和 u 相关且来源变量（source variable）x_3 和 Z 在分析中都被控制了。这些条件是严格的，实践中也许并不会得以满足：在常见的应用中，我们可能并不知道 x_3 和 Z 是选择的主要来源；x_3 和 Z 可能无法得到或未被收集；而且 Z 和 u 也许并不相关。

匹配估计量未提供可接受的偏差矫正（bias correction），在四种模型中位列第三：平均而言，匹配估计量估计的干预效应为 0.453 1，比真实效应低 0.046 9（或存在 9.4% 的低估），且 MSE 为 0.023 7，属于中等大小。干预效应匹配估计表现差的主要原因是此情形中 Z 和 u 相关。尽管 PSM 和 OLS 回归中确实也包含这一假定，但这两种模型似乎比匹配估计量对这一违背表现得更为稳健。注意，匹配模型中使用的所有匹配变量（即 x_1, x_2, x_3 和 Z）都是连续的，因此，这一匹配并不是精确的。尽管匹配估计量通过使用最小二乘回归针对协变量取值上的差异来调整配对内的差异，从而对偏差加以纠正，但是，在给定情形下，以向量模（vector norm）进行的匹配要差于以单一维度的倾向值进行的匹配（即 PSM）。

表 8.2 模型比较的蒙特卡罗研究结果

分析模型	估计的平均干预效应			*MSE*	排序
	10 000 个样本的均值	偏差 = 均值 − 真实效应	(% 偏差)		
情形 1:基于可观测因素的选择					
模型 1.1:OLS 回归	0.5375	+ 0.0375	(7.5% 的高估)	0.0120	2
模型 1.2:PSM	0.4875	− 0.0125	(2.5% 的低估)	0.0152	1
模型 1.3:干预效应模型	1.9285	+ 1.4285	(285.7% 的高估)	2.0469	4
模型 1.4:匹配估计量	0.4531	− 0.0469	(9.4% 的低估)	0.0237	3
情形 2:基于不可观测因素的选择					
模型 2.1:OLS 回归	0.6900	+ 0.1900	(38.0% 的高估)	0.0486	4
模型 2.2:PSM	0.6464	+ 0.1464	(29.3% 的高估)	0.0395	3
模型 2.3:干预效应模型	0.5036	+ 0.0036	(0.7% 的高估)	0.0005	1
模型 2.4:匹配估计量	0.6377	+ 0.1377	(27.5% 的高估)	0.0441	2

情形 1 中,Heckman 两阶段模型的变形,即 Maddala 干预效应模型,在四个模型中表现最差:平均而言,干预效应模型估计的干预效应为 1.928 5,比真实效应高 1.428 5(或存在 285.7% 的高估),*MSE* 较大,为 2.046 9。这一糟糕估计的主要原因在于,情形 1 中 u 和 ν 并不相关,因此,此数据违背了关于回归方程和选择方程之间误差相关的假定。此发现突出了这样一个事实:关于两个误差项之间非零相关的假定是成功应用干预效应模型的关键。此外,这一发现还证实了 Heckman 选择模型不但强烈依赖于模型设定正确而且也依赖于模型假定的合理性;而且,正如第 4 章中指出的,此要求比 OLS 回归中的要求更为明显。

接下来总结一下情形 2 下模型表现的主要发现。与情形 1 下的结果明显不同,当 u 和 ν 相关或选择是基于不可观测因素时,Maddala 干预效应模型提供了对平均干预效应的极佳估计,在四个模型中位列第一:平均而言,干预效应模型估计的平均干预效应为 0.503 6,比真实效应高 0.003 6(或存在 0.7% 的高估),*MSE* 非常小,仅为 0.000 5。这一情形下的其他模型都比不上此干预效应模型。相比而言,其他三个模型得到的都是不能接受的干预效应估计值:高估程度的范围从匹配估计量的 27.5% 到 OLS 回归的 38.0%,MSE 估计值的范围从 PSM 的 0.039 5 到 OLS 的 0.048 6。这三个表现差的模型中,PSM 和匹配估计量要相对优于 OLS。这一发现证实了使用 OLS 回归来矫正选择偏差的内在危险,特别是当存在隐藏偏差时。此外,这一发现还表明,PSM 和匹配估计量对隐藏偏差很敏感,它们都不是存在隐藏偏差情况下的稳健估计量。

情形 1 下,数据产生(data generation)的关键特征是理解(即观测到)选择性的来源以及分析中对 Z 和 x_3 的控制。这是实际研究中不可能出现的理想情形。倘若分析中遗漏了设定 Z 或遇到了显在偏差的情形,估计结果就将是不可接受的。表 8.3 给出了针对这一情形的蒙特卡罗研究结果。实际上,当分析中 Z 被遗漏时,所有模型都无法对干预效应进行无偏估计(unbiased estimation)。将这些模型排序如下:匹配估计量表现最佳(88.9% 的高估,MSE 为 0.203 8)、PSM 位居第二(98.06% 的高估,MSE 为 0.248 2)、OLS 回归位居第三(100.1% 的高估,MSE 为 0.256 5),而干预效应模型在这四个中表现最差(262.4% 的高估,MSE 为 1.805 6)。

表 8.3 对情形 1 下未控制 Z 的各模型进行比较的蒙特卡罗研究结果

分析模型	估计的平均干预效应		MSE	排序
	10 000 个样本的均值	偏差 = 均值 − 真实效应（% 偏差）		
情形 1:基于可观测因素的选择				
模型 1.1.1:OLS 回归	1.0005	+0.5005 （100.1% 的高估）	0.2565	3
模型 1.2.1:PSM	0.9903	+0.4903 （98.06% 的低估）	0.2482	2
模型 1.3.1:干预效应模型	1.8118	+1.3118 （262.4% 的高估）	1.8056	4
模型 1.4.1:匹配估算量	0.9433	+0.4433 （88.9% 的低估）	0.2038	1

8.2.3 启示

我们可以从上述蒙特卡罗分析中得到若干启示。首先,并没有一个在所有情形下都表现很好的模型。"最佳"结果取决于模型中所包含的假定与数据产生过程之间的吻合。某一情形中表现很好的模型可能在另一情形中表现很糟。因此,这些模型并不能稳健地应对各种各样的数据条件。重要的是在各种应用中对模型假定的合理性进行检查,从而选择一个与手头数据的属性相适合的模型。在数据结构和分析模型之间不匹配的情况下,就容易得到误导性的结论。

第二,当无法得到关于模型假定合理性的信息时(比如,没有办法知道分析中是否忽略了重要的协变量时),结论必须建立在对模型假定进行讨论的基础上。至少在传播结果时,应当阐明作为支撑估计的干预效应的基础的一些假定,及描述估计过程中也许被折中了的一些情形。

第三,更具体地,Maddala 干预效应模型强烈依赖于选择方程和回归方程的误差之间相关这一假定,当此假定遭到违背时,这一模型根本无法进行无偏的估计(unbiased estimation)。但是,不同于针对 Heckman 选择模型的批评,此处的蒙特卡罗研究表明干预效应模型对隐藏偏差还是很稳健的。它(即模型 2.3)是基于不可观测因素的选择这种情形下唯一提供了干预效应的准确估计的模型。

第四,相对于 PSM,OLS 回归似乎只有在非常严格的情形中才会表现好(即模型 1.1),它要求用户事先知道选择偏差的主要来源、收集到了测量选择偏差主要来源的数据以及在模型中正确地使用了那些变量。倘若分析中 Z 被遗漏,OLS 就将出现极大的高估(即模型 1.1.1 高估效应的程度达 100%)。因此,蒙特卡罗研究证实了有经验的观测研究者们反复给出的告诫:OLS 回归并非修正选择偏差的有效方式。这些发现表明匹配估计量或 PSM 在这一数据条件下更优。

最后,蒙特卡罗研究再次指出了由隐藏偏差所导致的挑战。在基于不可观测因素的选择这一情形下,或者在基于可观测因素的选择但研究者进行分析时忽略了被测量的变量这一情形下,除模型 2.3 之外的所有模型提供的都是干预效应的有偏估计。因此,重要的是进行敏感性分析以估算由隐藏偏差所导致的偏差。这些程序的发展是下一节的话题。

8.3 Rosenbaum 的敏感性分析

隐藏偏差本质上是由于统计分析中重要变量的遗漏所导致的问题,因为这种遗漏会导致回归方程中由误差项所反映的未被观测到的异质性(unobserved heterogeneity)变得不随机。尽管修正这一问题可以采取诸如使用额外变量重新设定一个分析模型、收集额外数据或者将某项研究重新设计成随机化实验等措施,但这些策略可能成本很高且费时。更可取的做法往往是先进行敏感性分析来估计偏差的水平。这种分析旨在回到这样一个问题:结果对隐藏偏差有多敏感? 尽管敏感性分析是探索性的,但它是使用本书我们已经介绍过的模型进行分析的一个重要步骤。Rosenbaum 和 Rubin(1983)及 Rosenbaum(2002b,2005)都建议研究者在观察研究中要常规性地进行敏感性分析。本节中,我们介绍一个新兴的进行敏感性分析的框架。

8.3.1 基本思路

Rosenbaum(2002b,2005)对敏感性分析做过简洁且有条理的介绍。正如 Berk(2004)所概括的,Rosenbaum 的方法是简单的:

> 使用估计的接受某一特定干预的发生比(odds)来考察估计的干预效应可能发生多大的变动。想要发现的是估计的干预效应在选择偏差的合理范围内是稳健的。(第 231 页)

因为敏感性分析如此重要,所以下面我们来说明这一方法的基本思路和详细地解释一种程序(即,采用 Wilconxon 符号秩检验对匹配对研究(matched pair studies)进行敏感性分析)。

根据 Rosenbaum(2005),

> 观察研究中的敏感性分析应对的是这样一种可能性:它问的是未被测量的协变量必须是什么样的才会改变研究的结论。各观察研究在它们对隐藏偏差的敏感性这点上明显不同:有一些对非常小的偏差就很敏感,而其他一些对非常大的偏差也并不敏感。(第 1809 页)

这一视角的原初框架来自于 Cornfield 等(1959),他们研究过将吸烟和肺癌联系起来的证据。在将相互冲突的观点加以分类的努力中,Cornfield 及其同事们推出了烟民中死于肺癌的概率对非烟民中死于肺癌的概率之风险比(risk ratio)的一个不等式。Cornfield 等认为,为了解释一项既定研究中看到的吸烟和肺癌之间的关联(association),分析人员将需要不等式中有特定量的隐藏偏差。他们指出,如果这一关联较强,那么解释它所需的隐藏偏差将会较大。因此,敏感性分析的基本任务就是推导出可归因于隐藏偏差的可能数值(即所谓的 Γ)的一个范围。

具体而言,假设有两个单元 j 和 k,它们具有相同的观测协变量 $\mathbf{x}$ 但可能具有不同的接受干预的机会 π,也就是说,$\mathbf{x}_{[j]} = \mathbf{x}_{[k]}$,但 $\pi_{[j]} \neq \pi_{[k]}$。那么,为了控制由 $\mathbf{x}$ 所导致的显在偏差,单元 j 和 k 可能被匹配以构成一个匹配对(matched pair)或者被一起放在相同的子类别中。单元 j 和 k 接受干预的发生比分别为 $\pi_{[j]}/(1 - \pi_{[j]})$ 和 $\pi_{[k]}/(1 - \pi_{[k]})$。则发生比率(odds ratio)为

$$\frac{\dfrac{\pi_{[j]}}{1 - \pi_{[j]}}}{\dfrac{\pi_{[k]}}{1 - \pi_{[k]}}} = \frac{\pi_{[j]}(1 - \pi_{[k]})}{\pi_{[k]}(1 - \pi_{[j]})}$$

敏感性分析进一步假定,对于具有相同 $\mathbf{x}$ 的单元,这一发生比率至多也就是一些 $\Gamma \geq 1$ 的数,也就是,

$$\frac{1}{\Gamma} \leq \frac{\pi_{[j]}(1 - \pi_{[k]})}{\pi_{[k]}(1 - \pi_{[j]})} \leq \Gamma \qquad 对于所有满足 \mathbf{x}_{[j]} = \mathbf{x}_{[k]} 的 j 和 k$$

根据上述定义,如果 Γ 等于 1,那么 $\pi_{[j]} = \pi_{[k]}$,此时凡有 $\mathbf{x}_{[j]} = \mathbf{x}_{[k]}$,则研究就不会有隐藏偏差。如果 Γ 等于 2,那么 $\pi_{[j]} = \pi_{[k]}$,那么看上去相似的两个单元,即具有相同的 $\mathbf{x}$,在接受干预的发生比上可能相差 2 倍,因此,一个单元接受干预的机会可能是另一个的两倍。正如 Rosenbaum(2002b)所解释的,

> 换言之,Γ 所测量的是对一项不会有隐藏偏差的研究的偏离程度。敏感性分析将考虑 Γ 的若干个可能取值,并指出统计推论有可能发生什么样的变化。如果接近于 1 的 Γ 值能够导致统计推论与假定研究不会有隐藏偏差情况下的统计推论极为不同,那么该项研究就是敏感的。如果需要 Γ 的极值(extreme value)才会改变统计推论,那么,该项研究就是不敏感的。(第 107 页)

然而,Cornfield 等(1959)原初的敏感性分析忽略了抽样变异(sampling variability)(除非在很大样本的情况下,这都是有风险的),Rosenbaum(2002b)通过发展出一些方法来计算统计推断量(inference quantities)的边界来处理抽样变异,比如 p 值或置信区间。因此,对于每一 $\Gamma > 1$,我们都得到反映因隐藏偏差所导致的不确定性的一个 p 值区间。"随着 Γ 的增大,此区间变得更宽,最终它会变得毫无意义,同时包含大的和小的 p 值。区间开始变得毫无意义的 Γ 值点就是一个对隐藏偏差的敏感性的测量"(Rosenbaum,2005:1810)。

Rosenbaum 发展出了各种各样的敏感性分析方法,包括 McNemar 检验、Wilcoxon 秩和检验、评估匹配对研究之敏感性分析的 Hodges-Lehmann 点估计和区间估计、对以控制组多个单元进行匹配加以评估之敏感性分析的符号分值方法(sign score method)、反应变量为连续变量时以控制组多个单元进行匹配之敏感性分析,以及比较两个未匹配上的组之敏感性分析。Rosenbaum(2002b,第 4 章)对这些方法都有详细说明。Stata 中一个用户编写的程序可用来执行其中的一些分析。

8.3.2 对匹配对研究进行敏感性分析的 Wilcoxon 符号秩检验举例

为了举例说明敏感性分析,我们借用原初由 Rosenbaum(2002b)所使用的一个例子。表 8.4 显示的是一个包含 33 对儿童的数据集。接触组(exposed group)由父母在使用铅来制造电池的工厂中工作的那些儿童组成,控制组(control group)则由与接触组中儿童相匹配但父母受雇于其他不使用铅的行业的那些儿童组成。此项研究假设儿童会受到他们父母不经意带回家的铅的影响。表 8.4 报告了以在每名儿童一分升*血液中所发现铅的毫克数(即 μg/dl)测量得到的结果数据。比如,第一匹配对内接触组儿童的血铅水平为 38,而控制组儿童的血铅水平为 16,故差值为 22。为了消除选择偏差,此项研究基于

---

* 即十分之一升。——译者注

年龄和居住社区(neighborhood of residence)将每名接触组儿童与一名控制组儿童进行匹配。研究发现,当控制了年龄和居住社区之后,接触组儿童的平均血铅水平比控制组儿童高 15.97 μg/dl;Wilcoxon 的符号秩检验表明这一干预效应在 0.000 1 水平上统计显著。虽然该项研究采用了基于两个协变量的匹配来消除选择偏差,但是,这一研究发现对隐藏偏差有多敏感呢?

表 8.4　敏感性分析示例:父母在工作场所中接触铅的儿童相对于
父母在工作场所中未接触铅的儿童的血铅水平(μg/dl)

匹配对	接触组	控制组	差值
1	38	16	22
2	23	18	5
3	41	18	23
4	18	24	-6
5	37	19	18
6	36	11	25
7	23	10	13
8	62	15	47
9	31	16	15
10	34	18	16
11	24	18	6
12	14	13	1
13	21	19	2
14	17	10	7
15	16	16	0
16	20	16	4
17	15	24	-9
18	10	13	-3
19	45	9	36
20	39	14	25
21	22	21	1
22	35	19	16
23	49	7	42
24	48	18	30
25	44	19	25
26	35	12	23
27	43	11	32
28	39	22	17
29	34	25	9
30	13	16	-3
31	73	13	60
32	25	11	14
33	27	13	14

资料来源:Rosenbaum(2002b:82)。经 Spring Science + Business Media 允许后重印。

采用 Wilcoxon 符号秩检验进行匹配对研究的敏感性分析涉及以下步骤。

步骤 1:计算排序的绝对差值(ranked absolute differences)d_s。这一步包括以下程序。取得差值的绝对值,以绝对差值对数据进行升序排序,以及创建对差值的绝对值进行排

序的 d_s 并对结（tie）进行调整。步骤 1 的结果见表 8.5。注意，此表中第一数据行显示的是与表 8.4 中的匹配对 15 而不是匹配对 1 相对应的信息。这是因为匹配对 15 的差值的绝对值是 0，经排序后，匹配对 15 就出现在第一行，因为它的绝对差值在样本中是最小的。请留神 d_s 一列是如何确定的：首先根据匹配对的秩[*]来确定 d_s，然后针对打结案例（tied cases）的值做调整。比如，前四个案例中，第二个和第三个案例打结了。因此，每一案例的 d_s 值就是平均的秩或 $d_s = (2+3)/2 = 2.5$。其他打结的匹配对包括匹配对 18 和 30，4 和 11，17 和 29，32 和 33，10 和 22 以及 3 和 26，这些匹配对的 d_s 值都是平均的秩。

表 8.5 步骤 1：取差值的绝对值、以绝对差值对数据进行升序排序，以及创建对差值的绝对值进行排序的 d_s 并对结进行调整

匹配对	接触组	控制组	差值	差值的绝对值	d_s
15	16	16	0	0	1
12	14	13	1	1	2.5
21	22	21	1	1	2.5
13	21	19	2	2	4
18	10	13	−3	3	5.5
30	13	16	−3	3	5.5
16	20	16	4	4	7
2	23	18	5	5	8
4	18	24	−6	6	9.5
11	24	18	6	6	9.5
14	17	10	7	7	11
17	15	24	−9	9	12.5
29	34	25	9	9	12.5
7	23	10	13	13	14
32	25	11	14	14	15.5
33	27	13	14	14	15.5
9	31	16	15	15	17
10	34	18	16	16	18.5
22	35	19	16	16	18.5
28	39	22	17	17	20
5	37	19	18	18	21
1	38	16	22	22	22
3	41	18	23	23	23.5
26	35	12	23	23	23.5
6	36	11	25	25	26
20	39	14	25	25	26
25	44	19	25	25	26
24	48	18	30	30	28
27	43	11	32	32	29
19	45	9	36	36	30
23	49	7	42	42	31
8	62	15	47	47	32
31	73	13	60	60	33

前四个案例中，第二个和三个案例打结了。因此，每一案例的 d_s 值为平均的秩。也就是 $d_s = (2+3)/2 = 2.5$

[*] 所谓秩也就是序次。——译者注。

表 8.6 步骤 2：计算接触组和控制组之间结果变量上差值的 Wilcoxon 符号秩统计量

如果"基础组">"控制组"，则 $c_{s1}=1$，否则 $c_{s1}=0$；同时，如果"接触组"="控制组"，则 $c_{s1}=0$。

如果"控制组">"接触组"，则 $c_{s2}=1$，否则 $c_{s2}=0$；同时，如果"控制组"="接触组"，则 $c_{s2}=0$。

$= (c_{s2} \times 1) + (c_{s2} \times 0)$；
$(I) = (G) \times 1 + (H) \times 0$

$(J) = (F) \times (I)$

匹配对	接触组组	控制组	差值	差值的绝对值	d_s	c_{s1}	c_{s2}	$\sum_{i=1}^{2} c_s^i Z_s^i$	$d_s \sum_{i=1}^{2} c_s^i Z_s^i$
(A)	(B)	(C)	(D)	(E)	(F)	(G)	(H)	(I)	(J)
15	16	16	0	0	1	0	0	0	0
12	14	13	1	1	2.5	1	0	1	2.5
21	22	21	1	1	2.5	1	0	1	2.5
13	21	19	2	2	4	1	0	1	4
18	10	13	-3	3	5.5	0	1	0	0
30	13	16	-3	3	5.5	0	1	0	0
16	20	16	4	4	7	1	0	1	7
2	23	18	5	5	8	1	0	1	8
4	18	24	-6	6	9.5	0	1	0	0
11	24	18	6	6	9.5	1	0	1	9.5
14	17	10	7	7	11	1	0	1	11
17	15	24	-9	9	12.5	0	1	0	0
29	34	25	9	9	12.5	1	0	1	12.5
7	23	10	13	13	14	1	0	1	14
32	25	11	14	14	15.5	1	0	1	15.5
33	27	13	14	14	15.5	1	0	1	15.5
9	31	16	15	15	17	1	0	1	17

10	34	18	16	16	18.5	1	0	1	18.5
22	35	19	16	16	18.5	1	0	1	18.5
28	39	22	17	17	20	1	0	1	20
5	37	19	18	18	21	1	0	1	21
1	38	16	22	22	22	1	0	1	22
3	41	18	23	23	23.5	1	0	1	23.5
26	35	12	23	23	23.5	1	0	1	23.5
6	36	11	25	25	26	1	0	1	26
20	39	14	25	25	26	1	0	1	26
25	44	19	25	25	26	1	0	1	26
24	48	18	30	30	28	1	0	1	28
27	43	11	32	32	29	1	0	1	29
19	45	9	36	36	30	1	0	1	30
23	49	7	42	42	31	1	0	1	31
8	62	15	47	47	32	1	0	1	32
31	73	13	60	60	33	1	0	1	33
									527

对列 (J) 求和得到 527。这就是对接触组和控制组之间结果上差值的 Wilcoxon 符号秩统计量。

表 8.7 步骤 3:计算出得到 $\Gamma=1$ 时标准离差的单边显著性水平所需的统计量

如果 $c_{s1}=c_{s2}=0$，则 $P_s^+=0$
如果 $c_{s1}=c_{s2}=1$，则 $P_s^+=1$
如果 $c_{s1}\neq c_{s2}$，则 $P_s^+ = \dfrac{\Gamma}{1+\Gamma} = \dfrac{1}{2} = 0.5$

如果 $c_{s1}=c_{s2}=0$，则 $P_s^-=0$
如果 $c_{s1}=c_{s2}=1$，则 $P_s^-=1$
如果 $c_{s1}\neq c_{s2}$，则 $P_s^- = \dfrac{\Gamma}{1+\Gamma} = \dfrac{1}{2} = 0.5$

$\Gamma=1$ 时:

d_s	c_{s1}	c_{s2}	$\sum_{i=1}^{2} c_{si} Z_{si}$	$d_s \sum_{i=1}^{2} c_{si} Z_{si}$	P_s^+	P_s^-	$(M)=(K)\times(F)$ $d_s P_s^+$	$(N)=(F)\times(F)$ d_s^2	$(O)=(N)\times(K)\times[1-(K)]$ $d_s^2 P_s^+(1-P_s^+)$
(F)	(G)	(H)	(I)	(J)	(K)	(L)	(M)	(N)	(O)
1	0	0	0	0	0	0	0.0000	1.0000	0.0000
2.5	1	0	1	2.5	0.5	0.5	1.2500	6.2500	1.5625
2.5	1	0	1	2.5	0.5	0.5	1.2500	6.2500	1.5625
4	1	0	1	4	0.5	0.5	2.0000	16.0000	4.0000
5.5	0	1	0	0	0.5	0.5	2.7500	30.2500	7.5625
5.5	0	1	0	0	0.5	0.5	2.7500	30.2500	7.5625
7	1	0	1	7	0.5	0.5	3.5000	49.0000	12.2500
8	1	0	1	8	0.5	0.5	4.0000	64.0000	16.0000
9.5	0	1	0	0	0.5	0.5	4.7500	90.2500	22.5625
9.5	1	0	1	9.5	0.5	0.5	4.7500	90.2500	22.5625
11	1	0	1	11	0.5	0.5	5.5000	121.0000	30.2500
12.5	0	1	0	0	0.5	0.5	6.2500	156.2500	39.0625
12.5	1	0	1	12.5	0.5	0.5	6.2500	156.2500	39.0625
14	1	0	1	14	0.5	0.5	7.0000	196.0000	49.0000
15.5	1	0	1	15.5	0.5	0.5	7.7500	240.2500	60.0625

15.5	1	0	15.5	0.5	0.5	7.7500	240.2500	60.0625
17	1	0	17	0.5	0.5	8.5000	289.0000	72.2500
18.5	1	0	18.5	0.5	0.5	9.2500	342.2500	85.5625
18.5	1	0	18.5	0.5	0.5	9.2500	342.2500	85.5625
20	1	0	20	0.5	0.5	10.0000	400.0000	100.0000
21	1	0	21	0.5	0.5	10.5000	441.0000	110.2500
22	1	0	22	0.5	0.5	11.0000	484.0000	121.0000
23.5	1	0	23.5	0.5	0.5	11.7500	552.2500	138.0625
23.5	1	0	23.5	0.5	0.5	11.7500	552.2500	138.0625
26	1	0	26	0.5	0.5	13.0000	676.0000	169.0000
26	1	0	26	0.5	0.5	13.0000	676.0000	169.0000
26	1	0	26	0.5	0.5	13.0000	676.0000	169.0000
28	1	0	28	0.5	0.5	14.0000	784.0000	196.0000
29	1	0	29	0.5	0.5	14.5000	841.0000	210.2500
30	1	0	30	0.5	0.5	15.0000	900.0000	225.0000
31	1	0	31	0.5	0.5	15.5000	961.0000	240.2500
32	1	0	32	0.5	0.5	16.0000	1024.0000	256.0000
33	1	0	33	0.5	0.5	16.5000	1089.0000	272.2500
			527			280.0000		3130.6250

对列（M）求和。这就是 $E\left(T^{+}\right)$，或者无干预效应这一零假设下的符号秩统计量的期望。

对列（O）求和。这就是 $Var\left(T^{+}\right)$，或者 $Var\left(T^{+}\right)=\sum_{s=1}^{\dot{s}} d_{s}^{2} P_{s}^{+}\left(1-P_{s}^{+}\right)$。

表 8.8 步骤 4:计算出得到 $\Gamma=2$ 时标准离差的单边显著性水平(即 p 值的下限和上限)所需的统计量

$\Gamma = 2$ 时：

(F) d_s	(G) c_{s1}	(H) c_{s2}	(I) $\sum_{i=1}^{2} c_{si}Z_{si}$	(J) $d_s\sum_{i=1}^{2} c_{si}Z_{si}$	(K) P_s^+	(L) P_s^-	(M) $=(K)\times(F)$ d_sP^+	(N) $=(L)\times(F)$ d_sP^-	(O) $=(F)\times(F)$ d_s^2	(P) $=(O)\times(K)\times[1-(K)]$ $d_s^2P_s^+(1-P_s^-)$
1	0	0	0	0	0.0000	0.0000	0.0000	0.0000	1.0000	0.0000
2.5	1	0	1	2.5	0.6667	0.3333	1.6667	0.8333	6.2500	1.3889
2.5	1	0	1	2.5	0.6667	0.3333	1.6667	0.8333	6.2500	1.3889
4	1	0	1	4	0.6667	0.3333	2.6667	1.3333	16.0000	3.5556
5.5	0	1	0	0	0.6667	0.3333	3.6667	1.8333	30.2500	6.7222
5.5	0	1	0	0	0.6667	0.3333	3.6667	1.8333	30.2500	6.7222
7	1	0	1	7	0.6667	0.3333	4.6667	2.3333	49.0000	10.8889
8	1	0	1	8	0.6667	0.3333	5.3333	2.6667	64.0000	14.2222
9.5	0	1	0	0	0.6667	0.3333	6.3333	3.1667	90.2500	20.0556
9.5	1	0	1	9.5	0.6667	0.3333	6.3333	3.1667	90.2500	20.0556
11	1	0	1	11	0.6667	0.3333	7.3333	3.6667	121.0000	26.8889
12.5	0	1	0	0	0.6667	0.3333	8.3333	4.1667	156.2500	34.7222
12.5	1	0	1	12.5	0.6667	0.3333	8.3333	4.1667	156.2500	34.7222
14	1	0	1	14	0.6667	0.3333	9.3333	4.6667	196.0000	43.5556
15.5	1	0	1	15.5	0.6667	0.3333	10.3333	5.1667	240.2500	53.3889

如果 $c_{s1} = c_{s2} = 0$, 则 $P_s^+ = 0$
如果 $c_{s1} = c_{s2} = 1$, 则 $P_s^+ = 1$
如果 $c_{s1} \neq c_{s2}$, 则 $P_s^+ = \dfrac{\Gamma}{1+\Gamma} = \dfrac{2}{3} = .666667$

如果 $c_{s1} = c_{s2} = 0$, 则 $P_s^- = 0$
如果 $c_{s1} = c_{s2} = 1$, 则 $P_s^- = 1$
如果 $c_{s1} \neq c_{s2}$, 则 $P_s^- = \dfrac{\Gamma}{1+\Gamma} = \dfrac{1}{3} = .333333$

15.5	1	1	0.6667	0.3333	10.3333	5.1667	240.2500	53.3889
17	1	0	0.6667	0.3333	11.3333	5.6667	289.0000	64.2222
18.5	1	0	0.6667	0.3333	12.3333	6.1667	342.2500	76.0556
18.5	1	0	0.6667	0.3333	12.3333	6.1667	342.2500	76.0556
20	1	0	0.6667	0.3333	13.3333	6.6667	400.0000	88.8889
21	1	0	0.6667	0.3333	14.0000	7.0000	441.0000	98.0000
22	1	0	0.6667	0.3333	14.6667	7.3333	484.0000	107.5556
23.5	1	0	0.6667	0.3333	15.6667	7.8333	552.2500	122.7222
23.5	1	0	0.6667	0.3333	15.6667	7.8333	552.2500	122.7222
26	1	0	0.6667	0.3333	17.3333	8.6667	676.0000	150.2222
26	1	0	0.6667	0.3333	17.3333	8.6667	676.0000	150.2222
26	1	0	0.6667	0.3333	17.3333	8.6667	676.0000	150.2222
28	1	0	0.6667	0.3333	18.6667	9.3333	784.0000	174.2222
29	1	0	0.6667	0.3333	19.3333	9.6667	841.0000	186.8889
30	1	0	0.6667	0.3333	20.0000	10.0000	900.0000	200.0000
31	1	0	0.6667	0.3333	20.6667	10.3333	961.0000	213.5556
32	1	0	0.6667	0.3333	21.3333	10.6667	1024.0000	227.5556
33	1	0	0.6667	0.3333	22.0000	11.0000	1089.0000	242.0000
527					373.3333	186.6667		2782.7778

对列（M）求和。这就是 $\Gamma = 2$ 条件下的 $E(T^+)$。

对列（N）求和。这就是 $\Gamma = 2$ 条件下的 $E(T^-)$。

对列（P）求和。这就是 $\Gamma = 2$ 条件下的 $Var(T^+)$。

$$Var(T^+) = \sum_{s=1}^{s} d_s^2 P_s^+ (1-P_s^+)。$$

表 8.9　步骤 4：计算出得到 $\Gamma = 4.25$ 时标准离差的单边显著性水平（即 p 值的下限和上限）所需的统计量

如果 $c_{s1} = c_{s2} = 0$，则 $P_s^+ = 0$
如果 $c_{s1} = c_{s2} = 1$，则 $P_s^+ = 1$
如果 $c_{s1} \neq c_{s2}$，则 $P_s^+ = \dfrac{\Gamma}{1+\Gamma} = \dfrac{4.25}{5.25} = .809524$

如果 $c_{s1} = c_{s2} = 0$，则 $P_s^- = 0$
如果 $c_{s1} = c_{s2} = 1$，则 $P_s^- = 1$
如果 $c_{s1} \neq c_{s2}$，则 $P_s^- = \dfrac{1}{1+\Gamma} = \dfrac{1}{5.25} = .190476$

$\Gamma = 4.25$ 时：

d_s (F)	c_{s1} (G)	c_{s2} (H)	$\sum_{i=1}^{2} c_{si} Z_{si}$ (I)	$d_s \sum_{i=1}^{2} c_{si} Z_{si}$ (J)	P_s^+ (K)	P_s^- (L)	$d_s P^+$ (M) = (K)×(F)	$d_s P^-$ (N) = (L)×(F)	d_s^2 (O) = (F)×(F)	$d_s^2 P^+ (1-P^+)$ (P) = (O)×(K)×[1-(K)]
1	0	0	0	0	0.0000	0.0000	0.0000	0.0000	1.0000	0.0000
2.5	1	0	1	2.5	0.8095	0.1905	2.0238	0.4762	6.2500	0.9637
2.5	1	0	1	2.5	0.8095	0.1905	2.0238	0.4762	6.2500	0.9637
4	1	0	1	4	0.8095	0.1905	3.2381	0.7619	16.0000	2.4671
5.5	0	1	0	0	0.8095	0.1905	4.4524	1.0476	30.2500	4.6644
5.5	0	1	0	0	0.8095	0.1905	4.4524	1.0476	30.2500	4.6644
7	1	0	1	7	0.8095	0.1905	5.6667	1.3333	49.0000	7.5556
8	1	0	1	8	0.8095	0.1905	6.4762	1.5238	64.0000	9.8685
9.5	0	1	0	0	0.8095	0.1905	7.6905	1.8095	90.2500	13.9161
9.5	1	0	1	9.5	0.8095	0.1905	7.6905	1.8095	90.2500	13.9161
11	1	0	1	11	0.8095	0.1905	8.9048	2.0952	121.0000	18.6576
12.5	0	1	0	0	0.8095	0.1905	10.1190	2.3810	156.2500	24.0930
12.5	1	0	1	12.5	0.8095	0.1905	10.1190	2.3810	156.2500	24.0930
14	1	0	1	14	0.8095	0.1905	11.3333	2.6667	196.0000	30.2222
15.5	1	0	1	15.5	0.8095	0.1905	12.5476	2.9524	240.2500	37.0454

15.5	0	1	15.5	0.8095	0.1905	12.5476	2.9524	240.2500	37.0454
17	0	1	17	0.8095	0.1905	13.7619	3.2381	289.0000	44.5624
18.5	0	1	18.5	0.8095	0.1905	14.9762	3.5238	342.2500	52.7732
18.5	0	1	18.5	0.8095	0.1905	14.9762	3.5238	342.2500	52.7732
20	0	1	20	0.8095	0.1905	16.1905	3.8095	400.0000	61.6780
21	0	1	21	0.8095	0.1905	17.0000	4.0000	441.0000	68.0000
22	0	1	22	0.8095	0.1905	17.8095	4.1905	484.0000	74.6304
23.5	0	1	23.5	0.8095	0.1905	19.0238	4.4762	552.2500	85.1542
23.5	0	1	23.5	0.8095	0.1905	19.0238	4.4762	552.2500	85.1542
26	0	1	26	0.8095	0.1905	21.0476	4.9524	676.0000	104.2358
26	0	1	26	0.8095	0.1905	21.0476	4.9524	676.0000	104.2358
26	0	1	26	0.8095	0.1905	21.0476	4.9524	676.0000	104.2358
28	0	1	28	0.8095	0.1905	22.6667	5.3333	784.0000	120.8889
29	0	1	29	0.8095	0.1905	23.4762	5.5238	841.0000	129.6780
30	0	1	30	0.8095	0.1905	24.2857	5.7143	900.0000	138.7755
31	0	1	31	0.8095	0.1905	25.0952	5.9048	961.0000	148.1814
32	0	1	32	0.8095	0.1905	25.9048	6.0952	1024.0000	157.8957
33	0	1	33	0.8095	0.1905	26.7143	6.2857	1089.0000	167.9184
			527			453.3333	106.6667		1930.9070

对列 (M) 求和。这就是 $\Gamma = 4.25$ 条件下的 $E\ (T^+)$。

对列 (N) 求和。这就是 $\Gamma = 4.25$ 条件下的 $E\ (T^-)$。

对列 (P) 求和。这就是 $\Gamma = 4.252$ 条件下的 $Var(T^+)$。

$$Var(T^+) = \sum_{s=1}^{t} d_s^2 P_s^+ (1-P_s^+)。$$

步骤2:**计算干预组和控制组之间结果差值的 $Wilcoxon$ 符号秩统计量**。表8.6显示了步骤2中各程序的结果。首先,我们计算两个变量 c_{s1} 和 c_{s2},它们对每一匹配对内接触组儿童和控制组儿童之间的结果取值进行比较:令,如果"接触组儿童的结果">"控制组儿童的结果",则 $c_{s1}=1$,否则 $c_{s1}=0$;同时,如果"接触组儿童的结果"="控制组儿童的结果",则 $c_{s1}=0$。类似地,令,如果"控制组儿童的结果">"接触组儿童的结果",则 $c_{s2}=1$,否则 $c_{s2}=0$;同时,如果"控制组儿童的结果"="接触组儿童的结果",则 $c_{s2}=0$。这两个变量 c_{s1} 和 c_{s2} 的计算见表中的列 (G) 和 (H)。接下来,我们需要计算 $\sum_{i=1}^{2} c_{si}Z_{si}$,其中,对于接触组,$Z_{s1}=1$;对于控制组,$Z_{s2}=0$。这一计算的结果见列 (I)。接下来,我们需要计算 $d_s \sum_{i=1}^{2} c_{si}Z_{si}$,它是 d_s 与 $\sum_{i=1}^{2} c_{si}Z_{si}$ 的乘积(即列 (J))。最后,对列 (J) 求和,得到两个组之间结果差值的 Wilcoxon 符号秩统计量,等于527。

步骤3:**计算出得到 $\Gamma=1$ 时标准离差**(standardized deviate)**的单边显著性水平**(one-sided significance level)**所需要的统计量**。表8.7显示了与步骤3有关程序的结果。注意,出于保持简洁的目的,我们从该表中删除了列 (A) 到 (E)。步骤3中,首选需要采用以下规则计算 P_s^+ 和 P_s^-:

如果 $c_{s1}=c_{s2}=0$,则 $P_s^+=0$ 如果 $c_{s1}=c_{s2}=0$,则 $P_s^-=0$

如果 $c_{s1}=c_{s2}=1$,则 $P_s^+=1$ 如果 $c_{s1}=c_{s2}=1$,则 $P_s^-=1$

如果 $c_{s1} \neq c_{s2}$,则 $P_s^+=\frac{\Gamma}{1+\Gamma}=\frac{1}{2}=0.5$ 如果 $c_{s1} \neq c_{s2}$,则 $P_s^-=\frac{\Gamma}{1+\Gamma}=\frac{1}{2}=0.5$

接下来,将 d_s 与 P_s^+ 相乘,得到列 (M);求列 (M) 的和,得到 $E(T^+)=280$,它也就是无干预效应这一零假设条件下秩和统计量的期望。接着计算无干预效应这一零假设条件下秩和统计量的方差或 $Var(T^+)=\sum_{s=1}^{S} d_s^2 P_s^+(1-P_s^+)$。最后两列 (N) 和 (O) 给出了该方差的计算过程。得到列 (O) 后,我们对该列求和即得到了方差,也就是 $Var(T^+)=\sum_{s=1}^{S} d_s^2 P_s^+(1-P_s^+)$。最后,用组间结果差值527所对应的 Wilcoxon 秩和统计量,即 $E(T^+)=280$ 和 $Var(T^+)=3130.625$,我们就可以计算出标准离差为 $(527-280)/\sqrt{3130.63}=4.414$。该统计量服从标准正态分布。通过查标准正态分布表或使用电子表格的标准正态函数,我们就得到一个近似的单边显著性水平为 $p<0.00001$。[①] $\Gamma=1$ 时标准离差所对应 p 值的下限和上限相同,也就是最小和最大的 p 值都小于 0.00001。

步骤4:**计算出得到 $\Gamma=2$ 和 Γ 等于其他数值时标准离差的单边显著性水平**(one-sided significance level)(即 p 值的下限和上限)**所需要的统计量**。倘若研究中不存在隐藏偏差,我们将找到有力证据表明父母从事需接触铅的职业会提高他们子女的血液中含铅的水平。敏感性分析所提问的就是这一结论可能如何为不同程度的隐藏偏差所改变。因此,我们需要计算 Γ 为其他数值时标准离差的单边显著性水平(即 p 值的下限和上限)。表8.8显示了 $\Gamma=2$ 时 p 值的计算过程。$\Gamma=2$ 时所需统计量的计算与步骤3中 $\Gamma=1$ 时的步骤相似。差别在于,当 $\Gamma>1$ 时,我们还需要计算 $E(T^-)$ 和 $Var(T^-)$,也就是计算 p 值的下限所需的期望和方差。在这一步中,如表8.8所示,$E(T^+)$ 和 $Var(T^+)$ 的计算遵循与 $\Gamma=1$ 时相同的步骤。表中显示,$E(T^+)=373.3333$,$Var(T^+)=$

---

① 为了得到此 p 值,请查看标准正态分布表(即 Z 表),或在 Excel 单元格中键入"$=1-NORMDIST(4.414)$"来得到。本例中,Excel 返回一个 0.0000050739 的 p 值。

2 782.777 8。注意,列(N),即 $d_s p^-$,是此表新加的内容,它是 d_s 和 p^- 的乘积(即列(N) = 列(L)乘以列(F))。对列(N)求和,得到 $E(T^-) = 186.666$ 7。下限统计量的方差 $Var(T^-)$ 与 $Var(T^+)$ 相同,因此,$Var(T^-) = 2$ 782.777 8。给定这些统计量,我们可以计算离差如下:上限对应的离差为 $(527 - 373.33)/\sqrt{2\ 782.78} = 2.91$,下限对应的离差为 $(527 - 186.67)/\sqrt{2\ 782.78} = 6.45$。查标准正态分布表或使用电子表格的正态分布函数,我们得到与 2.91 相联系的 p 值为 0.001 8,与 6.45 相联系的 p 值则小于 0.000 1。由于 p 值的这一区间不靠近不显著的分界值 0.05,因此可以使用一个更大的 Γ 值做进一步的检验。然后,我们可以对诸如 $\Gamma = 3$,$\Gamma = 4$ 等其他的 Γ 值重复步骤4。为了便于说明,我们直接跳到 $\Gamma = 4.25$ 时 p 值下限和上限的计算。p 值区间正是在这一 Γ 值处变得毫无意义。表 8.9 呈现了 $\Gamma = 4.25$ 时获取 p 值所需统计量的计算过程。若该表所示,$\Gamma = 4.25$ 时,我们有 $E(T^+) = 453.333$ 3、$Var(T^+) = 1$ 930.907 0 和 $E(T^-) = 106.666$ 7。因此,上限对应的离差为 $(527 - 453.33)/\sqrt{1\ 930.91} = 1.676$,下限对应的离差为 $(527 - 106.67)/\sqrt{1\ 930.91} = 9.566$。查标准正态分布表或使用电子表格的正态分布函数,得到与 1.676 相联系的 p 值为 0.046 8,与 9.566 相联系的 p 值则小于 0.000 1。

表 8.10 显示了 G 等于不同数值时此检验统计量的显著性变动范围。如表中所示,$G = 4.25$ 为显著性区间开始变得毫无意义的那个取值。Rosenbaum(2002b)以如下方式解释这一发现:

> 表中显示,要想解释父母接触铅与子女的血铅水平之间观测到的关联,隐藏偏差或未被观测的协变量需要将暴露发生比(odds of exposure)提高 $\Gamma = 4.25$ 倍以上。

因此,基于此项研究,看来父母从事需接触铅的职业和子女的血铅水平之间是有关联的。此外,这一研究发现对隐藏偏差具有较好的稳健性。

8.4 Stata 程序 *rbounds* 概述

能够执行 Rosenbaum 所提出的这种敏感性分析的统计软件很少。但 Stata 的用户编写程序 *rbounds*(Gangl,2007)为使用 Wilcoxon 的符号秩检验以及 Hodges-Lehmann 点估计和区间估计进行针对匹配对研究的敏感性分析提供了可能。作为一个用户编写程序,*rbounds* 并未被包含在标准的 Stata 软件中,但此程序可以从互联网上下载。为了在互联网上找到此软件,Stata 用户可以用 *findit* 命令后跟 *rbounds*(即,findit rbounds),然后按照在线提示进行下载和安装。安装好 rbounds 后,用户可以通过该程序的帮助文件(help file)获得如何运行它的基本提示。

表 8.10 儿童血铅水平的敏感性分析结果:符号秩统计量之显著性水平的范围

Γ	最小值	最大值
1	<.0001	<.0001
2	<.0001	.0018
3	<.0001	.0136
4	<.0001	.0388
4.25	<.0001	.0468
5	<.0001	.0740

资料来源:Rosenbaum(2002b:115)。经 Spring Science + Business Media 允许重印。

rbounds 程序以如下命令语法开始:

rbounds varname, *gamma*(*numlist*)

此命令中,*varname* 为干预组和控制组之间的结果差值。在运行 ***rbounds*** 程序之前,用户应当以匹配对组织数据文件,因此,每一数据行表示匹配对信息。具体地,数据应当看上去应当像表 8.4 所示的数据那样。数据文件应包含以下两个变量:匹配对和差值,其中,差值由用户在命令中将其设定为 ***varname***。*gamma*(***numlist***)是唯一需要的关键词。它设定敏感性分析的 Γ 值。用户在括号中设定特定的 Γ 值。通过运行此命令,***rbounds*** 会返回使用 Wilcoxon 符号秩检验时 p 值的最小值和最大值、Hodges-Lehmann 点估计的最小值和最大值以及 Hodges-Lehmann 区间估计的 95% 置信区间(即默认输出)的下限和上限。

8.5 举 例

8.5.1 铅接触效应的敏感性分析

以对铅接触效应的研究进行敏感性分析(见 8.3.2 一节)为例,表 8.11 展示了运行 ***rbounds*** 的命令语法和输出结果。命令语法中,*dlead* 是一个表明每一匹配对中干预组成员和控制组成员之间结果差值的变量,*gamma*(1(1) 4 4.25 5 6)是一个简捷设定,它使 Γ 值从 1 开始以增量 1(即 Γ =2,3)直到 Γ =4,然后使用列出的 Γ 值 4.25,5 和 6。其中,括号中设定的(1)告诉程序 Γ 值按照增幅 1 增大。因此,这一设定等价于 *gamma*(1 2 3 4 4.25 5 6)。

输出结果基本上都会提供各种推断量(inference quantities)的最小值和最大值。使用 Wilcoxon 符号秩检验时的最大和最小 p 值显示在标记为 *sig* + 和 *sig* – 的列中,紧随 *sig* – 列后,列出了 Hodges-Lehmann 点估计和区间估计。*sig* + 和 *sig* – 对应的输出结果与表 8.10 完全相同。

8.5.2 以成对匹配进行研究时的敏感性分析

第 5 章中,我们曾仿照成对匹配针对基于一个配对样本(matched pair sample)得到的差分(difference score)做过回归分析(见 5.9.4 一节)。该项研究发现,1997 年时,使用过 AFDC 的儿童在识字得分上平均比未使用过的儿童低 3.17 分。另外,此研究还基于 6 个观测变量(即 1996 年时的家庭收入与贫困线的比值、1997 年时看护者的受教育程度、看护者使用福利的历史、儿童的种族、1997 年时儿童的年龄和儿童的性别)对选择性进行过调整。我们现在来对同一数据进行考察,试图揭示这一研究对隐藏的选择偏差有多敏感。

敏感性分析的结果见表 8.12。使用 Wilcoxon 符号秩检验,这一敏感性分析表明,此研究在 Γ =1.43 时开始变得对隐藏偏差敏感了。由于 1.43 是一个较小的值,因此,我们可以认为该研究对隐藏偏差非常敏感,而且,有理由在进一步的分析中对其余的偏差加以控制。

表 8.11　Stata 的 *rbounds* 命令语法和输出结果(例 8.5.1)

```
cd "D: \Sage \ch8"
use rbtest, clear
rbounds dlead, gamma(1  (1)  4  4.25  5  6)
```

(*Output*)
Rosenbaum bounds for dlead(N = 33 matched pairs)

Gamma	sig +	sig -	t-hat +	t-hat -	CI +	CI -
1	5.1e-06	5.1e-06	15	15	9.5	20.5
2	.00179	5.5e-11	10.25	19.5	4.5	27.5
3	.013615	6.7e-16	8	23	1	32.5
4	.03879	0	6.5	25	-1	37
4.25	.046825	0	6	25	-1.5	38.5
5	.073991	0	5	26.5	-3	42
6	.11502	0	4	28	-6	48

```
* gamma    - log odds of differential assignment due to unobserved factors
  sig +     - upper bound significance level
  sig -     - lower bound significance level
  t-hat +   - upper bound Hodges-Lehmann point estimate
  t-hat -   - lower bound Hodges-Lehmnann point estimate
  CI +      - upper bound confidence interval(a =  .95)
  CI -      - lower bound confidence interval(a -  .95)
```

我们可以进一步将 AFDC 研究对偏差的敏感性程度与其他研究时的情形进行比较。表 8.13 呈现了四项观测研究的敏感性分析结果(Rosenbaum, 2005, 表 4)。四项研究中,研究 2 对隐藏偏差最不敏感,这一关于己烯雌酚效应的研究大约在 $\Gamma = 7$ 处变得敏感。相比之下,研究 4 对隐藏偏差最为敏感,这一关于咖啡效应的研究大约在 $\Gamma = 1.3$ 处即变得敏感。Rosenbaum(2005)就这些研究的敏感性分析所具有的含意给出了下述解释:

> 一个较小的偏差就可以解释掉咖啡的效应,但得有一个很大的偏差才能解释掉己烯雌酚的效应。尽管对隐藏偏差极不敏感,但铅接触研究大体上介于这两项其他研究之间,并略微比关于吸烟效应的研究对隐藏偏差更为敏感。(第 1812 页)

与这四项研究相比,我们基于学业成绩对福利效应的研究略微好于对咖啡效应的研究(即对未观测到的偏差更不敏感),但比其他三项研究对隐藏偏差更为敏感。

表 8.12　儿童识字得分研究的敏感性分析结果:符号秩统计量之显著性水平的范围(例 8.5.2)

Γ	最小值	最大值
1	<.0001	<.00001
1.3	<.0001	.0096
1.42	<.0001	.0420
1.43	<.0001	.0466
1.44	<.0001	.0515
1.45	<.0001	.0567
1.5	<.0001	.0887
2	<.0001	.7347

表 8.13　四项观察研究中隐藏偏差的敏感性

干　预	$\Gamma = 1$	(Γ,最大的 p 值)
吸烟/肺癌(研究1)	<.0001	(5,.03)
己烯雌酚/阴道癌(研究2)	<.0001	(7,.054)
铅/血铅(研究3)	<.0001	(4.25,.047)
咖啡/心肌梗塞	.0038	(1.3,.056)

资料来源:Rosenbaum(2005,表4)。经 John Wiley & Sons 允许重印。

研究1:Hammond(1964)。

研究2:Herbst,Ulfelder & Poskanzer(1971)。

研究3:Morton,Saah,Silberg,Owens,Roberts & Saah(1982)。

研究4:Jick,Miettinen,Neff,Jick,Miettinen,Neff,Shapiro,Heinonen & Slone(1973)。

8.6　结　论

选择偏差是观察研究中最具挑战的分析性问题。尽管已经发展出一些修正方法,但这些方法的合理应用需要广博的知识和各种各样的技能。恰当使用修正方法涉及 a. 对选择偏差的来源有深入的了解;b. 对现有数据和文献做细致的考察,以找出也许会对选择造成影响且可在修正的努力中被用作协变量的所有可能因素;c. 理解数据产生过程与修正模型中所包含假定之间的吻合情况;d. 考虑假定合理性的条件下对研究发现做审慎的解读;以及 e. 进行敏感性分析以评估研究发现对隐藏偏差的敏感性程度。

9 总结性评论

本章中,我们就针对观察研究的批评、有关使用偏差修正方法对随机化进行逼近的争论和今后发展的方向做总结性评论。9.1 节介绍隐含在观察研究中的常见错误。9.2 节突出使用倾向值方法对实验进行逼近的争论和批评。9.3 节对方法论上有别于我们这里所介绍的因果关系建模的进展进行回顾。这里,我们会讨论 James Robin 的边际结构模型(marginal structural models)和 Judea Pearl 的方向环图(directed acyclic graphs, DAGs)。最后,9.4 节展望今后的发展方向。

9.1 观察研究中的常见陷阱:一份批判性考察的清单

评估和干预研究中,通常认为各研究设计具有不同的推断项目和观测结果之间因果关系的能力。处在这一所谓的"证据层级(evidentiary hierarchy)"顶端的是对随机化控制试验(randomized controlled trials, RCTs)的元分析(meta-analyses),它被认为优于单一随机化控制试验(single RCTs)。依次地,随机化控制试验被认为优于参与者未被随机地分配到干预和控制状态中的研究。这些被用来把研究设计区分成不同等级的优度标准(goodness criteria)也经常被用来评价研究项目书和评定研究发现的价值。

研究者们大都认为建立在随机分配机制这一假定之上的推论方法要优于其他方式。实际上,Rubin(2008)最近指出:

> 这些基于分配的方法(assignment-based methods)的存在以及它们在实践中的成功证明,对于推断因果效应而言,一个反映分配机制的模型比一个反映科学的模型更为重要。这些方法引出了不少概念,比如,无偏的估计(unbiased estimation)和渐近置信区间(asymptotic confidence interval)(归功于 Neyman)以及精确零假设(sharp null hypothesis)的 p 值或显著性水平(归功于 Fisher),这些都根据由分配机制所导致的统计量(比如干预组和控制组样本均值的差值)的分布来界定。某些情况下,比如,美国食品药品管理局批准一种新药,此类基于分配机制的分析被认为是进行验证性推断(confirmatory inferences)的黄金标准。
> (第 814-815 页)

与研究设计形成对照的是,统计分析中的优度标准更不那么明确。我们经常认为,方法必须与研究问题相契合,而且,对统计结论的有效性(validity)进行检验时总是必须满足一些假定(Shadish et al.,2002)。在诸如倾向值分析等发展迅速的领域中,标准可能更是含混不清的,因为我们才刚刚开始去理解模型对其赖以建立的假定的敏感性。正如倾向值分析中那样,我们在统计方法的选取上经常会有多个选择,并且我们的选择应当与数据情况相吻合。为了更好地理解什么时候以及如何使用前面各章中介绍的四种方法,我们下面列出了 18 个陷阱,它们会导致评估人员在使用倾向值方法的过程中出现差错。

1. **研究问题、研究设计和分析方法不契合**:所碰到的最为明显的陷阱可能就是研究问题、研究设计和统计方法的不契合。当一项研究使用观察数据来处理明显与因果关系有关的研究问题时(比如,评估某一服务或干预的效果),研究问题和研究设计就是不契合的。当拟确立因果贡献时,包含随机化的对照组设计(control group design)是首选。务必留神,一些准实验设计(quasi-experimental designs)——比如断点回归设计(regression discontinuity design)——允许进行相对较为强硬的因果推断。倘若不采用强研究设计(strong design)或者采用一个折中的设计,那么就应当使用偏差矫正方法(bias-correcting method)。

在没有强研究设计和/或倾向值方法(或其他类型的矫正模型)的情况下,处理与因果推断有关的研究问题是不明智的。我们已经解释过其中的原因:在干预分配不可忽略的观察研究中,干预组和对照组是天然形成的,容易受到诸多选择偏差的影响,且在被观测和未被观测协变量上可能是不平衡的。不能使用诸如常规最小二乘回归或其他并未明确地对选择加以控制的分析等常见的协方差调整来分析性地比较干预组和对照组。在这些情形中,可以有条件地使用倾向值方法。

2. **随机化失败**(randomization failure):随机化试验在实际研究中可能会不成功,因为实施随机化所需的条件不可实行或完全不能被满足。尽管随机化不成功可以表现为各种各样的形式,但是,当将参与者分配到干预和控制状态的规则不经意地遭到违背或受到故意的阻挠时,随机化通常就会失败。因为随机化依赖于概率理论,因此,随机分配可正确地得到实施,但会因为样本规模不够而导致出现不平衡的组。当只能获取少量单元(比如学校)时,群组随机化似乎特别容易受到选择(selection)的影响。最后,尽管技术上随机化并未失败,但随机分配会为各种后随机化效应(postrandomization effect)(即成员对被分配到干预或控制状态做出的反应)所损害。比如,这些效应包括"外溢效应(spillover effect)"或实验污染效应(experimental contamination effect),即控制状态中的成员察觉到了提供给干预状态中的成员的服务要素。

当数据被当成仿佛实验设计未受到损害来进行分析时,随机化失败就成为一个研究陷阱。为了避免这一常见的错误,必须通过检验随机化是否如所计划的那样起作用来对样本平衡(sample balance)加以评估。当发现有平衡问题时,必须考虑一些不解措施,比如使用针对观察研究而发展出来的矫正方法来调整偏差。

3. **不充分的选择信息**(insufficient selection information):设想研究打算使用倾向值或其他类型的矫正分析,那么,执行偏差矫正策略的情况下会存在什么陷阱呢? 恰恰是这种情况下,先前在研究设计中所做的决定会影响统计方法可被用来对不平衡进行调整的程度。如果对潜在选择(potential selection)进行解释的协变量都被纳入测量模型(measurement model),那么不充分信息(insufficient information)对选择方程或匹配而言也许是可得的。在设计阶段,先前研究中所观测到的选择偏差(observed bias)应加以考虑,并将其作为选取测量指标和工具的基础。因为未被观测到的偏差(unobserved bias)是一个比观测到的偏差更为严重的问题,所以测量潜在的隐藏的选择效应(hidden selection effect)的指标应被包含在数据收集的内容中。我们建议,回顾已有研究中影响选择偏差的未被测量变量(unmeasured variable)和提议在新的研究中收集此数据应是项目申请书撰写中的一个常规性要素,并且严格审查此类要素是否被包含在项目申请书中应是批准立项的一个标准。

4. **不充分的调整前和调整后分析**(insufficient pre- and postadjustment analysis):这种情况下,研究者可能已经恰当地测量了潜在的选择效应并使用了倾向值或其他类型的矫正分析,但是并没有对调整策略(adjustment strategy)的效应进行评估。统计学调整产生平衡(即使用某一模型实现了成功矫正)的程度必须在报告中加以阐明。具体地,如果一项研究没有报告协变量上调整前和调整后的平衡情况,那它就没有呈现充分的信息。

5. **没有评估与 Heckit 模型有关的假定**:现在转到具体的模型,当一项研究使用Heckit 干预效应模型但并未说明数据在多大程度上满足此模型所包含的假定时,就会出现这一陷阱。具体地,Heckit 模型的使用需要对结果变量的(正态)分布、回归方程和选择方程的误差项(非零)相关、纳入两个方程中的自变量的共线性程度以及样本规模进行讨论。样本必须足够大以允许使用最大似然估计量。

6. **没有评估与倾向值匹配有关的假定**:当一项研究应用倾向值匹配但并未充分解释数据是否满足此模型所包含的假定时,就会出现这一问题。但使用倾向值匹配时,匹配前及匹配后样本中的强可忽略干预分配假定和重叠界定必须被明确地加以讨论,且必须提供显在选择(overt selection)的证据。

7. **有关 logistic 回归的不充分信息**:同样地,应当介绍估计选择方程的过程。一项描述充分的研究会介绍用于预测倾向值的 logistic 回归的设定。比如,一项研究可能是有缺陷的,因为它没有关于选择条件变量的理由和预测变量函数形式的设定的充分信息。恰当的研究应当对替代性或竞争性的条件作用模型(conditioning model)进行讨论和对用于推导最终的 logistic 回归方程的程序加以介绍。

8. **没有呈现对卡尺大小的论证**:在使用卡尺内 1 对 1 最近邻匹配的研究中,必须对卡尺大小进行论证。没有论证卡尺大小会通过以下方式出现:只使用某一卡尺大小而未解释为什么一个是恰当的,没有对以某一给定卡尺大小所得到的不精确匹配(inexact matching)或不完整匹配的潜在局限进行讨论,以及没有提供对使用(或不使用)诸如马氏距离匹配等其他类型的匹配程序所作的论证。相关联地,基于卡尺的匹配之后样本规模的大量减少往往是烦人的并要求仔细检验,因为基于子样本所得的结论可能不同于基于原始样本所得的结果。

9. **没有讨论贪婪匹配的局限**:贪婪匹配有许多局限,因此,在我们看来,总是应当对此加以讨论。贪婪匹配的局限中最重要的是干预组和控制组的倾向值部分重叠这一假定。此外,估计的倾向值必须呈现一定的模式以便提供一个其大小足以支持此方法起作用的共同支持域。最后,基于贪婪匹配的结果应当与使用诸如最佳匹配等其他方法的更多分析放在一起进行评估。

10. **有关最佳匹配程序的不充分信息**:最佳匹配的使用总是涉及一系列的决策。这些包括与以下内容有关的决策:强行进行 1 对 1 匹配,强行进行使用一个恒定的干预组成员和控制组成员之比(ratio)的成对匹配,可变匹配中与每一干预组成员相配的控制组成员数目的最小值和最大值的设定,以及完全匹配中匹配结构的设定。一起或单独地,这些决策会对偏差减少的程度和效率产生影响。对这些决策的详细说明可确保恰当地解释研究结果,并且它还会增强复制的价值。

11. **最佳匹配后分析程序的错误选择**:有时,研究者可能的确会在最佳匹配后选取了一个错误的分析程序。基于最佳匹配后得到的匹配样本,分析人员常犯的一个错误是使用包含虚拟干预变量的 OLS 回归,而不是进行使用差分的回归调整、采用 Hodges-Lehamann 有序秩检验的结果分析或其他类型的分析(见 5.5 节)。

12. **没有评估与匹配估计量有关的假定**:和其他程序一样,匹配估计量建立在一些明确的假定之上,它们假定必须作为恰当使用的条件加以探究。这些假定包括强可忽略干预分配假定和重叠假定。

13. **没有对匹配估计量中的偏差进行矫正**:当使用匹配估计量时,矫正可能是不充分的,且进一步的矫正可以提高效率。比如,使用了两个或更多连续协变量时,研究者不应假定匹配是精确的。包含连续协变量时,分析就需要包括涉及一个额外的回归调整的偏差矫正匹配(bias-corrected matching)(见 6.2.2 节)。另外,当干预效应不恒定时,研究者应当采用一个考虑异方差性的方差估计量(见 6.2.4 节)。

14. **没有评估与基于内核的匹配有关的假定**:同样地,在基于内核的匹配中,数据必须满足包含在此方法中的假定。具体地,关于干预分配的条件和均值独立假定必须进行评估。基于内核的匹配估计干预组平均干预效应。这不应与样本(或总体)的平均干预效应相混淆和相比。

15. **没有估计各种带宽(bandwidth)下的结果**:在基于内核的匹配中,干预效应在各个带宽内进行估计。据我们所知,并没有选择恰当带宽的一个明确标准。因此,结果的稳健性应当总是在带宽值的不同设定下加以检验。没有这样就使得结果受到以下猜测的影响:使用其他的带宽可能会得到完全不同的结果。

16. **使用局部线性回归时缺乏修剪(trimming)**:当使用局部线性回归匹配时,在控制组成员分布稀疏的区域处匹配干预组成员有时是富有挑战的。我们推荐使用不同的修剪方案来确定结果的稳健性。没有使用修剪对结果的稳定性进行评估就会使得存在这样一种可能:研究结果与少量匹配(marginal matches)有关。

17. **没有指出关于自助迭代的担心**:正如我们所指出的,包含自助迭代的基于内核的匹配继续备受争议。使用自助迭代的研究应当告诫评阅人和读者由此程序所得到的结果也许容易出错。这是一个正在快速发展的领域,而且,随着更多研究结果的出现,我们会将与基于内核的匹配中的显著性检验有关的信息放在我们的网站上。

18. **不充分的交叉验证(cross-validation)**:随着研究者不断地提出与修改算法和程序编码,我们已介绍过的有前景的方法正在快速变化着。我们的蒙特卡罗模拟表明,结果对不同的数据情况很敏感。因此,有许多的工作要做。从实践的角度来看,当难以对假定进行检验时,对结果的交叉研究就变得极为重要。当研究者根据某项使用一种矫正方法的观察研究做出结论但没有提供此结果尚未使用其他方法进行交叉验证这样的告示时,这个最后的陷阱就出现了。交叉验证会增强推论和推广(generalization)。

9.2 使用倾向值方法对实验进行近似

过去的 30 年间,方法在复杂性上已大为发展,因为研究者们已经认识到发展更有效的方法对社会和健康政策(包括因立法创新而产生的联邦及州层次的项目)的效应进行评估的需要。正如本书中所展示的,在发展适用于观察研究的稳健方法方面已经取得了特别有益的进展。对经典实验方法的批评和改进标志着评估方法上的一个转变。尽管自 Heckman(1978)发表其第一种矫正方法以来已过去了 30 多年,但关于矫正方法的争论是充满活力的,而且它已激起了新方法的发展。

新方法的拥护者们认为有可能发展出接近随机化的稳健且有效的方法。而且,拥护者们认为非实验方法应当替代常规的协变量调整方法,以及这些偏差矫正方法提供了随机化失败或可能时干预效应的一个合理估计。

9.2.1　对倾向值方法的批评

毫不奇怪,这是一个有争议的思路,而且,一些批评者对统计学进展并未持乐观看法。大体上,反对者们质疑矫正方法所做的假定,并怀疑真实世界中的应用条件可以满足这些假定。比如,使用由对强制性工作换福利项目(mandatory welfare-to-work program)的效应进行研究的对照组实验(controlled experiment)所收集的收入数据,Michalopoulos等(2004)比较了自随机化所得到结果和使用非实验分析方法所得结果。他们的分析采用由 Lalonde(1986)与 Fraker 和 Maynard(1987)首创的一套方法将"真实的"实验影响估计值与采用非实验方法得到的估计值进行比较。Michalopoulos 和他的同事们(2004)报告说非实验估计量(experimental estimator)全都呈现出重大的偏差。他们发现,当使用州内比较组(in-state comparison group)且对短期结果进行考察时,出现的偏差最小,此时,平均而言,案例比较组的收入是真实控制组(control group)收入的7%。但是,对于长期结果,偏差增大——几乎加倍——并且它在使用州外比较组时甚至增大得更多。基于这一发现,Michalopoulos 和他的同事们认为,对于干预组和非干预组并未暴露于相同的生态学影响(ecological influence)的研究而言,倾向值矫正没那么好。此外,Michalopoulos 和他的同事们注意到,OLS 估计经常得到与匹配估计量相同的估计值。

2004 年,Agodini 和 Dynarski 做过一项类似的研究。使用来自一项旨在防止辍学的随机化实验的数据,他们使用基于倾向值的最近邻匹配对匹配所得结果与真实随机化情况下所得结果进行比较。此实验考察一项预防干预对数个随后的学生结果的影响,同时从以下两个来源抽取比较组:①不同区域中的一项独立但有关系的实验中的控制组成员;②全国教育追踪调查(National Educational Longitudinal Survey)的全国样本。正如Moffitt(2004)所概括的,Agodini 和 Dynarski(2004)的结果表明倾向值匹配估计量表现拙劣。实际上,不管是使用从全国性调查中抽取的一个地理上更加疏远的比较组还是使用本次实验中的比较组,偏差是相同的。作者们认为,可能存在基于不可观测因素的重要选择(significant selection),并且危及匹配程序。

非实验方法的拥护者和提出者之间也存在争论。最突出的争论存在于研究者的两个学派之间。全书中,我们展示了计量经济学家和统计学家之间的分歧集中在以下方面:估计量中所做分布假定(distributional assumption)的限制性(restrictiveness),实际应用情形中假定的合理性、研究者可以假定选择过程为随机的程度,研究者不能假定选择过程为随机且应努力对选择结构进行建模的程度,以及控制隐藏选择(hidden selection)或未被观测到异质性(unobserved heterogeneity)的能力。

9.2.2　对敏感性分析(Γ)的批评

尽管 Rosenbaum 的敏感性分析方法在方法上和数学上被认识是简练的。但 Robins(2002)对其在实践研究中的用处提出了怀疑。Robins 认为,只有当专家们能够提供敏感性参数 Γ——测量隐藏偏差的可能量(potential magnitude)——的值所对应的一个合理且逻辑一致的范围时,Rosenbaum 的模型才会是有用的。为了检验这一点,Robins 做了如下定义:如果它的量会随着分析人员通过测量一些未被测量混杂因素(unmeasured confounder)来减少隐藏偏差的量而增加,那么,隐藏偏差的测量就是**自相矛盾**的。基于这一定义,Robins 证明了 Rosenbaum 的 Γ 符合一个自相矛盾的测量指标的标准。他认为,建立在一个自相矛盾的隐藏偏差测量指标基础上的敏感性分析科学上可能是无用的,因为没有接受过长期且仔细的训练的使用者可能得到具有误导性的、逻辑上不一致的结论。

这一争论在我们写作本书还在继续。尽管我们并未对这一处在争议中的问题给出看法,但是我们希望我们的谨慎和告诫将激发读者密切关注这一讨论、探究矫正模型起作用的条件、公开地讨论观察研究中所包含的局限以及践行矫正方法使用中的批判性思考。

9.2.3 群组随机化实验

研究设计领域中已经在应对评估挑战方面取得了大量进展。但是,这些努力愈发激起了争论。一个日益常见的研究设计新方法被称作**群组随机化**(group randomization),它旨在解决个体层次上随机化失败的问题。下面,我们回顾这一方法并,展示针对观察数据发展出来的矫正方法分析由群组随机化得到的数据的有用性。

过去的 15 年里,群组随机化在社会行为科学研究中已经赢得了一个作为个体随机化的替代的地位(有关的回顾,见 Bloom,2004)。这一方法的核心理念非常简单:随机分配到干预或控制状态是在群体层次而不是个体层次来完成的。具体而言,不再随机地将个体分配到干预状态或控制状态,评估人员而是随机地将各群(比如,医院,学校)分配到研究状态中。因此,某一既定研究群内的所有个体(比如,某所医院的所有病人,或某所学校的所有学生)都被分配到相同的状态(即接受干预或不接受干预),根据 Bloom,群组随机化在以下情形中是有用的:a. 当某一项目的效应具有从干预组成员向控制组成员"外溢"的可能时;b. 当项目服务的最有效传递是通过面向特定区位来实现的时;c. 当项目旨在处理空间集中问题或情形时;d. 当使用基于场所的群组随机化(place-based group randomization)会减少对随机化的政治性抵制时;e. 保持实验的完整性要求干预组和控制组之间的分隔(physical separation)。

尽管群组随机化在教育、健康、社会福利和其他情形中都有重要的实际应用,但 Murray,Pals,Blitstein,Alfano 和 Lehman(2008)发现,得自这些设计的数据经常被正确地加以分析。为了识别群组随机化实验,Murray 和他的同事们使用一组关键词对癌症预防与控制研究领域中同行评审的文献进行检索。他们的研究在发表于 41 本期刊中的 75 篇文章找到了群组随机化设计。这些研究中,许多使用群组随机化的研究者都没有充分注意此设计所导致的数据分析挑战。因为随机化单位(unit of randomization)内的个体可能具有存在相关的结果(correlated outcome)(比如,同一医院或由同一大夫所干预的病人的得分可能是相关的),基于抽样变异性(sampling variability)的计算必须考虑这一群内相关(intracluster correlation)。忽略这一相关将会得到太小的标准误,从而增加犯 I 类错误的可能性。

使事情复杂化的是,群组随机化实验经常功效(power)较低,而且,正如我们已经指出的,还冒有失败随机化(failed randomization)的风险。群层次上的样本规模不足(比如,基于学校的实验中学校的数量较少)会导致随机化的失败并使得研究状态之间(即干预状态相对于控制状态)的协变量出现不平衡。此情形下,研究数据在个体层次上可能仍然是不平衡的。每当出现协变量的不平衡时,研究设计就不能被当成随机化实验来处理。重要的是在数据分析中对选择偏差进行控制,而且应当考虑本书中所介绍的矫正方法。比如,我们已经展示如何使用 Heckit 干预效应模型来确定一项采用了群组随机化设计的项目的干预效应(见 4.5.2 节)以及使用匹配估计量对同一数据进行效力子集分析

（见 6.4.2 节）。这些数据表明，当群组随机化并未得到研究状态之间在协变量上的完美平衡时，针对观察研究而设计的矫正方法可能是有用的。

无论何时适用，我们都在本书中对倾向值方法的局限做了回顾。我们同意批评者们的看法：甚至随机化临床试验（randomized clinical trial）也不是确定总体中每一成员（干预组成员或控制组成员）的干预结果的完美方法。倾向值方法也不能提供干预效果问题的明确答案。建议在一项研究中或多项研究间使用估计项目效应的多种方法。使用倾向值方法的研究者应当小心谨慎，因为，正如我们当前所理解的，其局限并不是微不足道的，而且研究结论在假定遭到违背时会明显改变。解释研究结果应当为对数据和分析方法的限制的理解所约束。比较倾向值的局限与实验和"传统"相关法（correlational methods）的局限使得有必要进一步探究。

9.3 因果关系建模的其他进展

旨在对观察研究中的偏差进行矫正的方法正在迅速发展。我们只介绍了其中的四种，并简要描述了可被用来实现数据平衡这一相同目标其他方法（见 2.5.2 节）。我们没有选择对在方法论上与本书所集中关注的四种方法大为不同的其他方法进行介绍。但是，这些方法论上不同的方法中的两种特别重要且有必要加以考虑：①边际结构模型（marginal structural model）；②使用 DAG 的因果分析。

1. **边际结构模型**。在一系列发表中，James Robins 提出了一种被称作**边际结构模型**的分析方法，它适于以包含时变暴露或干预（time-varying exposure or treatment）的复杂的观察和随机化研究进行因果推断（Robins, 1999a, 1999b；Robins, Hernn & Brumback, 2000）。很大程度上，这些方法建立在使用一类新的估计量来估计一类新的因果模型——结构嵌套模型（structural nested model）——的参数的基础上。对时变干预或暴露影响发病时间（time-to-disease）进行估计的常规方法一直是使用时间依赖的 Cox 比例风险模型（time-dependent Cox proportional hazards model）将时间 t 处失败的风险发生率（hazard incidence）作为以往干预史（treatment history）的函数进行建模。然而，Robins 指出这一常规方法是有偏的。相比而言，边际结构模型允许分析人员对出现在许多非随机化临床试验中的并发非随机化干预或非随机不依从（nonrandom noncompliance）的效应进行调整。比如，当研究者需要阐明关联（association）和因果关系之间的差异时，对边际结构方程进行干预概率倒数加权（IPTW）估计（inverse probability of treatment weighted estimation）就特别有帮助。当所有的有关混杂因素（relevant confounding factor）都已被测量时，IPTW 估计会一致性地估计出某一时间依赖的干预（time-dependent treatment）的因果效应。为了处理隐藏偏差或未被测量变量的影响，Robins 发展出一种敏感性分析对与干预的因果效应作为因未被测量变量而导致的干扰量（magnitude of confounding）的函数有关的推断进行调整（Robins, 1999b）。

2. **定向无环图**（Directed Acyclic Graphs, DAG）。Judea Pearl（2000）和其他人（Glymour & Cooper, 1999；Spirtes, Glymour & Scheines, 1993）发展出一个正式框架来确定许多条件分布中的哪个能够使用 DAG 利用数据进行估计。DAG 就是一幅附有诸多正式的数学性质的常规路径图（path diagram）。Pearl（2000）认为："一组变量的因果结构 V 是一幅定向无环图（DAG），其中，每一节点（node）对应着 V 中的一个不同元素，节点之间的连接（link）代表相应变量之间的一种直接函数关系（direct functional relationship）"（第 44 页）。

Pearl 的框架集中研究内在于潜在结构（latent structure）这一概念中的"推断的因果

关系(inferred causation)"。两个潜在结构是等价的,如果蕴含着相同的条件分布的话。一组此类结构中的每一潜在结构都是"极小的",如果它可以产生相同的条件分布而且只产生这些的话。一个结构和数据是一致的,如果它再生出观测的条件分布的话。根据Berk(2004),Pearl 的贡献是提供了可以完成以下任务的工具:对一组可能的因果模型进行甄选,然后针对一个子集来确定它们是否一致地反映着某一特定的因果关系。

9.4 未来发展的方向

考虑到已经取得了许多进展,比如 Robins 和 Pearl 所发展出的那些方法、倾向值分析方法的发展以及此领域内争论的丰富,就难以预测将来会怎样。但是,我们认为下述三个方向是显然的,而且可能会对构想出观察研究的评估方法作出巨大贡献。

第一个方向是社会行为和健康科学领域中的研究者们需要完善和扩展各种分析方法。从历史角度看,观察研究的分析方法主要由统计学家和计量经济学家提出和使用。但是,当将这些方法应用于社会行为和健康科学中更大范围的研究问题时,一些对于计量经济学和统计学家而言并非关键的问题出现了且值得考虑。这些包括需要做以下事情:

- 发展出一个对矫正方法进行功效分析(power analysis)的框架。尽管社会行为科学家们已运用 Cohen(1988)提出的框架进行功效分析,但是该框架并未提供倾向值模型的样本规模估计量(estimator of sample size)。倾向值分析中样本规模的估计要复杂得多,因为大多数模型都要求倾向值的重叠。将因共同支持域问题所导致的样本减少效应纳入到估计中会增加复杂性。

- 发展出一个标准化或不受度量尺度影响的效应值(即 Cohen 提出的 d)测量指标。Haviland 等(2007)提出来在最佳匹配后的分析中测量协变量不平衡的 d_{Xm} 统计量与 Cohen 提出的 d 相似(见 5.5.3 节和 5.5.4 节)。应当为其他类型的倾向值分析发展出类似的测量指标。

- 发展出对有差别地与结果和干预分配存在相关的协变量进行控制的方法。倾向值匹配的三个局限之一就是此方法不能区分出有差别地与干预分配和观测结果存在相关的协变量的效应(Rubin,1997)。社会行为研究中,协变量经常有差别的与结果和干预分配相关(即,协变量可能与干预分配相关但不与结果相关;替代性地,协变量与结果之间的相关可能比与干预分配之间的相关更强)。要想发展出这些方法,Heckman,Ichimura 和 Todd(1998)关于**可分离性**(separability)(即把决定结果的变量区分成可观测和不可观测的)和**排除性约束**(exclusion restriction)(即把决定结果和项目参与的协变量分离成两组变量 T 和 Z,其中,T变量决定结果,而 Z 变量决定项目参与)的工作是很有前景的。

- 发展出对测量误差进行控制的矫正方法。社会行为和健康研究中更具挑战性的问题之一是由多个评分者所导致的非随机测量误差,尤其是在追踪研究中(见8.1.1节)。

- 发展出对追踪研究中的撤退选择(attrition selection)进行解释的矫正模型。正如第 8 章中所讨论的,撤退并不能被假定为是随机的,且需要明确地对其进行建模。

- 改进对聚群效应进行控制的矫正方法。如第 6 章所讨论的,匹配估计量的提出者们都知道自己的方法中没有控制聚群的局限,而且正在循此方向对匹配估计量加以改进。

　　第二个方向是发展出对 Heckman(2005)的"因果关系科学模型"所概括的挑战进行处理的方法(见 2.8 节)。Heckman 对隐含在四种被广泛使用的因果推断方法中的假定进行过考量:①匹配,②控制函数,③工具变量方法,以及④DAG 方法。在他的框架中,强调了政策研究中的如下需要:预测干预在新环境中的影响,根据假设的总体数据识别参数(因果的或非因果的),发展出对不同类型的干预效应(即平均干预效应、干预组干预效应、未被干预组干预效应、边缘干预效应以及局部平均干预效应)进行评估的估计量。

　　最后,第三个方向是基于 Rosenbaum 的框架发展出有用的方法。我们已在本书中广泛地引用了 Rosenbaum。作为一名统计学家,Rosenbaum 基于完全随机化实验中的随机化推断(randomization inference)建立了他的框架。然后,他把假定随机化的协方差调整扩展到不受隐藏偏差影响的观察研究,最后扩展到包含隐藏偏差的观察研究。有关 Rosenbaum 框架的详细讨论,读者可以参考《统计科学》(statistic science)的特刊(2002, Vol. 17, No. 3),其上刊登了 Rosenbaum 与此领域中数位著名的研究者之间的一场有趣对话,包括 Angrist 和 Imbens(2002)、Robins(2002)和 Hill(2002)。Rosenbaum 也对最佳匹配和敏感性分析的发展做出了重大贡献。在存在热烈的争论和持续的意见分歧的情况下,Rosenbaum 的工作设定了对观察研究进行分析的新标准。隐藏在 Rosenbaum 框架中的改进和发展充当着观察研究方法未来发展的起点。

参考文献

Abadie, A., Drukker, D., Herr, J. L., & Imbens, G. W. (2004). Implementing matching estimators for average treatment effects in Stata. *Stata Journal*, *4*, 290-311.

Abadie, A., & Imbens, G. W. (2002). *Simple and bias-corrected matching estimators* [Technical report]. Department of Economics, University of California, Berkeley. Retrieved August 8, 2008, from http://ideas.repec.org/p/nbr/nberte/0283.html

Abadie, A., & Imbens, G. W. (2006). Large sample properties of matching estimators for average treatment effects. *Econometrica*, *74*, 235-267.

Achenbach, T. M. (1991). *Integrative guide for the 1991 CBCL/4-18, YSR, and TRF profiles*. Burlington: University of Vermont, Department of Psychiatry.

Agodini, R., & Dynarski, M. (2004). Are experiments the only option? A look at dropout prevention programs. *Review of Economics and Statistics*, *86*, 180-194.

Altonji, J. G., Elder, T. E., & Taber, C. R. (2005). Selection on observed and unobserved variables: Assessing the effectiveness of Catholic schools. *Journal of Political Economy*, *113*, 151-184.

Angrist, J. D., &Imbens, G. W. (2002). Comment on "Covariance adjustment in randomized experiments and observational studies." *Statistical Science*, *17*(3), 304-307.

Angrist, J. D., Imbens, G. W., & Rubin, D. G. (1996). Identification of causal effects using instrumental variables. *Journal of the American Statistical Association*, *91*, 444-472.

Barnow, B. S., Cain, G. G., & Goldberger, A. S. (1980). Issues in the analysis of selectivity bias. In E. Stromsdorfer & G. Farkas(Eds.), *Education studies*(Vol. 5, pp. 42-59). San Francisco: Sage.

Barth, R. P., Gibbons, C., & Guo, S. (2006). Substance abuse treatment and the recurrence of maltreatment among caregivers with children living at home: A propensity score analysis. *Journal of Substance Abuse Treatment*, *30*, 93-104.

Barth, R. P., Lee, C. K., Wildfire, J., & Guo, S. (2006). A comparison of the governmental costs of long-term foster care and adoption. *Social Service Review*, *80*(1), 127-158.

Barth, R. R., Greeson, J. K., Guo, S., & Green, B. (2007). Outcomes for youth receiving intensive in-home therapy or residential care: A comparison using propensity scores. *American Journal of Orthopsychiatry*, *77*, 497-505.

Berk, R. A. (2004). *Regression analysis: A constructive critique*. Thousand Oaks, CA: Sage.

Bloom, H. S. (2004). *Randomizing groups to evaluate place-based programs*. Retrieved August 31, 2008, from www.wtgrantfoundation.org/usr_doc/RSChapter4Final.pdf

Brooks-Gunn, J., & Duncan, G. J. (1997). The effects of poverty on children. *Future of Children*, *7*, 55-70.

Campbell, D. T. (1957). Factors relevant to the validity of experiments in social settings. *Psychological Bulletin*, *54*, 297-312.

Cochran, W. G. (1965). The planning of observational studies of human populations(with discussion). *Journal of the Royal Statistical Society, Series A*, *128*, 134-155.

Cochran, W. G. (1968). The effectiveness of adjustment by subclassification in removing bias in observational studies. *Biometrics*, *24*, 295-313.

Cochran, W. G., & Rubin, D. B. (1973). Controlling bias in observational studies: A review. *Sankya, Series A*, *35*, 417-446.

Cohen, J. (1988). *Statistical power analysis for the behavioral sciences*(2nd ed.). Hillsdale, NJ: Lawrence Erlbaum.

Corcoran, M., & Adams, T. (1997). Race, sex, and the intergenerational transmission of poverty. In G. J. Duncan & J. Brooks-Gunn(Eds.), *Consequences of growing up poor*(pp. 461-517). New York: Russell Sage Foundation.

Cornfield, J., Haenszel, W., Hammond, E., Lilienfeld, A., Shimkin, M., & Wynder, E. (1959). Smoking and lung cancer: Recent evidence and a discussion of some questions. *Journal of the National Cancer Institute*, *22*, 173-203.

Courtney, M. E. (2000). Research needed to improve the prospects for children in out-of-home placement. *Children and Youth Services Review*, *22*(9/10), 743-761.

Cox, D. R. (1958). *Planning of experiments*. New York: Wiley.

Cronbach, L. J., Gleser, G. C., Nanda, H., & Rajaratnam, N. (1972). *The dependability of behavioral measurements: Theory of generalizability of sources and profiles*. New York: Wiley.

D'Agostino, R. B., Jr. (1998). Tutorial in biostatistics: Propensity score methods for bias reduction in the comparison of a treatment to a non-randomized control group. *Statistics in Medicine*, *17*, 2265-2281.

Dehejia, R., &Wahba, S. (1999). Causal effects in nonexperimental studies: Reevaluating the evaluation of training programs. *Journal of the American Statistical Association*, *94*, 1053-1062.

Derigs, U. (1988). Solving non-bipartite matching problems via shortest path techniques. *Annals of Operations Research*, *13*, 225-261.

Duncan, G. J., Brooks-Gunn, J., & Klebanov, P. K. (1994). Economic deprivation and early childhood development. *Child Development*, *65*, 296-318.

Duncan, G. J., Brooks-Gunn, J., Yeung, W. J., & Smith, J. R. (1998). How much does childhood poverty affect the life chances of children? *American Sociological Review*, *63*, 406-423.

Earle, C. C., Tsai, J. S., Gelber, R. D., Weinstein, M. C., Neumann, P. J., &Weeks, J. C. (2001). Effectiveness of chemotherapy for advanced lung cancer in the elderly: Instrumental variable and propensity analysis. *Journal of Clinical Oncology*, *19*, 1064-1070.

Edwards, L. N. (1978). An empirical analysis of compulsory schooling legislation 1940-1960. *Journal of Law and Economics*, *21*, 203-222.

Eichler, M., & Lechner, M. (2002). An evaluation of public employment programmes in the East German state of Sachsen-Anhalt. *Labour Economics*, *9*, 143-186.

English, D., Marshall, D., Brummel, S., & Coghan, L. (1998). *Decision-making in child protective services: A study of effectiveness. Final Report*. Olympia, WA: Department of Social and Health Services.

Fan, J. (1992). Design adaptive nonparametric regression. *Journal of the American Statistical Association*, *87*, 998-1004.

Fan, J. (1993). Local linear regression smoothers and their minimax efficiencies. *Annals of Statistics*, *21*, 196-216.

Fisher, R. A. (1925). *Statistical methods for research workers*. Edinburgh, UK: Oliver & Boyd.

Fisher, R. A. (1935/1971). *The design of experiments*. Edinburgh, UK: Oliver & Boyd.

Foster, E. M., & Furstenberg, F. F., Jr. (1998). Most disadvantaged children: Who are they and where do they live? *Journal of Poverty*, *2*, 23-47.

Foster, E. M., & Furstenberg, F. F., Jr. (1999). The most disadvantaged children: Trends over time. *Social Service Review*, *73*, 560-578.

Fox, J. (2000). *Nonparametric simple regression: Smoothing scatterplots*. Thousand Oaks, CA: Sage.

Fraker, T., & Maynard, R. (1987). The adequacy of comparison group designs for evaluations of employment-related programs. *Journal of Human Resources*, *22*, 194-227.

Freedman, D. A., & Berk, R. A. (2008). Weighting regressions by propensity scores. *Evaluation Review*, *32*, 392-409.

Friedman, J. (2002). Stochastic gradient boosting. *Computational Statistics and Data Analysis*, *38*, 367-378.

Friedman, J., Hastie, T., & Tibshirani, R. (2000). Additive logistic regression: A statistical view of boosting (with discussion). *Annals of Statistics*, *28*, 337-374.

Frölich, M. (2004). Finite-sample properties of propensity-score matching and weighting estimators. *The Review of Economics and Statistics*, *86*, 77-90.

Galati, J. C., Royston, P., & Carlin, J. B. (2009). *MIMSTACK: Stata module to stack multiplyimputed datasets into format required by mim*. Retrieved February 27, 2009, from http://ideas.repec.org/c/boc/bocode/s456826.html

Gangl, M. (2007). *RBOUNDS: Stata module to perform Rosenbaum sensitivity analysis for average treatment effects on the treated*. Retrieved August 1, 2007, from fmwww.bc.edu/RePEc/bocode/r

Glymour, C., & Cooper, G. (Eds.). (1999). *Computation, causation, and discovery*. Cambridge: MIT Press.

Greene, W. H. (1981). Sample selection bias as specification error: Comment. *Econometrica*, *49*, 795-798.

Greene, W. H. (1995). *LIMDEP, version 7.0: User's manual*. Bellport, NY: Econometric Software.

Greene, W. H. (2003). *Econometric analysis*(5th ed.). Upper Saddle River, NJ: PrenticeHall.

Gronau, R. (1974). Wage comparisons: A selectivity bias. *Journal of Political Economy*, *82*, 1119-1143.

Gum, P. A., Thamilarasan, M., Watanabe, J., Blackstone, E. H., & Lauer, M. S. (2001). Aspirin use and all-cause mortality among patients being evaluated for known or suspected coronary artery disease: A propensity analysis. *Journal of the American Medical Association*, *286*, 1187-1194.

Guo, S. (2005). Analyzing grouped data with hierarchical linear modeling. *Children and Youth Services Review*, *27*, 637-652.

Guo, S. (2008a). *The Stata hodgesl program*. Available in the companion Web page of this book.

Guo, S. (2008b). *The Stata imbalance program*. Available in the companion Web page of this book.

Guo, S., Barth, R. P., & Gibbons, C. (2006). Propensity score matching strategies for evaluating substance abuse services for child welfare clients. *Children and Youth Services Review*, *28*, 357-383.

Guo, S., & Hussey, D. L. (1999). Analyzing longitudinal rating data: A three-level hierarchical linear model. *Social Work Research*, *23*, 258-269.

Guo, S., & Hussey, D. L. (2004). Nonprobability sampling in social work research: Dilemmas, consequences, and strategies. *Journal of Social Service Research*, *30*, 1-18.

Guo, S., & Lee, J. (2008). *Optimal propensity score matching and its applications to social work evaluations and research*. Unpublished working paper. School of Social Work, University of North Carolina, Chapel Hill.

Guo, S., &Wildfire, J. (2005, June 9). *Quasi-experimental strategies when randomization is not feasible: Propensity score matching*. Paper presented at the Children's Bureau Annual Conference on the IV-EWaiver Demonstration Project, Washington, DC.

Haavelmo, T. (1943). The statistical implications of a system of simultaneous equations. *Econometrica*, *11*, 1-12.

Haavelmo, T. (1944). The probability approach in econometrics. *Econometrica*, *12*, 1-115.

Hahn, J. (1998). On the role of the propensity score in efficient semiparametric estimation of average treatment effects. *Econometrica*, *66*, 315-331.

Hammond, E. C. (1964). Smoking in relation to mortality and morbidity: Findings in first thirty-four months of follow-up in a prospective study started in 1959. *Journal of the National Cancer Institute*, *32*, 1161-1188.

Hansen, B. B. (2004). Full matching in an observational study of coaching for the SAT. *Journal of the American Statistical Association*, *99*, 609-618.

Hansen, B. B. (2007). Optmatch: Flexible, optimal matching for observational studies. *R News*, *7*, 19-24.

Hansen, B. B., & Klopfer, S. O. (2006). Optimal full matching and related designs via network flows. *Journal of Computational and Graphical Statistics*, *15*, 1-19.

Hardle, W. (1990). *Applied nonparametric regression*. Cambridge, UK: CambridgeUniversity Press.

Hartman, R. S. (1991). A Monte Carlo analysis of alternative estimators in models involving selectivity. *Journal of Business and Economic Statistics*, *9*, 41-49.

Haviland, A., Nagin, D. S., & Rosenbaum, P. R. (2007). Combining propensity score matching and group-based trajectory analysis in an observational study. *Psychological Methods*, *12*, 247-267.

Heckman, J. J. (1974). Shadow prices, market wages, and labor supply. *Econometrica*, *42*, 679-694.

Heckman, J. J. (1976). Simultaneous equations model with continuous and discrete endogenous variables and structural shifts. In S. M. Goldfeld & R. E. Quandt(Eds.), *Studies in non-linear estimation*(pp. 235-272). Cambridge, MA: Ballinger.

Heckman, J. J. (1978). Dummy endogenous variables in a simultaneous equations system. *Econometrica*, *46*, 931-960.

Heckman, J. J. (1979). Sample selection bias as a specification error. *Econometrica*, *47*, 153-161.

Heckman, J. J. (1992). Randomization and social policy evaluation. In C. Manski & I. Garfinkel(Eds.), *Evaluating welfare and training programs*(pp. 201-230). Cambridge, MA: Harvard University Press.

Heckman, J. J. (1996). Comment on "Identification of causal effects using instrumental variables" by Angrist, Imbens, & Rubin. *Journal of the American Statistical Association*, *91*, 459-462.

Heckman, J. J. (1997). Instrumental variables: A study of implicit behavioral assumptions used in making program evaluations. *Journal of Human Resources*, *32*, 441-462.

Heckman, J. J. (2005). The scientific model of causality. *Sociological Methodology*, *35*, 1-97.

Heckman, J. J., Ichimura, H., Smith, J., & Todd, P. E. (1998). Characterizing selection bias using experimental data. *Econometrica*, *66*, 1017-1098.

Heckman, J. J., Ichimura, H., & Todd, P. E. (1997). Matching as an econometric evaluation estimator: Evidence from evaluating a job training programme. *Review of Economic Studies*, *64*, 605-654.

Heckman, J. J., Ichimura, H., & Todd, P. E. (1998). Matching as an econometric evaluation estimator. *Review of Economic Studies*, *65*, 261-294.

Heckman, J. J., LaLonde, R. J., & Smith, J. A. (1999). The economics and econometrics of active labor market programs. In O. Ashenfelter & D. Card(Eds.), *Handbook of labor economics*(Vol. 3, pp. 1865-2097). New York: Elsevier.

Heckman, J. J., & Robb, R. (1985). Alternative methods for evaluating the impact of interventions. In J. Heckman & B. Singer(Eds.), *Longitudinal analysis of labor market data*(pp. 156-245). Cambridge, UK: Cambridge University Press.

Heckman, J. J., & Robb, R. (1986). Alternative methods for solving the problem of selection bias in evaluating the impact of treatments on outcomes. In H. Wainer(Ed.), *Drawing inferences from self-selected samples*(pp. 63-113). New York: Springer-Verlag.

Heckman, J. J., & Robb, R. (1988). The value of longitudinal data for solving the problem of selection bias in evaluating the impact of treatment on outcomes. In G. Duncan & G. Kalton(Eds.), *Panel surveys*(pp. 512-538). New York: Wiley.

Heckman, J., & Smith, J. (1995). Assessing the case for social experiments. *Journal of Economic Perspectives*, *9*, 85-110.

Heckman, J., & Smith, J. (1998). Evaluating the welfare state. *Frisch centenary econometric monograph series*. Cambridge, UK: Cambridge University Press.

Heckman, J., Smith, J., & Clements, N. (1997). Making the most out of social experiments: Accounting for heterogeneity in programme impacts. *Review of Economic Studies*, *64*, 487-536.

Heckman, J. J., & Vytlacil, E. J. (1999). Local instrumental variables and latent variable models for identifying and bounding treatment effects. *Proceedings of the National Academy of Sciences*, *96*, 4730-4734.

Heckman, J. J., & Vytlacil, E. J. (2005). Structural equations, treatment effects, and econometric policy evaluation. *Econometrica*, *73*, 669-738.

Helmreich, J. E., & Pruzek, R. M. (2008). *The PSA graphics package*. Retrieved October 30, 2008, from www. r-project. org

Herbst, A., Ulfelder, H., & Poskanzer, D. (1971). Adenocarcinoma of the vagina: Association of maternal stilbestrol therapy with tumor appearance in young women. *New England Journal of Medicine*, *284*, 878-881.

Hill, J. (2002). Comment on "Covariance adjustment in randomized experiments and observational studies." *Statistical Science*, *17*, 307-309.

Hirano, K., & Imbens, G. W. (2001). Estimation of causal effects using propensity score weighting: An application to data on right heart catheterization. *Health Services & Outcomes Research Methodology*, *2*, 259-278.

Hirano, K., Imbens, G. W., & Ridder, G. (2003). Efficient estimation of average treatment effects using the estimated propensity score. *Econometrica*, *71*, 1161-1189.

Ho, D., Imai, K., King, G., & Stuart, E. (2004). *Matching as nonparametric preprocessing for improving parametric causal inference*. Retrieved October 20, 2008, from http://gking. harvard. edu/files/abs/matchp-abs. shtml

Hodges, J., & Lehmann, E. (1962). Rank methods for combination of independent experiments in the analysis of variance. *Annals of Mathematical Statistics*, *33*, 482-497.

Hofferth, S., Stafford, F. P., Yeung, W. J., Duncan, G. J., Hill, M. S., Lepkowski, J., et al. (2001). *Panel study of income dynamics, 1968-1999: Supplemental files(computer file)*, *ICPSR version*. Ann Arbor: University of Michigan Survey Research Center.

Holland, P. (1986). Statistics and causal inference(with discussion). *Journal of the American Statistical Association*, *81*, 945-970.

Horvitz, D., & Thompson, D. (1952). A generalization of sampling without replacement from a finite population. *Journal of the American Statistical Association*, *47*, 663-685.

Hosmer, D. W., & Lemeshow, S. (1989). *Applied logistic regression*. New York: Wiley.

Hume, D. (1748/1959). *An enquiry concerning human understanding*. LaSalle, IL: Open Court Press.

Iacus, S. M., King, G., & Porro, G. (2008). *Matching for causal inference without balance checking*. Retrieved October 30, 2008, from http://gking. harvard. edu/files/abs/cem-abs. shtml

Imai, K., & Van Dyk, D. A. (2004). Causal inference with general treatment regimes: Generalizing the propensity score. *Journal of the American Statistical Association*, *99*, 854-866.

Imbens, G. W. (2000). The role of the propensity score in estimating dose-response functions. *Biometrika*, *87*, 706-710.

Imbens, G. W. (2004). Nonparametric estimation of average treatment effects under exogeneity: A review. *Review of Economics and Statistics*, *86*, 4-29.

Jick, H., Miettinen, O., Neff, R., Jick, H., Miettinen, O. S., Neff, R. K., et al. (1973). Coffee and myocardial infarction. *New England Journal of Medicine*, *289*, 63-77.

Joffe, M. M., & Rosenbaum, P. R. (1999). Invited commentary: Propensity scores. *American Journal of Epidemiology*, *150*, 327-333.

Jones, A. S., D'Agostino, R. B., Gondolf, E. W., & Heckert, A. (2004). Assessing the effect of batterer program completion on reassault using propensity scores. *Journal of Interpersonal Violence*, *19*, 1002-1020.

Kang, J. D. Y., & Schafer, J. L. (2007). Demystifying double robustness: A comparison of alternative strategies for estimating a population mean from incomplete data. *Statistical Science*, *22*, 523-539.

Keele, L. J. (2008). *The RBOUNDS package*. Retrieved October 30, 2008, from www. r-project. org

Kempthorne, O. (1952). *The design and analysis of experiments*. New York: Wiley.

Kennedy, P. (2003). *A guide to econometrics*(5th ed.). Cambridge: MIT Press.

King, G., & Zeng, L. (2006). The dangers of extreme counterfactuals. *Political Analysis*, *14*(2), 131-159. Retrieved October 30, 2008, from http://gking. harvard. edu

King, G., & Zeng, L. (2007). When can history be our guide? The pitfalls of counterfactual inference. *International Studies Quarterly*, *51*(1), 183-210. Retrieved October 30, 2008, from http://gking. harvard. edu

Knight, D. K., Logan, S. M., & Simpson, D. D. (2001). Predictors of program completion for women in residential substance abuse treatment. *American Journal of Drug and Alcohol Abuse*, *27*, 1-18.

Kutner, M. H., Nachtsheim, C. J., & Neter, J. (2004). *Applied linear regression models*(4th ed.). New York: McGraw-Hill/Irwin.

LaLonde, R. J. (1986). Evaluating the econometric evaluations of training programs with experimental data. *American Economic Review*, *76*, 604-620.

Landes, W. (1968). The economics of fair employment laws. *Journal of Political Economy*, *76*, 507-552.

Lazarsfeld, P. F. (1959). Problems in methodology. In R. K. Merton, L. Broom, & L. S. Cottrell Jr. (Eds.), *Sociology today: Problems and prospects*(Vol. 1, pp. 39-72). New York: Basic Books.

Lechner, M. (1999). Earnings and employment effects of continuous off-the-job training in East Germany after unification. *Journal of Business and Economic Statistics*, *17*, 74-90.

Lechner, M. (2000). An evaluation of public sector sponsored continuous vocational training programs in East Germany. *Journal of Human Resources*, *35*, 347-375.

Lehmann, E. L. (2006). *Nonparametrics: Statistical methods based on ranks*(Rev. ed.). New York: Springer.

Leuven, E., & Sianesi, B. (2003). *PSMATCH2(version 3. 0. 0): Stata module to perform full Mahalanobis and propensity score matching, common support graphing, and covariate imbalance testing*. Retrieved August 22, 2008, from http:// ideas. repec. org/c/boc/bocode/s432001. html

Lewis, D. (1973). *Counterfactuals*. Cambridge, MA: Harvard University Press.

Lewis, D. (1986). *Philosophical papers*(Vol. 2). New York: Oxford University Press.

Lewis, H. G. (1974). Comments on selectivity biases in wage comparisons. *Journal of Political Economy*, *82*, 1145-1155.

Littell, J. H. (2001). Client participation and outcomes of intensive family preservation services. *Social Work Research*, *25* (2), 103-113.

Littell, J. H. (2005). Lessons from a systematic review of effects of multisystemic therapy. *Children and Youth Services Review*, *27*, 445-463.

Little, R. A., & Rubin, D. B. (2002). *Statistical analysis with missing data*(2nd ed.). New York: Wiley.

Lochman, J. E., Boxmeyer, C., Powell, N., Roth, D. L., & Windle, M. (2006). Masked intervention effects: Analytic methods for addressing low dosage of intervention. *New Directions for Evaluation*, *110*, 19-32.

Long, J. S. (1997). *Regression models for categorical and limited dependent variables*. Thousand Oaks, CA: Sage.

Lu, B., Zanutto, E., Hornik, R., & Rosenbaum, P. R. (2001). Matching with doses in an observational study of a media campaign against drug abuse. *Journal of the American Statistical Association*, *96*, 1245-1253.

Maddala, G. S. (1983). *Limited-dependent and qualitative variables in econometrics*. Cambridge, UK: Cambridge University Press.

Magura, S., & Laudet, A. B. (1996). Parental substance abuse and child maltreatment: Review and implications for intervention. *Children and Youth Services Review*, *3*, 193-220.

Manning, W. G., Duan, N., & Rogers, W. H. (1987). Monte-Carlo evidence on the choice between sample selection and 2-part models. *Journal of Econometrics*, *35*, 59-82.

Manski, C. F. (2007). *Identification for prediction and decision*. Cambridge, MA: Harvard University Press.

Mantel, N. (1963). Chi-square tests with one degree of freedom: Extensions of the Mantel-Haenszel procedure. *Journal of the American Statistical Association*, *58*, 690-700.

Mantel, N., & Haenszel, W. (1959). Statistical aspects of retrospective studies of disease. *Journal of the National Cancer Institute*, *22*, 719-748.

Maxwell, S. E., & Delaney, H. D. (1990). *Designing experiments and analyzing data: A model comparison perspective*. Pacific Grove, CA: Brooks/Cole.

McCaffrey, D. F., Ridgeway, G., & Morral, A. R. (2004). Propensity score estimation with boosted regression for evaluating causal effects in observational studies. *Psychological Methods*, *9*, 403-425.

McCullagh, P. (1980). Regression models for ordinal data. *Journal of the Royal Statistical Society*, Series B, *42*, 109-142.

McCullagh, P., & Nelder, J. (1989). *Generalized linear models*(2nd ed.). London: Chapman & Hall.

McMahon, T. J., Winkel, J. D., Suchman, N. E., & Luthar, S. S. (2002). Drug dependence, parenting responsibilities, and treatment history: Why doesn't mom go for help? *Drug and Alcohol Dependence*, *65*, 105-114.

McNemar, Q. (1947). Note on the sampling error of the differences between correlated proportions or percentage. *Psychometrika*, *12*, 153-157.

Mease, D., Wyner, A. J., & Buja, A. (2007). Boosted classification trees and class probability/quantile estimation. *Journal of Machine Learning Research*, *8*, 409-439.

Michalopoulos, C., Bloom, H. S., & Hill, C. J. (2004). Can propensity-score methods match the findings from a random assignment evaluation of mandatory welfare-to-work programs? *Review of Economics and Statistics*, *86*, 156-179.

Mill, J. S. (1843). *System of logic*(Vol. 1). London: John Parker.

Miller, A. (1990). *Subset selection in regression*. London: Chapman & Hall.

Ming, K., & Rosenbaum, P. R. (2001). A note on optimal matching with variable controls using the assignment algorithm. *Journal of Computational and Graphical Statistics*, *10*, 455-463.

Moffitt, R. A. (2004). Introduction to the symposium on the econometrics of matching. *Review of Economics and Statistics*, *86*, 1-3.

Morgan, S. L. (2001). Counterfactuals, causal effect, heterogeneity, and the Catholic school effect on learning. *Sociology of Education*, *74*, 341-374.

Morton, D., Saah, A., Silberg, S., Owens, W., Roberts, M., & Saah, M. (1982). Lead absorption in children of employees in a lead-related industry. *American Journal of Epidemiology*, *115*, 549-555.

Murray, D. M., Pals, S. L., Blitstein, J. L., Alfano, C. M., & Lehman, J. (2008). Design and analysis of group-randomized trials in cancer: A review of current practices. *Journal of the National Cancer Institute*, *100*, 483-491.

Neyman, J. S. (1923). Statistical problems in agricultural experiments. *Journal of the Royal Statistical Society*, Series B, *2*, 107-180.

Nobel Prize Review Committee. (2000). *The Sveriges Riksbank Prize in economic sciences in memory of Alfred Nobel 2000*. Retrieved August 8, 2008, from http://nobelprize.org/nobel_prizes/economics/laureates/2000

Normand, S. T., Landrum, M. B., Guadagnoli, E., Ayanian, J. Z., Ryan, T. J., Cleary, P. D., et al. (2001). Validating recommendations for coronary angiography following acute myocardial infarction in the elderly: A matched analysis using propensity scores. *Journal of Clinical Epidemiology*, *54*, 387-398.

NSCAW Research Group. (2002). Methodological lessons from the National Survey of Child and Adolescent Well-being: The first three years of the USA's first national probability study of children and families investigated for abuse and neglect. *Children and Youth Services Review*, *24*, 513-541.

Nunnally, J. C., & Bernstein, I. H. (1994). *Psychometric theory*(3rd ed.). New York: McGraw-Hill.

Obenchain, B. (2007). *The USPS package*. Retrieved October 30, 2008, from www.r-project.org

Parsons, L. S. (2001). *Reducing bias in a propensity score matched-pair sample using greedy matching techniques* [*SAS SUGI paper 214-26*]. Proceedings of the 26th annual SAS Users' Group International Conference, Cary, NC: SAS Institute. Retrieved August 22, 2008, from www2.sas.com/proceedings/sugi26/p214-26.pdf

Pearl, J. (2000). *Causality: Models, researching, and inference*. Cambridge, UK: Cambridge University Press.

Perkins, S. M., Tu, W., Underhill, M. G., Zhou, X., & Murray, M. D. (2000). The use of propensity scores in pharmacoepidemiologic research. *Pharmacoepidemiology and Drug Safety*, *9*, 93-101.

Quandt, R. E. (1958). The estimation of the parameters of a linear regression system obeying two separate regimes. *Journal of the American Statistical Association*, *53*, 873-880.

Quandt, R. E. (1972). A new approach to estimating switching regressions. *Journal of the American Statistical Association*, *67*, 306-310.

R Foundation for Statistical Computing. (2008). *R version 2. 6. 2*. Retrieved August 8, 2008, from http: // cran. stat. ucla. edu/

Ridgeway, G. (1999). The state of boosting. *Computing Science and Statistics*, *31*, 172-181.

Robins, J. M. (1999a). Association, causation, and marginal structural models. *Synthese*, *121*, 151-179.

Robins, J. M. (1999b). Marginal structural models versus structural nested models as tools for causal inference. In M. E. Halloran & D. Berry (Eds.), *Statistical models in epidemiology: The environment and clinical trials* (pp. 95-134). New York: Springer-Verlag.

Robins, J. M. (2002). Comment on "Covariance adjustment in randomized experiments and observational studies. " *Statistical Science*, *17*, 309-321.

Robins, J. M., Hernn, M., & Brumback, B. (2000). Marginal structural models and causal inference in epidemiology. *Epidemiology*, *11*, 550-560.

Robins, J. M., & Ronitzky, A. (1995). Semiparametric efficiency in multivariate regression models with missing data. *Journal of the American Statistical Association*, *90*, 122-129.

Rosenbaum, P. R. (1987). Model-based direct adjustment. *Journal of the American Statistical Association*, *82*, 387-394.

Rosenbaum, P. R. (2002a). Covariance adjustment in randomized experiments and observational studies. *Statistical Science*, *17*, 286-304.

Rosenbaum, P. R. (2002b). *Observational studies* (2nd ed.). New York: Springer.

Rosenbaum, P. R. (2005). Sensitivity analysis in observational studies. In B. S. Everitt & D. C. Howell (Eds.), *Encyclopedia of statistics in behavioral science* (pp. 1809-1814). New York: Wiley.

Rosenbaum, P. R., Ross, R. N., & Silber, J. H. (2007). Minimum distance matched sampling with fine balance in an observational study of treatment for ovarian cancer. *Journal of the American Statistical Association*, *102*, 75-83.

Rosenbaum, P. R., & Rubin, D. B. (1983). The central role of the propensity score in observational studies for causal effects. *Biometrika*, *70*, 41-55.

Rosenbaum, P. R., & Rubin, D. B. (1984). Reducing bias in observational studies using subclassification on the propensity score. *Journal of the American Statistical Association*, *79*, 516-524.

Rosenbaum, P. R., & Rubin, D. B. (1985). Constructing a control group using multivariate matched sampling methods that incorporate the propensity score. *American Statistician*, *39*, 33-38.

Rossi, P. H., & Freeman, H. E. (1989). *Evaluation: A systematic approach* (4th ed.). Newbury Park, CA: Sage.

Roy, A. (1951). Some thoughts on the distribution of earnings. *Oxford Economic Papers*, *3*, 135-146.

Rubin, D. B. (1974). Estimating causal effects of treatments in randomized and nonrandomized studies. *Journal of Educational Psychology*, *66*, 688-701.

Rubin, D. B. (1976). Matching methods that are equal percent bias reducing: Some examples. *Biometrics*, *32*, 109-120.

Rubin, D. B. (1977). Assignment to treatment groups on the basis of a covariate. *Journal of Educational Statistics*, *2*, 1-26.

Rubin, D. B. (1978). Bayesian inference for causal effects: The role of randomization. *Annals of Statistics*, *6*, 34-58.

Rubin, D. B. (1979). Using multivariate matched sampling and regression adjustment to control bias in observational studies. *Journal of the American Statistical Association*, *74*, 318-328.

Rubin, D. B. (1980a). Discussion of "Randomization analysis of experimental data in the Fisher randomization test" by Basu. *Journal of the American Statistical Association*, *75*, 591-593.

Rubin, D. B. (1980b). Percent bias reduction using Mahalanobis metric matching. *Biometrics*, *36*, 293-298.

Rubin, D. B. (1986). Which ifs have causal answers? *Journal of the American Statistical Association*, *81*, 961-962.

Rubin, D. B. (1996). Multiple imputation after 18 + years. *Journal of the American Statistical Association*, *91*, 473-489, 507-515, 515-517.

Rubin, D. B. (1997). Estimating causal effects from large data sets using propensity scores. *Annals of Internal Medicine*, *127*, 757-763.

Rubin, D. B. (2008). For objective causal inference, design trumps analysis. *Annals of Applied Statistics*, *2*, 808-840.

Schafer, J. L. (1997). *Analysis of incomplete multivariate data*. Boca Raton, FL: Chapman Hall/CRC.

Schonlau, M. (2007). *Boost module for Stata*. Retrieved August 22, 2008, from www. stata-journal. com/software/sj5-3

Sekhon, J. S. (2007). Multivariate and propensity score matching software with automated balance optimization. *Journal of Statistical Software*. http: //sekhon. berkeley. edu/papers/MatchingJSS. pdf

Shadish, W. R., Cook, T. D., & Campbell, D. T. (2002). *Experimental and quasi-experimental designs for generalized causal inference*. Boston: Houghton Mifflin.

Shavelson, R. J., &Webb, N. M. (1991). *Generalizability theory: A primer*. Newbury Park, CA: Sage.

Smith, H. L. (1997). Matching with multiple controls to estimate treatment effects in observational studies. *Sociological Methodology*, *27*, 325-353.

Smith, J. A., & Todd, P. E. (2005). Does matching overcome LaLonde's critique of nonexperimental estimators? *Journal of Econometrics*, *125*, 305-353.

Smith, P. K., & Yeung, W. J. (1998). Childhood welfare receipt and the implications of welfare reform. *Social Service*

Review, *72*, 1-16.

Sobel, M. E. (1996). An introduction to causal inference. *Sociological Methods & Research*, *24*, 353-379.

Sobel, M. E. (2005). Discussion: "The scientific model of causality." *Sociological Methodology*, *35*, 99-133.

Sosin, M. R. (2002). Outcomes and sample selection: The case of a homelessness and substance abuse intervention. *British Journal of Mathematical and Statistical Psychology*, *55*, 63-91.

Spirtes, P., Glymour, C., & Scheines, R. (1993). *Causation, prediction, and search*. New York: Springer-Verlag.

StataCorp. (2003). *Stata release 8*: [R]. College Station, TX: Stata Corporation.

StataCorp. (2008). *Stata release 10*: [R]. College Station, TX: Stata Corporation.

Stolzenberg, R. M., & Relles, D. A. (1990). Theory testing in a world of constrained research design. *Sociology Methods & Research*, *18*, 395-415.

Thurstone, L. (1930). *The fundamentals of statistics*. New York: Macmillan.

Toomet, O., & Henningsen, A. (2008). Sample selection models in R: Package sample selection. *Journal of Statistical Software*, *27*(7). Retrieved October 30, 2008, from www. jstatsoft. org

UCLA Academic Technology Services. (2008). *FAQ: What are pseudo R-squareds?* Retrieved April 28, 2008, from www. ats. ucla. edu/stat/mult_pkg/faq/general/Psuedo_RSquareds. htm

U. S. Department of Health and Human Services. (1999). *Blending perspectives and building common ground: A report to Congress on substance abuse and child protection*. Retrieved August 22, 2008, from http: // aspe. dhhs. gov/hsp/ subabuse99/subabuse. htm

Weigensberg, E. C., Barth, R. P., & Guo, S. (2009). Family group decision making: A propensity score analysis to evaluate child and family services at baseline and after 36-months. *Children and Youth Services Review*, *31*, 383-390.

Weisner, C., Jennifer, M., Tam, T., &Moore, C. (2001). Factors affecting the initiation of substance abuse treatment in managed care. *Addiction*, *96*, 705-716.

Wilcoxon, F. (1945). Individual comparisons by ranking methods. *Biometrics*, *1*, 80-83.

Winship, C., &Morgan, S. L. (1999). The estimation of causal effects from observational data. *Annual Review of Sociology*, *25*, 659-707.

Wolock, I., & Horowitz, B. (1981). Child maltreatment and material deprivation among AFDC recipient families. *Social Service Review*, *53*, 175-194.

Wooldridge, J. M. (2002). *Econometric analysis of cross section and panel data*. Cambridge: MIT Press.

Yoshikawa, H., Maguson, K. A., Bos, J. M., & Hsueh, J. (2003). Effects of earnings-supplement policies on adult economic and middle-childhood outcomes differ for the "hardest to employ." *Child Development*, *74*, 1500-1521.

Zhao, Z. (2004). Using matching to estimate treatment effects: Data requirements, matching metrics, and Monte Carlo evidence. *Review of Economics and Statistics*, *86*, 91-107.

Zuehlke, T. W., & Zeman, A. R. (1991). A comparison of two-stage estimators of censored regression models. *Review of Economics and Statistics*, *73*, 185-188.

人名索引

关键词索引

译后记

　　探究因果规律始终是科学研究和研究者们所努力追求的目标。为此，自然科学可以借助随机实验方式收集到前测和后测数据，而且更为重要的是实验组和控制组在协变量上是平衡的，或者说两组对象是可比的，仅存在是否接受实验干预的差别，从而实验研究可控性很强，结论更具合理性与可靠性。但对于社会科学而言，由于研究对象的特殊性且受到社会伦理和道德原则的限制，随机实验在很多情况下都并不可行或者总是面临随机化失败的问题。因此，社会科学研究者几乎总是基于观察研究所采集到的数据来探究社会行为或社会现象的因果机制。相对于实验研究数据，观察研究数据几乎总是隐含着选择偏差的问题，这对于探究因果规律而言是一个重大的威胁，因为它会导致群体之间在协变量上是不可比的。那么，结果中体现的差别就不仅仅是是否接受了某一干预或经历了某一事件的影响。

　　在本书中，北卡罗来纳大学教堂山分校社会工作学院的郭申阳和马克·W. 弗雷泽两位教授对统计学者和计量经济学者为解决社会科学因果推断所面临的上述困境而做出的主要努力进行了系统、简明扼要的介绍，其中既有非技术性的主要原理说明，也有具体的研究实例的应用示范。

　　中文翻译工作得到了原著作者之一郭申阳教授的大力支持。他不仅就我们翻译好的关键词索引进行了细致的审读、校对和修订，而且还专门为本书的中译版写了一个很长篇幅的前言，非常简明扼要但又不乏系统性地介绍了因果分析方法的起源和发展，倾向值分析的理论框架、流派及核心思想，以及倾向值分析方法的应用领域。这些支持和指导对于提高本书中译本的质量无疑具有重要的意义。

　　翻译过程中，我们首先建立了本书关键词的中英文对照表，一方面是为了保证全书翻译上的统一，另一方面也是为了最后能够形成中译本的关键词索引。英文教材的关键词索引是学习时的一种方便途径，由于统计学是一个体系，很多基本概念和方法会在不同章节中反复出现，因此关键词索引表可以使这些基本概念、方法在一本书内各处的应用一览无遗。另外，我们已经根据原著配套网站（http：∥ssw. unc. edu/psa/）提供的勘误表对已发现的有误之处做了修订。

　　本书翻译工作分工如下：郭志刚、巫锡炜（第 1~3 章），焦开山（第 4 章），赵联飞（第 5、6 章），巫锡炜（第 7~9 章）。最后，由郭志刚和巫锡炜对全书译稿进行了校对、修订和统稿，并由巫锡炜完成关键词索引表的制作。

　　倾向值分析是一类较为新颖的进行干预效应评估的统计学方法，翻译过程对于我们而言也是一个学习的过程。正如原著作者所言，这是一个正在快速发展着的领域，已有的原理和方法仍在接受着实践检验并有可能随时被修正和改进，针对这些方法的新软件和新程序也在不断出现和完善。

　　由于本书译者水平有限，所以翻译中难免有不当乃至揣误之处，恳请读者指教。

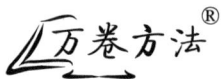

知识生产者的头脑工具箱

很多做研究、写论文的人，可能还没有意识到，他们从事的是一项特殊的生产活动。而这项生产活动，和其他的所有生产活动一样，可以借助工具来大大提高效率。

万卷方法是为辅助知识生产而存在的一套工具书。

这套书系中，

有的，介绍研究的技巧，如《会读才会写》《如何做好文献综述》《研究设计与写作指导》《质性研究编码手册》；

有的，演示 STATA、AMOS、SPSS、Mplus 等统计分析软件的操作与应用；

有的，专门讲解和梳理某一种具体研究方法，如量化民族志、倾向值匹配法、元分析、回归分析、扎根理论、现象学研究方法、参与观察法等；

还有，

《社会科学研究方法百科全书》《质性研究手册》《社会网络分析手册》等汇集方家之言，从历史演化的视角，系统化呈现社会科学研究方法的全面图景；

《社会研究方法》《管理学问卷调查研究方法》等用于不同学科的优秀方法教材；

《领悟方法》《社会学家的窍门》等反思研究方法隐蔽关窍的慧黠之作……

书，是人和人的相遇。

是读者和作者，通过书做跨越时空的对话。

也是读者和读者，通过推荐、共读、交流一本书，分享共识和成长。

万卷方法这样的工具书很难进入豆瓣、当当、京东等平台的读书榜单，也不容易成为热点和话题。很多写论文、做研究的人，面对茫茫书海，往往并不知道其中哪一本可以帮到自己。

因此，我们诚挚地期待，你在阅读本书之后，向合适的人推荐它，让更多需要的人早日得到它的帮助。

我们相信：

每一个人的意见和判断，都是有价值的。

我们为推荐人提供意见变现的途径，具体请扫描二维码，关注"重庆大学出版社万卷方法"微信公众号，发送"推荐员"，了解详细的活动方案。